社会科学の方法

実在論的アプローチ

Method in Social Science
A realist approach

アンドリュー・セイヤー 著
Andrew Sayer

佐藤春吉 監訳
SATO Harukichi

ナカニシヤ出版

METHOD IN SOCIAL SCIENCE: A Realist Approach
by Andrew Sayer

Authorised translation from the English language edition published by Routledge,
a member of the Taylor & Francis Group
Japanese translation published by arrangement with Taylor & Francis Group
through The English Agency (Japan) Ltd.

日本語版への序文

『社会科学の方法――実在論的アプローチ』は社会科学の研究方法についてだけ論じることを意図したものでは決してない。副題にあるように、それはむしろ社会科学研究にどのようにアプローチすべきかについて論じたものである。私は、社会科学の理論を経験的研究から分離したものとみなしたうえで、最初に使用されるべき概念やカテゴリーの適切性を注意深く吟味することをしないまま、すぐさま研究プロジェクトに突進していくようなよくある傾向に対抗したいと考えたのである。なかでも最悪なのは、時に「早かろう悪かろう的研究〔quick and dirty research〕」と呼ばれるような研究である。それは、「ナショナリティ」、「年齢」、「人種」などの日常の概念を変数に選び、それらのカテゴリーを使用してデータを集め、それらを今度は標準的な量的または質的分析方法にかけて、そこから結論を導くというようなものである。たしかに、私たちはそれらの方法をどのように使いこなすかを知っている必要があるし、それと同時に、その強みと弱みがどこになるかをも知っておく必要がある。しかし、本書が中心的に扱っている事柄は、もっと広く緩やかな「アプローチ」という意味の方法、特に私たちの研究対象をどのように概念化するかというようなアプローチの問題である。したがって本書は、適切なメタファーやアナロジーを選ぶ問題、それは想像力や試行錯誤を要求する、をも含んでいる。私が本書で論じたように、ここでは概念と理論について問いただす有益な方法も扱われている。私たちは、「この対象がx、y、zを行うことができるためには、この対象はどのようなものであろうか?」または「このような経験的なパターンを生み出しているその根底にある構造とメカニズムは何か?」、たとえば、「収入と富の配分を決定しているメカニズムは何か?」というような実在論的な問いを問うことができるのである。私は、本書の新しい読者の皆さんが、本書をこういった点で有益なものとみなしてくださることを期待している。

社会科学の哲学としての批判的実在論〔critical realism〕は、私が本書を書いてからも重要な発展を遂げている。実際、それ以来書かれたものの大部分は、経験的な研究方法についてのものというよりも、哲学についてのものであり、また哲学はどのように社会理論の手助けができるかについてのものであった。もちろん、健康やマネジメントといった特殊な研究領域における「応用」批判的実在論についてのいくつかのテキストも書かれているけれども。哲学のレベルでは、批判的実在論の創始者であるロイ・バスカーと彼の初期の仕事は、本書『社会科学の方法』におそらく主要な影響を与えている。彼はその後、彼が「弁証法的批判的実在論〔Dialectical critical realism〕」と名づけたもの、そしてスピリチュアルターン〔spiritual turn〕を含む「メタリアリティ〔meta-Reality〕」の理論を発展させていった（Bhaskar and Hartwig 2016 参照）。メタリアリティに関しては、私ならびに他の多くの批判的実在論の社会科学者たちは、自分たちの研究にとってあまり有益なものだとは思っていない。この二十年余の間の批判的実在論の社会科学における最も重要な仕事は、社会理論に関するものであり、それは、反実在論的または非実在論的な様々な傾向、特にポストモダニスト的およびポスト構造主義的な理論におけるそうした傾向との戦いに関連したものである。その一つに、私の『実在論と社会科学〔*Realism and Social Science*〕』（Sayer 2000）がある。最も有益なものは、マーガレット・アーチャーによって書かれた一連の著作で、それらは、構造とエージェンシーの関係を分析し、社会的実在を説明するための様々な含意を考察している。私たちは社会諸現象の説明を、諸個人の意図の産物に還元したり、あるいはまた彼らが活動する諸条件に還元したり、そしてまたその両者の合成〔conflation〕に還元してしまってはならないのである（Archer 1995；2000；2013）。私はまた、デイヴ・エルダー＝ヴァスの仕事、特に彼の著作『社会的構成の実在性〔*The Reality of Social Construction*〕』を推薦したい。同書は、ポスト構造主義の文献でおなじみの一連の諸観念を、その思想には救い出すことのできる有益な諸概念が存在することを承認したうえで、丁寧に批判している（Elder-Vass 2012）。

　しかしながら、私はこれらの諸文献が、私が期待したほどの衝撃を与えなかったことを認めなければならない。私はそこにはいくつかの理由があると考えている。第一に、これらの比較的最近の文献は、それらの論敵たちを話のついでに短く簡単に扱う傾向があり、鍵となる著作者に対して本一冊を当てるような批判を展開していないことである。第二に、知識社会学は不幸なことに、研究者たちが彼ら自身の「種族〔tribe〕」の内部に止まってしまい、ライヴァルとなるアプローチを無視するか排除してしまう傾向がある。そして批判的実在論者たち自身も、時々同じ傾向に陥っている。というわけで、批判的実在論は、専門の雑誌 *The Journal of Critical Realism* と独自の研究大会を開催している専門の学会 *International Association for Critical Realism* を持っている。しかし、ここでも、上記の傾向が様々な伝統の出自を持つ研究者の参加を制限している問題があるように思われる。第三に、部分的には上記のことと関連するが、多くの非実在論者たちは実在論とは何かについてほんのわずかしか知らない。そこで、前衛的な人々のサークル〔avant-garde circles〕においても、長い間「実在論的」という言葉は、確かめられてもいないまま侮蔑的な用語、「素朴な〔naïve〕」を意味するようなものとして使用されるのが慣わしになっていた。実在論哲学は誤って、私たちは実在をどのような概念や理論の媒介もなしに、そのまま直接に知りうるというような本当に素朴な観念を含むものだと想定されていたのである。

非実在論的社会科学の最も落胆させる特徴の一つは、その真理〔真実 truth〕の問題への拒否的な態度であった。真理〔または真実〕と事実は社会的に構築されたものだと私たちは知らされてきた。この態度は、「ポスト・トゥルース〔post-truth〕」の政治との脅威を感じる類似性を有している。もし真理が社会的に構築されているとすれば、私たちが気候変動の実在性〔現実性 reality〕を信じるのはなぜなのか？　この心乱される類似性を承認することは、非実在論者の一部にも意見を変えるよう促してきている。こうして、環境問題の告発者たちやその他の人々が真実を知ることを、科学に聞くことを要求していることを見るのは励まされることである。アンドレアス・マルムの本 *The Progress of this Storm*（Malm, 2018）は、地球温暖化に直面しているなかでの非実在論的な社会理論の危険性について力強く論証している。人は、モダニティと資本主義（そして国家社会主義も）は、一般的に見て、地球のエコシステムとその生存条件という実在性〔現実性 reality〕に対する無関心または自己満足的態度によって特徴づけられていると言うことだろう。この無関心が、人類の現在と未来を脅威にさらしている。しかし、この危機はまた、批判的実在論を含む社会科学に対して、私たちの生命維持システムすなわち生命圏〔biosphere〕を救うために助力するという、もう一つの挑戦課題を突きつけているのである。このことは、社会科学者たちに、自然科学者たち、特に生物学者たちとの協同を要請していると、私は信じている。

私が本書『社会科学の方法』を書いたとき、私は、本書が社会研究者たちの実際の実践に影響を与えることを望んでいた。しかし、そのとき私は、本書の影響が時間と空間をへだててこれほど遠くまで届くとは夢にも思っていなかった。本書が日本語に翻訳されるのを目にするのは大変うれしいことである。私は、私が要点を説明するために示した例のいくつかが、一九八〇年代初頭のイギリスという、それが書かれた時間と空間に特殊なものだと気づかされた。私はそれらが日本の読者にも、論証をたどることができるような、わかりにくくないものであることを祈っている。私は、本書の訳者の皆さんと編集者の方に、本書を出版するために払ってくださった心配りと注意に、特にいくつかの曖昧な箇所を指摘して問い合わせてくれたことに感謝している。というわけで、ここでは、明確化のためにほんのわずかな訂正を施した。しかし、その他はいっさい元の版を変えていない。

●参考文献

Archer, M. S.（1995）*Realist Social Theory: the Morphogenetic Approach*, Cambridge: Cambridge University Press〔マーガレット・S・アーチャー、佐藤春吉訳『実在論的社会理論――形態生成論アプローチ』青木書店、二〇〇七年〕

Archer, M. S.（2000）*Being Human*, Cambridge: Cambridge University Press

Archer, M. S.（2007）*Making Our Way Through the World*, Cambridge: Cambridge University Press

Archer, M. S.（ed.）（2013）*Conversations about Reflexivity*, Cambridge: Cambridge University Press

Bhaskar, R. and Hartwig, M.（2016）*Enlightened Common Sense: the Philosophy of Critical Realism*, London: Routledge

Elder-Vass, D.（2012）*The Reality of Social Construction*, Cambridge: Cambridge University Press

第二版改訂版前書き

一九八〇年代初期に遡ることになるが、私が本書『方法』の第一版を書いていた頃は、社会科学の哲学および方法論に大きな関心が集まっていた時代であった。実際、今では驚くべきことに思えるかもしれないが、それは当時流行の論題であり、そうした主題についての著作が絶えず生み出され続けていたのである。しかし、それらの著作の大部分が、主として社会科学とその性質および方法についてのすでに打ち出されていた哲学的な諸説に対する批判的論評であったなかで、この『方法』は、建設的なものとなることをめざし、他の人々の諸説への批判を提示するのではなく、社会研究にどのようにアプローチすべきかを提案することをめざした。他の著作が、社会研究において前提となっている事柄については問題にもせず、どのように概念化を行い理論化するのかについて考察もしないまま、ただ「研究方法の道具一式」を提供しているなかで、私は、このような問題こそ基本的なものだと考えていた。他の著作が、仲間内や予想される批評家たちに向けて書かれているように思われたなかで、私は学生たちや研究者たちに向けて書こうと考えた。二十五年たっても、この本が使われ続けているということは、この私の方針が有効に機能したことを示しているように思われる。いくつかの微細な変更を除けば、この版は、前の第二版から変わったところはない。もちろん、それ以降、この論題について多くの論文・著作が書かれている。そこで私は、この機会を捉えて、いくつかの論評を提示しようと思っている。しかし、第一義的には、「方法」についての一般的な論点に関わる事柄について明らかにしたいと思っている。

前の第二版以後、研究方法に対して処方を示すという考え自体への様々な角度からの懐疑が強まってきている。しかし、本当に、社会研究を行うための方法は存在しないのであろうか？　本当に、何かを研究するその仕方は、主題に、つまり、私たちが何をそこに見出したいのかに依存しているのだろうか？　もちろん、たった一つの方法だけがあるというわけではない。もし、そのように考えていたら、私は、この本を「The Method of Social Science」と〔the 付きで〕表記したであろう。私は「方法」という語を「アプローチ」というような広い意味で使っている。私が主張していることは、まさしく、そこにはたくさんの方法またはアプローチがあり、それぞれは、その固有の強みと弱みを持っており、それぞれ、異なる対象と、異なる問いに対して適合しているということである。また、研究プロジェクトの多くは、それらを組み合わせることを要請するだろう。私たちは、理論化が含意しているものが何かについて考える必要があるし、科学的な理論と記述においてメタファーが重要な役割を果たしていること、創造的仕事のためにはよりよいメタファーの発見に成功することが必要だということ、社会における意味解釈は社会研究において中心的なものだということ、を認識しなければならない。しかし、これらのすべては必要なことではあるが、研究の対象に対する注意深さに代わるようなものではない。私たちは、私たちの対象について解釈するためには、不可避的に既存の思考方法を用いるほかないし、それは通常、先行する書き手たちの肩に乗って行われるのだが、世界に対してどのような注意を向けるべきかについて反省することと結びついた、対象に対する注意深さと丁寧な記述は決定的に重要なものである。というわけで、ここでは、方法についてのすべての事柄が整備されているわけではない。

私の同僚のジョン・ローが、最近、『方法以後〔*After Method*〕』という本を出版した。そこで彼は、社会的世界の乱雑さのせいで、形式的な方法や理論は、多くの種類の社会研究に適用するのは、きわめて限界的なものとしてでしかないと主張している（John Law 2004）。ある程度までは、私も同意する。近代主義の偉大な神話の一つは、すべての知識が法則に還元可能だとされ、その他のいかなる知識もそれより劣ったものであり、無くても済むようなものだとされた。このような形式的合理性への、そしてまたあらゆる主題に当てはまるような標準化した方法への信仰は、一九六〇年代の社会科学および実証主義において絶頂に達したが、その後ゆっくりと下火になっていった。批判的実在論者たちが示したように、そのようなモデルは、世界が開放的である以上、自然科学にとってさえ適切なものではないのであり、ましてや社会科学ではいうまでもないのである。そこでは、質的な変化と変容、様々な程度の不規則性こそが通例なのである。二千年以上も前にアリストテレスが述べたように、私たちは理論的知識に加えて、一般に経験と実践的な関与から由来しているような特殊なものについての認識をもまた必要としているのである。アリストテレスはまた、学生たちに対して、主題が許容する以上の精確さを期待してはならないと警告している。いくつかの主題はあいまいであったり、常に変化していたりする。漸次的推移的に変化している〔グラデーションになっている〕ところでは、そこに明確な段階区分を与えることは無意味である。私たちは、類似性と差異性、安定と変化、諸構造、秩序と乱雑、必然性と偶然性の世界に住んでいる。

しばしば、私たちの抽象的で「薄い」概念は、特殊な種類の社会のある基礎的な共通の特徴を特定している。しかし、それらを具体的な状況に適用するとなると、私たちは、より具体的な、より「厚い」概念へ移行しなければならないし、「厚い記述」を用いなければならない。時には、私たちは、新しい発展を扱うために新しい概念を造り出さなければならないだろう。こうして概念化、抽象から具体への移行、理論と経験的なものとの関係が、社会科学の方法論では依然として中心的な問題であり続けるのである。

もちろん、社会科学は、自然科学も同様だが、「真理への王道」を提供することなどできない。方法をどのように上手に選択したとしても、私たちの思考の仕方が機能しないこともある。知識は可謬的であり、対象について間違っている可能性もある。私たちの観念の真理性または適合性は、実践的な問題なのであり、私たちはそれに対して改良しようと試みることもできる。たしかに、私たちが物事を知ることができるのは、既存のものの見方を通してのみである。私たちは、それらのものの見方から逃れて、私たちの観念と世界とを横合いから比較するような「脇道」に立つことはできないのである。しかし、多くの場合、それでも私たちは自らの信念に対する反対証拠を見つけることができる。たとえば、何が起こるかについての私たちの期待が外れた場合、あるいは何事かの障害物と衝突した場合などがそうである。そうした失敗に対する対応として、改良された観念が開発される。たしかに、それも可謬的なものではあるが、しかしそのことは、そこに何の進歩も存在しないという意味ではないのである。たとえば、フェミニズム的社会科学は、その主張を絶えず見直してきているが、そのことは、何の進歩もなかったという意味ではない。それは、絶えざる経験的・理論的点検および批判を通じて、私たちに多くの物事を理解させてくれるようになったし、それはフェミニズム以前の社会科学ではできなかったことなのである。したがって、それは、社会についてのより真実なより適合的な考え方の発展に寄与してきたのである。実在論の最も単純で基礎的な観念は、次のようなものである。すなわち、世界の本性は、大まかに言って、それについての観察者の観念から独立なものである。そしてこの独立性こそが、私たちの知識の適合性または以上のような可謬性の双方を説明するのである。気候変動が生じているのかどうかは、その問題についての私たちの考え方には依存していない。新保守主義は、その提唱者たちの観念によって形作られた社会的構築物ではあるが、私の構築物ではない。私は、これまでこの両者を区別することに失敗していたように思う。社会的構築物は、それがどのようなものかにかかわらず、私がそれについてどのように思うかには何ら関係しない。したがって、それについての私の信念は、より真であるかより真でないかである。女性への暴力は女性および男性についての観念によって、そして一般に社会の内部で何が正当化されているかによって影響を受けているが、しかし、何が正当化されているかは、その問題についての観察者の考えが生み出したものではない。多くの人々は、それがどれほど一般的なものかに気づくことはない。もし、間違うことがありうるという客観的状況がそもそも存在しないのであれば、私たちはどんな観念をもつくりだせるだろうし、それらの観念は不可謬的なものだということになろう。ホロコーストを否定することはホロコーストを肯定することと同じように成り立つことになろう。多くの人々がそのように想像しているが、しかし、実在論は、私たちが不可謬的な絶対的知識に到達できるという主張など含んではいないのである。その反対である。実在論と可謬主義は相互に前提しあう関係にある。より大きな真理または実践的適合性への前進は可能である。しかし、私たちは、それがどんな意味であれ、完全などというものを期待してはならないのである。

研究コースの学生たちが、選択した問題の理解のために、どんな理論やどんな研究方法を使用すべきか聞いてきたときには、私は通例、君が知っているすべてのもの、つまり、君が学科で学んだ理論や方法のみならず、君が自分の経験から知っていることの、すべてを使用しなさい、と答えることにしている。理論は選択的で一面的なものであり、特定の構造と性質に光を当てる。しかし、これは強みであるとともに弱みでもある。さらに、特定の論題に関連するすべての理論が競合しあっているわけではなく、部分的には相補的であるかもしれないのだ。だから、相互に矛盾しあっているような諸観念をつなげてしまうようなことをしないように気をつけるべきではあるが、一般に、異なる理論同士が相補的である可能性をも考慮し、それらを相互に比較することは、利益にかなうことなのである。いうまでもなく、日常的な知識や経験は、たいていは確かめられておらず、時々は誤っている。だから、それらは注意深く取り扱われなければならないが、しかし、私たちは、日常的知識や日常的な経験を価値がないとかイデオロギーにすぎないとしてあらかじめ棄却してしまうような一種の理論主義的なエリート主義に陥らないように注意しなければならない。日常知やその経験の豊かさや実践的な応用の広さは、様々な洞察のための有用な資源になりうる。ある種の問題については、特に主観的経験の本性に対する有益な洞察を、フィクションや文学作品が与えてくれる。もちろん、その妥当性は主題となっている問題との関係で評定されなければならないのだが（Stones 1996）。

本書『方法』も、その後の批判的実在論——より一般的には、社会科学の哲学——に関する著作も、これまで扱ってこなかったような社会的世界における一つの根本的特徴がある。それは、社会科学が公然または隠然と前提している人間モデルに関するものである。批判的実在論の示差的特徴の一つは、しばしば単に異なっているというよりむしろ両立不可能と思われてきた二つのモデルを組み合わせているところにある。すなわち、その一つは、物事を生じさせる因果的エージェントとしての人間であり、もう一つは、限りない多様さで世界を解釈する「意味制作者〔meaning maker〕」としての人間である。これら二つのモデルのどちらかを選択しなければならないと想定することは、問題へのアプローチについての一種の進歩ではあるが、しかし、この想定は、生存のための諸条件を持続的に再生産しなければならない存在、繁栄と受苦の能力を有する存在、すなわち人間動物、に向き合うことには、依然として失敗していることになる。よりよい用語が欠落しているので、私たちは、このような存在を、「社会的存在の必要」と行為とに「基づく概念構成〔a ‘need -based conception of social being’ and action〕」と呼ぶ。それは、人々を、因果的エージェントでもあり、自己解釈する意味制作者でもある存在であり、かつ、必要をかかえ欲望する存在として（否定的に特徴づけられる）、他者に依存し、配慮と関心の世界へと方向づけられた存在とみなす。ここで「必要〔need〕」とは、欠乏〔lack〕、欲求〔want〕、欲望〔desire〕を含む略称として使用している。それは、たとえば、何かを崇拝するといった宗教的なものに対する必要のような、特殊な文化的実践への熱中または関与から派生するような「文化的に要請され、またそれによって創発される必要」と名づけうるだろうものを含んでいる。たしかに、必要や欲求は、時には、努力または幸運によって、満たされ、満たされることがある。また、それらは変化しうる。だから、私たちは、以前には欲求していなかったものを欲求し楽しむといったことが可能になる。しかし、この広い意味での必要性は、生物的であるとともに文化的でもある私たちにとっては本質的なものである。このような人間の必要性と脆弱性を承認することの失敗は、因果性や責任性の誤った帰属を生み出しやすい。だから、たとえば、言説は、そうした言説への動機を持った人々自身に帰責可能なものとして扱われる。解釈学は、私たちが人々を意味制作者とみなすことを可能にした。しかし、解釈学は、人々にとって何事かを重要な問題にしているものが何であるかについて理解させるわけではないのである。人々は、他の対象物と同様、因果的力を持っているだけではないし、理解する力を持っているだけでもない。彼らの必要性と脆弱性、依存的性質のおかげで、彼らが関心を寄せる世界との間の関係をもまた持っているのである。

必要に基礎をおくモデル〔need-based model〕における意味の扱いは、解釈学的アプローチによる意味の扱いを超える。というのも、必要に基礎をおくモデルでは、理解と規則準拠を共有するシニフィアンとシニフィエだけが扱われるのではなく、意義または重要性〔significance and import〕も扱われるからである。意義や重要性とは、ある事柄が彼らにとって何を意味しているのかについて人々が語るとき、人々がそこで指示しているもののことである。たとえば、人々にとって、自分たちの友人が意味しているもの、あるいは、彼らにとって移民が意味しているものなどである（Sayer 2006）。その場合、人々は、友人や移民たちについての定義を与えるだけでなく、あるいは必然的に厚い記述を与えるだけでなく、人々にとってそれらの事柄が持つ重要性や意義をも与えるのである。つまり、人々がそれらの人たちをどのように評価するのか、彼らが気遣っているそれらのものが自分たちの幸福にどのような影響があるのかについて評価するような重要性や意義を与えるのである（Taylor 1995）。こうして、エスノグラフィ的研究では、事実問題において、ある特定の集団のメンバーたちが、どのように、主として慣習または共有された解釈としての意味によって、物事を理解し、お互いに対して行為しあうのかを説明するだろう。しかし、それは、まさに、なぜある物事が行為者たちにとって特別の重要性を持つのか、つまり、なぜ行為者達たちは彼らが気遣うものに心動かされるのかについては、ほんのわずかしか示してくれない。多くの社会科学の説明がこの点を無視するが、その程度に応じて、社会生活がその内部から見てどのようなものかについての適切なイメージを与えることに失敗している。私が別のところで論じたことだが、そのような社会科学の説明は疎外された社会科学を生み出しているのである（Sayer 2005, 2009）。これは、哲学と社会科学が直面する顕著な問題群の一つである。

●さらなる読書のために

第二版以後、実在論と社会科学の方法について多くのものが書かれている。それらの文献のうちいくつかのものは、ポスト構造主義、ポストモダニズム、そして言説論への転回、といったライバルとなるアプローチに向けられている。そこでは、それらがどの程度実在論と両立可能かについて議論されている（たとえば、Lopez and Potter 2001 ; Pearce and Fauley 2008 ; Joseph and Roberts 2003）。私自身の *Realism and Social Science*（Sayer

2008）は、本書『方法』よりも広い、ポストモダニズムへの応答、空間についての議論、物語と社会理論、社会科学における価値、そして批判的社会理論などを含む、諸問題を扱っている。構造とエージェンシーの関係についての諸理論は、マーガレット・アーチャー、ロブ・ストーンそしてエルダー・ヴァスの重要な貢献を伴って、広く議論されてきた（Archer 1995, 2000, 2003 ; Elder-Vass 2005, 2008 ; Stone 1996）。

特殊な社会科学や研究諸領域における実在論の「利用」に関する多くの本や論文がすでに出されている。説明についてのダナーマークらの本（Danermark *et al*. 1997）に加えて、いくつかの専門をカバーした論文集もある（Cruickshank 2003 ; Carter and New 2004）、そして人類学と関連した実在論についての出版物（Davies 2008）、言説分析（Fairclough *et al*. 2003）、経済学（Lawson 1997 ; Fleetwood 1998）、フェミニズム（New 1998, 2003, 2005）、国際関係論（Patomaki 2000）、法学（Norrie 2009）、組織論研究（Fleetwood and Ackroyd 2004）、政治経済学（Jessop 2005）、心理学（Parker 1999）、そして社会学（New 1995）である。この他のものも、より特殊な理論や主題との関係で実在論について書かれている。たとえば、マルクス主義について（Brown *et al*. 2001）、自然概念について（Benton 1993）、ヘゲモニーの政治理論について（Jessop 2002）、「人種」について（Carter 2000）、量的方法論について（Morgan and Olsen 2005）、そして健康研究（Clark *et al*. 2007）などである。以上は、急速に増大している文献の小さなサンプルにすぎない。読者が社会科学のどの分野に位置していようと、読者はその関心領域に関係する批判的実在論の議論を見つけることができるに違いない。

もっと哲学的なレベルでは、批判的実在論についての基礎的な論証に関して議論が続けられている。たとえば、客観性と価値について（Collier 1994, 2003）、因果性について（Groff 2008）、倫理学などの新しい主題について（Collier 1999 ; Norrie 2009）、そして批判的実在論の主たる創設者であるロイ・バスカーの後期の仕事である。批判的実在論のための国際学会（International Association for Critical Realism）とその機関誌*Journal of Critical Realism*が、これらの多くの論争のためのフォーラムを提供している（Archer *et al*. 1998も参照していただきたい）。

●参照文献

Archer, M.S.（1995）*Realist Social Theory: The Morphogenetic Approach*, Cambridge: Cambridge University

Press.〔マーガレット・S・アーチャー、佐藤春吉訳『実在論的社会理論——形態生成論アプローチ』青木書店、二〇〇七年〕

Archer, M.S.（2000）*Being Human*, Cambridge : Cambridge University Press.

Archer, M.S.（2003）*Structure, Agency and the Internal Conversation*, Cambridge : Cambridge University Press.

Archer, M.S., Bhaskar, R., Collier, A., Lawson, T. and Norrie, A.（eds.）（1998）*Critical Realism : Essential Readings*, London : Routledge.

Benton, T.（1993）*Natural Relations*, London : Verso.

Brown, A., Fleetwood, S. and Roberts, J.R.（2001）*Critical Realism and Marxism*, London : Routledge.

Carter, B.（2000）*Realism and Racism*, London : Routledge.

Carter, B. and New, C.（2004）*Making Realism Work*, London : Routledge.

Clark, M., MacIntyre, P.D. and Cruickshank, J.（2007）'A critical realist approach to understanding and evaluating heart health programmes', *Health*, 11 : 4, 513–39.

Collier, A.（1994）*Critical Realism : An Introduction*, London : Verso.

Collier, A.（1999）*Being and Worth*, London : Routledge.

Collier, A.（2003）*In Defence of Objectivity*, London : Routledge.

Cruickshank, J.（ed.）（2003）*Critical Realism : The Difference it Makes*, London : Routledge.

Davies, C.A.（2008）*Reflexive Ethnography*, London : Routledge.

Danermark, B., Ekström, M., Jakobsen, L. and Karlsson, J.C.（1997）*Explaining Society : Critical Realism in the Social Sciences*, London : Routledge.〔バース・ダナーマーク他、佐藤春吉監訳『社会を説明する——批判的実在論による社会科学論』ナカニシヤ出版、二〇一五年〕

Elder-Vass, D.（2005）'Emergence and the realist account of cause', *Journal of Critical Realism*, 4, 315–38.

Elder-Vass, D.（2008）'Searching for realism, structure and agency in actor network theory', *British Journal of Sociology*, 59 : 3, 455–73.

Fairclough N., Jessop, B. and Sayer, A.（2003）'Critical realism and semiosis' in J.Joseph and J.R.Roberts（eds.）

Realism Discourse and Deconstruction, London : Routledge, pp. 23–42.

Fleetwood, S. (ed.) (1998) *Critical Realism in Economics : Development and Debate*, London : Routledge.

Fleetwood, S. and Ackroyd, S. (2004) *Critical Realist Applications in Organisation and Management Studies*, London : Routledge.

Groff, R. (ed.) (2008) *Revitalizing Causality : Realism about Causality in Philosophy and Social Science*, London : Routledge.

Jessop, B. (2005) 'Critical realism and the strategic relational approach', *New Formations*, 56, 40–53.

Joseph, J. (2002) *Hegemony : A Realist Analysis*, London : Routledge.

Joseph, J. and Roberts, J.R. (eds.) (2003) *Realism Discourse and Deconstruction*, London : Routledge.

Law, J. (2004) *After Method : Mess in Social Science Research*, London : Routledge.

Lawson, T. (1997) *Economics and Reality*, London : Routledge.〔トニー・ローソン、八木紀一郎監訳『経済学と実在』日本評論社、二〇〇三年〕

López, J. and Potter, G. (2001) *After Postmodernism : An Introduction to Critical Realism*, London : Athlone.

Morgan, J. and Olsen, W. (2005) 'Towards a critical epistemology of analytical statistics : realism in mathematical method', *Journal for the Theory of Social Behaviour*, 35 : 3, 255–84.

New, C. (1995) 'Sociology and the case for realism', *The Sociological Review*, 43 : 4, 808–27.

New, C. (1998) 'Realism, deconstruction and the feminist standpoint', *Journal for the Theory of Social Behaviour*, 28 : 4, 349–72.

New, C. (2003) 'Feminisms, critical realism and the linguistic turn', in Cruickshank, J. (ed.) *Critical Realism : The Difference that it Makes*, London : Routledge, pp. 57–74.

New, C. (2005) 'Sex and gender : a critical realist approach', *New Formations*, 56, 54–70.

Norrie, A. (2009) *Dialectic and Difference : Dialectical Critical Realism and the Grounds of Justice*, London : Routledge.

Parker, I. (1999) 'Against relativism in psychology, on balance', *History of the Human Sciences*, 12 : 4, 61–78.

Patomaki, H. (2001) *After International Relations: Critical Realism and the (Re) Construction of World Politics*, London: Routledge.

Pearce, F. and Fauley, J. (eds.) (2007) *Critical Realism and the Social Sciences: Heterodox Elaborations*, Toronto: University of Toronto Press.

Sayer, A. (2000) *Realism and Social Science*, London: Sage.

Sayer, A. (2005) *The Moral Significance of Class*, Cambridge: Cambridge University Press.

Sayer, A. (2006) 'Language and significance—or the importance of import: implications for critical discourse analysis', *Journal of Language and Politics*, 5: 3, 449–71.

Sayer, A. (2009) 'Understanding lay normativity', in Moog, S. and Stones, R. (eds.) *Nature, Social Relations and Human Needs: Essays in Honour of Ted Benton*, London: Palgrave, Macmillan, pp. 128–45.

Stones, R. (1996) *Sociological Reasoning: Towards a Post-Modern Sociology*, Macmillan.

Taylor, C. (1985) *Human Agency and Language*, Cambridge: Cambridge University Press.

第二版前書き

一九八〇年代には、実在論的哲学の構想が、社会科学に衝撃を与え始めていた。しかし、このどちらかというと哲学的な議論と、社会科学の研究をどのように進めるべきかについて書かれている諸文献との間の溝はまだ広く空いたままだった。両者を架橋する橋は、まだほんの萌芽的なものにすぎなかった。悲しいかな、多くの社会科学者たちは、「方法」について考える場合、それは単なる量的な技法のことでしかなかった。たとえ今では、それは通例参与観察とか形式張らないインタビューとかによって補われるようになっているとしても、概念化といった基礎的な活動については——これは誰もが逃れられないものなのだが——考察されないままになっている。もちろん、近年の哲学と方法論における革新は実在論だけに独占されているわけではない。特に重要なものとしては、言語、書法、レトリックへのますます高まる関心がある。というのも、それらは、私たちが他者に対して自らの観念を提示する際のその仕方に影響を与えるというだけのものではなく、それらはむしろ私たちがそれによって考えるまさにその手段そのものだからである。不幸なことに、この言語への関心の進展は、社会科学に対するどんな種類の経験的チェックの可能性をも排除するかのように見える観念論的な流行によって影響され感染させられている。

このような状況を見るにつけ、私は、実在論と方法に関する問いは、まさに議論すべき喫緊の課題だと信じている。また、実在論哲学によって導かれた方法についての建設的な議論を発展させる道のりはまだ遠い状態にあるとも思っている。この残されている課題こそ、本書第二版の課題である。

本書は、社会科学になじんではいるが、哲学や方法論の議論については前もっての経験も、知識も、ほんのわずかかまたは全く持っていないような学生たちや研究者たちのためになることを意図している。また同時に、それらの議論になじんでいて、実在論と方法に関心を持っている人々のためにもなることをめざしている。これら二つの種類の聞き手は、叙述のスタイルについても内容についても、それぞれ異なった関心と好みを持っている。本書の議論のスタイルと組み立ては、断然最初のグループの要望に噛み合うようにしてある（批評者たちはこの点に注意願いたい！）。というわけで、私は、それらがたとえ第二のグループの人々を安心させるものであっても、第一のグループの人々を疎遠にするだけだと思われるような人名のしぶきをまき散らすようなテキストにすることを意図的に避けた。論題は、流行の必要ではなく知る必要という点を基本にして選んだ。哲学的な教義についての議論は、社会科学上の実践に重要な影響を及ぼしているか、または及ぼすと思われる場合にのみ取り上げた。同時に私は、専門的な目利きたちが、本書では、実在論的な考え方が、これまでの関連文献で支配的だったようなものとは根本的に異なった形で展開されていることを見出してくれると確信している。

上記の二つの種類の想定される読者たちは、それぞれ異なる質問を出し、異なる反論を提出する傾向がある。最初のタイプの読者たちからの問いや反論には、この本書の主要な論述部分で予想し、答えている。専門的目利きの人たちからの想定される反論に対する答えは、注と第5章と第8章に限っている。それらの章では、ある特定の正統的な諸観念に対する批判を提示している。このような組み立て形式をとった狙いは、専門家たち（批評家を含む！）だけに向けて書くということになりがちな通常のアカデミズムの性癖を回避することにある。私はまた、ここでの議論がしばしば哲学的な議論であるにもかかわらず、本書は、社会科学の哲学についてのものではなく、第一義的に社会研究の方法についてのものであるという点を指摘すべきだと思っている。社会科学の哲学についていえば、すでに多くのすばらしい本が存在している。[*1] それらは優れた哲学的批判を提供してくれているが、社会科学の実践についての建設的なコメントということでいえば、わずかしか提供してくれていない。この不均衡こそ、私が本書で補正したいと思っているものである。

第一版に親しんでいる人々のためにこの第二版で改訂した事柄についていくらか述べておこう。第二版は、今日的なものに改良するよい機会ともなったし、間違いを正す機会にもなった。この点に異論などないだろう。今日では、テキストとそれらが解釈される方法は、著者によって十分にはコントロールができないと認めるのが通例となっている。というわけで、私は、敵対者と同じように支持者たちの読みにもしばし驚愕させられた。とはいえ、著者は自分の本がどのように受け取られるかに幾分かは責任がある。そこで、私は、新しい材料を追加し私自身の誤りを是正するとともに、いくつかあった第一版の反応としては明らかに誤読と思われる誤りを防ごうと試みた。

第一版の受け止め方についての一番の驚きは、〔読者の〕関心の持ち方の選別的な態度であった。第一に、私自身いまだにその理由は十分理解できていないのだが、第3章で導入した必然的-偶然的関係が、本書のその他の大部分にも優る重要性を与えてしまったようである。そこでこの第二版で、私は上記の必然的-偶然的の区別をより明確化しようと試みた。しかし、これが、第一版に対して何人かの解釈者たちが与えてくれた実在論内部の卓越性を保証するものかどうかは今もって確証はない。第二の種類の選別的態度は、実在論と社会理論のあまりにも限定された特定の傾向（たとえば、マルクス主義の特定の見方）との同一視やひどく制限された社会研究の領域（たとえば、地域性の研究）と同一視するような傾向である。この研究についてどんな判断がなされるかは、良かれ悪しかれ、実在論についての見方にも影響を与える。したがって私は、関連文献を調べてみればわかることではあるが、実在論は自然科学と社会科学全体についての、またそのための哲学であるということを強調したい。

　学生たちの反応は、新しいもう少し詳しい導入が必要だということを明らかにした。このことを別にしても、主な追加点は、理論の性格ならびに、理論と経験的研究との関係、実践的知識、空間と社会理論、解釈学的理解、研究デザイン、についてのものであり、さらには、実在論と書法についての付録を付け加えている。他の改良は、最近六年間の間になされた経験的研究の経験に照らしてなされている。この他、議論をいっそう明確にするために、また説明を追加し、受け入れやすさを高めるために、多くの細かな改良がなされている。

謝辞

まずは、サセックス大学には、サバティカル休暇を与えてくれたことに対して感謝したい。カリフォルニア大学ロサンゼルス校、オハイオ州立大学、ロスキルド大学、ルンド大学、コペンハーゲン・ビジネススクールなどのコペンハーゲンの諸大学には、私を招聘してくださり親切なおもてなしをしていただいたこと、および新しい領域に招き入れてくださったことに対して感謝したい。これらの諸大学の多くの大学院生諸君とサセックス大学の「概念、方法、価値」コースの学生諸君には、私が方法論の問題にとりつかれていた状態に耐えてくれたことに対して感謝したい。さらには、ジョン・アレン、ビヨルン・アシェイム、ロイ・バスカー、エリック・クラーク、ケヴィン・コックス、シモン・ダンカン、スティーン・フォーク、フランク・ハンセン、トルステン・ヘーゲルシュトランド、ピーター・マスケル、ドリーン・マッセイ、ケヴィン・モーガン、ディック・ウォーカーには、彼らの助力、激励そして批判に対して感謝を捧げたい。最後に、リッズィー・セイヤーとハーゼル・エラービィに対しては、ここに私の愛情と感謝の気持ちを表しておきたい。

目次

社会科学の方法——実在論的アプローチ——

序論

社会科学の地位について深刻な疑いがかけられている。社会科学に対する部外者の態度はしばしば疑惑どころか悪意さえ伴っている。さらに、社会科学者たち自身、何が社会研究への適切なアプローチなのかをめぐって深刻な分裂状態にある。科学的客観性と進歩についての伝統的見方に対するますます大きくなる哲学上の疑問によって、その不確かさは頂点に達しつつある。社会科学は自然科学のようなものであるべきかどうかについての議論は、もはや、自然科学の性質ならびに方法についての考え方の一致を基礎にした形では、なされなくなっている。しかしながら、その議論全体の基盤を転換するような実在論哲学における発展が、自然科学と社会科学双方の領域で新しい生産的な視点を提供している。本書では、それらの新しい視点を説明するとともに、それが、社会科学者たちを悩ませてきたこれらの諸問題のうちのいくつかをどのように解決するかを示そうと思う。

社会理論と社会科学の哲学に関する今ある諸文献が抱える主要な問題点の一つは、経験的研究における方法という主題について建設的な貢献をする文献がほんのわずかしか存在しないという問題である。方法に関する教科書は、哲学レベルでなされた発展や社会理論における発展を無視することによって、その関心の欠落を相互に強化しあってきたのである。たとえば、知識の理論については多く書かれているが、それが経験的研究にとって含意するものについてはわずかしか書かれていない。その結果、たとえ、哲学的批判が原理的には受け入れられているところでさえ、それらの批判が実践上の変化をもたらすことには失敗している。実際、オルタナティヴな方法についての研究が存在していないことが、多くの批判者やその支持者たちを失望させ、彼らが思い切って経験的研究に進もうとすることを妨げている。そうこうしているうちに、その著作が批判されている経験的研究者たちの多くは、〔哲学や理論上の〕論争は彼らには全く何の関係もないものだと結論づけて満足してしまうか、あるいは一般的に、哲学的議論は経験的研究を脅かしており、したがってそのような議論は回避されるべきだと結論づけて満足してしまう。このような行き詰まりを乗り越えるためには、これらの批判が意味しているものが、仮説形成と検証、一般化の探究という通常の経験的研究方法を使い続けてもよいものなのか、それとも、それらの方法は全く異なる方法に置き換えられるかまたは補われなければならないのか、という問題に答えを出さなければならない。本書の目的の一つは、まさにこれらの問題に答えることである。

社会研究では、多くの事柄が研究領域の最初の定義に、また鍵となる対象をどのように概念化するかに、依存している。このような最初の方向づけの例には、世俗のカテゴリーおよび社会学における分類、経済学の均衡論的前提、心理学における主体の概念、政治学における「利害集団」概念の採用、人文地理学における空間単位の選定などが含まれる。これらの出発点はすべて、そのことを自覚しているか否かは別として、情報を獲得しまたは解釈するための狭い意味の「方法」が選択されるよりずっと以前に、その研究の方向性を形作るという意味で問題含みのものなのである。この概念化に関する問題がひとたび確定されてしまえば、その研究の可能な帰結の範囲はしばしば非常に限定されたものになってしまう。また実際、この概念化の問題への答えは、反省によるよりも慣習の問題とされることが多いのである。これらの概念選択の問題は、しばしば他の概念について、つまり私たちが研究対象とする社会の〔なかで使用されている〕概念について、問題にするような社会科学においては、いっそう難しい問題になる。

このように見てみれば、社会科学における、インタビューや調査方法などや統計技法などの狭い意味の「方法」コースで与えられる注意と、どのように概念化や理論化や抽象化をすべきかといった問題に対する気楽な無視とを比較しようというのは、きわめて異例なことだと言える（「概念なんか気にするな、技法に注目しろ」、というのがスローガンになっているかのようだ）。おそらく、ある人々は、方法ではないパラダイムや社会理論や直感についての問いなどの問題を却下することで満足するだろうが、しかし私は、経験的研究だけでなく理論化にも方法が存在するということ、したがって、私たちは理論化についても反省する必要がある、ということを確信している。

社会科学における効果的な方法の発展を妨げている第二の重要な要素は、因果作用〔causation〕に関連する問題である。説明の方法について多くのことが書かれてきたが、それらは出来事の間の関係における規則性の問題としてであった。したがって、規則性に関するモデルがなければ、いわゆる粗悪な「場当たり的な」物語〔narratives〕しか私たちには残っていないことになる。しかし社会科学は、法則類似の規則性を発見することには、不思議なことにこれまでほとんど成功してこなかったのである。最近の実在論哲学の主要な達成の一つは、この問題は、因果作用についての誤った見方の不可避的な帰結だ、ということを示したことである。実在論は、規則性モデルを、対象および社会関係が因果的な力を持っているというモデルに置き換える。この因果力は、規則性を生み出すことも生み出さないこともあるのであり、それは規則性とは独立に説明可能なものなのである。この見方によれば、規則性を発見したり査定したりするための量的な方法については〔これまでよりも〕その重要性を減じて、因果的なメカニズムが属している社会対象や社会関係の質的な性質を確定する方法に対して、より重要性を認めることになる。このことが、私たちをまた概念化の決定的な役割に連れ戻すことになる。

社会科学者たちは常に、多くの物事が一度に生起する状況に直面している。したがって、彼らは、実験によって特定の過程を隔離するという可能性、多くの自然科学者には開かれている可能性を持ち合わせていないのである。ゼミナールというような明らかで単純な出来事をとりあげてみよう。ゼミナールは、ある人々の集団によってある問題について議論するということよりももっとずっと多くのことを含んでいる。通常、そこにはある経済的な関係（チューターが生活の資を得ている）が存在しているし、学生たちは単位を取得するためにそこにいる。それらの教育制度は、それらの出来事の遂行によって再生産されている。人々が語り、遮り、相互に譲り合うその仕方によって、地位やジェンダーや、人種といった諸関係が確証されたり挑戦を受けたりしている。しかも、通常参加者たちはまた「自己表示」に関与し、尊敬を勝ち取ろうとし、あるいは少なくとも他者の目に愚か者と見られないように努力している。このような多元性が、社会科学の対象のまさしく典型なのである。実験によってそれらを隔離できないなかでそれらの構成過程それぞれの性質を探査する仕事は、抽象化に、すなわち、特定の構成要素とその効果を確定する活動に、大きな役割を担わせることになる。抽象化は、方法についてのほとんどの教科書で、総じて無視されるかまたはあたりまえとみなされているのだが、私はこの抽象化が中心的なものだと確信している。

したがって、私は「方法」についてのより広い見方を採用する。それは、説明と理解の様式および抽象化の本性について明確化すること、さらには研究デザインと分析の方法というおなじみの課題について明確化することを含んでいる。というわけで、議論の領域は、方法、社会理論、社会科学の哲学とが重なりあうところにある。

この重なりあいという点から見ると、ここでの議論の多くは、思考について思考することを含んでおり、哲学的性格を帯びている。しかし、社会科学者たちは哲学から学ぶことができるけれども、なにもそれを畏れ敬う必要はない。彼らは哲学に対して教えることもできるのだからである（社会科学が何に従事しているのかについてわずかしか、あるいは全く知らない哲学者たちによって作られた処方箋によって多くの損害がもたらされてきた）。方法論者は、方法は〔研究の〕案内を意味しているけれども、研究方法は研究実践〔の過程〕における媒介者でもありまたその帰結でもあるということを、銘記すべきである。[*1] つまり、教育者も、頻繁な再教育課程で、教育されなければならないのである。というわけで、哲学と方法論は、実質的な科学の上に立つのではなく、実在論哲学者バスカーが主張しているように、それらの実質的科学のための「下働き役そして時には産婆役」として奉仕するのである。[*2] そこで社会科学者は、哲学的思考が経験的研究を台無しにするなどと恐れる必要など全くないのである。たしかに、哲学的思考は、ある種の研究には厳しく批判的になることがあるかもしれないけれども。

方法は実践的問題でもある。方法は、私たちの研究対象の性質、私たちの探究の目的およびそこで期待されているものと適合していなければならない。とはいえ、それら相互の関係は、時には緊密というよりもいくらか緩やかなものである場合もある。いま仮に、方法、対象、目的をそれぞれ頂点とする三角形を想定するならば、それぞれの頂点は、他の二つの頂点との関係において考察されなければならない。たとえば、社会科学と自然科学における研究対象の違いが、それぞれの科学が使用する方法やそれらの成果として期待すべきものにどのような違いをもたらすのか？　予測という目的は、たとえばイデオロギーといった研究対象に対しても適合するのか？　社会科学の方法は、それが研究対象にしている人々について理解するということを無視してもよいのか？　解釈学的でエスノグラフィックな方法は、マクロな経済的変化の探究にどの程度まで適合するだろうか？　これらの問に答えるためには、私たちは上記の三角形の三つの角すべてについて考慮しなければならないだろう。

方法論は、記述的というよりもむしろ批判的である必要があるのだが、私たちは、様々な形態の方法論的帝国主義に対しては反対するつもりである。方法論的帝国主義の最も重要な形態は、「科学主義」である。科学主義は、科学についてのばかげたほど厳格な見方を持っていて、通常、規則性の精査と仮説検証の問題に集中し、エスノグラフィーや歴史的な物語や探索的調査のような研究を軽視し、あるいはその資格を認めない。しかし、しばしばそれらに優る代替物はないのだ。この科学主義への対抗として形成された他の種類の帝国主義は、社会科学をもっぱら意味の解釈に還元させようとする。しかし、批判的方法論は、社会科学を、研究の少数派にだけ適合するような狭いやり方に限定すべきではないのである。

社会科学の可能な研究対象の多様性は、研究の単一のモデルの視野を超えて広がっている。したがって、本書は方法についてのものだが、処方のための本ではない。もちろん、それは、理論化と経験的研究の問題について考えるための仕方を提案することによって、研究のための処方の形成に影響を与えようとするのだが。というわけで、ここで挙げる様々な例は、実在論的な研究が必ずはめこまれなければならないような特有の限定された鋳型となることを意図したものではない。

ところで、実在論とは何であろうか？　まず最初に、それは哲学であって、ヴェーバーの社会学とか新古典派経済学といったような、実質的な社会理論のことではない。それは、他の社会理論よりもいくつかの社会理論とより共鳴する度合いが高い、ということはありうる（たとえば、マルクス主義のほうが新古典派経済学よりも共鳴度が高いというように）。しかし、実在論の哲学は、それと調和するように見える特定の理論に保証を与えるようなことはできない。「何がインフレーションを引き起こしているのか？」というような実質的な問題についての問い〔に答えること〕は、「説明の本性は何か〔説明するとはどういうことか〕？」というような哲学的な問い〔に答えること〕とは違うことなのである。

実在論の内実について定義づけをしようと試みると、事柄はさらに難しくなる。新しい哲学的立場にはじめて立ち向かう場合、それについての多くの示差的で重要な事柄を、その特徴についての簡潔な言明によって、最初から捉えるのは不可能である。特殊な哲学は単純なものでも自足的なものでもない。それは、むしろ、他の可能な代替的立場との対抗関係を通して存立している。それらの哲学は、哲学的言説のより広い領域を、行きつ戻りつし、曲がりくねりながら交差しているのである。しかしながら、読者は、実在論の基本性質について、あるいは私自身の考え方について、たとえ、この段階ではその意味は限定されたものだとしても、少なくともいくつかの標識くらいは知りたいと望むだろう。そこで、以下に実在論の特徴的な主張点を示すことにする。それらのいくつかは、言及するまでもないほどあまりに明白すぎると見えるかもしれない。しかし、対立競合する重要な哲学〔との対比〕についても、競合しあうがゆえに、ここに含めている。またいくつかは、曖昧に見えるかもしれない。しかし、それらは少なくとも実在論にはじめて触れる読者に対していくつかの道案内を提供することになる。用語の使用法は、哲学的議論になじんでいる人々にアクセス可能にすることと、哲学の初心者にもアクセス可能となるようにすることとの間の、ある種の妥協によっている。

①世界は、それについての私たちの知識から独立に実在している。

②この世界についての私たちの知識は、可謬的で理論負荷的なものである。真〔truth〕および偽〔falsity〕という概念は、知識と対象との間の関係についての首尾一貫した考え方を提供することに失敗している。とはいえ、知識は経験的な検証を受け付けないわけではないし、成功裏の物質的な実践を説明しまたそれに対して教示を与えるうえでの知識の有効性が単なる偶然的なものだというわけではない。

③知識は、不変の概念枠組みの内部における諸事実の着実な蓄積として、完全に連続的に発展するわけではない。またそれは、諸概念の同時的で全面的な変化によって、完全に非連続的に発展するわけでもない。

④世界には必然性が存在する。つまり、諸対象は、自然的対象であれ社会的対象であれ、必然的に特殊な因果力を有しており、また、必然的にそれ特殊の振る舞い方と感応性を有している。

⑤世界は差異化され、階層化されている。世界は、出来事だけではなく、構造を含んだ諸対象によって構成されている。それらの構造を持った対象は、出来事を生起させる力と傾向性を持っている。これらの構造は、社会的世界でも当然ながら自然的世界でも、たとえ、それらが出来事の規則的なパターンを生み出さない場合でも、実在しているであろうものである。

⑥行為、テクスト、制度といった社会諸現象は概念依存的なものである。したがって私たちは、それらの社会諸現象の生産ならびにその物質的諸結果について説明しなければならないだけでなく、それらの諸現象が何を意味しているのかについて理解し、読み解き、解釈しなければならない。たとえ、それらの諸現象が、はじめは研究者自身の意味解釈の枠組みに

よって解釈しなければならないとしても、大体のところ、それらの諸現象は、それらについての研究者の解釈のいかんにかかわらず実在している。だから、条件つきではあるが、①〔のテーゼ〕が依然として社会現象にも当てはまる。④〜⑥の論点についていえば、社会科学と自然科学の方法には相違とともに類似性があるということになる。[*3]

⑦科学もまた、他のどんな知識の生産とも同じく、社会的実践である。良いか悪いかは別として（悪いだけではないが）、知識の生産の諸条件と社会諸関係は、知識の内容に影響を与える。知識は、もっぱらというわけではないが、大まかにいって、言語的なものである。言語の性質と私たちのコミュニケーションの仕方は、何が知られているか何がコミュニケートされているのかということと同じものではない。この関係についての自覚が、知識を評価する上で決定的なものとなる。

⑧社会科学は、その対象に対して批判的でなければならない。社会諸現象を説明し理解できるためには、私たちはそれらを批判的に評価しなければならない。

以上の諸論点を敷衍すれば、多くの本を書くこともできるだろうが、この一覧のリストは何らかの方向性を提示することにはなっている。

本書のような書物では、社会科学に関する方法論的諸問題と、方法論的問題にとって重要な社会研究の諸タイプとを、網羅的にカバーすることは不可能である。社会研究に関しては、社会学が、関連文献で考慮される点で最も大きな割合を占めている（幾人かの著者は、社会科学は社会学に還元可能であるかのような、しかも社会学はデュルケーム、ヴェーバー、マルクスの仕事に還元される！かのような、印象を与えている）。このようなやり方は、たとえば経済学や開発研究、心理学や人文地理学といった社会的研究実践について何も語らない沈黙状態を生み出してきた。私も、これらすべてについて扱うことはできないが、社会科学の方法についてのほとんどの書籍に見られるありきたりの社会学帝国主義には、できるだけ対抗したいと思っている。

この領域で仕事をするどんな著者も、社会研究の特定の領域の事例をそれとなく念頭において仕事をしている。私の領域は、これまであったような教科書のものとは少し違っている。それらは、最も多く政治経済学の理論から、そして産業、都市ならびに地方システムなどについての学際的な研究から主としてとってこられている。この学際的領域では、研究者たちは、地理学、社会学、経済学、政治学ならびに人類学から集まってくる傾向がある。とはいえ、私が使用している事例を理解するために、それらについての特別の知識は必要ない。実際それらの多くは、日常的な議論や出来事からとられている。私は、取るに足らない（「中庭の木」などの）例を使う哲学者たちの、人をいらだたせるような癖は意図的に避けるようにした。哲学的な論点を設定することに価値があるとすれば、それは明晰さを与えるだけでなく、その社会的・実践的な意義を示すような例によって、事柄を明らかにする場合であろう。

ここで、用語についていくらか説明する必要があろう。社会科学の内的な危機の中心に、通常「実証主義」または「経験主義」と名づけられている伝統的な概念構成に対して様々な攻撃がなされてきたことがある。非常に多くの相異なる教義や実戦がこれらの用語のもとに同一化されてきたので、これらの用語はその価値を低下させ、ひどくあいまいなものになり、純粋に軽蔑的なものにさえなってしまった。これらの用語を使い続けたいと思う人々は、ますます「実証主義の真の意味」についての退屈な脱線を伴う論争に直面しなければならない。それらの論争は、しばしばそれらがもたらすものよりもずっと熱を帯びたものになっている。したがって、私は、大部分でこの用語を使用することを避けた。しかし、このことは、それに関連するいくつかの諸問題について議論することを妨げるものではない。実際、それらの用語が負っている望ましくない連想による重荷を避けることは解放的なことである。総じて、私はテクニカル・タームの使用を最小限にとどめている（こんなことは、みんな言っていることを私も知ってはいるが、少なくとも私の意図としてはそこにある）。

「科学」という用語も、特にコメントを必要とする言葉である。科学を特徴づけているのがどんな種類の方法かについては、次のようなさしさわりのないことを超えてはわずかな一致しか得られていない。わずかな一致とは、科学は、経験的で体系的で、厳密で自己批判的なものだといった点、さらには物理学や化学といった特定の学科がその例となる、といった点である。この語のほとんどの使用者は、明らかに、それが強力な権威という含意を持っていることを、思い浮かべるだろう。だから敵対者にもこの語を使用することを喜んで受け入れる者はわずかしかいない。自分自身の好むアプローチに対して、記述的にはあいまいでありながらしかし権威を与えられた科学という称号を占有し独占しようと争う不毛なアカデミック・ゲームから距離をとろうとする人々は、科学に対する配慮を欠く、また暗に、厳密さや他の徳目に対する配慮を欠く異端者のかどで、告発されがちである。そうした徳目に逆らおうとする者などほとんどいないとはいえ、〔その徳目を〕物理学という模範と結びつけるのは、とりわけ助けにならない。何がその方法かについてわずかな一致しかないだけでなく、それらの方法が社会の研究に適しているかどうかも自明ではない。実際、まさにこの問いこそが哲学的論争の中心にあるものである。この強い意味の〔物理学モデルの〕「科学」という語の使用は、多くの著者たちに、そもそも何が議論されるべきかについて予断を与えてしまうことを許すのである。それゆえ私は、「科学」、つまり「自然科学」および「社会科学」という語は、本書では、自然および社会について研究する学問という語の単なる同義語として使用している、ということを明確にしておきたい。それらの科学の主題は、せいぜい、その自己検証とか探究的な性格によって、自分自身を日常知と区別しているだけだと言ってもいいだろう。しかし、日常知はそれほど多くのことを語るわけではないのである。人文科学の賛同者たちは、このような〔日常知の〕記述のうちに自分自身を含めようと望むかもしれないが。言い換えれば、「科学」という語の使用への私の思い入れのなさは、もちろん、厳密さを求める探究への思い入れのなさを意味しはしないし、研究の効果的方法についての思い入れのなさを意味するものでもない。それどころかむしろ、本書は、それらの厳密さや効果的研究方法を発見するうえで重要な障害となってきたものを取り除くことを意図しているのである。

方法についての議論から社会理論ならびに科学の哲学を遮断することに挑戦するという私の考え方からして、読者は特殊な方法や技法の議論へといきなり飛び込んでいくことを私に期待しないでほしい。ということで、第1章では、文脈《コンテキスト》における知識、つまり、他の知識や実践との関係のなかにおかれた社会科学的な知識、について考察する。知識についてのどんな理論も、このような文脈《コンテキスト》を無視するならば、最初から困難な状況におかれてしまう。というのも、知識についての理論は、科学の内的構造と実践がその文脈《コンテキスト》的位置によってどのように形作られるかを無視しがちだからである。社会についての研究にとっては、特にこのことは重要になる。なぜならそこでは、日常知が、社会研究の対象の一部でもあり、説明のために競合しあう〔知識の〕源泉をなしているからである。社会科学と自然科学とにおける主体と客体の関係の性質〔の違い〕についての議論が、社会科学の必然的に解釈的で批判的な性格への導入の基礎を提供している。

知識の文脈《コンテキスト》について考察した後で、第2章では、知識の地位と信頼性についてのこれまで支配的だった見方について検討する。科学が観察という中立的な媒介者を通じて安定的に蓄積されること〔そうした知識〕を含意していると教えられてきた時代は、もう過ぎ去ってしまっている。その代わり、ある種の確信の危機が、すなわち相対主義と経験的な評価や科学的進歩の可能性についての疑惑が蔓延するようになっている。私たちは、以下のような問題に直面してなされた最も知られた論争から始めることにしよう。その問題とは、事実と観察と理論の本性について、またそれらの間の関係についての問題である。この問題について何らかの前進を図ろうとするならば、そしてまた、方法について何らか意味のあることを言うためには、「理論」の意味（これは、哲学的方法的な諸文献では情けないほど軽視されてきた）について、また知識の言語的かつ実践的性格について、特別な注意が向けられなければならない。科学的知識の客観性とその地位についての伝統的な疑問は、真理の本性についての、および真理はいかにして確証可能であるかについての論争を含んでいた。私たちの場合、この問題にこれまでとは別様の仕方でアプローチしようと思う。つまり、私たちは、知識の言語的なかつ実践的な性格への無視に対抗することをめざしている。そのために、私たちは、〔これまでの〕真理（および偽）の概念が首尾一貫しておらず、したがって、知識は「実践的適合性」という用語で評価されなければならないということを論じていく。この第2章は、相対主義の問題について検討し、理論間の論争の解決について検討することで閉じることになる。

以上の議論は、続く諸章における方法についてより焦点化した議論のための基礎を準備することになる。それらの諸章で、私たちの議論は、方法、対象の性質、研究の目的という三角形の三つの頂点の間を絶えず移動する。概念化と理論化の活動についての強調に続いて、第3章で私たちは、最も「原初的な」レベル、重要だがあまり十分に分析されていない概念化の側面、つまり、抽象化ならびに、抽象的研究と具体的研究の間の関係についての検討から始める。次に私たちは、社会諸関係と構造の性質について、そして抽象化がどのようにしてそれらの性質を描き出すことができるのかについて考察する。続いて、私たちは一般化の性質について明確にする。一般化は、通例抽象化と混同されているのだが。この第3章は、社会科学における因果作用の実在論的概念とその方法ならびに因果分析の含意についての議論をもって終えることになる。

第4章は、方法〔の問題〕を、存在論との関係において、または社会的世界と自然的世界の構造および性質との関係において考察する。第一に、それらの世界は「階層化されている」ので、たとえば〔社会〕制度などは、その構成諸要素から創発しながらもそれらには還元できないものだという点である。第二に、世界は「開放システム」から成り立っているので、そこでは、出来事の規則性は少なくとも近似的か一時的なものである。そこで、これらの特徴が、法則を発見する可能性にとって含意するもの、また社会科学における説明と予測にとって含意するものが何か、検討に付されることになる。次いで、方法にとって存在論的な諸問題がさらに含意するものについて、検討されることになる。つまり、「合理的抽象化」、すなわち対象の構造に対して敏感な抽象化を行う必要性について検討され、さらには、世界における必然性の発見に対する理論と経験的研究の関係について、そしてまた、社会科学において空間と時間を捨象することから帰結すること、およびその危険性について検討することになる。

第5章は、本書の主要な議論からすれば横道にあたる議論である。それは、哲学と方法論の、より伝統的な立場になじんでいる人々に向けた、あるいはその後の展開を待たずにそうした立場から提出されるだろう特定の反対の声に対する答えを要求している人々に向けたものである。他の人々は、第6章に「先回り」することを望んでもかまわない。第5章で論じる主要な問題は、科学の哲学の主流派における関連しあう一連の問題点に関わっている。それらの多くは、とりわけカール・ポパーの仕事に結びついている。彼は、社会科学において特に大きな影響力を持ってきた。それはすなわち、帰納、原子論的存在論、因果作用、必然性、本質主義、論理学と演繹主義などの問題についてのものである。

第6章では、量的方法の問題に立ち戻る。前にも触れたように、方法についての教科書における通常の扱いとは対照的に、量的方法は研究対象の性質との適切性〔appropriateness〕、つまり量化の作用域の適切性、さらにはモデル化にとって開放システムが持つ含意などとの関係において評価される。したがって、議論は、モデルそれ自身の使用、および諸前提の役割などについての批判的検討に立ち入ることになる。最後に、量的立場の使用と原子論的な社会の見方との関係や規則性を探し求めることに焦点を当てて、概念化や解釈学的な理解を無視するような方法の考え方について検討することになる。

社会科学の考え方との関係について、その理論についての評価、あるいは立証または反証についての議論が、第7章の主題である。適切な方法の多様性についての強調と整合するように、私たちは、それらの評価は、研究の相異なる対象と主張のタイプに応じて多様に変化し、複合的で差異化された仕事になると論じている。第8章は、科学の伝統的哲学になじんでいる読者のための第二の横道の議論である。そこでは、反証というポパーの考え方への批判を提示している。

第9章では、社会科学における説明の問題に立ち戻る。説明は、未完成で近似的なものであること、また、方法、研究対象、研究目的という私たちのあの三角形の〔頂点相互の〕関係に応じて説明は変化するということ、について論じている。しかし、研究者たちはしばしば、特定のアプローチを過剰に拡張しがちである。たとえば、一般化について多くのものを期待しすぎることがある。したがって私は、異なる種類の研究デザインのなしえる事柄を比較しながら、重要な研究の諸タイプどうしの関係およびその限界について論じている。この章では、私たちがそこから開始した知識のより広い文脈《コンテキスト》の問題に立ち戻って、次のような結論を出している。それはすなわち、説明が抱える諸問題についての判断は、最終的には社会科学の批判的ならびに解放的役割を、私たちが受け入れるのかまたは拒否するのかということに部分的には依存しているという点である。

最後に、補論では、科学的知識が通常はテキストの形態で表現されているという事実への最近の関心が持ついくつかの含意に対してコメントを行っている。おそらく、私たちが使用するレトリックと知識を表現する形式は、意味を運ぶ中立的な乗り物などではなく、知識の内容にも影響を与えるものである。ここでは、このようなことを生じさせうるその仕方について、簡単に論じている。多くの注釈者たちとは違って、私は、これらの連関は、実際にいっそうの注意〔深い考察〕を要請していることについて、しかしまた、それらの連関は実在論を脅かすようなものではないということについて、論じている。

第1章　文脈《コンテキスト》の中の知識

私たちは、可能なあらゆる科学的質問に対してはすでに回答がなされているとしても、生の諸問題に対しては全く手つかずのままになっていると感じている。（ヴィトゲンシュタイン、1922、6. 52）[*1]

「方法〔method〕」とは、私たちがこの世界をよりよく理解するために、この世界にアプローチする慎重に熟慮されたやり方を提案するものである。方法を判定するためには、私たちが、自分自身と自分たちが理解しようと努めている事柄の関係の性格について何らかの理解を得るならば、それは相当に役立つものとなるだろう。しかし、この基本的なレベルでさえも、方法に関する多くの議論は上手くいっていない。なぜならそれらの議論は、文脈《コンテキスト》のなかで知識を考察できていないからである。

社会科学は、社会のなかの日常的知識に対して、そして自然科学に対して、どのように関係するのであろうか。それは、日常的知識を単に神秘化するものであろうか、あるいは再生産するものであろうか。それは、自然科学を見習うべきであろうか。社会科学の成果の言い立てられている陳腐さ、および実践的な事柄への妥当性の欠如、とを理由にして社会科学を攻撃してきたある人々は、このことは、社会科学が、自然科学の「証明済みの」方法を使用することに失敗したことに帰因していると論じている。別の人々は、そのような陳腐さが、まさに、そうした自然科学の方法の使用の結果であると論じている。ここには、社会科学が、実践〔practice〕に関して「公平無私な」姿勢をとるべきか、あるいは社会発展の過程に積極的に関わっていくべきか、についての意見の相違が存在している。ある者は社会科学を、社会工学を通じて応用可能な、社会についての自然科学だとみなしている。別の者は社会科学の役割を、社会科学の目的がより大きな自己理解を発展させることにあるのだから、エンジニアよりもセラピストとより多くの共通性を持っていると見ている。さらに他の者は、社会科学の役割が社会批判にあると考えている。

本章で、私は、抽象的な用語で[*2]、知識、とりわけ社会科学が発展する文脈《コンテキスト》を検討するつもりである。また私は、その文脈《コンテキスト》ににおいて、知識がどのように実践とその対象〔objects〕に関係することになるのかについても検討するつもりである。こうすることが、上記の問題について、本章とそれ以降の章において議論することを可能にするための基礎を提供することになると、私は期待している。ここで提起された問いのいくつかは、哲学的な議論として見た場合でも、奇妙なほど広範囲に及ぶように見えるかもしれない。また、表面上、それへの回答のいくつかはわかりきったものであるように見えるかもしれない。しかし、もしそれらの問いが無視され、ないしは自明のこととされるならば、私たちはそれらの問いが、社会科学の実践に関わる基本的諸前提のいくつかに、どれほど挑戦するものになっているかに気づかないことになるだろう。たしかにそれらの問いの重要性は学問の世界を越えて日常生活にまで及ぶのだが。というのも、それらは、社会がある仕方で体系的に自らを誤って理解していることを示唆するからである。

科学の方法論とその哲学に関する文献の最も尋常でない特徴の一つは、それらの文献が実践を無視するその程度であり、知識が、科学者と一般人が行っている事柄に関係づけられるやり方を無視するその程度である。もしそうした文献の慣行のとおりに、私たちが実践を知識に、知識を科学に、そして科学を観察と静観〔contemplation〕に縮減してしまうならば、社会科学と自然科学とそれらの対象との間の関係を評定することが困難になると証明することになるとしても大して驚くに及ばない。知識の実践的文脈《コンテキスト》が持つ含意を解明するための道のりは遠いけれども、少なくとも私はこの道を歩んでいこうと思っている。*3

知識に関するいくつかの概念錯誤

私は、次のような（相互に関連しあう）概念錯誤と戦っていくことから始める。すなわち、

①知識は、世界についての静観ないしは観察を通じてのみ獲得されるとする錯誤。
②私たちが知っていることは、私たちが語りうることに還元できるとする錯誤。
③知識は、社会活動におけるその生産と使用へのいかなる考慮からも独立に評価可能なことまたは生産物であると、安んじてみなしうるようなものであるとする錯誤。
④科学は、知識の最高の形態であると単純に想定されうるとする錯誤。および、それ以外の知識のタイプなどはなくてもよいか、または科学によって置き換え可能であるとする錯誤。

①と②は高度に関連しあっており、ともに「知性主義的誤謬」または「知性主義的偏見」を構成している。四つの錯誤のすべては、社会科学と社会との関係を疑わしいものにすることにあずかっている。

①に反対して、私は、知識は主に共有された諸資源、特に共通言語を用いて（労働ないし仕事を通じて）、私たちの環境の

変更を試みる活動と他の人たちとの相互行為〔interaction〕とを通じて、得られていると論じるであろう。[*4] たとえ、知識の発展がこの世界の受動的な静観を通じて促進されるかもしれないとしても、その発展は、このような二つの文脈《コンテキスト》〔労働と相互行為〕の存在を常に前提にしているのである。そして、それらの文脈《コンテキスト》が、私たちの諸観念のための、さらには私たちがそのなかでまたそれによって思考するところの言語のための、ある種のフィードバックまたはテストを提供しているのである。諸個人は、自分たちがそこで思考し行動し学ぶことのできる社会から独立に知識を発展させることはできない。人間の経験したなかで、非社会的な個人に最も近似するものはあの「狼少年」である。彼は、ほとんど人間社会の外で育てられたことから、話したり最も簡単な推論の仕事をしたりすることはおろか、たいていほとんど二足歩行さえままならなかった。

　人々と彼らの諸観念が私たちの知識の対象のうちに包含されるのであれば、実践に対する知識の関係は、受動的で純粋に反省的なものであるというよりも、むしろ相互作用的なものであるだろう。私たちが自分自身について考える際に、私たちが自らの「対象」を変更することができるということは、とりわけ自己反省において明らかである。特定の諸条件の下では、社会科学はその対象に対して類似した効果を持ちうる。さらに、真理の探究、すなわち社会的知識から幻想を取り除く試みは、間違った信念とその社会における結果に対する批判的な関係のなかへと、反省的で検証された知識を差し込むことである。このような意味において、社会科学およびおそらくは人文科学も、批判的で治療的なものであり、解放的なものでさえあるだろう。たとえば、男らしさと女らしさの意味についての議論、不況の性質について、あるいは国際政治についての議論は、競合する外在的説明として社会の外で生じるものではない。つまりこれらの議論は社会過程そのものの一部なのである。以上の論点について、手短に論じておこう。

　知識の静観的な見方のもう一つの側面は、知識と言語の唯一の機能が「命題的」なもの[*5]（この世界についての命題を生み出すもの）であり、または「指示的」なものであるという仮定である。この見方において見過ごされているのは、知識とは「この事実は何であるか」、あるいは「これこれのことを知っている」ということに関係するだけでなく、物理的な行動であれ、他者と上手にコミュニケーションをとることであれ、「ノウハウ〔know-how〕」を、つまり何事かを行う方法を知っているということに関係するという点である。

　第二の概念錯誤、つまり知性主義的誤謬の二番目の構成要素は第一の概念錯誤に密接に連続している。その錯誤は、知識の語られたまたは書かれた形式を祭り上げる傾向に関連しており、また、それらの形式が、意味がコミュニケートされ、知識が「運ばれ」、応用されうる唯一のやり方であると想像するような傾向に関連している。これには、さほどの言語能力を要求せずに実践的スキルを含むようなタイプの実践的な知識を軽蔑する傾向が伴っている。しかし日常的知識の多くは、このような実践的な形式を有している。すなわち、幼い子どもは言語を獲得する以前に非常に多くのことを学ぶ。私たちは自分で気づいていても言葉で言い表すことのできない数多くのスキルを持っているし、通常は気づかないままでいる多くのスキルをも持っている。たとえ私たちの頭のなかに内在化された語りの形式であってさえも、すべての社会的行動が、言語的に獲得され、言語に媒介されているわけではない。私たちが行うことの多くは「合理的選択」モデルに基づいて行われているわけではない。それらは、慣れ親しんだ環境への学習された適応を含んでいる。ブルデューが述べているように、「この適応は、意識的に追求された明確な目標をめざした結果でもなく、外在的原因による機械的な決定の結果でもない。（しかし）それは、ある実践感覚によって導かれている。つまり私たちがゲームの勘と呼ぶようなものによって導かれているのである」[*6]。

社会科学的知識はまずもって、実践的というよりも命題的ないし指示的なものである。このことは、そのような知識が、私たちの生活の仕方を決めるうえで、まさになぜ間接的な仕方でしか、役立たないのかについて、ある糸口を提供するはずである。社会科学への「価値侵入〔value intrusion〕」だと申し立てられる危険に対する共通の恐怖心もまた、〔社会科学的〕知識の実践的応用を抑制していることは明らかである。

ここには、このような知性主義者の偏見を強める物質的環境も存在している。その環境のなかで、学者たちは、通例社会的分業においてある位置を占めている。そこでは、命題的形式をとった、またこの世界に対する静観的な関係における知識の発展が特別の優越性を有している。この制約され特権化された文脈《コンテキスト》においては、話したり書いたりする諸活動が、作ったり行ったりする諸活動の上位に持ち上げられている。まるで、命題的知識と言語的コミュニケーションだけで生活が可能であるかのようである。後に見るように、社会科学者、哲学者あるいは知識人が、曖昧で吟味されていない実践的意識によって社会行動が導かれているその程度を過小評価して、彼らの研究対象としての社会に彼らのそうした性格を投影しているとしても、驚くにはあたらない[*7]。社会科学者たちは、実践的意識について吟味するかもしれないが、その吟味の結果は、元の実践的意識と混同されてはならないし、その元の実践的意識に逆投影されてもならず、あるいは、その実践的な状況から切り離されてもならないのである。私たちは、第3章で、これらの諸問題に関してもっと多くのことを述べるつもりでいる。ほとんどどんなことに対しても反省の目を向ける学者たちの自由の広さにもかかわらず、社会的分業における学者の位置という限定された地平が、実践的な暗黙のスキルに関連したある死角〔の形成〕を助長している。知性とスキルについての知性主義的で言語論的な見解の一面的な強調に私たちの教育システムが傾斜していることが、こうした死角の形成に部分的に寄与しているのである。

これを執筆し終えたので、私は明らかに、この一冊の本のなかで、〔教育システムの〕内部からだけでもこのような偏見と闘うことができる。

第三の概念錯誤とは、知識を私たちの外部に存在する成果物ないしは物〔thing〕として考える、ありがちな傾向に関係している。それらの成果物や物を、私たちは「所有」したり、私たちの頭のなかまたは図書館のなかに完成した形で蓄えておいたりするのである。私たちは、知る〔*knowing*〕という言葉で、「あれこれ迷いながら」意識として生じてくるプロセスのなかにあるものについて考えることをせずに、すでに「凝結してしまっている」物として考える傾向がある。[*8] 知識を発展させ共有することに関与するこの知識の働きにもかかわらず、〔知るという〕この活動的側面は（たぶんまたもや知性主義的偏見の結果として）見過ごされる傾向がある。とすれば、このことは社会的世界を物象化するありふれた傾向の一例である。すなわちそれは、活動的で意識的な社会関係と社会過程を私たちから独立して存在する物に変化させ、こうして、私たちは、「～である〔being〕」よりも「～を所有する〔having〕」という観点から、それら〔社会関係と社会過程〕について考えることになる。[*9]

たとえ、理解のしやすさのために、私が非物象化的でこなれていないあいまいな「知る」〔という用語〕よりも、物象化的な名詞である「知識〔knowledge〕」のほうを使っているとしても、私はその「知識」というその用語が助長しうる誤解に対しては反対しようと試みるつもりである。

この固定的な見方と戦うために、知識の生産を社会的活動として考察することは絶対に必要なことである。[*10] 私たちは、「知識」を発展させるために、私たちが働きかける原料と、それを用いて働く道具を必要としている。[*11] それらは、物質的なものでもあり、また同時に、言語的で概念的で文化的なものでもある。この世界の理解を試みる際に、私たちは、入手可能などんな文化的資源からも集めてこられた、既存の知識とスキルを利用する。それは、その他の「原〔raw〕」材料、すなわちデータ、既存の諸議論、情報といった形式の知識、その他なんであれそうした知識に対して働きかけるためである。知識が再生産されまたは転換されるのは、このような活動とプロセスによってのみである。つまり、知識は無から生み出されるのでは決してないのである。バスカーの言葉で言えば、生産物や資源やスキルなどとしての、すべての様々な諸形態における知識は、人間エージェンシーにとっての「永続する条件であるとともに、継続的に再生産された結果でもある」のである。[*12] 科学は物ではなくて、社会的活動なのである。〔agency：現実を変化させたり影響を与える能力を持つ主体がエージェントであり、そのエージェントの活動がエージェンシーである〕

知識についての第四のありがちな概念錯誤は、科学主義に関係するものである。[*13] 哲学に対しては何について質問してよいかについて何の制約も与えられていないと一般に考えられている事実にもかかわらず、科学ならびに社会科学についての英米哲学では、科学こそが、みなが熱望すべき知識の最高の形態であると、単純に決めてかかる著しい傾向が存在している。この傾向は、再び、知性主義者の偏見と共鳴し、それを強化する。科学哲学に関する数多くのテキストは、〔科学についての〕このような考え方を自らの出発点とみなしたうえで、すぐさまその内部手続きの説明またはその処方に向かう。しかし科学の地位について、また科学が他の種類の知識にどのように関係するのかについて何らの疑問も抱かないこの態度は、経験的研究の手続きや推論の諸様相、説明とテストのモデル等々に関する全体の議論を歪めてしまう可能性がある。

私は、異なるタイプの知識は異なる機能と文脈《コンテキスト》に照応すると論じるつもりである。たとえば、自然を私たちのデザインの方向に動かす仕事にとってのエンジニアリングや、社会の人々の行為を調和させることにとっての倫理学がそうである。しかし、これらの文脈《コンテキスト》は互いに排他的ではなく、重なりあうものである。科学的実践は、いくつかのタイプの知識を包含しているが、そのなかには、科学主義によって非・科学あるいは反・科学として通常は排除されているような知識が含まれている。たとえば、この「科学主義」という立場を受け入れてきた多くの哲学者たちは、倫理的決定を、非合理的で純粋に情緒的なもので、科学の一部ではないものとして取り扱ってきている。科学はこれとは対照的に、純粋に事実の事柄について、つまり「この事実とは何か」という合理的で客観的な問題について取り扱う〔とされる〕。しかし、科学はまた、専門化されたタイプの社会活動でもあり、そのためそれは、何が適切で何が不適切な行為であるかを決定するルールを必要としている。すなわち、報告の誠実さと、非論理的議論の拒否に関連する原則のような倫理的原則がないのであれば、科学は存在しえないであろう。換言すれば、科学的知識は、いろいろな基礎づけがあるなかでも、「科学主義」が否定し除外し貶めようと努めてきたある種の知識を〔基礎づけの一つとして〕前提としているのである。[*14] 私たちは、〔同じように〕除外されながらも重なっている知識の他の形式に手短に立ち戻るであろう。

　知識の様々な種類のいくつかのものについて議論したので、私たちは今や、知識がそこで展開される文脈《コンテキスト》に目をやり、その文脈《コンテキスト》がどんな影響を及ぼすか見ていくことにしよう。

知識、労働、コミュニケーション的相互行為

知識は、文脈《コンテキスト》の二つの主要なタイプ、すなわち仕事〔work〕（あるいは「労働〔labour〕」）とコミュニケーション的相互行為において発展され用いられている。[*15] これら二つの文脈《コンテキスト》は高度に関係しあっているけれども、どちらも他方に全面的に還元されえない。私は、「仕事」あるいは「労働」という言葉によって、手つかずの自然であろうと、あるいはすでに大規模に変えられてきている自然であろうと、自然のどんな部分でも変形し修正し移動し操作しようと意図されたあらゆる種類の人間活動を言い表している。だからそれは、鉱業、輸送、機械の製造とその活用であっても、封筒のなかに手紙を入れることであってもかまわないのである。以上の活動全体は、人間の目的のための事柄の操作を含んでいる。

　人間の労働は動物の行動とは違って意識的なものである。働き手はこの労働の目標、最終成果物について、何らかの概念を持っている。[*16] たとえ労働がすっかり習慣的なものとなっている場合でも、この〔労働の〕目標は再確認が可能である。私たちは、自分たちの物質的な仕事の進展をモニターできるだけでなく、自分たちのモニタリングを記録し熟考し、他の人たちとそのモニタリングについて議論し、仕事をするための新しい方法、

目標あるいはプロジェクトを生み出す。このような〔意識的労働という〕文脈《コンテキスト》における「知る〔活動の〕」プロセスは、当該の仕事の諸結果から、フィードバックを通じて、ある種のチェック〔機能〕を引き出している。これ〔チェック機能〕は、私たちの知識がこの世界を上手に「鏡のように映し出〔mirror〕」しているかどうかをたしかめるために、あたかもこの世界が私たちの外部に存在しているかのようにして、この世界を受け身で観察することを通じて引き出されるのではない。そうではなくてそれは、自然の内部で作動する自然の諸力の一つとしての〔人間の〕物質的活動の諸結果からのフィードバックを通じて引き出されるのである。自然科学それ自体は、観察と概念化の事柄だけのものでは全くないのである。自然科学の実践者らは、自らの時間のほとんどを費やして、自然に介入したり、自然に対して何かを行ったり、実験がうまくいくように努めたりしている。[17]私たちが仕事のなかで利用する実践的知識をモニターしチェックする際に問題になることは、この世界を受動的に「鏡のように映し出す」ことや「表象すること」ではなく、むしろこの世界の形態転換の、すなわち知識の能動的な「客体化」の、成功か失敗かなのである。これ〔形態転換的な実践の成否〕が今度は、私たちが知識を評価したり試験したりする方法に影響することになる。すなわち「客観的真理が人間の思考に帰属しうるかどうかという問題は理論の問題ではなくて、実践的な問題である。実践において人間は、真理、すなわち彼の思考の持つ……実在性と力を証明しなければならない[18]」のである。

人間の生活は仕事に依存しているのだが、驚いたことに、その仕事（人間の目的のために自然を変形すること）が、哲学においては、社会科学においてさえ、ほんのわずかな注目しか得ていないのである。このことは、学者らが、自ら研究の対象としている人たちの生活に対して、自ら自身の生活方法を投影するということの例証であるかもしれない。人々が生計を立てている手段について無視する傾向は、映画と大衆的フィクション小説だけではない。多くの社会理論が、人々が自らの生活手段を（再）生産する方法について考慮することなしに、社会がどのように組織されるのか、社会がどのようにまとまるのかに多くの注意を払っている。しかし仕事は、人々と自然の間にある〔その間を媒介する〕最も変革的な関係である。仕事は、物質的プロセスであるとともに意識的プロセスでもある。それは、純粋に物理的な行動にも、あるいは受動的な静観にも、いずれにも還元されえない。[19]それは、知識とこの世界との間のギャップを架橋するもの、それこそ「失われた環」なのである。このギャップは、知性主義者の偏見と、資本主義における仕事と「生活」との間の現実的な分離とによって拡大されてしまっているのである。

労働はまた、人間の発達ないしは「自己変革」の理解にとって中心を占める。私たちは自分たちの社会と自然の環境を変化させる際に、社会と人々の特質を形作っている諸力と諸条件をも変化させる。新たな種類の仕事と社会的諸関係が発展していくにつれて、人々は新たなニーズを発展させる。換言すれば人類は、「自己変革」のための、自らの歴史を創るための能力を有している。もっとも、マルクスが注意したように、「人々は自分の意のままに歴史を創るのでも、自分が選択した環境の下でそれを創るのでもない。彼らは、直接に出会った環境の下で、所与の、過去から伝えられた環境の下でそれを創るのである」[*20]。言い換えれば、歴史は、人々に対してただたまたま生起するというものではなく、意識的にであれ無意識的にであれ、彼らによって創られるものである。素人的なものか科学的なものかはともかく、社会についてのいかなる概念構成も、人々をエージェントまたは生産者としてではなく、むしろ歴史の受動的客体、知識の単なる運搬人として取り扱うが、そうした概念構成は、歴史の対象および歴史それ自体を誤って描き出す運命にある。

知識の第二の基本的文脈《コンテキスト》は「コミュニケーション的相互行為」である。私はこの用語によって、意味の共有化と伝達にともに携わる人々の間でのあらゆる相互行為を意味する。この相互行為は、決して話されたりあるいは書かれたりするコミュニケーションに限られない。それは、記号や慣習〔conventions〕、概念、絵画、ルール、そして行為などの、意味理解を前提とする多くの種類の活動を含んでいる。たとえコミュニケーションが言語的なものだとしても、そこにはたいてい、ある重要な非言語的次元が存在する。明らかな例としては、就職面接の場合である。そこでは面接を行う者もそれを受ける者も、話すことに関連するスキルに加えて、解釈や自己表現、そして「印象のマネジメント」[*21]についての広範な社会的スキルを活用しているのである。

逆説的なことに、言語で表現されない知識を無視することが広く行き渡っていながら、最近まで社会科学者と方法論者は、あたかも言語が透明で問題のない媒体以上の何ものでもないかのように、彼ら自身の知識の言語的性格を当然のことと思ってきた。よく考えてみれば、方法論が、言語を効果的に利用する能力を、この世界を理解し説明する私たちの能力にとって重要ではないものとみなすべきだとすることは、奇妙なことのように思われる。分析の技術的方法に通常与えられている〔過大な〕関心は、私たちがそれで世界を特徴づけている言語に与えられる〔わずかな〕考慮とは著しく不釣り合いである。それゆえ言語は、無視されている現在の位置づけから引き上げられて、それにふさわしい位置が与えられなければならない。とはいえ、それはその文脈《コンテキスト》から切り離されてはならないのだが[*22]。

まずはじめに、言語はそれ自体の効果を持ち、その効果はその使用者によって意図された範囲を越えて及んでいく。可能な意味は、言語の様々な諸要素間の〔相互の〕連接の戯れとその文脈《コンテキスト》との間の相互作用から生じてくるのだが、そのような意味は、部分的には言語構造に依存している。私たちは言語というものを、言語使用者としての私たちが、それによって話すあるもののことだと考えるように習慣づけられている。けれども、ある意味では、その逆のことも言えるのである。たとえば、私はこの本の唯一の著者ではないのである。それについて私自身はただ部分的にしか意識していないような言語の構造と語りの形式――たとえばアカデミックなテキストの言語構造と語りの形式――が、私を通して語るのである。あるレベルにおいて、私たちは、このことは家の建築といった何らかの生産行為に類似していると言ってよいだろう。というのも、建築家の仕事と並んで材料の性質もまた、できあがった物の特性を決定するのだから。しかし、言語が及ぼす効果は煉瓦と鉄が及ぼす効果のように定まったものではない。〔言語の場合には〕新たな解釈がいつでも可能であり、新たな解釈をあらかじめ排除することは決してできないのである。

第二に、言語は、それが社会的相互行為の媒体でもあり同時に生産物でもあるため、全く社会化されていない孤立化した個人に対しては存在できない[*23]。命題的知識は言語のなかで得られる概念によって構成され表現される。そして私たちは、コミュニケーション的相互行為を通じて、それらの命題の相互主観的な確証を追求する。科学のコミュニティにおいては、この種の点検、思考の厳密さを求めて懸命に努力するという目的ために高度に定式化されている。

第三に、言語はまた表現的機能をも持っている。感じていることの表現は、とりわけ私的〔personal〕なものか、または個人的〔individual〕なものに見えるかもしれないが、しかし、その表現はその人の言語において入手可能な用語によってなされるのであり、それゆえ、その表現はある社会的次元を持っている。

第四に、多くの私たちの知識と私たちの言語使用は、この世界の命題を作ることでも、私たちの感じているものを表現することのいずれでもなく、次のような手段を提供することによって、ある直接的な社会的機能を果たしている。つまり、その手段を使って私たちは質問したり命令したり論議したり尊敬したりあるいは軽蔑したり、関係性を構築したりしているのであり、要するに、それによって社会のなかで自分たちの仕事をしているのである[*24]。知識または言語が、あたかも社会的文脈《コンテキスト》の外部に存在するかのように取り扱われることは、いかなる場合にもありえない。たとえ私たちの関心が、「その知識の社会的起源にかかわりなく」、まずもって知識の真偽という問題におかれているとしても、その真か偽かの判断が相互主観的な評価を必要とすることを念頭においておくべきである。

分析的利便性と解説上の利便性のために、私は、労働とコミュニケーション的相互行為という知識の二つの文脈《コンテキスト》を、別々に取り扱った。両者は実際には相互依存的なものなのだから、このやり方は、全く暫定的で、粗い大要だけを与えているのである。単なる動物的な行動から人間労働への発展は、高いレベルのコミュニケーション的相互行為の同時的な発展を必要とする。なおそのコミュニケーション的相互行為を通じて、人々は、彼らが労働の際に利用する「道具的」知識を習得し発展させることができるのである。

意味の諸システムは、社会的相互行為の経過のなかで、人々によって交渉的に取り決められている[*25]。そのためこのシステムは、慣習的〔conventional〕な性格を有している。すなわちこれらのシステムは慣習〔convention〕となり、それに従って諸個人の行為が関係づけられる。この点でお金に関係づけられた意味のシステムは好例である。とはいえ、どのような慣習でもいいというわけではない。すなわち、私たちが生き延びるために企てる必要のある成功裏の労働と相互行為を活気づけるような慣習が選好されるだろう。その一方では（相互主観的に同意されるような）成功裏のプロジェクトを活気づけることのできない慣習は取り除かれることになるだろう。自然ならびに（人間活動を含む）その物質的プロセスは、私たちの理解から独立して存在する特定の構造と性質を持っているのだから、それらについてはどのような理解であっても、活動にとっての基礎として役立つわけではないであろう。[*26] 私たちは自然への自分たちの関与を相互主観的にモニターすることを通じて、実践的に可能と思われる活動に合わせて自分たちの言語と知識の発展に努めている。意味の社会的規定性における力と支配の存在は、こうした状況をほんのわずかばかり修正するだけである。というのも、力ある者もまた可能なものの領域に拘束されているからである。私は、後で、以上の諸点に立ち戻ってより全面的に展開するだろう。

人間労働とコミュニケーション的相互行為は高度に相互依存的であるけれども、一方を他方に没却させてしまうことはできない。[*27] その極限において、たとえコミュニケーションが大きな働きをすることができる（！）としても、コミュニケーションがこの世界を物質的に変形することに全面的に還元されてしまうことはありえない。たとえ意味の解釈および静観の最も受動的形態は脳のなかの物質的プロセスを含むにしても、意味はそれらの物質的プロセスに還元できるものではない。たとえあなたが、人々が話をしたとき、誰かの脳のなかで化学的で物理的なプロセスが働いているのを観察することができたにしても、あなたが彼らを理解できるためには、彼らの語ったことの意味を知る必要が依然としてあるだろう。逆に、物質の変形としての仕事は、意味の共有あるいは解釈に全面的に還元されえないものである。

もう一度いえば、知識の文脈《コンテキスト》についての概念錯誤は、社会科学者の研究対象、ならびにその活動についての彼ら自身の見方を歪めてしまう可能性がある。「ラディカル行動主義〔radical behaviourism〕」と呼ばれるアプローチはその好例を提供している。すなわちラディカル行動主義の擁護者らの主張は、人々が自らの行為ならびに他の対象に付与している意味などは、彼ら自身が何を行うかを決定する際にいかなる役割も果たさないというものである。こうして知識は実践から引き離されてしまう。これはもちろん、人々の活動についてのラディカル行動主義者らの見解に対して次のような疑問を引き起こすことになる。すなわち、いったい人々の観念は、彼らの行為と何らの関係も持たないものなのかと。これは、その不合理性が十分に明らかな極端な事例だが、通常は、このような概念錯誤がそれほど明らかになっていないのである。それにもかかわらず、人々が状況に付与している多くの意味を、社会科学者が無視することは、たしかに珍しいことではないのである。たとえ、そのような無視することに原則的な問題として固執する者はわずかしかいないとしても、そうである。哲学と方法論の議論において、ラディカル行動主義を受け入れる者はわずかしかいないけれども、実際的な社会科学的実践においては、ラディカル行動主義に接近していくような何ものかが、とりわけある種の自然科学のなかで見出されるものと同じような法則類似の経験的規則性を探究することを自らの任務とみなしている人たちの仕事に共通してみられるのである。それゆえ、この概念錯誤についてさらに探究することが重要になる。

主体と客体の関係性

この「文脈《コンテキスト》中の知識」についての説明は、「主体〔subject〕」と「客体〔object〕」の関係を検討することによってさらに発展させられ、明確にされることで可能となる。このことについてのほとんどの議論において、「主体〔subject〕」（あるいは時には「知る－主観〔knowing-subject〕」）という言葉は、観察者または探究者あるいは単に「思考する者」を指し、「客体〔または対象〕」は研究されるもの〔物／事（thing）〕として定義される。私はこれらの定義に対して、二つの限定あるいは付加を行いたい。以前にも述べたように、私は、「主体〔または主観〕」の意味を科学者に限定することを望んではいないのである。その理由は、一つは、この議論の段階で、科学的知識と他の種類の知識との間の類似性と結びつきを明らかにしたいからであり、もう一つは、私は、〔客体に〕変化を引き起こす創造的なエージェントとしての「主体」という、より古い意味を含めるようにしたいからである。この修正のポイントは、この〔「主体」と「客体」の〕関係の概念を、最初から受動的で静観的な様式に、制約してしまわないようにすることにある。

私は、この〔「主体」と「客体」の〕関係性のいくらか素朴な概念を紹介しながら、それを批判することから始めよう。そうすることで、この概念が自然科学と社会科学に適応されるなかで、代替的概念構成を発展させていくことになるだろう。これによって、自然科学と社会科学の差異と類似についての議論へと、そして両科学の対照的なアプローチについての議論へと進んでいくであろう。こうしてその議論は、最終的には、社会科学がどのように日常的知識と実践に関係するのかという問題に私たちを連れ戻すであろう。

この話題に関する多くの考え方の裏にはある概念枠組みがあり、その枠組みには次のような一連の二元論ないしは二項対立が含まれている。

人々	自然
個人	社会
主観的	客観的
思想	行為
観念的	物質的
心	身体
知識	実践
信念	事実
言語の表現機能	言語の指示的／命題的機能

このような対立の枠組みは私たちの文化に深く埋め込まれていて、その文化の外で思考することはたしかに困難である。そ

の枠組みは、常識の思考においては暗黙的なものにすぎないが、哲学と社会科学に関する多くの英米の文献のなかでは明示的なものになっている。とはいえ、私たちにとっては、それらの二元論は「第二の自然」となっていて、おそらく全く無害なもののように見えるだろう。しかし、私は、それらの二元論の一つ一つには、この世界および私たち自身についての理解に問題を生じさせるような概念錯誤がつきまとっていると、論じるつもりでいる。これらの二元論は、単独に働くのではなく、並行して働き、互いに補強しあっている。したがって、当該図式の水平的次元において、意味または連想的連関が一つの項目からその隣の項目へと「漏れ出」しているのである。私はこの〔対立の〕枠組みによって生み出されているいくつかの諸問題について、すでにほのめかしてきているけれども、その〔枠組みの〕含意を引き出すことにはまだほとんど着手していなかった。それらは、次のようなことを含んでいる。

①仕事と活動が排除され、ある種の忘却へと追放される。その結果、人々は社会から、および自分自身の活動から隔てられることになる。これは、思想がどのように自然と社会に実際に関係し、そのなかで機能しているのかを私たちが理解するのを困難にしている。このことは、知識についての理論（認識論）の不適切さを意味しているだけでなく、私たち自身についての見方が疎外されていることをも意味している。

②この枠組みもまた疎外されている。なぜなら、社会関係と相互主観性との排除が、社会をある集団かまたは個々人のルーズな集合にすぎないものに還元する傾向があるからである。同時にこの枠組みは、言語の社会的機能を不明瞭なものにしている。たしかに、言語が（再）生産される文脈《コンテキスト》としての相互主観性の無視は、言語一般を理解困難なものにしている。

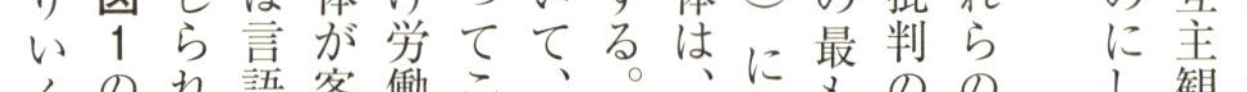

図1　主体と客体①

これらの諸点は、主体－客体の関係性モデルへの批判の過程のなかで確証されうる。

その最も単純なモデルは、この概念枠組み（**図1**）に具合よく適合する。そこではSつまり主体は、Oつまり客体を観察し、その情報を記録する。私たちは、もっと前に行った議論に基づいて、この概念枠組みを改善できる。それによってこの〔SとOの〕関係性は、活動、とりわけ労働を含むことになる。

主体が客体〔または対象〕について考えるためには言語を持たなければならないことも、また論じられた[*28]。言語の社会的性格を考えるならば、**図1**の主体－客体の関係性は社会的諸関係、つまりいくつかの言語コミュニティ内の「主体－主体の関係[*29]」の存在を前提としなければならない。通常、言語コミュニティは、その内部が差異化されており、いくらかの自らの言語的資源と概念的資源を有する専門家のサブ・グ

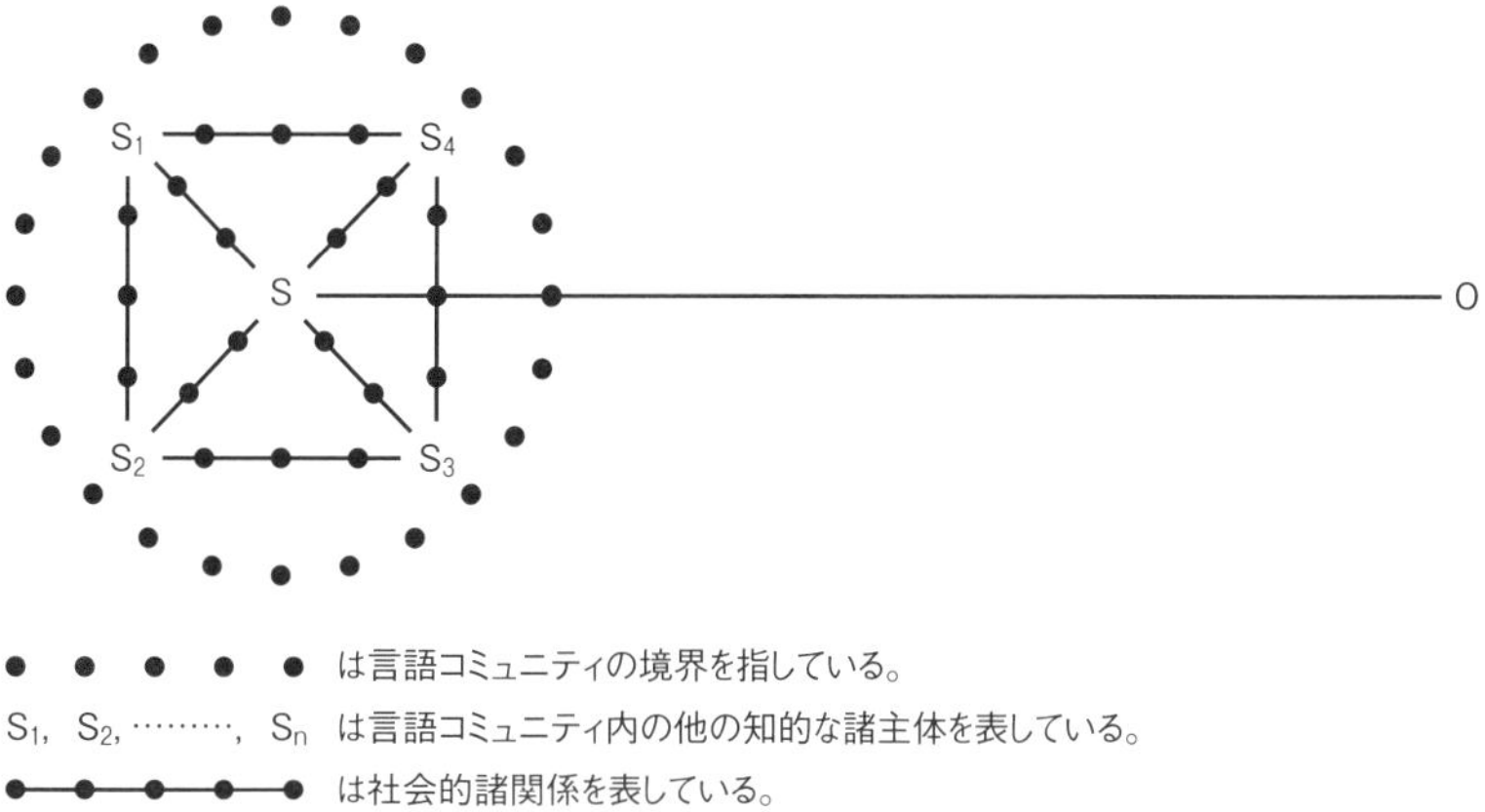
S1
S4
S
O
S2
S3
は言語コミュニティの境界を指している。
S1, S2, ………, Sn は言語コミュニティ内の他の知的な諸主体を表している。
は社会的諸関係を表している。

図2　主体と客体②

ループを抱えている。物理学、経済学、農業、料理、コンピュータ・プログラミングなど、その他何であれ、それらを専門とする人たちのことである。このことから、この社会的文脈《コンテキスト》は、主体‐客体の関係性にとって副次的なものではなく、必須のものなのだから、それに合わせてこの図式を修正することにしよう。私たちは、しばらくの間は、わかりやすくするために、Oがただ非社会的な客体〔対象〕だけから成っていると想定する（**図2**）。

図2は、知識の相互依存的文脈《コンテキスト》として、仕事とコミュケーション的相互行為について先に示された諸論点を反映している。この図では、諸主体（素人、専門家、学者、その他誰であれ）が、彼らの客体に対して、および他の主体たちに対して、というように二重の関係性のうちにあることを表している。諸主体は、特定のコミュニティの認知的諸資源と概念的諸資源を利用することなしには、彼らの客体〔または対象〕についての命題的知識を獲得することもできないし、あるいは客体の操作方法に関する実践的知識を習得することもできない。換言すれば（粗っぽい言い方になるが）、この世界を理解するためには、私たちは、同時に互いを理解しあわなければならないのである。日常生活では、常識がそれ特有の性質上吟味されていないので、私たちには、この社会的側面に気づかない傾向が、そしてまた客体〔または対象〕を無媒介的な仕方で知りうると想像する傾向がある。常識では、私たちは自分たちの信念と諸概念を用いて思考するのであって、それらについて思考するわけではないのである。*30

主体が客体に対して立っているその他の（相互依存的な）関係性もまた広く誤解されている。というのも、この関係性は、実践的なものであるよりも、単に静観的なものにすぎないと頻繁に考えられているからである。というわけで、この関係は、最初に知識が自生的に発展し、その後に（たぶん）それが実践的な文脈《コンテキスト》において適応されるというような問題ではないのである。つまり、知識と実践は最初から結びついているのである（しかしもう一度言えば、二つの〔知識と実践の〕二元論という一組の常識によって、以上のことを見抜くことがいかに困難にされているのかについて留意すべきである）。たとえ「純粋の」科学であっても、それもまた一組の実践なのである。

　このような知識の二つの次元の重要性と相互依存性は、新しいスキルや科学を学ぶ経験を想起することによって容易に理解できる。たとえば、鉱物学では、私たちが綺麗な万華鏡のようなただの模様ではなくてむしろ特定の鉱物を見るために、鉱物学の諸概念を理解することから始めて、顕微鏡の下でどのようにそれらの鉱物の像を見るべきかを学ぶのに数週間かかることがある。私たちは、ただ見ることだけによってではなく、鉱物と顕微鏡を用いて何事かを行うことによってこれを成し遂げるのである。〔ここではまだ〕この〔概念知と実践知という〕二つの次元が「連結」していないので、しばらくの間は当惑するかもしれない。つまり、それらの道具と材料を使う際には、私たちは、その理由を知らないままに、ただ「その動作を進行させている」だけのように見えるだろう。またそれらの〔鉱物学の〕諸概念を使用することは、その意味を理解しないまま、ただ単に「声に出して発音してみたり」あるいは「オウム返しに語ったり」しているように感じられるであろう。後に、この二つの次元を連結することが「第二の自然」となるにつれて、私たちはやがて、私たちが主体として立っているこの二重の関係性を忘れてしまうようになる。というわけで、私たちは、物質的な仕事かコミュニケーション的相互行為か、いずれかがないままに「知識のストック」を獲得したと想像するようになるだろう。

　もし、これらの両次元を含めるように「実践」の意味を拡張するならば、その実践の性質は実践が結びつける主体と客体の種類によって決定され、また実践の性質が主体と客体の種類を決定するということが、理解できるようになる。たとえば、料理と栄養学者、あるいは会計士と経済学者は、ある特定の関心を共通に持っている。にもかかわらず、これらの人たちは、彼らが用いる概念的道具および彼らが携わる物質的な行為と社会的諸関係のタイプによって、異なった仕方で定義された客体を伴った異なった種類の「主体」なのである。なお、これらの道具や行為等の違いは彼らの実践によって決定される。しかし、これらの実践的文脈《コンテキスト》を捨象した状態で、異なるコミュニティと歴史上異なる時点の知識を比較することは、いまだによくあることである。あたかも、これらの実践的文脈《コンテキスト》が、単に世界を静観的に見る異なった様式にすぎないかのようである。

　たとえ、実践のこれらの二つの側面が相互依存的であるにしても、これらの側面は前述したように質的に異なっているのである。**図2**において、主体間の社会的諸関係の決定的な側面は、意味を共有しているところにある。非社会的な対象についての知識の場合には、S〔主体〕とO〔客体または対象〕の関係性はそれ自体、社会的なものではない。たとえその関係性が社会的文脈《コンテキスト》においてのみ獲得可能な概念と言語の適用を必要としているにしても、その〔非社会的な〕客体〔または対象〕自体は概念ないしは意味を含んではいない[*31]。非社会的な現象は、私たちがそれらの現象に付与する意味による影響を受けない。たとえ、そのような対象は「社会的に定義されて」いると言えるにしても、それらの対象は社会的に生産されてはいないのである。定義することと生産することとは根本的に異なっているのである。しかしながら、「現実の社会的構築」という考え方を強調している文献のいくつかは、このことを忘れる傾向にある。まるで、私たちが地球を平面とみなす理論を捨てて球状の地球理論に置き換えたときに、地球自体がその形を変えたかのように！[*32] しかしながら「諸主体」は、変更可能な共有された理解を基礎にして相互に行為しあう。自然は変化させうるが、それは〔人間の〕仕事を通じてであって、単に意味のシステムを変更することによってではない。すなわち原子のような非・社会的対象は〔人々の〕共有された理解に基づいて行動したりはしない。つまり、それは共有された理解における変化の影響を受けない。これらすべてのことは、全く明らかなことに見えるかもしれないけれども、この図式の左側で生じる変化〔概念的変化〕が右側で生じる変化といかにしばしば、混同されてしまうかは驚くべきことである。他方で、私たちが右側を意味あるものにすることができるのは、左側を通じてのみだということを踏まえるならば、おそらく、このことはさほど驚くべきことではない！

客体〔対象〕が社会である場合、この〔主体と客体の〕関係は、どのように考えられるであろうか〔議論のこの段階では、私は、ここでの議論を「科学的研究」に限定しようと思っていないことを、もう一度心に留めておいてほしい〕。図右側の客体〔社会〕は他の諸主体および彼らの相互行為を含んでいるのだから、その関係性は、左側における諸主体相互の関係性と共通するいくつかの特徴を有するべきである。そうすれば、この図式は対称的なものになる（**図3**）。

説明の明瞭さのために、この図式は二つの別個の言語コミュニティを表している。その場合、それらのコミュニティは、歴史のなかに見出されるもの、または他文化の研究において見出されるもの、といった場面を表現しているだろう。もちろんこの場面が、同じ言語コミュニティか同じ社会のなかにある場合は、SとO^sの間にはより多くの共通性があることになる。たとえ、それが人類学的な研究であれ、歴史学的な研究であれ、二つのコミュニティの間に概念的結びつきを構築する必要性を考えれば、この図式における〔二つのコミュニティの〕分離は、おそらく、広く妥当する本質的な説明としてよりも、むしろ分析的な工夫とみなされるべきである。実際には、そこには通常、主体と客体との間に部分的な一致があるので、私たちは自らの「客体」[*33]の内部の社会現象の意味にしばしば慣れ親しんでいるのである。それでも、その一致が部分的ではなく全面的である場合でさえ、その主体SがO^sの〔抱いている〕知識を誤りまた

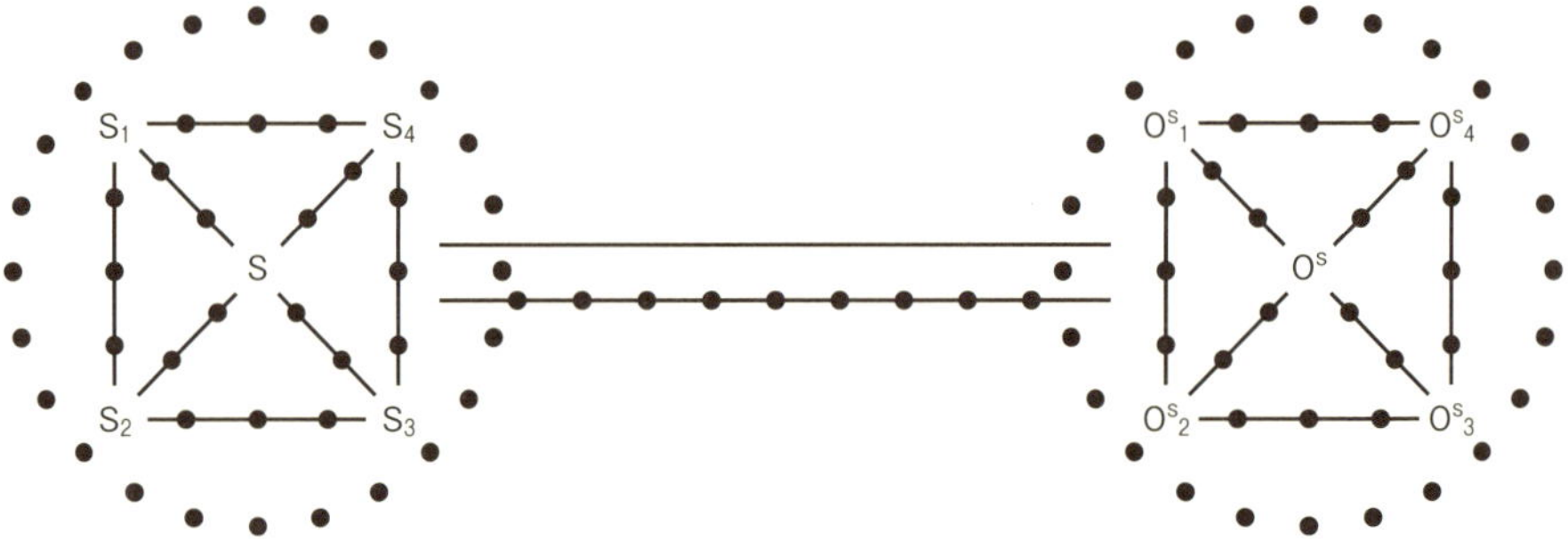

O^s（そして$O^s{}_1$, $O^s{}_2$, …, $O^s{}_n$）は社会的客体〔対象〕のことを指している。

● ● ● ● ● は言語コミュニティの境界を指している。

●—●—●—●—● は社会的諸関係を表している。

図3　主体と客体③

は不完全として特徴づけることができるのであり、その逆も同様である。**図3**における水平的な主体－客体の関係性が言語コミュニティ内の主体－客体の関係性に対して等価であることをもとにして、社会科学を含む社会的知識は、その客体との間で「対話的な」関係に立っている、あるいは主体－客体の関係というよりもむしろ主体－主体の関係に立っているとよく言われることになる。後で見るように、この関係は広く誤解されており注意深い分析を必要としている。しかし、この問題に着手する前に、この図式に対してはまだ、なされるべきさらなる修正点がいくつか残っている。

　社会現象を理解するということは、社会における概念ならびに実践の意味をただ理解するだけの問題ではないのである。[*34] たとえば、英国経済の研究では、私たちは「マネタリズム」あるいは「インフレ会計」〔といった用語〕が、それら〔の用語〕を実践に応用するために唱えてきた人たちにとって何を意味しているのかを知る必要があるだけでなく、私たちはまた、それらが利用されている条件、その広がりおよび効果がどのようなものかをも知る必要がある。社会現象は、不可欠な物質的な次元を有していて、いたるところで、手つかずの自然であれ人為的に変形された自然であれ、それら双方の自然との関係性に密接に関連づけられているのである。したがって、社会についての知識は、科学的なものであろうと素人的なものであろうと、この物質的な側面への指示関係〔reference〕を常に含んでいるはずである。たとえ、その物質的な側面が、社会学と人類学へのいくつかの「解釈的」アプローチでは看過されがちである

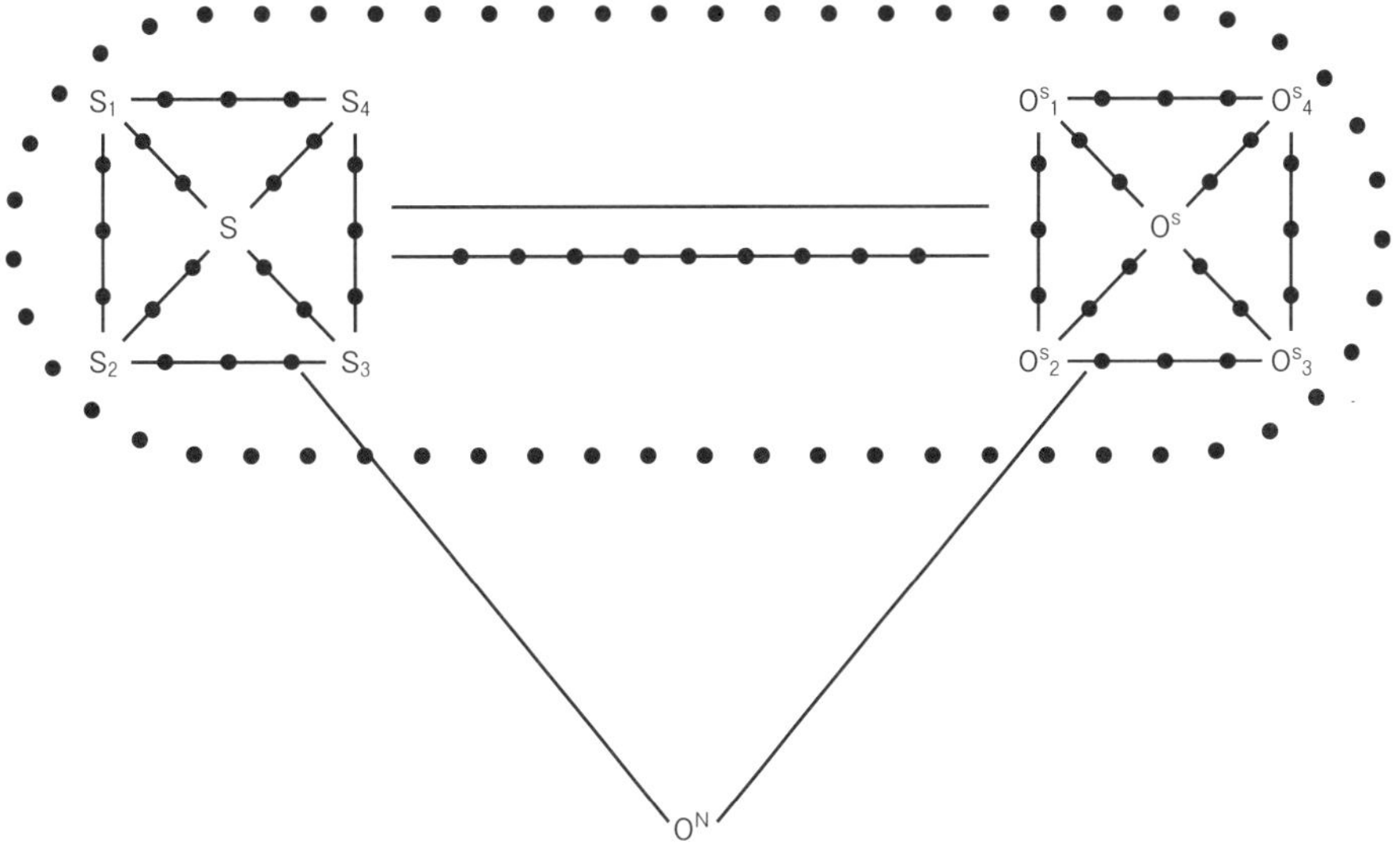

ここで，O^Nは，物質的で，本質的には意味を持たない客体〔対象〕であって，自然か人工かにはかかわらない。（その他の記号は前図と同様である）

図4　主体と客体④

としても、そうである（**図4**）。

〔ここで〕コミュニティを自然に関係づける線が、**図2**における水平的な主体－客体の関係に相当することについては、注意されてしかるべきである。したがってこれらの線には、物質的で実践的な関係性が含意されている。しかし、社会科学における状況は、二つの理由によって、よりいっそう複雑である。①実験が利用できないことが、科学的〔探究〕目的にそうした物質的な介入〔という研究手段〕を利用することをいっそう困難にしている。[*35] ②社会現象は、学習活動と主体の理解活動への適応とによって本質的に変更される可能性がある。社会実験が望ましいものではないと考えられるかもしれないだけでなく、社会実験によって社会現象が不可逆的に変更されるかもしれないのである。こういうことは、非社会現象においては起こらないものである。非社会現象は、操作されることから何かを学んだりは決してしないのである。自分たちの調査研究への応答によって修正されたときにそうなっているだろう社会よりも、むしろコントロールされていない条件のもとでありのままの社会を知りたいという願望によって、社会科学は、上のような相互作用的効果を中立化すべく試みるべきだと広く考えられている。私たちがこれから見ていくように、このような立場は、社会における社会科学の役割についての重要な含意によって、ますます挑戦されるようになってきている。しかし今のところ、少なくとも次の点に留意すべきである。つまり、特徴の①は、社会科学のその対象《オブジェクト》との関係を純粋に静観的な関係へと自動的に還元したりしないのだが、それはまさに②の理由によってであると。

主体-客体関係のいくつかの含意

いくつかの点において、これまでの説明は、〔ここで行ったような〕骨の折れる取り扱いを正当化しなくてもよいほどあまりにも明らかなように見えるかもしれない。しかしその含意、とりわけ**図3**と**図4**の含意は、私たちがいつも考えている「主体と客体」「思想と行動」等々の対立の最も有力な概念枠組みと深刻な不一致に陥っているということである（前述参考、二五-二六頁）。このような含意を把握することの失敗は、社会科学の最もありふれた誤解に基礎をおいている。しかし不幸にも、このような失敗が自然科学と日常的な知識と同様に、社会科学自身にも共通して存在しているのである。このような誤解の広がりを考えるならば、これら最後の二つの図式〔**図3**と**図4**〕によって何が意味されているのかを検討する際には、ややゆっくりと注意深く進めていくことが必要である。

第一の論点は、社会現象の持つ「本質的に有意味的な」性格、あるいは「概念依存的な」性格に関係している。[*36] このことは何を意味しているのだろうか。それは、意味が、非社会的対象に対してと同じように社会現象に対してもただ外在的にだけ適用されるような単なる記述であるとする（そのように誘惑されがちな）想定を、明らかに否定するものである。観念や意味が物質的な対象と同じものではないという正しいこの主張が、「精神的-物質的」と「主観的-客観的」という二元論に対していくらかの支持を与えている。しかし、このような思考のタイプはまた、どのように社会の物質的な構造――社会の諸制度、社会的諸関係と人工物――が様々な仕方で、社会的意味に依存しているのかを理解することを困難にしてもいるのである。

本質的に有意味な社会現象の〔例としてふさわしい〕最も明らかな候補者は、社会の人々によって保持されている観念、信念、概念そして知識である。それらの意味は、その知識の主体がそうであるのと同じように、知識の対象の一部として、理解されなければならない。非社会的現象が関係する場合、これ〔対象自体の有意味性〕と同じようなことはない。これから示されるように、この区別（それは、**図2**と**図3**の対比に具象化されている）は、一方の社会科学、人文科学および日常的な社会的知識と、他方の物理的世界についての科学および日常的な知識との間にある絶対的で基本的な差異から成っている。ファシスト社会を研究する際には、私たちは、その社会において、その社会の構成員にとって、ファシズムが何を意味しているのかを解釈しなければならない。ほんの少し例を挙げれば、地位、政治、ナショナリティそしてジェンダーのような社会的「対象」の場合にもこれと同じことが言える。しかしそれと同じことは、原子、細胞、ブラックホール、岩層のような対象には当てはまらない。

これまで見てきたように、これらの観念や意味が社会においてのものであるだけではなく、社会についてのものでもあるという主張は、私たちをあの常識の枠組み〔の問題〕へと、つまり対象の世界から知識、言語そして意味を引き離すこと〔の問題〕へと連れ戻す。これに対して、想起すべき決定的要点は、社会現象は概念依存的なものだということである。それらの社会現象は、自然的対象（すなわち非社会的対象）とは異なって、その対象に付与された意味によって影響されないわけにはいかないのである。実践、制度、ルール、役割あるいは関係性が何であるかは、それらがその社会においてその構成員にとって何を意味しているかに依存する。社会の意味の構成的役割についてなされた最も影響力のある議論の一つにおいて、哲学者のピーター・ウィンチは、社会制度の本質的な特徴とは、諸個人が、何をしてよいか悪いかだけではなくて、物事がどのようになされるべきかに関して、多少とも暗黙の構成的ルールについて実践的知識を持っていることであると論じていた[*37]。それにもかかわらず、前述した常識における対立あるいは二元論の影響のおかげで、このような議論は当惑あるいは抵抗を生む傾向があるほどである。そのため、私はこの議論についていくつかの例を挙げて説明するだろう。

貨幣および貨幣に関連する制度と実践は、私たちの社会においてはとびぬけて重要なものである（金が世界を回している）。貨幣を使用するための必要条件は、その使用者たちが小さな金属盤と特別に印刷された紙片を商品と交換する行為が何を意味するのか、あるいは「表現する」のかについて、何らかの理解を持っていなければならないという点である。つまり、その使用者たちは通貨について何らかの概念を持っていなければならないし、そのうえ、所有権、交換等々の関連する現象についての概念も持っていなければならないのである。したがって、これらの社会的諸現象は「概念依存的」なものなのである。

同様に、会話、インタビュー、ゼミナール、あるいはディベートがなされるにあたって、参加者はそのような状況で起こると想定される事柄に関するルールについての実践的知識を持っていなければならない。

概念依存的な実践の三つ目の月並みな例は、投票することと選挙を実施することである。選挙を実施するための必要条件とは、選挙、投票行動、投票用紙、候補者、民主主義等々が何を意味するのかについて、人々が何らかの理解を持っていなければならないことである。もし私たちが投票用紙の上の名前のそばに×印を付けることを〔投票について〕無理解な諸個人に強要するならば、それは適切な選挙とはみなされないだろう。最後に、**図3**の対称性を考えると、私たちは社会科学それ自体を、本質的に有意味的な実践の一例として取り扱うことができる。

そのようなあらゆる事例や他の多くの事例において、私たちは身体的な「行動」と、実践に属する「行為」の意味とを区別することができる。貨幣を使用する場合、私たちは、小さな金属製の円盤を手渡すという延々と繰り返し続く身体的な行動を観察することができる。また私たちは、自らのこの観察データを処理するために、教科書にあるすべての統計的手法を使うことができるだろう。しかし、もし研究対象である社会において貨幣の使用が依存しているその意味を知らなかったなら、私たちは、依然としてそこで何が実際に起こっているのか、あるいはそれがどんな種類の「行為」なのか、について、いかなる考えも持たないことであろう。

したがって、ウインチと他の人たちが論じていたのは、この種の理解が必要としているのは、経験的データの収集ではなく、その行為に内在するルールについての概念的ないしは哲学的な分析だということである。[*38] まばたきする、歩行する、眠る、あるいは飲み込むといったような「ただの」身体的な行動は、内在的な意味を持っていない。とはいえ、例外的な事情のもとでならば、それらのいくつかはある社会的意義を獲得できる。その例としては、非難の咳払いがある。多くの行為が身体的行動に慣習的に結びつけられているが、いくつかのものはそうではない〔身体的行動に結びついていない〕。後者のケースの例としては、尋問中の黙秘あるいは投票しないという決心がある。

時折、同じような行動が、異なる文脈《コンテキスト》において、異なる有意味な行為を生じさせる。デモンストレーションにおける異なる政治集団の身体的行動は非常に類似しているかもしれない。しかし、その政治集団の行為の意味は全く異なることがありうる。私はある集会で手を挙げるかもしれないが、それが引き起こす事柄が、投票を行うことなのか、発言を求めることなのか、あるいはオークションで入札することなのかは、文脈《コンテキスト》または他の「社会的行為者ら」が、それが何を意味していると思うのかに左右される。

私が「構成的意味」あるいは「社会における概念」という場合、それは単なる諸個人の主観的な信念、意見あるいは態度を意味しては断じていない、ということを銘記していただきたい。このような混同は、以前に議論された二元論の概念枠組みからたやすく生じてくる。その枠組みにとらわれた人たちは、上記の議論に対して次のように想定して反応する傾向がある。すなわち、社会における構成的意味は諸個人の主観的信念以上のものではなく、それらの信念は質問票あるいはインタビューを通じて確認されうるものであり、したがって、それらは諸個人に関する問題のない客観的事実として取り扱われうると。この常識の考え方では、意味は「私的」で主観的「感情」かまたは意見すなわち「〔主観の〕内的状態」の表現か、あるいは物事に対する指示か、に還元される。この概念枠組みに欠けているものは、以前に述べられた言語の性質についてのあらゆる認識である。その概念枠組みは、主体に対しての存在、つまり人に対しての存在としての意味という概念を保有しておらず、あるいは誰かに対して何かを意味する発話や行為というどんな概念をも保有していない。[*39] さらにこれに関連して、〔この概念枠組みには〕言語の相互主観的な文脈《コンテキスト》についての認識の欠如がある。すなわち、話したり書いたりすることが社会的関係性のなかに入り込むことだという認識の欠如がある。[*40] 知識の文脈《コンテキスト》に関する以前の論評で説明しておいたように、私たちの最も個人的な感情あるいは意見でさえも、（しばしば非言語的であるが）相互主観的に理解された条件内でのみ、構築されかつコミュニケートされうる（それゆえそれらは、構成的となる機会や、他の人々に何らかの印象または影響を与える機会を持つことになる）。意味の解釈を意見（または信念）のデータ収集活動に還元しようとする人たちがそれらのデータを意味あるものにすることができるのは、たとえ自分では気づいていないとしても、次のようにしてのみなのである。すなわち、データを意味あるものにするのはそれらのデータがそれによって構築されている語彙の意味についてすでに前もって想定されている知識によってのみ、可能となるということである。信念は他の人々によって形づくられるだけでなく、相互主観的に獲得可能な意味によって構築されるのである。

同様に、社会実践の本質は、自らの感情についての（表現機能としての）、あるいは外的世界の状態についての（命題的機能としての）一連のラベルとしてのみ言語を使用することによって、自らの私的信念を表現している諸個人たちがぶつかりあうという点にあるわけではない。これまで議論してきたように、言語は、それを通じて諸行為が調整され（あるいは対立しあい）、互いにコミュニケーションを行うという社会的機能を有しているのである。

信念と意見は、諸個人によって生み出される現象であるのみならず、社会的に構築される現象なのある。また、役割と個人的アイデンティティは、通例、諸個人によって（あるいは時にはグループによってさえ）一方的に決定されることはありえない。あなたは無邪気にも（自分が）被雇用者であると信じたり、言明したりすることによって、被雇用者になることはできない。あなたがそれになれるかどうかは、（ほかでもなく）他の人々があなたをどのようなものとみなすかに、さらにその人々自身が何者であるか（たとえば、生産手段へのアクセスをコントロールしているかどうかに）に依存しているのである。それゆえ、相互主観性は、科学者らとその他の人々が社会的世界の知識をどのようにして獲得しているのか（認識論的関係）だけでなく、社会自身がどのようにしてまとまり機能しているか、を理解するうえで欠かせないカテゴリーなのである。

物質的配置もまた、社会における実践の意味を決定し確証するうえで重要である。ここで、「公的」と「私的」という概念の例を検討してみよう。たとえこれらの概念の意味が静態的なものでないにしても、それらの意味は何世紀にもわたって私たちの社会において諸行為を活気づけてきたし、それらの諸概念のほうが今度は、社会の物質的組織のなかに客体化されてきた。その社会の物質的組織は、最も明白で単純な形では、閉じ込められ閉鎖された空間ということになる。またそうした空間は、そのような物質的配置を生みだす諸行為がそれに依存することになる概念的区別を確証するものとして解釈されるのである。

時には、その存在のために私たちの概念構成に依存することのない物質的対象が、それにもかかわらず、社会における概念依存的（シンボリック）な機能を付与されることがあるかもしれない。その明白な例が金とかダイヤモンドである。金貨あるいは速いクルマのような生産された対象は、内在的意味を持たない対象から作られるけれども、そのデザイン、用途、機能という点で、ある概念を表示している。速いクルマは技術的知識を具体化しているだけでなく、マッチョな社会的イメージの担い手としての役割を果たす。そのような対象の男性所有者たちは、他者たちが所有者自身の自己イメージを確証するような仕方で応答するだろうと想定しているのである。とはいえ、もちろん、所有者はうっかり（イメージと違う）自分の正体の露呈を誘発してしまうかもしれないが。ここで示された要点は、たとえ、ある意味で、物質的対象が本質的に意味を持たないものであるとしても、社会におけるそれらの対象の用途と働きは概念依存的なものである。逆に言えば、たとえ意味と信念のシステムそれ自体は物質的でないとしても、もしそれらの〔意味〕システムが安定的なやり方で、社会的にコミュニケートし機能するべきであれば、それらの〔意味〕システムは通例客体化〔objectification〕というある物質的な様態を必要としている。言い換えれば、実践、物質的構築そして意味のシステムは、相互に確立しあっているのである。[41]

この「相互確立」を考えるならば、私たちは、意味と実践とにおける変化はともに相携えて起こることを見出す。女性と黒人に結びつけられた否定的な意味を除去するためのフェミニストと人種差別反対主義者たちの闘いは、純粋に意味論上の戦いのレベルでは有効になりえない。つまり、その闘いは、彼らを客観的に制約している（たとえば、賃金労働へのアクセスを制約している）それらの物質的配置の組み替えを含まなければならないのである。だからそれは、慣習の問題として、女性差別主義者や人種差別主義者によってそれらの否定的意味の相互確立として解釈されているそれらの物質的な配置の組み替えを含まなければならないのである。したがって、社会における概念を理解し、どのようにしてそれらの概念が変化するのかを理解するためには、それらの概念が結びついている物質的実践と、それらの諸概念が対立しあう仕方とを理解することが求められる。ブルデューが述べるように、職業あるいはエスニック・グループといった事柄についての日常的カテゴリーを何の疑問も抱かずに使用することは、結局「現実においてではなく紙の上で問題を解決することになるが、実はその現実こそは、進行中の闘いの帰趨がかかっている場なのである」。[42]

このような〔日常的なカテゴリーに従う〕主張に対する通常の反応は、これらの主張を認めたうえで、そのような主張がその社会的世界の小規模な特徴を理解するために唯一適切なものであると想定するものである。たとえば、対人間の関係が再生産される仕方がその例である。意味と実践の相互確立のこのプロセスを、自らの専攻分野にしているほとんどの社会科学者らがミクロ現象に専念してきていることは確かだが、その一方で威信システム、政治組織の諸形態、ナショナリズムと宗教システムの再生産といった大規模な現象もいうまでもなく概念依存的なものである。[43]『文化と社会』における、レイモンド・ウィリアムスの、「民主主義」、「個人主義」、「芸術」、「文化」および「産業」などの社会的諸概念と諸実践の変遷に関する研究は、この点を例証している[44]（多くの社会科学者がこのような研究を社会科学として考慮しないという事実は、〔彼らの〕「科学主義」と、構成的意味の重要性についての広く行き渡った無視〔の態度〕とを証示している）。

もちろん観念の領域と物質の領域の間には、もう一種類の依存が存在しているが、そうした依存は次の事実に由来している。すなわち、それは人々自身が物質的なものであり、動物であって自然の一部だということである。したがって、人々はある一定の自然の因果法則と自然の諸条件に依存しているのである。

社会がどのような意味システムを選ぶにしても、それらの社会は生き残るために一定の基礎的な物質的ニーズを満たさなければならない。これは唯物論的原則と呼んでよいかもしれないが、しかしそれは、次のような類いのものではない。すなわちそれは、物質的ニーズの充足のほうがコミュニケーションや文化等々よりも年代的に先行していなければならないとするようなものではないのである。というのも、たとえ最も基礎的でどうしても必要とされる物質的必需品でさえも、同時にある種の意味システムによって解釈されているものだからである。[*45]

　意味の構築と、物質的環境の構築ならびにその活用との間の相互的関係性について私が話したことは、上記のように限定つきの「唯物論的な原則」と全く両立しないわけではない。不幸なことに「低俗な唯物論者」はしばしば前者すなわち〔意味の構築〕の関係性を忘れてしまい、意味構築の研究者はしばしば後者すなわち〔物質的な環境の構築と活用〕を忘れてしまう。社会的人間はパンだけでも、あるいは観念やシンボルだけでも生きてはいないのである。

　支配のシステムは決まってあの依存の二つのタイプのどちらをも活用する。すなわち、支配のシステムは、支配的な階級や民族およびジェンダーによる必要不可欠の物質的要求の専有、管理そして分配を通して維持されているだけでなく、それらを支える特殊な意味のシステムの再生産によっても維持されているのである。[*46]重要な構成的意味（たとえば、社長である、支配的人種である、不可触賤民である、夫ないし妻であるといったことが、どういうことであるか）はたしかに、それに関連する諸々の実践にとって、中立的でも無関係なものでもないのである。相異なる集団は、それらの再生産や形態転換に対して、まさに様々に異なる、あるいは矛盾しさえする物質的利害を持っているのである。

　私は、この最後の数ページの議論と例が、次のことを証明していると期待している。すなわち主体と客体の関係と知識の文脈《コンテキスト》についてのこの明々白々たる主張は、社会科学の振る舞いを越えて社会的実践一般へと進んでいくことを含意するのだと。

理解《フェアシュテーエン》

　ここまで「社会現象の概念依存性」が何を意味するかについて議論してきたが、今から、この問題に関連する特定の種類の理解《フェアシュテーエン》〔Verstehen〕についてより子細に検討してみよう。まず、ここで言及されている理解〔understanding〕は、図3において示されている関係性のすべてに共通するということが、強調されるべきである。つまり、その図で示されている関係性は、社会科学に特有なものではなく、SとO^s（主体と社会的客体《オブジェクト》）との間の関係性ではないということである。社会のメンバーは誰でも、日常生活においてこの理解〔understanding〕を獲得しているのである。けれども、〔わざわざこのような強調をするのは〕まさにこのような理解〔がいつでもなされていること〕

がしばしば気づかれないことが一般的になっているからである。

意味の解釈に関係する学科あるいは科学は、「解釈学（*hermeneutics*）」と呼ばれている。この用語を使用して、私たちは、自然的諸対象の研究（図2）は「単一の解釈学」（$S_1, S_2, \cdots, S_n$）だけを含み、他方観念と概念依存的社会現象の研究は「二重の解釈学」を含むと言うことができる。[*47]

ある人について、彼はある社会的状況をうまくまたはへたに「読み解」くなどと、時々言われることがある。これは啓発的な説明である。というのも、私たちが言及する理解〔understanding〕（時折「フェアシュテーエン〔理解の意味のドイツ語〕」と呼ばれる）は、むしろ読書の際に使われたり読書によって獲得されたりするようなものだからである。[*48] 私たちは、言葉の形やその言葉の出現頻度の観察と分析によって（外国語を理解するわけではないのと同様に）、書籍を理解するわけではない。そうではなくむしろ、それらの意味を解釈することによって理解するのである。この読解にあたって、私たちは、解釈のためのスキルと、そのテキストが問題にしているだろう事柄についてのある種類の事前理解（必ずしも適切なものでないとしても）とを常に持ち込んでいるのである。言い換えれば、そこには、読者の「意味の枠組み」とテキストのそれとの間の相互浸透とかみあわせが存在している。私たちは、テキストを無媒介のやり方で理解することを期待して、虚心になってそのテキストに取り組むというようなことはできない。なぜならば、私たち自身の意味の枠組みが、理解にとって不可欠の道具（ツール）あるいは資源となっているからである。[*49]

しかしながら、日常生活の社会的相互行為における意味の役割は、（テキストあるいは討議のような）言説におけるそれとは、通例異なるものである。前者〔日常生活〕における相互行為の継起する諸要素の多くが概念的に首尾一貫した、論理的なやり方で相互に関係しあうわけではないからである。たとえば、二つの民族の間の対立において、たとえその抗争がコミュニケーション的相互行為を必要としているとしても、彼らの応答が、あたかもそれらがより良い議論に向かう力によって支配されているかのように、論理的に交互に続けられるということはありそうもないことである。それよりは、それらの応答は相対的な経済力とか、権力ブロックの一員であるとか、あるいはそれぞれの国のなかの政治的変化の予期できない結果のような偶発事によって決められるということのほうがありそうなことである。とりわけ、行為者たちが自分たちの意図を公明かつ正式に述べている場合でも、私たちは、紙の上では首尾一貫して見えることが実践でも可能になると想定することについては慎重であるべきである。政治的な声明は、そうした危険性についてのよい実例を提供してくれている！ テキストを読解することとのアナロジーは、以上のような状況を自然科学の状況と区別するのに役立つ。ただし〔それは〕ある点までである。実際の社会的過程という「テキスト」は、通例非常に一貫性を欠いており、しばしば矛盾したものである。また、ある「テキスト」を理解するためには、その書籍がどのように生産されたのかを知ることは必ずしも必要ないが、特定行為の生産についての探究なしに、国際紛争のような社会的相互行為についてはわずかしか理解できないのである。[50]

図4が示していたように、解釈学は、社会科学あるいは日常の社会実践で使われる理解の種類だけではない。しかし、このことは確かにとてつもなく広く誤解されている。それゆえ私は、その間違った考えと欠陥のいくつかに対して論駁を試みるつもりである。[51]

たぶん最もありふれた誤解は次のようなものである。すなわち、「社会科学そのものは客観的なもの〔the objective〕と同様に主観的なものに関するものでもなければならないし、人々の物質的状態と環境に関するものであると同様に人々の意見と感情に関するものでもなければならない。人々はなぜ彼らが行うことを行為するのかというその理由の理解は、私たちに彼らの主観的側面の検討を求めることになるが、そのためには、私たちは、自分ならそのような環境でどのようなことをしただろうかと自らに問うことによって、これらの人々に「感情移入する」必要がある」のだと。〔ここでは〕主体-客体の二元論がどのように主張されているのかに再度注目してほしい。そこでは、相互主観〔主体〕的意味は、主観的な、特に私的な意見や感情に再び落ち込んでしまう。ひとたび社会的知識の解釈学的要素についてのこのような粗悪にされた説明が権威あるものとみなされてしまうならば、その説明はある典型的な異論にさらされることになる。その一つは次のようなものである。つまり、感情移入〔empathy〕は、なぜそれらの行為が引き起こされたのかについての直感あるいは仮説〔形成〕のための有益な資源ではあるかもしれないけれども、しかし、それは特権的資源ではないのだと。そこで、何が問題かといえば、そのような説明的な仮説がどこから得られるかではなくて、それらの仮説がどのように検証に耐えるかなのである。ある評論家が述べるように、「感情移入や理解、またその類いのものは、当該の研究者を助けるかもしれないけれども、それらは、品質のいい一杯のコーヒーと同程度にしか、その〔研究の〕言明のシステムに入り込むことはない。コーヒーだって、研究者が仕事を進めるのを助けてくれたのだから」[52]。この「理解についての一杯のコーヒー理論」のばかばかしさは、理解《フェアシュテーエン》の最も有名な評論家の一人、アーベルによって例証されている。彼はある一定のコミュニティにおいて結婚率がなぜ年々変化するのかを説明する問題を、一例として取り上げた[53]。そこでは、理解《フェアシュテーエン》は、行為者たちの動機を理解するための感情移入の利用として示され、したがって、行為者たちの行為を説明する仮説〔形成〕のための一資源として示されている。ひとたび理解《フェアシュテーエン》がこのような役割に還元されれば、そのような理解《フェアシュテーエン》はなくても済むような地位に容易に引き下げられうる。しかし、このようなばかばかしさは次の事実に由来する。つまり、それは単に結婚とは何かを、内在的に有意味な社会現象として、すでに知っていることによって、アーベルは知らず知らずに理解《フェアシュテーエン》を感情移入としてではなくて、まさしく誰もが社会的行為においてそれを前提しているように、構成的意味の理解として前提にしているのである。まさしく、理解《フェアシュテーエン》なしには、アーベルは社会的行為者ではないことになるであろう。

このことは、理解《フェアシュテーエン》が普遍的なものだということを含意していることに注目してほしい。すなわち、理解《フェアシュテーエン》は、特別のテクニックまたは手続きなのではなく、すべての知識に、すなわち自然（そこでは、**図2**におけるように、理解《フェアシュテーエン》が単一の解釈学に制限されている）の知識と、社会（そこでは、**図3**と**図4**におけるように、理解《フェアシュテーエン》が二重の解釈学に位置づけられている）の知識との両方に、共通しているのである。しかしこのことは、理解《フェアシュテーエン》が文脈《コンテキスト》に従って異なって使用されることを否定しない。知識人の意味解釈は、厳密かつ自覚的な思考活動である（あるいはあるべきである！）。その思考活動は、以前に注意したように、信念と概念によって行われるとともに、それらについて行われる活動なのである。これとは対照的に、ほとんどまれにしか確かめられることのない種類の解釈的理解が、日常的で実践的な文脈《コンテキスト》のもとで使われている。そこでは人々は、自分たちの行為がその解釈的理解を前提としていることにほとんど気づいていない。まさしくこの無自覚性こそが、思慮のない社会科学者による理解《フェアシュテーエン》についての上記のような誤解〔の生じる理由〕を説明する。そうはいっても、日常的実践においては、人々がそれによって相互理解を獲得するプロセスについてあまりに過剰な自意識を抱くことが、会話を交わすというような最も世俗的な行為の成功裏の遂行を実際に妨げることは認められねばならない。したがって、たとえ理解《フェアシュテーエン》がどのような文脈《コンテキスト》における知識にも共通しているとしても、理解《フェアシュテーエン》はそれぞれ〔の文脈《コンテキスト》〕において同じ形態を取るわけではないのである。

もう一つの理解《フェアシュテーエン》についての共通の誤った考えとは、理解が同意を含意するとの前提である。[*54] ひとたびその前提が受け入れられると、社会における抗争と不同意を理解することはもちろん困難になる。しかし、社会的行為とコミュニケーションが社会での共通理解の基礎の上で起こるということは、すべての構成員が彼らの社会概念とそれに関連する実践のすべてに同意することを示唆するものではない。事実、私たちはたとえばアパルトヘイトという実践およびそうした慣習をよりいっそう完全に理解するようになればなるほど、私たちはよりいっそうますます強くこれらに不同意となるだろう。[*55] さらには、社会における概念と行為が〔人々に〕理解され「共有される」ことがあると主張することは、それらが何らかの民主的なプロセスによって確立されたものになるなどということを意味してはいない。その反対に、それらの〔アパルトヘイトの〕概念と行為は社会の各構成員よりも前に存在していて、社会化の過程を通じて、それらの構成員に大規模に押しつけられているのである。

様々に異なるグループが、意味と実践の新たな相互確認サークルを設立するための、〔それぞれに〕非常に異なった認知的、言語的、物質的諸資源を持っている。たとえ大学のような、想定上はリベラルで開かれた自己批判的制度においてさえ、何が教育とみなされるべきかについての定義づけは、大部分が押しつけられたものであり、交渉に開かれているものは、ただ周辺的で断片的なやり方での交渉だけであり、したがって、それは対等なものではないのである。もしすべての実践や慣習が同時に「好き勝手なもの」になるならば、社会的組織が破綻することになるだろうが、このことはもちろん、現に存在する社会の再生産と形態転換の非民主的性格を正当化するために役立つようなものではありえない。

これに関連する異論は、社会関係と実践が理解よりもむしろ（ほかでもない）誤解に依存しているということである。このことは正しいが、重要な点は、誤解も理解も両方とも意味に関係しているのであり、したがって、その意味は、思い違いにせよ正しいにせよ、社会現象に対して構成的なものでありうるのであり、したがって社会を研究する際に無視されえないのである。

これまでの説明では、人々は自分自身を、他の人たちを、あるいは自らの環境を、完璧に正しく理解するなどということは、どこにも示唆されていない。あるいはまた、人々がそれによって考える諸概念が適切であるとか首尾一貫しているといったようなこともどこにも示唆されていない。事実、ゲルナー[56]が論じているように、社会における多くの概念が持つ力は、概念の両義性・偽善性・欺瞞性、そして増大する権力構造におけるその効果に由来する。政治的ディスコースは、「国益」の概念の〔欺瞞性の〕例や、分断された制度または社会で行われる訓戒のなかでの複数形一人称の使用、すなわち「私たち全員、ますます厳しい生活に耐えなければならない」というような〔欺瞞性の〕例が、とりわけ豊富である。（ブレヒトがかつて語ったように、「あなたと私は、〔それだけではまだ〕私たちではない」）。人々の行為がそのような観念によって導かれる限り、幻想と虚言は、それゆえに実践にとって「構成的なもの」であるかもしれない。だからたとえば、冷戦における東西関係の研究は、それぞれの側の物質的資源だけでなく、理解、誤解、虚勢、二重基準（たとえば人権に対する）、および、「秘密情報」についての敵による意図的な誤表示などの複合性にも目を向けなければならないだろう。

これまでのところ、私たちは社会科学および日常的知識と実践との間の共通の基盤について探究し、自然科学と社会科学の間のいくつかの相違を紹介した。この考察は、社会に対する社会科学者の意識的な関係のとり方についての問い、とりわけその関係性が批判的であるべきかそれとも公平無私であるべきかという問いについて考察するための基礎として役立てることができる。

批判的理論[57]と主体と客体の関係性

私たちが自らの信念と自らが使用する概念を熟考するとき、私たちはその過程でそれら〔信念や概念〕をしばしば変更する。すなわち私たちは首尾一貫性の無さに気づき、その解決を試みる。こうして、私たちは〔それによって〕自分自身を理解するようになり、新しいやり方で世界を理解し、あるいは意味の新たな「レベル」を発見することになる。そして同じことが科学でも言える。実際、もし科学がこの世界についての常識における理解を越えられないのであれば、科学は余計なものである。社会科学はその客体〔または対象〕の内部に常識を内包しているので、社会科学は常識との批判的関係を回避できない。なぜなら、大衆意識のありのままの理解を追求し、通常は検討されないでいる事柄を検討するなかで、私たちはそれら大衆意識の幻想に気づかざるをえないからである。リクールが述べるように、その「意味の回復」はその「幻想の削減」に不可避的に行き着くのである。[*58] さらに、間違った考えによって導かれた行為の効果は、行為者がその行為が持つと期待する効果とはしばしば異なるだろう。もし私たちがそのような状況を正確に表現すべきだとすれば、私たちはそれらの諸観念を、それらが抱かれているとおりに報告することと、それとともに、それらの考えがどの点で間違っているかを示すこと、この両方を試みなければならない（ある考えを間違いだとして批判することは、その考えが抱かれていること、あるいはその考えが結果を伴うことを否定することではない）。それゆえ、社会現象を理解し説明するためには、私たちは社会それ自体の自己理解を評価し批判することを避けることができないのである。

　たとえば現在の経済不況を説明しようとするどのような試みも、政治家たちや諸制度の、そしてその他の個々人の行為について記述するだけでなく、それらの行為を導いている（公式・非公式の）諸理論への批判的評価を行わなくてはならないだろう。同様にもし、アパルトヘイトを活気づけ、またそれ［アパルトヘイト］によって客体化されている人種的優越性と劣等性に関する構成的意味が間違っているとして批判されないならば、［そんな］南アフリカ社会についての見方は、説明的に適切ではないだろう。もちろん、そうした観念が抱かれているという事実は（またそれは本当のことなのだが）、認められなければならない。

　その議論の構造がここでは重要である。私は、社会科学者たちがたまたまある事柄が気に入らないかもしれないという理由だけで、彼らがそれらを批判すべきであると述べているのではない。むしろその要点は、社会現象の説明が、私たちがそれらの事柄を批判的に評価することを含んでいるということである。さらに批判は、正当にも、間違った観念に対するものに限定できないし、それらの間違った観念がそこで構成的となっているようなその実践的文脈《コンテキスト》を捨象することもできない。それどころか、その批判は、それらの観念に関連した実践に対する、また、それらの実践が生み出し、今度はそれらの実践が維持されるのを助けることになるその物質的構造に対する批判的評価にまで拡張しなければならないのである。[*59] 私たちが、お金を貯めることが不合理とか誤りとかと言うとき、私たちはただその考えが間違いだということだけを言っているのではない。つまり、私たちはそのような実践が間違っていると言っているのである。同様に、間違っているのは、アパルトヘイトの背後に抽象的な形で存在する（人種差別などの）観念だけでなく、むしろ現実の実践（パス法［南アのアパルトヘイトを支える交通や職業移動などを規制する法律］等による強制）であり、またさらに、相互に補強しあい、それらの観念を正当化し、そしてそれらの観念によって正当化される物質的構造（隔離され、物質的に剥奪された市民権など）なのである。社会科学における価値自由、つまり「中立的」立場に対する擁護者の多くは、そのような評価を容認することが、私たちをして、何が存在するのかについての事実の歪められた像を生産するように導くだろうと恐れている。しかしアパルトヘイトの考案者が人種についての彼らの信念として、それが事実として正しいと言うことは、事実として正しくないだろう。私たちは、肯定的であれ否定的であれ、何らかの評価を下すことを単純に拒否することはできない。なぜならば、もし私たちが行為者らの行為についての彼ら自身の説明が正しいかどうかを確定できないのであれば、私たち自身がどのような説明を選択すべきか決定することができないからである。もっと別の例について検討してみよう。家庭内労働の研究において、私たちは、夫は自分が週当たり六時間の家事をやっていると言い、彼の妻は彼がたった二時間しかやっていないと言っていることを知っていると想定してみよう。彼ら両者ともが正しいことはありえない。すなわち私たちは決めなければならない。そうすることで、誰が間違っているのか判定しなければならない。彼らの言ったことが間違いだと判断することは、彼らがそれを言ったことを否定することではない点は銘記しよう。その反対で、私たちは彼らが何を言ったのかについて報告すべきである。なぜならば、そのことは彼らの行動の説明にとって重要なことだろうからである。

それゆえ、社会を理解する際には、この批判的要素が、社会科学者は価値自由で「中立的」であるべきと確信する人たちにとってさえ、回避されえないのだという認識が重要である。たとえば価値自由の教義を支持する経済学者は、不況のような経済的出来事の説明を試みる際に、ある経済的行動について合理的である、あるいは間違いである、として評価することを回避できないのである。だが特徴的なことに、そのような研究者らの仕事は、いくらか恣意的に限定されたグループ（「意思決定者ら」）の行為（「諸政策」）だけが評価の対象になるとされるような限定された批判の形態を示している。この限定はいくつかの相互に補強しあう無自覚な諸仮定から導かれているように思われる。つまりそのような「諸政策」から派生しないような実践と関係性は、概念依存的ではなく、したがって評価の対象にならないのである。まるで「諸政策」によって生み出されるである。つまり、政策を例外として、意味は社会的実践にとって外在的なものなのである。しかし、とにかく政策は、上から社会に影響を与えるものと考えられている。そして、実践からの意味の分離、そして他の行為からの政策の分離を所与とすれば、後者〔意味や政策〕についての判断が、前者〔実践や他の行為〕についての判断のなかに入り込むことなしに行われうる。この一貫性のない見方に従うと、資本主義のもとでの社会組織の諸形態に対する評価的な言明は「科学」とは何の関係もないものとして排除されるけれども、あれこれの政府の政策の評価については受け入れ可能なものなのである！

社会科学がその対象に対して批判的でなければならないという考えに抵抗するさらなる理由は、その主体‐客体の関係が、**図2**と同じように、自然科学におけるその関係と全く変わらないとの仮定に由来する。非社会的対象は概念依存的なものではないのだから、それらの対象を批判しても意味がないというわけである。本来、原子の反応は良いも悪いもないし、合理的でも非合理的でもない。たとえ、私たち自身の目論見にとって、私たちがそれらは私たちにとって良いことだとか悪いことだとか言うかもしれないにしても、である。「間違っているのは世界であり、私たちの理論ではない」と述べるような考え方は、自然についての知識に関してはたしかにばかげている。しかし、もし上記の議論が正しいとすれば、そのような考え方は社会的に生産された現象について述べるときには理にかなったものであろう。

そういうわけで、社会科学が、その対象との、および常識的知識との説明的で解釈的な関係に立つとともに批判的な関係にも立っていなければならない、というこの提案のラジカルな性質が過小評価されてはならない。それは「社会科学を行うこと」の単に異なるやり方だという以上のことを意味する。つまりそれは、このタイプの知識の社会的役割についての、および「知識人」の社会的役割に対する、異なった見方を意味している。それは、社会科学が、私たちにとって外在的に存在する対象についての知識の蓄積を発展させるものとみなされてはならず、むしろ、人々のなかに、主体としての批判的な自己認識を発展させるものでなければならないし、人々の解放を助けるものでなければならないことを意味している。それ〔批判的社会科学〕はまずもって次のことを思い起こすことで、これを行う。すなわち、その客体〔対象〕が主体を包含していること、そして、その〔間違った〕社会的世界は社会的に生産されているのであり、したがって数多くの可能な人間の構築物の一つにすぎないということである。それは、社会生活の外観の物象化的で自然のような性質を否定することによって、また以前には認識されていない人間の行為に対する制約に光を当てることによって解放と自己陶冶を促すのである。匿名的な人々の間のとてつもなく拡張された経済的関係をそなえた資本主義社会においては、人々の行為の諸結果――それは人々自身の生産物なのだが――は、私たちがそれに服従しなければならない目に見えない力として私たちに返ってくるという意味で「自然のような」性質を獲得する。コンピュータのような人間の創造力の功績は、もしある特定の方法で構築され適用されるならば、人々を自らの仕事の奴隷にする可能性がある。経済的「ブーム」「不振」「不景気」「相場の上昇と下降」といった言語は重要である。たとえ、すべてのこれらの出来事が人間エージェンシーの結果であるとしても、これらの出来事は、いくぶん天気・洪水あるいは地震における変化のように、自分たちが単に向き合わなければならない外的な（自然の）「事実」として、私たちに立ち向かってくる。多くの社会科学を含む私たちの社会的知識のほとんどが、人間行為の理解可能な物象化をあたりまえのこととみなしてそれを強化するのに対して、批判的理論は、実在的だがそれにもかかわらずやはり虚偽であるとして、そのような物象化に異議を唱えている。

私たちの社会のこのような特徴は、社会科学者の研究対象の概念依存的で社会的に生産されたものとしての特質についての、彼らの間の無知を（言い訳するのではなく！）説明するのにいくらか役に立つ。こうして、それらの社会科学者は、社会現象の意味を解釈し概念化するという問題を過小評価し、方法論的問題について彼らの認識を、サンプリングと量的関係についての仮説検証のようなその他の操作に限定する。「ラディカル行動主義者たち」は、主体－客体の関係の（図1と同じ）この概念構成を、彼らが研究する社会的相互行為に投影するので、人々は理解《フェアシュテーエン》によって媒介されることなく、物理的刺激と応答を基礎に相互に関係しあうものとみなされる。[60] 実際に、これらの行動主義的な概念構成は、人々をして主体としての自らの立場を否定するような諸行為によって、たとえば「情緒障害の」人々に対する電気痙攣「療法」や政治的不平を持つ人々に対する監禁によって、相互に確証されることになるかもしれない。この立場の欺瞞性は、たとえそうしたことが完全には決してなされないかもしれないにしても、それが実践されることを妨げない〔ことにある〕。すなわち、本質的に意味ある行為の無意味な行動へのこのような行動主義的還元のいかなる徹底的実現も〔それがなされたならば〕、コミュニケーションを、したがって社会生活を、不可能なものにしてしまうことであろう。

ここで展開されている見解に基づくと、もし「科学」という用語が特別に確証された知識を指すものならば、多くの人々が想像するように、科学は常識の単なる拡張ではありえない。つまり多くの点から見て科学は常識の競争相手なのである。常識は社会現象を自然化し、〔現に〕在るものは在るべきものなのだと考えがちである。常識をもとに無批判に築かれ、そしてこれらの誤りを再生産するような社会科学は、外面的レベルでは正しい諸結果を生産するように見えるかもしれない。他方で、常識的知識を自明なものであって文句のつけられないものとみなしている常識の観点からすれば、マルクス主義のような批判的理論によって生産された知識は、常識的知識が事態がそうなっていると判断したことと相反するがゆえに、間違っているように見えるであろう（「常識を傷つけている！」）。しかし、そのような批判的理論は、代替案を提供し、あるいは社会的理解に内在する幻想を減じることを目標とするのみならず、可能な限り確実に、実際に存在するものを表現したり説明したりすることを目標としているのである。それ〔が可能になるの〕は、次のことが認識されている場合に限られる。すなわち、人間の存在についての「事実」の一部分は、社会の自己理解に著しく依存しており、また、意図されたとおりにはほんの部分的にでしかないとはいえ、社会的に生産されているのであり、したがって、その自己理解における変化は社会の客体的形態における変化と結びついていると、認められている場合のみであり、[61] したがってまた、知識がどうしたら同時に説明的であり叙述的であるのみならず、評価的で批判的で解放に役立つものにもなりうるのかについて、認識されている場合のみである。

結論

社会科学的知識の性格とその文脈《コンテキスト》をあたりまえのこととみなし、その科学の内部手続きの説明にあわてて進む代わりに、私は、そうすることが社会科学的知識の役割やその内部的諸問題として一般的に銘記されていることについて何ごとかを明らかにすると信じて、文脈《コンテキスト》のなかにおけるあれこれの種類の知識について考察しようと試みてきた。[*62]主要なテーマの一つは知識と実践との関係性〔関係のあり方〕であり、とりわけ社会科学とその研究対象との関係性である。〔そこでは〕「相互確証」という考え方を通じて、知識と実践の相互依存性が強調された。知識は——それが適切であろうとなかろうと——、真空のなかでは決して発展せず、常に社会実践に埋め込まれているのであり、したがって、私たちは後者〔社会実践〕について知るならば、前者〔知識〕についてもよりいっそう全面的に理解することができるのである。

もしこのことが本当であれば、それは、私たち自身の主題に対しても、内省的に適用することが可能でなければならない。言い換えれば、主体と客体の関係性についての様々な概念構成は、特定の種類の実践的状況から導き出され、あるいはその状況と緊密に関連づけられるべきである。私たちはこの問題を考察することで、日常的な実践と実践的知識に対比させて、批判的理論の強みと弱みおよび「知識人」と科学者の立場についてなおいっそうはっきりさせることができる。

ところで、私は、主体 - 客体関係についての議論のなかのいくつかの要素に関して、その関係が、「調査者たち」と彼あるいは彼女の研究対象との間の関係性なのか、あるいは現に検討されている社会の「普通の」人々の間の関係性なのか、明白ではなかったかもしれないことには気づいている。部分的には、その多義性は意図的なものであった。なぜなら、その多義性が、先の二組の関係性の間の類似性のいくつかを例証し、またそれらの調査者たちが彼らの対象の外部に存在しているのではないこと、ならびに、「普通の」人々もまた「主体」であることを思い出させることに役立つからである。たしかに首尾一貫するためには、知識についてのどんな議論であっても、研究対象としての人々に対して、彼らの主体としての性格を否定している間は人々の主体（調査者または研究者）としての特別な特徴的性格を主張することは避けなければならないし、その逆もそうである〔客体としての人々と主体としての人々には、双方ともに主体と客体の両方の性格が認められねばならない〕。言い換えれば、先の二組の関係性の類似性がある場合には、一方の特徴を他方のそれに投影することが可能でなければならない。こうして**図3**と**図4**（二八頁と二九頁）の対称性が示されている。

しかし私たちはまた、知識とこれらの知識の文脈《コンテキスト》の諸タイプにおけるいくつかの重要な差異についても注意を促している。最も重要なことは、何かを行うやり方を知る際に関係する実践的知識と、この世界に関する事実の命題的知識の間に存在する。本書では後ほど、私たちは社会科学の内部にあるさらなる差異について議論するだろう。そして、社会科学の諸目的とそれが成功しうるための文脈《コンテキスト》について検討するだろう。そこでの主要な議論の一つは、社会科学は単純でも一元論的でもなく、その目的、方法《メソッド》、およびその対象のタイプにおいて差異化されているということになるだろう。本章は、知識一般について類似の論点を指摘することで、そのような議論のための道を整備してきた。本章は、「科学」を所与のものと、また文脈《コンテキスト》から外れたものとみなしたり、科学の内部手続きのための単一モデルを処方したりするような、通常の戦略に対して、意図的に抵抗してきた。その結果として起こる普通ではない議論の広がりにもかかわらず、私は、それらの議論が社会科学と社会におけるきわめて具体的な実践とどのように関連するのかを示そうと試みてきたのである。

第2章　理論、観察、実践的適合性

社会科学の方法の真剣な考察はどれも、理論と経験的観察との関係や現象の概念化の方法などの基本的な問題に直ちに直面する。さらにこれらの問題に対する反省はどれも、依然として客観性について、つまり私たちの知識の資格について、より根本的な問題を提起する。社会科学的方法に関するテキストやコースは、伝統的にこれらの問題を避けてきた。しかし、実質的な研究の評価において、これらのより哲学的な問題が、いくつかの学問分野では他の分野よりも、いっそう頻繁に生じるため、こうしたやり方〔＝知識の客観性という哲学的問題の回避〕は危うい戦略である。それゆえ、私はこれらの問題に取り組むことについて〔ことさらに〕言い訳などはしない。それらの問題〔への取り組み〕は、どのように私たちが概念化を行うのかという最も重要な契機に取り組むためのものであるのだから、方法の議論の〔単なる〕前置き以上のものなのである。

客観性と科学的知識の資格に関する現今の疑念は、科学が、「経験」や観察という疑う余地のない媒体を通じた客観的知識の着実な積み重ねであると、主としてみなされてきた相対的な信頼と確信の時代の後に生じたものである。この「素朴な客観主義者」の見解では、事実は「自ら語る」もの〔自明の理〕であり、したがって必要なことは、ただ「データ」として「収集」されるだけであった。理論が役割を果たすとすれば、それは事実を秩序づけ、説明し、おそらく予測するというその後の段階においてであった。

素朴な客観主義は、常識的な思考において隆盛であり続けており、まだ科学においてさえ完全には死んでいない。ある政治家は最近、激しい論争が繰り広げられている経済学説〔マネタリズム〕は「単なる理論」などではなく「事実」であると主張したし、また別の政治家は「理論」を放棄し、「事実への回帰」を要求した。さらに、ダーウィンの進化論は「単なる理論」であり、「事実ではない」と科学者たちが語るのをいまだに耳にすることがある。

ここでは事実と理論の対照関係が、あたかも疑う余地のないものであるかのように引き出されている。しかしそのような区別の適用についての、とりわけ最近の考察では、私たちは区別自体を疑うようになり、実際に哲学ではそれは包括的な挑戦を受けている。すなわち理論は観察自体に影響を及ぼすものとして次第に認識されており、観察は「理論負荷的」であると考えられている。こうして、知識が経験に基づいているという見解は、少なくともきわめて曖昧なものとなり、多くの根本的な諸問題が焦点化され始めている。もし経験的観察が理論負荷的であるならば、理論に対する独立した検証が提供できるだろうか？　もしも、世界が特定の観点からのみ理解されうるのだとすれば、私たちは「真理」と「客観性」についてまだ語ることができるのだろうか？　疑いのない理論中立的な観察の可能性へのこのような無邪気な信念の崩壊は、ある科学者たちを「極端な相対主義」という正反対の立場に追いやっている。その立場では、真理は、理論や「パラダイム」や「問題構成」、「世界観」に対して純粋に相対的なものであり、したがって独立した検証が成り立たないのである。そのような科学者たちが「すべてはあなたのパラダイムに依存しているのだ」や、「「真実」であると主張するからではなく「有用」であるという理由からある概念が採用されるのだ」と言っているのを目にするのは珍しいことではない。あるところでは、理論中立的な観察という観念の崩壊が、あらゆる種類の経験的研究に対する研究者たちの自信を失わせ、彼らを理論的・哲学的な内省に駆り立てている。[*1]しかしその一方で、理論の価値そのものに疑問を投げかけることによって、果てしない理論的な論争に対抗しようとする研究者たちもいる。そのため、混乱が蔓延している。これらの難題から抜け出す道はあるのだろうか？

〔この問いに〕何らかの答えを私たちが見出さねばならないとするならば、認識論（知識の理論）のいくつかの問題を考察するだけではなく、理論と観察の性質についてより深く分析することが不可欠である。その過程で私はまた、意味と指示の性質、概念的なものと経験的なものの区別、意味と文脈《コンテキスト》の関係について分析するつもりである。このことは真理と相対主義に関するその後の議論、および知識の発展に役立つであろう。

知識と対象

「私たちは、私たちの概念的スキーマつまり哲学を、「自らの」支えのためにそのスキーマ自身に依拠し続けながらも、徐々に改良していくことができる。しかし、私たちはそのスキーマから自分自身を切り離して、それを、まだ概念化されていない実在と客観的に比較することはできないのである。それゆえ、実在の鏡としての概念的スキーマの絶対的な正当性を尋ね求めても無意味である、と私は主張する」（ノイラート（Quine 1961 から引用）[*2]。

世間一般の言説において〔よくある〕「事実」を引き合いに出す語り方は、世界それ自体の状態や性質としての「事実」と、それらの状態について推定的に作られる「事実言明」としての「事実」との間にある隠されたあいまいさに基づいて、なされている。「地球は球体である」というような事実言明は、それが指示している事物と同じではない。一方は「思考的対象〔thought object〕」であり、他方は「実在的対象〔real object〕」である。後者は私たちがそれを知っているかどうかに関係なく存在するものである。当然ながら、私たちは実在的対象について、思考的対象を手段としてのみ考えることができる。すなわちノイラートが私たちに気づかせたように、私たちは、言語や知識がどのように対象と比較対照されるかを理解するために言語や知識の外側に出ることなどできないのである。世間一般の言説において、事実に訴えることがまとう幻想は、言明をその指示対象に解消させ、思考的対象を実在的対象に解消させることを含んでいる。こうして、それは、無媒介的な仕方で事実そのもの〔世界の存在のあり方〕について訴えているように見えるが、実際にはある概念的システムの内部で世界について語る特定の語り方について訴えているのであり、それゆえ異議が唱えられるかもしれないものである。したがって、事実言明としての事実は、一般に事実そのもの〔実在的対象としての事実〕を主張する権限を有していない。

だから、そのような危険な混乱を回避するために、私たちは思考的対象と実在的対象を区別する必要がある。この区別の中では、理論的な言明だけでなく、経験的または観察的な言明も両方とも思考的対象の領域に含まれているのである。換言すれば、

思考的諸対象〔Thought Objects〕―― 実在的諸対象〔Real Objects〕

理論〔theory〕―― 事実〔facts〕

〔という対比〕の代わりに私たちが必要としているのは、

思考的諸対象〔Thought Objects〕―― 実在的諸対象〔Real Objects〕

理論〔theory〕
経験的〔empirical〕
観察的〔observational〕
事実的知識〔factual knowledge〕 } ―― 事物や世界の状態としての事実

〔という対比〕である。

上側に記載された項目は、下側の項目を指示〔refer〕しようと試みているかもしれないが、前者は後者とは質的に異なっているものである。今や私たちは、理論的知識と事実的知識には共通するものがある〔両者とも上側にある〕こと、したがって理論のいわゆる思弁的で非現実的な性質と、〔事実的知識の意味での〕「事実」のいわゆる否定できない実在性との間の一般によく見られる対比は、その説得力のほとんどを失うことがわかる。

しかし、私たちはこの第二のモデルで満足することはできない。このような図式的な表現を拒否するさらなる三つの修正がなされる必要がある。第一に、認知的過程は物質的構造には還元されないけれども、それらは物質的構造の内部に組み込まれ、物質的構造によって制約されるとともに、それによって可能な

ものになっている。これらの物質的構造と過程は脳そのものを含んでいる。脳は心理学者でない人々によってタブラ・ラサとして頻繁に取り扱われている。この見方は、当然ながら脳腫瘍〔患者〕の振る舞いに劇的な効果を与えるような現象を理解できないものにする。[*3] 知識がかなりの程度に言語的なものであることは、それが物理的側面を持たないことを意味するわけではない。

第二に、前章で指摘したように、実践とは、知識と世界とを結びつけるものである。とはいえそれは、知識と世界との根本的な差異を廃止したり、知識に対して真理であるとの絶対的保証を与えたりするものではないのだが。しかし、思考とそれが指示する対象との関係と、実践とその対象との関係との間には、知識の資格についての議論では通常見過ごされている決定的な差異が存在する。チャールズ・テイラーは次のように述べている。

> 私たちは、対象を取り扱うこととその対象との間にではなく、対象についての像とその対象との間には明確な境界線を引くことができる。たとえその事物が存在しない状況でも、人が考えている何かに、たとえばサッカーに、注目するようにその人に要求することは意味をなすかもしれない。しかし、サッカーを行う場合には、同様の提案は不合理になるだろう。そのゲームに関連した行為は対象なしには実行できない。それゆえ、行為は対象を含んでいるのである。[*4]

このことを踏まえると、おそらく私たちは、知識については、世界を表象するものというよりも、世界のなかで物事を行う手段と考えるべきである。それゆえ前章における実践への強調を続けると、科学自体は、認知的であると同時に実践的なものである。したがって、科学の多くの活動は、純粋に認知的なものだと通常考えられているが、しばしば、調査・接触・分離・分割・合成・活性化・操作といった物質的な過程を含んでいる。

私たちの図式に対する第三の修正は、社会科学が研究する対象の性質について考慮するために必要となる。その対象は、概念的で、概念依存的な現象を含んでいるであろう。ここでは調査対象となっている実在的対象は、必ずしも調査者によく知られているわけではないけれども、思考的対象を含んでいる。この二重の解釈学——つまり、観察者の準拠枠組みと観察される者の解釈枠組みの相互浸透の必要性と、それら各々の理解を媒介する必要性——は思考的対象と実在的対象との間の区別を不明瞭にしてしまう。しかし、研究されている人々の思考的対象は、調査者のものとは、自己反省を除けば、同じではなく、同じであると仮定することは誤りである。社会現象は行為者または主体から独立して存在することはできないけれども、通常それらを研究している特定の個人からは独立して存在する。社会科学者と歴史学者たちは、対象についての解釈を生み出すが、一般に対象そのものを生み出したりはしない。それゆえ、適切な条件を付せば、思考的対象と実在的対象との区別は、社会科学にも適用される。[*5]

知識とその対象との間の関係についてのこれらの通俗的な学

問的概念への批判は、言明とそれらが指示するものとの間の混乱といった、いくつかの問題を解決するとともに、相対主義と真理の性質についての他の根本的な問題をより明確に浮き彫りにする枠組みを与える。しかし私が以前に指摘したように、はじめに理論、観察、および意味と指示などの概念の性質についてより詳細に調べることが役に立つ。そのことはまた、言語の本性とその言語と世界との関係について明らかにすることにもなる。もしそうしなければ、これらの用語の首尾一貫しない使用法により、今後の議論が覆される可能性がある。

「理論」

理論の形式的・規範的定義から開始するよりもむしろ最初に、非常に「融通性のある」科学と日常生活におけるこの用語の使用範囲について反省しておく価値がある。理論についての常識的概念は複雑であり、次のような一連の示唆的な対比を前提としている。

理論〔theory〕 ── 事実または実在〔facts or reality〕
　　　　　　　 ── 実践〔practice〕
　　　　　　　 ── 常識〔common sense〕
理念的・仮説的〔idealized, hypothetical〕 ── 現実的〔actual〕
思弁的〔speculative〕 ── 確証的〔certain〕
意見・価値・信念〔opinion, value, belief〕 ── 事実〔fact〕
主観的〔subjective〕 ── 客観的〔objective〕

またしてもこれらの対比の多くは間違って描かれているが、より「りっぱな」「科学的」な使用法のように見えるので、無視することはできない[*6]。また同じく、これらの用語の連想的結びつきは、水平方向の次元で一方から他方へと「漏れ」出していく。たとえば、ひとたび、理論が実践において実際に起きている事柄と対比されると、理論的なものをもっぱら非実践的なものと結びつけるような少しばかり不注意な思考法が採用されることになる。たしかに「理論」〔という用語〕のいくつかの多かれ少なかれ軽蔑的な使用法が可能であり、そのような使い方は、常識が保守している現状を維持しようとする人々によって十分に活用されている（「学問的〔academic〕」と「知的〔intellectual〕」という用語を〔上記の〕図式の上側にどんなふうにして付け加えられるようになるのかに注意していただきたい。そこではこれらの用語に対しても、否定的な連想が与えられうる）。

〔これに対して〕理論家たちが、理論に対するこの軽蔑的な意味付与を覆そうと、「優れた理論ほど実践的なものはないのだ」と反論することはきわめて一般的なことである。また、もっと極端な反応としては、人々が素朴にも（あるいはそれほど素朴ではない場合もあるが）「事実」なるものについて語るその人々〔の語り〕を引用する場合に〔わざわざ〕「ママ〔sic〕」と書き添えて、理論を持ち上げて常識を貶めるようなことをする。[*7]

しかし、理論とは何であろうか？　社会科学においては、次のような意味がとりわけ重要である。

①整序枠組み〔ordering-framework〕としての理論（あるいは、ミルトン・フリードマンはそれを「ファイリングシステム〔filing system〕」と呼ぶ[*8]）。それは、経験的な出来事を予測し説明するために観察データを使用することを可能にする。
②概念化としての理論。そこでは、「理論化すること」は何事かを概念化する特定の方法を定めることを意味する。
③理論は、またしばしば、「仮説」または「説明」と互換的に用いられる。

　すぐにわかるように、①と②の間の差異はわずかではあるが重要である。暫定的に①でいう理論は、その意味について争う余地のないものとみなされている諸観察（または諸データ）の間の関係を整序する方法と考えることができる。②の理論では、そのような整序機能は補助的なものであり、諸対象の概念化、つまり観察可能な性質と観察不可能な性質の両方における諸対象の概念化が第一義的なものである。これら二つの選択肢的使用法の普及の度合いは、社会科学の領域ごとに異なっている。①は、おそらく整序枠組みの多くが数学的形式で表現されているような経済学などの高度な正統性〔orthodoxy〕を備えた学問分野においてより一般的であり、〔そこでは〕「仮説」としての③も、おそらく同じように、より一般的である。仮説はまた、方法論に関する本や経験的研究の方法で最も頻繁に想定されているモデルでもある。ところによっては、それは研究における標準的な期待の形式で制度化されており（とりわけ博士課程の学生のような学界の若手メンバーの研究ではそうである）、これらの基準を拒否する人たちは非難をこうむるおそれがある。②は社会学などの基礎的な諸部門やかなり哲学的および方法論的な内省によって特徴づけられている研究テーマにおいて、より一般的である。

　次節では「理論負荷的」[*9]観察という考え方について、より詳細に検討するつもりである。私は、理論と観察が整序枠組みモデルによって暗黙のうちに誤って特徴づけられることについて、そしてまた何らかの対象の検証化された概念化としての理論という考え方がより適切であることについて、論じようと思う。[*10]

知覚の概念媒介性

　私たちの視覚・聴覚・触覚・味覚・嗅覚は日常生活のなかであまりにもあたりまえのことなので、それらの感覚〔sense〕が世界と私たちを簡単に直接的に結びつけていること、それゆえ観察の中立性への常識的な信頼について、想定するように誘われる。しかし、ある機知に富んだ人物が「〔意図的に〕見ることには〔受動的に〕目に映る以上のことがある」と述べたように、知覚〔perception〕に関する研究は、複雑ではあるが、基本的に三つの部分から構成されていることを示している。[*11] 私は〔以下の考察で〕、一例として視覚を用いるが、同等の過程が他の感覚にも存在する。

第一に、知覚の対象、すなわち「光」と呼ばれるような何らかの形でエネルギーを放出または反射する物質的な実体がある。第二に、このエネルギーに感応するメカニズム、視覚の場合には網膜細胞というメカニズムがある。それらのメカニズムが活性化されると脳に微弱な電流が流れて、それが私たちに感覚を与える。第三に、これらの感覚が何らかの方法で概念化されている場合かつその場合に限り、私たちが特定の知覚対象を確認することが可能になる。したがって、私たちが知覚できると主張するものは、対象の性質だけでなく、ある種のエネルギーに感応する物理的メカニズムの状態（たとえば私たちの目の状態）や、「感覚データ」を有意味なものにするために私たちが持っているある種の概念など、一連の複雑な諸要因の結果である。[*12]

この議論の目的のために、最も重要な部分は第三の要素である。私たちの視覚（およびその他の感覚）領野は「概念飽和的〔conceptually-saturated〕」である〔概念に浸されている〕。

産まれたばかりの幼児や視力回復手術で治癒した先天盲の患者は、疑いもなく概念化されていない視覚領野を有する唯一の人間である。私たちはもはや、概念化されていない視覚領野を持つことがどういうことか覚えていない。たしかに、視覚的経験に関するあらゆる言語的表現は、原始的かつ不明瞭である。しかしすでに（たとえば「私には黄色が見える」でさえ）概念に染めあげられている〔conceptually-tainted〕。[*13]

以前の先天盲の人のケースでは、どのように知覚したらよいか、また視覚データを解釈できる概念システムをどのように形成したらよいかについて、〔視力回復手術を受けた〕患者が学ぶのに数秒どころではなく数週間か数か月を要する場合がある。

さらに、知覚心理学に関する文献は、学習過程における実践の決定的な役割について立証している。知覚ならびに学習は、世界に対する能動的な操作と探査に、また他の人々を含む諸対象との相互作用に、大いに支えられているのである。これが不可能なところでは、学習は著しく妨げられる。こうして、被験者は認知能力のみを使用するだけに、つまり単に世界について静観するだけに制限される。前章で指摘したように、多くの哲学者たちはこの後者の次元〔実践の役割〕を無視する傾向があり、その結果、知識と世界との間の関係を不明瞭にし、したがって知識の資格および真理性または信頼性という問題を不明瞭にしている。

実践的な次元の無視を除けば、哲学者と科学者たちは認知面に関するこの研究の含意を様々に異なる仕方で解釈してきた。理論についての整序枠組みという考え方を支えているかなり一般的な一つの解釈があり、私はそれに対して異議を唱えたいと思っている。それ〔整序枠組みという考え方〕は社会科学において通常使用される言葉の意味での「データ」と、知覚研究において使用される意味での「センス・データ」との間の同等性を前提としている。したがって、調査結果や統計などの「データ」は、概念や理論によって染められておらず、その〔データ獲得の〕後でのみ、何らかの理論的または概念的「フレームワーク」を用いて解釈され、あるいは説明され、予測されるもののように見える。これは明らかに、知覚研究の諸結果とは相容れないものである。というのも、〔そのようなデータのとらえ方では〕知覚の結果がすでに理論中立的なまたは概念中立的な（しかし知解可能な）観察という観念のなかに密かに組み込まれてしまっているからである。科学において私たちが「収集する」データは[*14]、すでに（前もって）概念化されているのである。私たちは概念なしの「感覚〔sensation〕」は持ちうるかもしれないが、概念なしの知覚は持ちえない。それゆえ「データ」を文字通りに「与えられたもの」として扱う社会科学者たち（しばしば、彼らは自らの知識の客観性と事実の「堅固性」について最も確信している人々であるが）は、無自覚のうちにデータに暗黙の解釈を取り入れ、再生産している。すなわち、彼らはこれらの隠された概念についてではなく、それらによって考えているのである。プラットが言うように「私たちの概念のシステムはカテゴリーを押しつけ、経験をそれらの間の関係が可能になるような個別の項目に分割する。私たちの概念は、前もって区別されている存在物にラベル付けするどころか、私たちの概念がそれらの区別を可能にするのである」[*15]。しかしプラットのこの訂正そのものは限定を必要とする。なぜなら、実践においてなされる物質的な区別と介入という助けなしに、概念は通常それ自体で区別をもたらすことはないからである。

私たちが一連の特定の概念によって思考することに慣れているというまさにそれゆえに、私たちはそれらの影響についてほとんど認識することがないのである。この点で、美術史家のE・H・ゴンブリッチによる類似の議論は有益である[*16]。ゴンブリッチは、画家たちの作品のなかにおける、概念と同等のものとして解釈してもよい「スキーマ」の役割について検討している。それは、イングランドの湖水地方の同じ風景の二つの絵画（中国人の画家とヨーロッパ人の画家のもの）を比較したものである。両方の絵画とも「忠実な表現」を意図していたが、ヨーロッパ人の目には、前者は中国の風景のように見えるのである。

観察の「概念飽和的〔concept-saturated〕〔概念に浸された〕」な性質を考えると、観察可能なものと観察不可能なものとを区別することは困難である。私たちは太陽の周りを回っている地球を観察できると本当に主張できるだろうか？　私たちは風景が氷河に覆われていることや人が退屈していることを本当に見ることができるだろうか？[*17]　素人と生物学者が顕微鏡下で見ることができると主張するものはかなり異なるだろう。それは、同じ形を見ているが異なる解釈をする（これは「整序枠組み」という理論観に合致するだろう）という意味においてだけではない。というのも、彼らはそもそも最初から様々なパターンを見たり、「区別したり」することをすでに習得していたからである。したがって、観察可能なものと観察不可能なものとの区別は、単純に感覚器官の物理的受容性の一機能なのではない。その区別はまた、私たちがそれをあたりまえと考える程度に応じて、それゆえ知覚に関与している概念を忘れる程度に応じて、強く影響を受ける。概念が認知されていない経験の領域（たとえば常識）と概念がすでに認知されている領域との間のこのやや恣意的な対比は、したがってしばしば、「事実的」な知識と「理論的」な知識との間の、一般的であるが疑わしい区別を補強している。[*18]

科学史においては、当初は思弁的で「理論的」とみなされ、後によく知られ、疑う余地のないものとなり、観察可能なものとして扱われるようになった概念について多くの実例がある。それらの諸概念は、対象を理解する方法として暫定的に解釈されるのではなく、対象自体の観察可能な特性の記述として解釈されている。かつて思弁的な理解を助けるという意味で「理論的なもの」とみなされていた多くの科学的概念は、〔今では〕常識となっている。そこでは、経験の概念媒介的な性質への無知が、概念に「事実」という資格を獲得することを可能にし、他のいまだに顕著な「理論的」概念を独断的に拒絶するために使用することを可能にしている。地球が太陽の周りを回っているという考えは、もちろん「観察可能な事実」を引き合いに出して容易に反論されうる。驚くべきことではないが、理論間の論争においてしばしば見出されるのは、他方の側が（おそらく真剣に）観察できると主張しているものは本当には単なる「理論的仮説」にすぎないと、一方の側が断言しているという事態である。マルクス主義であろうと新古典派経済学であろうと多元的な政治学理論であろうと、新しい理論体系を学ぶことで、通例私たちは結局、新しい概念が単に日常的な対象に異なる解釈を与えるだけでなく、新しい対象や対象の新たな側面を見ることを可能にするという点に気づくようになる。というわけで、ここで強調されるべき点は、観察可能なものを観察不可能なものから区別するための、それゆえ観察言明を理論的言明から区別するための、すでに受け入れられているいくつかの基準が、その根拠を欠いているということである。どちらも概念的に媒介されているという特徴を共通して持っている。理論負荷性の普遍性という観点から見ると、経験的知識と理論的知識との間の区別を観察可能なものと観察不可能なものに結びつけるよくあるやり方は、したがって疑わしいと判断されねばならない。

さらにもし、理論の意味が概念のシステムという意味にほかならないとすれば、理論負荷性は程度の問題とみなすことはできない。[*19] 観察可能な事実に訴えるとき、私たちは「理論負荷性のより少ない」種類の経験に訴えているわけではなく、私たちがより確信できると感じている経験の領域に訴えているのである。しかし、そうだとしても、それもまた同じように概念飽和的な経験の領域なのである。経験がそのようなもの〔理論との区別が可能なもの〕であると想像する傾向は、おそらく、秘教的な諸観念のための「概念」という言葉を日常的に語る語り方への疑念から派生し、またその疑念を補強してもいるのである。

理論的言語と観察的言語との間の区別の消失を考慮すると、社会科学者たちがしばしばしているように、理論と経験との間の「中間的地盤」の必要性について語ることは意味をなさない。[*20] 彼らが典型的に探し求めているのは、何かそれとは違うものの間の、つまり、疎外や存在論的安心感といった非常に抽象的でしばしば秘教的な概念と、仕事の満足感のような日常的な概念との間の中間的地盤である。実際、架橋や中間的地盤はしばしば必要とされるものだが、それらは、彼らがつなげようとしているものと同じように、理論的でかつ観察可能なものである。

これらの議論にもかかわらず、観察の理論負荷的な特性への理解がいかに限定されているか、そしていかに頻繁に、素朴な客観主義が観察の中立性を保持するモデルに置き換えられてしまっているか、しかしまたいかに、理論に、つまり整序枠組みとしてのそれに、より顕著な役割を与えているか、は驚くべきことである。たとえば、多くの科学者たちは、物理学分野でも社会科学分野でも、観察が真空〔無前提または無条件の状況〕のなかで行われるのではなく、いかに事前の疑問や問題、仮説、推測、理論によって誘導され、形作られるかを強調するだろう。この見解は、哲学者カール・ポパーの初期の研究に対する特定の解釈により正当化される傾向がある。[*21]〔しかし〕この見解に伴う問題は、最初に仮説が提示され、整序枠組みが設計され、次いにそれらが、その意味について疑う余地のないものとみなされた「データ」によって充当され、検証されるという「二段階」モデルに容易に陥りかねないことである。言い換えれば、理論は変数間の関係（とりわけ規則性）について推測（等々を）するだけのものだと仮定することで、多くの著者たちが、実際には観察を理論中立的なものとして扱い続けながら、観察は理論負荷的なものだという考え方に対してリップサービスをすることを可能にしてきたのである。明らかにこの見解は、整序枠組みや「ファイリングシステム」という理論概念を支持している。

この「理論負荷性」への誤解がきわめて一般的なものであるために、それは概念の役割についてより詳細に検討するのに役に立つかもしれない。ここでまたしても、ゴンブリッチの研究が有益である。ゴンブリッチによれば、スキーマの個々の要素は、特定の対象に対する見方を独自に提供するのではなく、他の要素との対比や類似という観点からそれを提供するのである。[*22]彼は「試行錯誤を通した調整と学習の進展」を、「分類のネットワークのなかに包含されるかまたは排除されるかによって、ある対象の正体を言い当てる「二十の質問」ゲーム」と比較している。これは、私たちが最初に対象を見て、その後に対象を私たちのスキーマや概念システムに当てはめるのではないということを思い出させるとすれば有用である。すなわち、プレーヤーは、「動物か、野菜か、鉱物かまたは抽象的なものか？」などの質問を試してみるまで、対象について完全に何も知らないように、私たちは、それらのスキーマが識別しうる対比や関係がどれほど基礎的なものであれ、そうした何らかのスキーマなしには、対象を知覚しないのである。それにもかかわらず、私たちはこの比喩がまたもや実践を無視しているために、その限界に注意する必要がある。私たちのスキーマは、様々な異なる行為に中立的に反応したりはしない、そうした差異化された世界に働きかけることを介して、非常に豊かに発展しているからである。

画家のスキーマと同様に、私たちの言語における用語は、（それらが物質的なものであろうと抽象的なものであろうと）

諸対象に対して他の用語から独立して指示するのではなく、他の用語と対比することによって、つまり差異化することによって指示するのである。特定の用語は、その意味を他者との関係を介してのみ獲得する。すなわち「夜」と「昼」は相互に独立しては、あるいはまた他の特定の用語から独立しては理解されえない。私が以前に用いた対立システムや二元論（主観的と客観的、理論と事実など）〔の例〕は、言語の諸構成単位のなかでの「差異の戯れ（play of difference）」[*23]を通してどのように意味が構成されるかの例とみなされうる。何かを「概念化」またはは「理論化」するために意識的な努力をしなければならない場合には、私たちは世界の差異化を把握する手段であるこれらの差異の様々なパターンを（再）構成し、修正する。

観察がそれによって可能となるようなある理論が、ただ一つだけ存在するか、または少なくともきわめてわずかしか存在しないと、時々想定されている。この想定は、理論が継ぎ目のない一体的なものであり、融通のきかないものであることを、それゆえ、理論が世界に対して無感応であることを意味している。それはたしかに、「差異の戯れ」を巧妙に変化させる可能性という考えで安易に満足してはいない。この観点からすると、これから見るように、理論的な変化は全か無かの問題であり、経験が理論と矛盾する可能性はほとんどないように思える。なぜなら、〔この観点からすると〕理論を判定するための唯一入手可能な基準は、理論の内部にある基準だからである。しかしどのような定義においても、私たちはわずかどころか多くの理論を持っているとともに、たしかにきわめて多数の概念とスキーマをも持っているのである。「二十の質問」の比喩が示唆しているように、理解は、豊富なレパートリーから引き出された一連の様々なスキーマや概念の使用を必要とする。それらの可能な組み合わせの数は、概念間の関係に論理的な制約があるために、決して無制限なものにはならないが[*24]、それは相当な柔軟性を許容するし、ある概念グループのもとでの観察や反省について別の概念グループのもとでの観察や反省によって検証するので、ある程度の相互検証を可能とする。概念Aのもとでは、私たちはある対象は性質yではなく性質xを有するものと期待することができるが、〔Aから〕独立している概念Bによってその対象がどちらの性質を有するかを確定することが可能になるかもしれないのである。

意味と指示および概念的なものと経験的なもの

さて私は、「整序枠組み」という理論についての概念構成が、「意味と指示」との間の、および「概念的なもの」と「経験的なもの」との間の疑わしい区別によって支えられていることを主張したい。前者の区別は、哲学において最初に導入されたが、後に異議申し立てされることになった。哲学者でない者たちは、一般に名称によってその区別を自覚していないけれども、整序枠組みモデルにはそれ〔意味と指示の区別〕に近似するものが暗に含まれている。「子ども」という単語の意味に関係する**図**

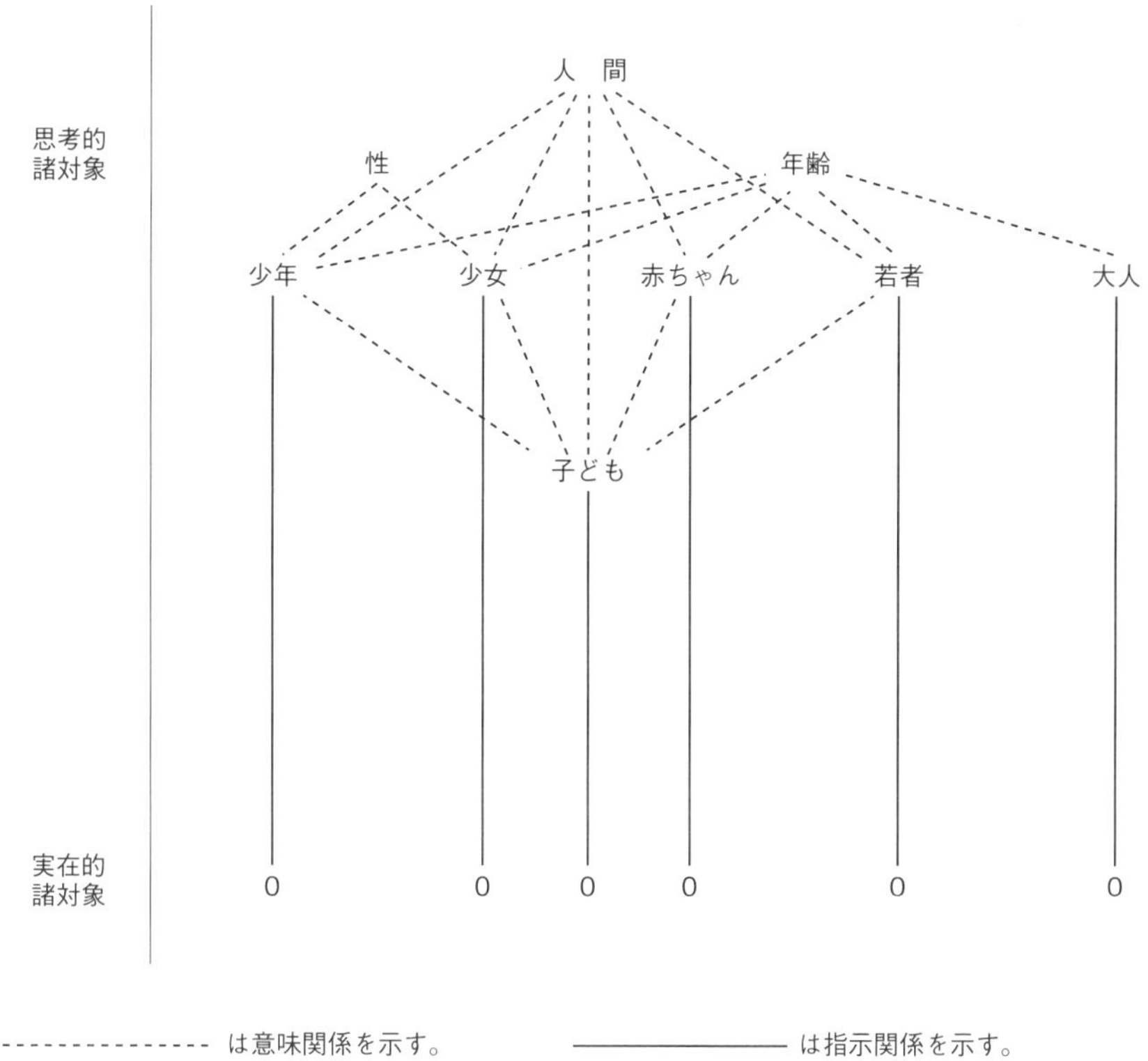

図5　意味と指示

5について考察してみよう（この図と**図2**（二五頁）との類似点が明確に理解されるべきである）。「子ども」という語の指示〔*reference*〕（つまりその語が指示する対象）とその意味との間を区別することには魅力がある。意味は、それを他の単語に結びつけるひとまとまりのつながりや「意味関係〔sense-relations〕」から生じる。[*25] これらの「意味関係」は、たとえば同義語、対義語（反対の意味）などの様々な異なるタイプのものの関係であるかもしれない。そこで、意味関係が、単純に対象を指すこと〔pointing〕で、言語の働き〔contribution〕をあたかも次のようなものとして表現している、と語ることが理にかなっているように見える。すなわち、あたかもそれ〔言語〕が指示行為〔act of reference〕から分離可能であるかのように、そしてまたその反対に指示行為が言語とは独立に成り立ちうるかのように言語の働きを表現していると。この分離は、観察（これは明らかに指示〔reference〕につながる）と解釈（これは明らかに意味を生み出す）との分離と共鳴しあっている。

　しかしより綿密な分析は、意味〔sense〕と指示〔reference〕が分離可能であるよりもむしろ相互依存的であることを示している。もし、指さし〔pointing〕による指示〔reference〕が機能すべきなら、指さしとは何を意味しているかだけでなく、対象のどのような側面が指示されているのか、そしてそれによって私たちがどのようにその対象を観察するのを助けてもらえるのかをも、私たちは知らなければならない。だから、〔指さしが〕成功するためには、指示行為が同時に意味関係を喚起するか、あるいは意味関係を構築する必要があるのである。[*26] 反対に、概念システムにおける意味関係のなかで構成された「差異の戯れ」は、物質的世界への指示と、そのなかでの行為とによって、相互に確証される。だから、二つの単語が同義語であると述べることは、それらが（少なくとも）共通の指示〔reference〕を有していると述べることである。

この〔意味関係と指示の〕関係性はまた、概念的なものと経験的なものとの間のより広く知られている区別においてもそのまま繰り返される。「概念的な問い」の例には、魔術に関連する行為の意味や、イデオロギーの意味、あるいは科学的な概念の意味〔への問い〕が含まれるかもしれない。経験的な問いの例は、支持政党の分布や、種々の産業への投資水準に関連しているかもしれない。今や、以下のことはもう明らかであろう。第一に、経験的な問いに対する回答は、それらの対象を特定するのに用いられる科学的（および他の）概念に関する問いへの回答を前提としている。第二に、概念依存的な社会的対象の場合、経験的知識はそれを構成している諸概念の理解を前提としている。第三に、概念に関するどんな種類の質問も、それらが使用されている〔経験的〕状況を考慮に入れなければならない。しかしながらこのことは、用語Xに関する私たちの経験的な信念におけるどの変化も「X」という用語の意味における変化をもたらすと想定するべきではない。[*27]

今や理論は、内的・概念的一貫性の観点からと、経験的適合性の観点からとの、二つの異なる、一見別々の方法で評価できると主張することが一般的である。しかし、意味と指示との、および概念的なものと経験的なものとの相互依存性のために、それらを完全に別個のものとして扱うことはできないのである。ある理論の経験的成功は、意味関係のネットワークがどのように構築されるか、そしてまた、その結果として生じる期待と行為が世界のアクチュアルな構造にどのように関係するか（世界のアクチュアルな構造についての判断は常に実践的関係と概念化を介してなされるのだが）、によって影響を受ける。こうして、これを別の角度から見ると、世界への指示および世界のなかでの行為を可能にしようと意図している概念体系の一貫性は、経験的指示および社会的実践の結果から独立に判断することはできないのである。たとえば、ある個人を資本家とプロレタリアの両方として記述することが概念的に矛盾しているかどうかは、私たちが何を（生産手段などを）もって、ある人物の可能な性質であると考えるかに依存している。

そのような場合には、私たちは概念的矛盾が実践的矛盾に根拠をおいていることに気づく。別の例を考えてみよう。マルクス主義は、ポスト資本主義社会が、資本主義におけるよりもより多くの自由を有する労働者の自由なアソシエーションと〔同時に〕中央計画経済を伴うことができると想定するとの理由で批判されてきた。ところで、レーニンやその他の者が認めたように、後者は、労働者が中央集権的統制――つまり、「一つの巨大工場」として運営される経済的独裁制――に完全に服従することを意味する。ここで含意されていることは、単に諸観念の間の不整合の問題ではなく、異なる社会的構造の間および異なる諸実践の間の根本的矛盾や両立不可能性の問題である。このケースでは、それらの不整合は、包括的な中央計画経済についての社会主義的な実験の歴史においてあまりにも明瞭に露呈されたのである。

前述したように、これらの例は、第1章で言及した知識の実践的な文脈《コンテキスト》についての議論を思い起こすためのものとして、そして知性主義的誤謬への反論としての意図を持っている。しかしここで、それらの要点をより明瞭に示すことにしよう。

第一に、私たちが概念を開発し使用するのは、それらを通じて世界を観察し表現するためだけではない。それはまた、世界のなかで行う実践のためであり、労働とコミュニケーション的相互作用のためである。つまり、話すこと、書くこと、聞くこと、読むことのみならず、作ること、行うことのため、組織を運営し、そのなかで作業するため、コンピュータのプログラミング、食事を調理すること、子どもたちに教えること、郵便物を仕分けること等々のためでもある。私たちは概念を身につけるためにはその概念の名称を自覚している必要はない。[*28] 概念体系は、私たちが観察する（観察できると考える）ものに関係しているだけでなく、私たちが行えることおよびそれを行う方法にも関係しているのである。さらに、知識を写真のように世界を「表現」し、または「反映」する試みであるかのように考えることは避けるのが賢明であろう。[*29]〔知識についての、写真に代わる〕より良いアナロジーは、私たちが世界で物事を行うことや出来事に対処することが可能になる手段を提供する地図やレシピや取扱説明書といったアナロジーかもしれない。[*30]

第二に、概念やスキーマは、それらが真空中に存在しうるかのように、仕事の経過のなかでの人々によるそれらの使用〔という側面〕を捨象することによって取り出すべきものではない。それらは固定されたものではなく、発展・拡張されうるし、また衰退することもありうる。それらはまた、熟練の様々な程度において使用されうる。[*31] 良い画家は、最も高度に発展させられ、豊富に差異化されたスキーマを非常に巧みに使用しうるので、私たちが新しい方法で物事を見ることを可能にしてくれる。これに対して貧しい画家は、スキーマを不器用に使用するので、理解できないかまたは陳腐な結果をもたらす。同じことは、科学でも日常的実践でも概念の使用にとっての真実である。

第三に、言語表現の間の「差異の戯れ」の構築と解釈を介してのコミュニケーションは、ある物質的側面を有している。私たちはすでに「公的」と「私的」という概念の例で、物質的配置〔material arrangements〕への指示とその配置の構築とによって意味がどのように相互に確証されるのかについて説明した。成功したコミュニケーションは、諸概念の確定とその交渉を含めて、言語的・非言語的両方の状況に、そしてまた空間的ならびに物質的な状況に、さらには特定の時系列的な諸行為に、ある程度まで依存している。換言すれば、意味は文脈依存的なのである。結婚式のような極端な場合には、意味は特定の時空間的な状況における形式的な諸行為によってきわめて厳格に確定される。それらの諸概念の利用においてかなり柔軟性のある行為の場合でさえも、成功は即興的な文脈《コンテキスト》化に依存する。ちなみに、哲学的議論はある多様な環境条件において行われうるが、もし私が路上で見知らぬ人に向けて「意味は文脈《コンテキスト》依存的である」と言うならば、たとえそれが哲学のゼミナールでは期待されたであろう種類のことであっても、私は正気ではないと思われたであろう。[*32] だから、出来事の意味を理解するには、私たちは何らかの方法でそれらの出来事を「文脈《コンテキスト》化する」ことが必要なのである。

社会的諸現象の理解は、「二重の解釈学」にあるというその状況のために、二重の文脈《コンテキスト》化を必要とする（第1章を参照）。私たちがなじみのない出来事に出会ったとき、その文脈《コンテキスト》化が困難だとわかるかもしれない。それは、その出来事が「意味をなす」文脈《コンテキスト》を発見するために、私たちのなじみのある文脈《コンテキスト》のレパートリーによって「緊急に処理する」ことを私たちに要求するからである。これらの文脈《コンテキスト》化は、注意深く考察された分析のなかだけでなく、写真的な表現を含む、最も単純で最も「原始的」で直接的な記述のなかにも存在している。議論は多くの場合、適切な文脈《コンテキスト》化の選択に関するものである。たとえば、北アイルランド紛争は、階級を基礎としてかあるいは宗教を基礎としてか、または、いくつかの他の手段によって解釈されるべきか？　この［文脈《コンテキスト》選択の］過程はおそらく、ニュース報道において最も明瞭である。ニュースは、その定義からして、なじみのないことや正常でないものに主に関係し、正常性や繰り返されるものとの対比からその関心を引き出している。[*33] ジャーナリストたちは、多くの場合、読者の使用するものとは異なる非常に専門的な文脈《コンテキスト》化のレパートリーを、それとは反対の彼らの共通の信念にもかかわらず、持っている。最悪の場合、ジャーナリズムは、ニュースの探索における陳腐な文脈《コンテキスト》化によって成り立っているように見える。ニュースはそれらの陳腐な文脈《コンテキスト》に適合させられうる。たとえば、公休日のビーチでの暴力〔the bank holiday beach violence〕〔社会学者スタンレイ・コーエンの研究で有名。あるサブカルチャーの若者グループのビーチでの暴力事件をもとに、類似のステレオタイプ化した報道を生んだ。後述「民衆の悪魔」もその一つ〕、「非合法」ストライキ労働者たちと帰宅を促すその妻たち、「人間的興味の物語」記事、左翼的政策支持者たちの「狂信的」性格などである。[*34]

しかしながら、これらの伸縮性のある文脈《コンテキスト》化でさえ手の届かない位置にあるほど目新しいいくつかの出来事がある。イギリスの一九八一年夏の都市暴動の初期には、黒人だけでなく白人の暴徒や、若年・独身の労働者階級だけでなく既婚・車所有の「中流階級」の略奪者など、なじみのない出来事の組み合わせに直面したので、ほとんどの新聞が急速にその主張を変え文脈《コンテキスト》化を変更した。新聞は多くの場合、それらが以前に報告してきた特定の側面を忘却することによってのみ、「最終的」な調整済みの文脈《コンテキスト》化に到達することができた。ところでしかし、「下位」のスキーマ、たとえばどちらの社会的集団に関係するものかを特定することに関与したスキーマ、によって以前に確認されていたことを、それらが「上位」のより包括的なスキーマ（たとえば「階級闘争」や「人種暴動」について）と容易には調和しないために、忘却してしまうというこの現象は、ジャーナリズム以外でもきわめて一般的に見られるものである。自然科学においてさえ、なじみのある理論を危くするよりはそのほうが好ましいとして無視されてしまっている異常な証拠（「理論と矛盾する観察」）についての多くの事例が存在している。理論は、そのような〔異常事例を無視するという〕決定により検証から守られているという事実にもかかわらず、「検証済み」であると主張されている。不一致がある場合に立ち返ることのできる、文脈《コンテキスト》から自由で理論から自由な事実的基礎は存在しないけれども、不一致がないような概念および経験的証拠に（その二つは相互依存的であることを思い出しつつ）立ち戻って、論争になっている概念や経験的証拠とそれらとの一貫性を点検しようと試みることで問題を解決しようとするのは合理的である。

出来事を文脈《コンテキスト》に当てはめることは、なじみのある連関のパターンを発見することを意味するが、後者〔連関のパターン〕から推論を行うプロセスは困難に満ちている。非本質的または「偶然的」な（必然でも不可能でもない）連関が対象の必然的な性質であるかのように扱われる場合には、その危険性は明白である。たとえば、劣悪な住宅は人種的マイノリティのメンバーによる居住と関連しているかもしれない。そして人種差別主義的な思考が、この偶然的な（それゆえ可変的な）関係を、その人々の人種を理由に、そのようなマイノリティの人々の必然的で本質的な特徴として取り扱うかもしれない。検証されてもいない思考において、一連の連関が、一つの対象や文脈から不注意にも「漏れ出し」て、別の対象や文脈《コンテキスト》に固着させられる可能性がある。

これらのプロセスは、特に「モラル・パニック」において明瞭になる。そこでは、特定の諸個人や集団、組織（たとえば「民衆の悪魔〔folk devils〕」）が、社会が恐怖するものすべての象徴と突然みなされるようになる。[*35] 一般的にこれらの恐怖はきわめて曖昧である。彼らは、道徳的価値観の目に見える衰退、核家族などの理想的な制度の崩壊、理想の喪失と「アナーキー」の台頭、権威と財産の軽視に対する懸念のなかに共通の表現を見出す。モラル・パニックの間中、これらの通常は拡散している連関が、上記のような鬱積した恐怖のための一時的なはけ口を提供しながら、特定の集団に投影され、焦点を当てられる。類似のプロセスは、多幸感の時期――たとえば戦争での勝利の直後など――に発生する。

この「意味の漏洩〔leakage of meaning〕」（この考えを私はすでに借用していた）を理解する有用な方法はダグラスによって発展させられてきた。彼は、人々が自らの経験や行為や制度を構造化する際に従う規則の観点から、日常生活における概念的区別と実践的区別を特徴づけている。

一連のルールは、別のルールとメタファー的に結びついていて、それらのルールが表示している形式的な類似性に沿って、意味が一つの文脈《コンテキスト》から別の文脈《コンテキスト》に漏れ出していくことを許してしまう。意味の限定された諸領域の間の境界は、社会的関心の暴力的な氾濫によってか、またはそれぞれの領域で同じ規則構造を用いる巧妙な節約〔的なやり方〕によって、常に掘り崩されている。[*36]

意味の体系におけるこれらの変化は、社会の中の実践における変化と明らかに結びついている。それらは単なる外部記述ではない。それらはまた粗雑でどこか不合理でもありうる。概念化の重要性を無視する社会科学は、検証されていない常識の誤解を自身の整序枠組みに組み入れる傾向がある。それは偶然的で歴史的に特殊な連関を自然法則の地位へと引き上げ、こうしてそれらを「科学」という刻印を帯びた常識的思考へと送り返すことによって、虚偽意識を強化しさえしうる。[*37] たとえば、〔これまでの〕社会科学の歴史を貫いて、核家族の関係などの偶然的なジェンダー関係は自然的なものとされ、それゆえ家父長制的社会構造が正当化されてきた。社会科学の決定的な役割は、連関の偶然的な因果的パターンまたは確かめられていない知識の意味関係を監視し再構築することでなければならない。それによって、必然的関係と偶然的関係の間の違い、および保証済みの連関と未保証の連関の間の違いが理解されるのである。

このことは社会科学において意味の転換や「漏洩」が発生しないと主張するわけではもちろんない。実際にそれらは概念的革新を生み出すために奨励されてもよいかもしれない。メタファーとアナロジーは、社会科学の概念的な発展過程において重要であるが、しばしば誤解された役割を果たしている。ある概念を新しい指示の対象へと置換しても、その概念を比較的無傷のまま残すことが時々あるが、より興味深い事例では、置換が「根幹」の概念の意味を変化させることがある。たとえば戦争を「国家公認の暴力」として再記述することは、より慣習的に表示された暴力事件（たとえば「テロリズム」など）を異なる角度から考察するよう私たちを導くことで、私たちの一般的な暴力概念を変更する可能性がある。

私たちの概念体系がメタファーを介して構築される程度を過小評価することが一般的である。「鉱山労働者は労働運動の突撃隊〔shock troops〕である」などの表現では、もともとの使用法〔home usage〕からなじみのない〔umfamiliar〕言葉に置換されているために、メタファーは明らかである。しかしいくつかのそのような「生きた」メタファーは、非常になじみ深く、広く使われるようになるために、私たちはそれが置換であることを忘れている。前の二つの文はまたいくつかの「死んだ」メタファーも含んでいる。[*38] 新しい概念は、既存の概念からのみ発展させられることができる。私たちは一般になじみのあるものへの指示によって、なじみのないものを説明しようとする。したがって、私たちの語彙をより詳細に調べてみれば、メタファーに満ちていることが示されても驚くことではない。また、私たちが既存の用語と何らかの仕方で関連していない新しい用語を製造することなどめったにないことも理解できる。時にはより古いメタファーが再度台頭するかもしれない（たとえば電「流」など）が、それでも、もしそれらが問題を起こさず、またより現代的な用語で表示されたものとは異なる対象の側面を指示する場合には、それらは使用され続けるかもしれない。

それらの現代的な用語のほうも、それら自体、しばしばメタファー的であるだろう。すなわちメタファーは次第に除去されつつある科学以前の残渣などではないのである。最古の科学用語に劣らず、最先端の科学用語もメタファーに満ちている。[*39] 社会科学において、「インフレーション」、「協力ゲーム」、「フリーライダー」、「サプライチェーン」、「キャリアの組織化」などは、アダム・スミスの「見えざる手」に劣らずメタファー的である。科学の発展についての通常の見方に反して、進歩は、部分的には、世界を描く能力を改善し、拡張することにあるのである。

ある科学者や哲学者は、メタファーや「イメージ伝達的表現〔picture-carrying expressions〕[*40]」の役割を無視して、科学的用語を一連の経験的用語の組み合わせとして表現している。そして、経験的用語のそれぞれが、それ自体で（カード検索システムの個々のカードのように）その対象を指示する能力があると（誤って）みなされている。さらに科学用語には、観察された原子論的な諸項目を（カードが特定の順序で配置される際のルールのように）互いに関係づける論理式が加わる。このような論理的関係は、ある場合には数式で記述されうる。これらの数式は、別の一連のデータを計算するために、ある一連のデータを使用することを可能にする。経済学や人口統計学、地理学などの科目における数学的モデルは、このような形式を有しており、それらの形式は主として計算装置である。実際に経済学者のフリードマンは、「理論」を二つの要素の混合体として記述した。二つの要素とはすなわち、「複雑な現実の本質的特徴を抽象化するために設計された多数の実質的な仮説」と「ファイリングシステム」として機能する一連の同語反復から構成される「言語」とである。[*41]

一連の言明間の論理的関係は理論の重要な構成要素であることは真実だが、この整序枠組みという理論観は、次の諸点について、正しく評価することができない。すなわち、①観察の理論依存的特徴。およびこれに関連して、多くの理論的用語がファイリングシステムのように単に「データ」を順序づけるだけでなく、世界の性質についても主張を行うという事実。②意味と指示の相互依存性。③「言語」の不可欠な「イメージ伝達」〔機能〕のメタファー的性質。これらについて、それは正しく評価できないのである。実際にもしこの理論観が当を得たものであるならば、科学は決して理論的問題（すなわち意味の問題）に直面したりはしないだろう。もしそうなら、唯一の困難は、「未知数の計算」を可能にさせるような論理的構造を発見することにあることになろう。たしかに、たくさんの科学で精緻な数学的理論が考案されているが、その多くのものに不満が表明されている。それらはたいていの場合、現実の世界への指示から遊離したなかで発展させられ、議論されている。それらが現実世界における何かを説明し、予測（または計算）することに使用される場合には、①・②・③の論点を広範に無視することで、その擁護者たちに次のように想像することを許してしまう傾向がある。つまり、何の問題もない〔とされた〕観察が単純に方程式に「代入〔plugged in〕」できるのであり、経験科学における実際の仕事は、このことがなされたときにはじめて着手されるのだと。[*42]

以上のことは、フリードマンと同じ理論観を共有する他の科学者たちが、科学の発展におけるメタファーとアナロジーの役割についてほとんど議論していないと言っているわけではない。しかし、彼らは整序枠組みというこの理論観を脅かさないやり方で、これらの用語の意味を制限している。たとえばある人文地理学者は、技術革新や暴動、社会的少数集団などの社会的現象の拡散の「アナロジーモデル」として、病気の蔓延に関する数学的モデルを使用することを提案している。[*43] ここでは既存の整序枠組み理論が、新たな状況に応用されている。ここには、このような〔アナロジー的な〕比較に内包された非アナロジー〔disanalogies〕が存在していることは明らかである。すなわち、暴動や人種的マイノリティやイノベーション〔など〕は病気とは全く性質を異にするものである。しかし、このことはこの「拡散理論」の提唱者たちをひどく不安にさせたりはしない。彼らのアプローチは、彼らの「ファイリングシステム」の定量的次元（適切な数式の選択）について考察するよう彼らを奨励するだけである。こうしてそれは、彼らの公式に「代入」された観察的な言明に含まれている概念の意味について考察するよう奨励することはないのである。[*44]

真理と実践的適合性

理論と観察の性質についての前述の探究に基づいて、今や私たちは、私たちの知識の客観性に関するいくつかの根本的な問いに立ち向かうであろう。それは、とりわけ、理論中立的観察が不可能だということが、一般に理論と知識を何の外部チェックもないままにしておくのかどうか、競合する理論間の論争は解決可能なものなのかどうか、知識の発展は不連続的なものであり、したがっておそらくは非理性的に行われるものなのかどうか、という問いである。

私たちは、観察や「事実」に対する素朴な客観主義の無邪気な信念が、観察が世界についての何の問題もないアクセスを与えるのだという信念に、さらに悪いのは、事実的言明とそれらの指示との間の混同に、そしてまた知識と知識が対象にするものとの間の混同に、由来することを見てきた。[*45] その〔素朴な客観主義の〕独断的な性格は——それはおそらくポピュリスト政治家の言葉遣いにおいて最も明白なのだが——、後者〔知識とその対象〕との間の区別に対する、および世界に関して主張がなされうるための手段である語彙や概念体系の必要性に対する、無視に由来する。諸言明は、第一に、知解可能なものとして、第二に、真または偽として、確定させるために、相互主観的に協議されなければならない。このことの無自覚は、社会科学においてはいっそう深刻である。社会科学では、二重の解釈学の存在が、社会における概念や信念——それらが真か偽かには関わりなく——の意識的なまたは確証された解釈を必要とするのである。しかし留意すべきは、観察の理論負荷的な特徴と解釈学的な関係の不可避性を所与の前提にして、素朴な客観主義者の分析における理論および解釈学的側面の欠如をとがめて、彼ら（または「経験主義者」）を批判するのは矛盾している。彼らが批判されうる理由は、これらの〔二重の解釈学の〕次元についての無知、それゆえ彼らの知識の確かめられていない独断的な特徴についての無知である。

　社会科学の二重の解釈学を前提にすると、その知識の資格や信頼性に関する問題は、思考と物質的対象との間の単純な関係を越えて、研究者の思考的対象と研究対象となっている社会における概念や信念との間の関係の問題になる。しかし社会の物質的次元の重要性は、思考と物質的世界との間の関係についての以下のような議論を有意義なものにする。

　思考的対象とそれらの物質的指示対象は全く異なっているにもかかわらず、私たちは前者を経由してのみ後者を考察することができる。そこで、このジレンマに対する二つの一般的な応答が存在する。それら両者はともに、私たちが知識について考える仕方への根本的な説明要求を含んでいる。

①もしその存在が思考において想定されうるのみであれば、私たちとは独立して実在的世界が存在することを私たちはどのように知るのだろうか？　私たちが夢を見ているのではないということや、あるいは私たちの「実在的対象〔real objects〕」が私たちの想像力による虚構にすぎないということを、私たちはどのように知るのだろうか？（観念論）

②もし実在的対象が存在するのならば、それらと思考的対象との関係性はどのようにしたら発見できるのだろうか？　ある言明が真であるとか、またはその対象と「対応する」とか、あるいは対象を「表現する」と言うために、特定の思想や理論の体系の内的基準との照合以外に、どのような正当化を与えることができるだろうか？（相対主義）

　これらは根本的な問いではあるが、上記①の問いに対して我慢ならないと感じ、イライラしさえする読者もいるだろうことを私は承知している。それには、「この机」の実在性についてのくだらない、気取った、哲学者たちの疑念への連想が伴っている。私もその我慢ならない感じに同感する。しかし、後で私は、これらの問いに答えるべく試みたいと思う。それは、科学的テストといった、より「パンとバター」的な問題〔より必要性の高い問題〕に取り組むうえで役立ちうるからである。

　私たちは時々、すべてを疑うべきであるといったアドバイスを受けることがあるが、すべてのことを同時に疑うことは不可能である。知識の一つの領域に疑問を呈するためには、私たちは少なくとも一時的にでも係留点や道具として、いくつか他の領域の知識を使用しなければならない。[*46] 私たちは、次のようにしてのみ懐疑論に答えることができる。それ〔ある主張〕が、それを信じている者と疑っている者の両方が最も確信を持っている知識と両立しうるかどうか（もっと良いのは、そのような確信を持たれている知識によって前提条件とされているかどうか）をチェックすることで懐疑論に答えることができる。そのような暫定的な共通の土台に訴えることを全く拒絶することは、思考とコミュニケーションを不可能にすることになるだろう。すなわち、①と②〔の問い〕についての議論は、論争する者たちが首尾一貫性を貫くように努力する場合にのみ有益でありうる。すなわち、彼らは、自らの結論が否定するようなものを前提としてはならないということを受け入れなければならない。しかしこの点〔首尾一貫性の要請〕に「偽り」の懐疑論という問題のすべてがある。そのような疑念が他の信念や実践と首尾一貫するものかどうかを考慮もせずに、何らかの疑念を選好することは非常に安易ではあるが、全く無益である。仮にすべてが夢であるならば、どれも夢ではありえないであろう。私たちのすべての経験に「夢」というラベルを貼りつけ直すならば、私たちは、ただ単に、夢と「覚醒時の経験」との間の古い区別のために新しいラベルを考え出さなければならなくなるだけであろう。[*47]

他の信念と同様に、観念論に反対するこの議論に含まれる考えも、それ自体誤りを免れない。しかし、たとえ「世界」という概念は疑う余地なく存在しているとしても〔それにとどまらず〕、私たちが見たものに不意を突かれる日常的経験は、この世界が私たち自身の発明ではないと想定する合理的根拠を与える。諸対象が見られる見られ方はたしかに概念的（かつ生理学的）に媒介されているけれども、私たちが目を開けるたびに、私たちの〔目の〕前の対象がそれによって事前に決定されるということはない。素朴な客観主義と同様に、観念論は思考とその対象をともに崩壊させるが、その還元の方向のみが異なっているのである。[*48]

②に含まれる問いは、より注目に値し、社会科学の論争において多くの問題を引き起こしている。私たちはすでに、思考と世界との間の関係性における実践的次元に留意しなければならないことを主張してきた。おそらく主要な問題は、概念や命題や方程式のように非物質的な何ものかが、どのようにして、何らかの物質的なものについて「真」であるとか、それと「対応する〔correspond〕」とか、それを「表現する」などと言うことができるのかという問題に関係している。これについて〔よく〕考えてみれば、「対応」といった用語の、通常は隠れているメタファー的性質が明らかになる。[*49] しかしその際、すでに示されているように、私たちの言語の多くは不可避的にメタファー的であり、したがって思考と世界との間の関係性を直接把握することは不可能なので、その関係性を記述することの困難性はほとんど驚くべきことではない。

したがって、厳密に言えば、私たちは事実の問題についての絶対的真理を発見したと、また私たちの知識のいくつかの絶対的基礎を確立したと正当に主張すること（「基礎付け主義」）などは決してできないのである。私たちの知識は可謬的なものであることを認めなければならない。実在論者はこの主張について、脅威を与える言明とみなす必要はない。なぜなら逆説的なことだが、経験的誤りを引き起こし、世界の性質についての理解を誤るというありふれた経験は、実在論の土台を掘り崩すよりはむしろ支持するからである。というのも、世界が私たちから独立して存在し、私たちの想像力による単なる虚構などでは全くないと私たちが信じるのは、その世界がどんな種類の期待にも服することがないからこそである。仮にもし私たちの言明に対してこうした当惑させるようなケースが何もなかったならば、したがって希望的な観測がまかり通るのであれば、実在論者である理由は存在しないであろう。そうであれば、私たちは、真理は概念図式に対して純粋に相対的なものにすぎないと言えるだろう。

しかし、私たちはここで、時々社会科学において現れているいくつか共通の不合理な推論に注意しなければならない。すなわち第一に、知識と物質的世界とが性質を異にするものであるという事実から、それらの間には何らの関係性も存在しえないということにはならない。そして第二に、すべての知識が可謬的であると認めることは、すべての知識が同等に可謬的だということを意味しているわけではない。[*50] この後者の論点は、素朴な客観主義が崩壊した後にしばしば生じてきた非合理主義や相対主義から社会科学を擁護するためにとりわけ重要である。

私たちはまた、いっそう混乱した次のような議論にも注意しなければならない。①知識の絶対的基礎は発見されえない。②実在論の哲学はそれらを提供できない。③それゆえ実在論は斥けることができるし、それに代わるより良い代替手段を提供する必要はないという議論がそれである。実在論者は②を承認する。しかし実在論者は、実在論もその批判者も承認しないような基準を満たすことができないことを理由に、ある哲学を拒絶することは首尾一貫しないと信じている。またそれに優る代替手段を提案することなく、実在論を却下することも合理的ではない。願望的思考や徹底した慣習主義〔conventionalism〕、「何でもあり」などは明らかにうまくいかない。つまりすべての方法がうまく機能するわけではなく、すべての慣習が不条理なしに維持されうるわけでもない。

しかし基礎付け主義の拒絶は、明らかに重要な意味を有している。とりわけそれは「真理」の性質について一般に受容されている観念に疑問を投げかける。事実の問題についての「絶対的真理」は経験的に知り得るわけでも概念として理解できるわけでもないとすれば、そして知識とその対象との間の関係性の性質については間接的にしか知り得ないとすれば、真理という概念にはいったい何が残されているだろうか？（注意：私はここでは、「分析的真理」の問題、すなわち定義によって真であるような言明、そしてまた何が道徳的に望ましいかという問題は脇に置いている）。先の問いは、真理という観念が社会においては死活的に重要な役割を持っているので、紛糾を招くものとならざるをえない。人々がそのような概念を手放すことに慎重であるべきだということは全く理解できる。しかし〔そのためにも〕、可謬性という観念と真理との間に何らかの調停がなされなければならない。

この〔真理〕概念に資格を与える試みは、二つの方向——知識の資格について決定する相互主観的な性質に関連した方向と、実践に関連した方向と——から来ている。前者の場合には、真理はコンセンサスの問題にすぎないものとして扱われてきた。

この見解では、いわゆる真なる言明について言われうるすべてのことは、それらの言明が慣習によりそのようなものとして定義され、承認されているということである。驚くことではないが、真理にしようと人々が選択するものは何でも真理であるという含意は広く斥けられてきた。（絶対的な）真理についての常識的な概念は、世界に対する知識の関係性について、正当化されうるより以上のものを前提としているとすれば、それに代わる代替的な「慣習主義者」の見方は、正当化されうるより以下のものを主張している。前章で注意したように、このような相互主観的および慣習的次元は〔たしかに〕存在しているけれども、どんな慣習でもよいわけではない。それらは実践において有用でなければならない。自分たちの議論の一部として、慣習主義者たちは、時々、語と対象との間の関係の恣意的な性質について注意喚起している。すなわち、なぜある人々は〔同じ子どものことを〕「チルドレン」と言い、他の人たちは「キンダー〔Kinder ドイツ語〕」とか「アンファン〔enfants フランス語〕」と言わなくてはならないのだろうか？〔この場合〕個々の語の選択は（まれな擬音の場合を除いて）恣意的なように見えるけれども、それらの語の意味関係は、対象の確定的な特性を把握しようとしているのであり、それゆえ自由に選択可能なものではないのである。私たちは、いったんあるものに「水」と名づけることを選択したとすれば、それを形容する仕方を自由に選択することはできない。つまり、水を「きれいな」、「濁った」、「熱い」などと形容せずに、「感情的な」や「几帳面な」などと形容することはできないのである。対象に対していったんは「恣意的に」名前を与えられたとしても、意味のある言説をなすために、どのように諸用語が結合させられるのかを規定する慣習は、決して恣意的なものではないのである。[*51] 慣習は修正可能であるが、言語が物質的現象に関係するところならばどこでも、その慣習はかなりの安定性を有しているであろう。反対に、情報を伝える実践における言語の成功は、それらが指示する世界の構造がある程度の永続性を有していることを示唆している。同時に、成功的実践を導くうえでの知識の失敗は、構造が、私たちがそれについて考える事柄に関係なく存在するものだということを示唆している。

　このことが、私たちに真理の概念の資格づけについての第二のタイプ〔実践に関するタイプ〕をもたらす。

　ここでは、真理の概念を「実践的適合性〔practical adequacy〕」の概念に取り換える（もしお好みなら、修正する）ことが役に立つかもしれない。[*52] 実践的に適合的であるためには、知識は、世界についての、および実際に実現された〔場合の〕私たちの行為の結果についての、期待を生み出さなければならない。慣習主義者が主張しているように、それ〔知識〕はまた、言語的に表現された知識の場合、相互主観的に理解可能でかつ受け入れ可能なものでなければならない。私たちの知識の様々な部分の実践的適合性は、文脈《コンテキスト》に応じて多様に変化するものである。同じ実践的な文脈《コンテキスト》における異なる一連の信念の成功と、異なる文脈《コンテキスト》における同じ信念の成功との差異は、世界が構造化され、差異化されていることを示唆している。慣習主義の誤りは、実践と世界の構造とを無視することである。怠慢によって、明らかに気まぐれででたらめな知識と真理の性格が、（集合的な）意志のままに変更されうる習慣の問題として、知識の対象に投影される。その知識の対象はだから、無構造で全くもって可塑的な性格のものであると想定されている。そのような信念は紛れもなく、「夜の哲学〔nocturnal philosophy〕」と呼ばれているものに属している。なぜならば、自分自身の実践に関する「昼の哲学〔diurnal philosophy〕」では、観念論者を公言する彼らは、〔実際の日常実践では〕他の誰にも劣らないくらい実在論者だからである。すなわち、彼らは一般的にドアからではなく、天井を通り抜けて部屋を出ようなどと試みたりはしないし、また「危険：二四〇ボルト」などの言葉を、それが指示している存在もなく、物質的な意義も持たないものとして拒絶したりはしないのである。

　私たちは水の上を歩くことができないとする「慣習」①は、それができるとする「慣習」②より好まれるが、その理由は、②ではなく①から生じる期待のほうが実現するからである。それらが実現するのは、それに関連した物質的介入（水の上を歩こうとすること）の性質と、それらの物質的文脈《コンテキスト》の性質のゆえである。言い換えれば、対象ならびに（人間の行動を含む）過程の性質は、人間の知識の内容を、それ独自で決定しはしないけれども、それは私たちにとっての認知的および実践的な可能性を決定する。[53] 水の上を歩くことがうまくいかないのは、私たちの知識のせいではなく、むしろ水の性質が②よりも①により実践的に適合的だからである。それでもなお①が原理的に可謬的なものだという事実は、それを理由に、②よりも①を選ぶ私たちの選好を変更する必要はないのである。[54]

　では、なぜ、何人かの（社会）科学者たちがするように、知識は真か偽かよりも、むしろより多く役に立つかより少なく役に立つかで判断されるべきであると単純に言わないのだろうか？　この立場は「道具主義〔instrumentalism〕」と呼ばれており、それは通常、役に立つ知識は真であるからこそ役に立つのだ、という回答によって反論されている。現状では、この種の議論は容易に堂々めぐりになりうるが、その回答の重要な点は、有用性は偶然的なものではなく知識の対象の性質に起因しているのだと言おうとしている点にある。ある者はそれが世界の構造に「対応」しているので役に立つのだと言うかもしれないが、私たちはすでにそのような命題の限界について論じた。知識は、それが世界に対して「実践的に適合的」な場合に、役に立つのである。

　実在論的な基準と道具主義的な基準の間には類似性があるけれども、実在論者の基準はより要求が厳しい。すなわち、道具主義者は特徴的に彼らの理論の入力（仮定、カテゴリー）ではなく、出力（通常は予測）についてのみ配慮する。そのために、道具主義者は、間違った理由のゆえに正しい回答を得る可能性や、別の状況下では機能しないモデルの可能性などには、全く煩わされることがない。[55] 実在論者はこれ〔有用性基準〕を暫定的な解答としてのみ受け入れることができる。すなわち私たちは、〔出力だけでなく〕実践的に適合的で、他の文脈《コンテキスト》においても機能し、他の知識や実践とも整合する理論に対する入力についてもまた発見しようとしなければならないのである。つまり私たちの理論は、それを生み出したものは何かについての根拠を与えることによって、研究対象の状況について説明すべきなのである。したがってそれは、単に結果を「導出」または計算する方法を与えるだけではないのである。そして最後に、特異的な対象に関係しない限りは、私たちは理論が強固であることを期待すべきである。

　私たちの理論は、世界がどのように存在しているのかについて語るものではなく、私たちが言うことのできるすべては、事物があたかも私たちのモデルが真であるかのように振る舞うということにすぎないといった考え方は、道具主義に近いものである。ある面では、このような考え方は、私たち実在論者の立場と似ているように見える。というのも、それは、知識とその対象との間の差異、およびそれらの間の関係をどのように特徴づけたらよいのかという問題を自覚しているからである。あるものが、あたかも私たちの理論が真であるかのように振る舞うと言うことは、そのものが私たちの理論と不整合ではないと言うことと似ている。しかしその考え方には、二つの点で反論の余地がある。第一に、それは、それら〔知識と対象〕の関係について私たちが言いうること以上の何かがまだ存在することを忘れている。すなわちそれは、世界についての私たちの理論よりも、実践を可能にも不可能にもする世界の構造である。第二に、「〜かのように〔as if〕」の原理は、次のような理由で、頻繁に不誠実なものとなる。すなわちそれは、私たちが都合の良い虚構であると知っている（つまり、ある点では誤っているにもかかわらず、いくつかの目的のためには役に立つと知っている）理論と、さしあたりはまだそれを上回るものがない（つまり、その限界がまだ発見されていない）理論との間の、相違を不明瞭にするからである。たとえば、次の点は重要である。つまり、経済学者は多くの場合、経済的行動が、あたかも完全な知識の無空間的世界や、大量の買い手と売り手などに関与していない「かのように」理解しようと試みるよりも、それが完全競争に関与している「かのように」理論化する試みのほうに、より寛容的だという点である。オスターバーグが指摘するように、「〜かのように〔as if〕」の原理に訴えることは、通常問題がないとわかっている抽象化を擁護するというよりも、いっそう多く、好みの特定の抽象化様式を批判から守ろうという願望の一機能になっているのである。*[56]

　結論として、「真」と「偽」や「表現〔representation〕」と「対応〔correspondence〕」などの用語に代わるよい代替案を見つけることはたやすくないことを認めなければならない。とはいえ、それらの用語を使用し続けることになるとしても、私たちは、思考的対象と実在的対象との間の決定的な区別と根本的な差異、*[57] および知識の実践的な文脈《コンテキスト》を無視するような表面的な解釈が有する欠陥については、いつも心に留めておかなければならない。

相対主義、理論間の論争および知識の発展における非連続性

一部の読者は、上記の諸点がここまで詳細に論じられなければならなかったことに驚いたかもしれない。しかし、それは知識の高度に相対主義的な概念が広く受け入れられているところでは必要不可欠である。この相対主義的な見方は、知識を、離散的で画一的な、しかも相互に理解できないか、または相反するものへと分割された思考の様々なシステムとして提示する。そこでは、それぞれのシステムは外部からの批判を免れているものと想定されている。なぜなら、それは、何を知識とみなすかについての批判者の基準を拒否することによって、そうした批判を却下または中和させるだろうからである。論争を解決する手段として証拠に訴えることは、それが共約不可能なほど異なる仕方で解釈されうるので、功を奏しないであろう。実際に、素朴な客観主義の真逆のこの立場では、理論は事実上、観察中立的な〔観察如何には関係がない〕ものとみなされる。異なるシステムのメンバーたちは、話し合ってもひたすらすれ違うばかりであり、意見の相違は常に相互の誤解に基づいているであろう。こうした考えの影響のもとで、「〔～主義者」として、私はしかじかのことを信じる」といった自己防衛的な注意書きで著作を始める社会科学者たちを見出すことは珍しいことではない。これはまるで、相互に排他的なそれぞれの選択肢の範囲内のあれこれのものについて、「お金を支払ったのだから、あなたの好きなものを選択していいですよ」と言っているようなものである。

〔ここでの論題に〕関連する「思考システム」は、「パラダイム」や「問題構成〔problematic〕」、「世界観」と様々に呼ばれているものである。これらの用語は、不明確な点で悪名の高いものである。それらは一般的に遠大な思考体系を指しているように見えるけれども、有意義な対話と有効な外的批判の可能性に対する〔先に論じた思考システムをめぐるそれと〕同じ懐疑論が、全く特殊な理論間の論争におけるコメントのなかに時々見出されうる。どんな規模のものであれ、私はこのような懐疑論が著しく誇張されたものだということを主張するだろう。

これに関連する一連の考えは、上記のような思考システムの歴史的連続性〔の問題〕に関係しており、それはトーマス・クーンの影響力ある著作『科学革命の構造』に由来する。ここで私は、クーンのオリジナルな考えについて、社会科学において一般に普及した（しばしば粗悪な）見解で行われているのと同じほどの分量を割いた議論をしたいとは思わない。[*58] その考えは、〔科学の発展の〕不連続性を、またはより長期の漸次的発展を中断させ、一つのパラダイムの転覆と別のパラダイムによって置換することを際立たせる科学革命を強調する。アインシュタインのパラダイムによるニュートンのパラダイムの転覆は、おそらく最も有名な例である。〔ここでは〕変化は知識の漸次的な転換（すなわち連続的変化）ではなく、置換〔replacement〕によって起こるのである。これは、次のような相

対主義的な説明の最も影響力のある要素の一つであるゲシュタルト転換のアナロジーによって例証される。すなわちそれは、ウサギとしても見ることのできるアヒルや、内側を向いた一対の顔としても見ることのできる花瓶、といったおなじみの図で示される。というのも、〔私たちは〕一度に一方かまたは他方のどちらかのイメージのみを見ることが可能であり、それらの間の変化は瞬時に起こるものだからである。おそらく、このような科学革命による変化の過程は、議論と証拠による合理的な説得の問題よりも、むしろゲシュタルト転換や神秘的な転向の経験に近いものであろう。*59

おそらくこれらの見方の最も基本的な欠陥は、私たちが使用するスキーマや概念の数についての徹底的な過小評価にある。または、それらのスキーマや概念すべてが、論理的含意の関係でともに一枚岩の塊に堅く密接に関連づけられているというその含意関係にある。そしてそこには、意味の違いに微妙な色調の変化などは存在しえず、ただ（パラダイム内部の）全般的な一体性かまたは（パラダイム間の）全般的な不整合性かのいずれかのみしか存在しないように見えるのである。そこでは、理論内の冗長性や未解決の緊張の程度が過小評価されている。また同様に、それらの理論の間には重複領域が存在しており、そこでは、一致や無関与な関係が存在しているという点についても過小評価されている。主要な理論の単一性が誇張されてきたので、〔理論の〕どんな一部分への反証も全体にとって致命的なものにならざるをえないように見える。アーネスト・ゲルナーからの類推を借りれば、それは、理論を孤独な企業家のようなものにしている。彼は、不可避的な失敗に対処できるように、また内部の操作で部分を修正しながら生き延びられるように、〔事業を〕多角化させている企業ではなく、単一製品の成功にすべてを賭けるのである。*60 多くの場合、共約不可能性〔incommensurability〕の錯覚は、競合する思考システムの記述をそのシステム固有の用語に還元することで生み出される。それは、論争を解決しようとする際にそこに訴えることのできる、それらの思考システムが共有していて、通常はもっとありふれた豊富な諸概念を無視している。さらに、しばしば気づかれていないことだが、矛盾する関係におかれている二つの一群の観念にとって、それら二つの観念群は、それらをめぐって相互に矛盾しうる〔ためにも〕ある共通の要素を持っていなければならないのであり、また〔そのためにも〕それらは相互に理解可能なものでなければならないのである。

したがって、理論負荷的観察は理論決定的であるに違いないとか、理論は観察中立的であるというような考えは、容易に論駁されうる。ある人がいくらお金を持っているかを調べる例について考えてみよう。これをするために、私は多くの概念を、様々な形の通貨に関するもの、〔通貨に関連する〕人に関するもの、通貨の計算操作に関する概念などを制御しなければならない。しかしもちろん、これらの諸概念を知っても私の質問に答えることにはならないだろう。私は、〔現場に〕行って調べてみなければならないだろう。その際には、依然として不可避的に理論負荷的であるが、理論決定的ではない方法で観察することになる。こうして、私たちは特定の概念システムの内部においてのみ考えることができるのだけれども、それらのシステムは内的に差異化されているのである。私たちがそれについて考えることのできる事柄は、必ずしもこれらのシステムの内部にあらかじめ含まれていなければならないわけではない。[*61] さらに、どんな観察や測定、検査にも多くの理論が関与しているというまさにその理由によって、そこには堂々めぐりの循環などは存在しない。そのような循環では、理論は私たちが観察するものを支配しているので、〔理論については〕何事も〔観察によって〕反駁不可能であると評価される。そうではなく、「測定されたものについて検査するべく私たちを導く理論や期待は、その測定で使用された理論や原理である必要はない」のである。[*62]

観察に対する理論のいわゆる中立性に関して言えば、そのような理論の慣習〔的な振る舞い〕は、実践的適合性に関するいかなる制限をも免れており、したがって、すべての思考は願望的思考になりうるだろう。というのも、すべての可能な観察からの異議申し立てを免れているところでは、それらの思考はいかなる実在の対象についても何もたしかなことを述べることができないだろうからである。そのような立場を支持する人たち（たしかに一部にそうした人々がいる！）は、しばしば次のような不合理な推論を引き合いに出して、それを擁護した。すなわちそれは、知識や「言説」と物質的対象との間の根本的な違いが、それらの間の実践的適合性という関係性の〔成立する〕可能性を排除するという推論である。しかし彼らは通常、実践的適合性の判断の可能性を信じている人々が語っているのとほとんど同じ種類の対象や出来事について喋々と語り続けている。もし彼らが首尾一貫しているというならば、これらの観念論者が、自分たちの夕食のなかの土曜日の量〔the amount of Saturday in their dinners〕などの不条理について語ることをやめさせるものは何もないだろう。彼らが、自分たちの哲学的信念にもかかわらず、そのような不条理を示していないという事実は、彼らはそのことを認めることはできないけれども、彼らの言説が実践的適合性という制限と類似の制限に影響されていることを示しているのである。[*63] このようなことは、〔彼らが〕実践を無視して、主観と客観の関係を反省の一種に還元してしまうことの帰結である。ゲシュタルト転換とのアナロジーに関連して、パラダイムを変更した科学者たちが、〔ゲシュタルト転換の〕画像でできるようには、再び元〔のパラダイム〕に戻ることができないという点で、このアナロジーは不適切であると主張している人たちがいる。しかし、もっと重要だがそれほど広く認識されていないアナロジーに関する問題がある。すなわち、たとえばアヒルを見ることからウサギを見ることへ切り替える、またはその逆が可能であるためには、私たちはあらかじめ、それら各々がどのように見えるものかを知っていなければならない。[*64] これと同じように、「新しい」概念の理解可能性は、おそらく異なる文脈《コンテキスト》から得られた、類似の概念に関する前もっての知見をいくらか持っていることを必要とする。ゲシュタルト転換の通常の解釈は、このことを見落としている。したがって、その解釈は、いわゆる科学革命〔の過程〕をまたぐ連続性を過小評価しているのである。

キャンベルが主張するように、これら相対主義者のすべての概念錯誤の最終的な効果は、次のように言うクーンの著作で明白なように、そうした印象を生み出すことにある。

　すべての物理学的認識は、ただ一つの統合理論、一つの方程式に結びつけられており、この理論がそれに照らして検証される諸「事実」は、すべてこの一つの包括的理論に（のみ）依存している。この基盤理論が変更される場合には、同時にすべての「事実」〔または理論負荷的観察〕が変化することが想定されている。[*65]

私は今や、次のことを主張したい。すなわち、それらの結論が正反対であるにもかかわらず、素朴な客観主義や慣習主義、相対主義は、概念錯誤の同一の基本的構造を共有しており、したがって、理論の整序枠組み的な見方がそれらに関与していると。慣習主義と相対主義の哲学的提唱者たちは、多くの制約条件を付け加えているけれども、彼らはこの〔基本的〕構造を変えることができない。

素朴な客観主義においては、単語は、疑う余地なくまた相互に独立に対象を指示する。それは、あかたもそれらの語が指示対象に一つずつ単純に「貼付される」ことが可能であるかのようである。観察は理論中立的であると解釈される。理論の役割は、もしあるとすれば、データを整序する方法を提供することである。そして知識における変化は、新しい用語が古いものの意味を変えることなく追加される蓄積過程として、成長としてのみ把握されうる。しかし、この見方は明らかに虚偽である。というのも、〔そこでは〕意味は変化するし、少なくともいくらかの非連続性と置換が存在するのだから。私が相対主義や慣習主義と呼んでいるものは、このような状況に対して、たいていの場合、記号のほうを転換させることで対応する。用語とそれらの概念は、対象に貼付されるのではなく、堅固な構造のうちにともに貼り合わせられるので、それらは指示対象によるいかなる制約も受けないものとなる。こうして、理論中立的観察の代わりに、私たちは観察中立的理論を持つことになる。すなわち、実在の単純な「鏡像的反映〔mirroring〕」としての真理の代わりに、それは〔今度は〕純粋に慣習〔convention〕の問題になる。そして知識における変化は、ひたすら全てか無かの問題に、つまり一つの堅固な構造の別の堅固な構造による取り替えの問題になってしまうのである。

同じような論旨で、シャピアーは、それに対抗する立場から、「意味」についてのよく知られた概念を下記のように非難している。

　二つの表現または二群の表現は、〔これらの見方においては〕まさに同じ意味を持つか、さもなければ全く完全に異なるもののかのいずれかでなければならない。そして、もしも諸理論がそれらの発展の歴史、およびより広く深い理論への統合の歴史を通じて〔何らかの〕意味的に不変なものを有していないのであれば、そこに明らかな類似性があっても、これらの連続する諸理論（パラダイム）は、実際に〔相互に〕比較することなど全くできないことになろう。それらの間の明らかな類似性は、意義のない表面的なものとして却下されなければならないことになる。もし、「蓄積による発展」の過程としての科学の歴史という概念が誤りであるならば、それに代わる唯一の代替案は、科学の歴史は完全に非蓄積的な置換の過程でなければならないことになる。しかもそこには、どのような中間的立場も決して存在しないのである。……しかし、このような相対主義およびそれに帰着する学説は、現実の科学とその歴史の調査の結果などではなく、むしろそれは純粋に、「意味」とは何かについての狭隘な先入見の論理的帰結なのである。[*66]

　実際に、整序枠組み的な理論の見方は、理論化が意味に関係する程度と、同時にまた、それが意味と用語の指示対象における修正をめぐるやりとりに関係している程度とを、見落とすよう私たちに促す。理論化は、前もって存在している素材を扱うことができるだけである。すなわち、それは、全く異なる別の意味セットを扱うことはできないのである。というのも、〔理論の〕革新は、もしそれらが理解されうるものであるとすれば、完全に新規であることはできないのだから。つまり、〔そこにも〕再び、既存の素材との間をつなぐ橋頭堡が確立されていなければならないのである。

　もし理論が、以上のような考え方に代わって、持続的かつ不均等に進化している連続的であるような概念図の内部の、多かれ少なかれ特有の位置〔を占めるもの〕であると考えられるならば、知識の発展過程においては、連続性と新規性および非連続性の両方が確認されうるだろう。[*6] いくつかの位置は〔互いに〕離れていて、他のものと貧弱な関係しか持たないかもしれないが、しかしまた新しいつながりが作り出されるかもしれない。もし私たちが相対主義や素朴な客観主義といったこれと反対の極端を避けるつもりなら、知識の発展の解釈学的な特徴および意味と指示の相互依存関係が理解されなければならない。指示は、ある対象に用語を「貼付」する単純な問題ではない。それはむしろ、利用可能な概念的資源を用い、部分的には試行錯誤的な実験の過程を通して到達されるような実践的な業なのである。さらに、意味の変異は、コミュニケーションや批判を不可能にするようなものである必要はない。実際に、その経験および／または意味の解釈が、（少なくとも部分的に）異なっているような当事者間でのコミュニケーションというのは、正常な事態なのである。実際、もし双方になんの違いもないのであれば、コミュニケーションにはほとんど意味がないことになるだろう。[*68] たしかにコミュニケーションは、経験や言語や意味が完全に異なっているところでは可能とは思えないが、しかしまた、それらが完全に同一であるような逆の極端の場合には、コミュニケーションなど余計である！　意味枠組みが私たち自身といくつかの点で異なる他者たちとのコミュニケーションは、日常生活のなかで普通に達成されていることである。たしかに、社会科学において解決を必要としているような意味枠組みの差異は、より難解な問題を含んでいることもありそうである。このことは、他の研究者とのコミュニケーションにおいてだけではなく、社会のなかでの意味の解釈においても、とりわけ過去または現在の他の文化の研究においてもいえる。またたしかに、理論間の論争はしばしば誤解に基づく批判を伴うか、あるいは偽のコンセンサスによって隠されている。しかし、それらの解決がきわめて困難で長引くものだとしても、それを不可能なものとして解釈するのは敗北主義的である。

この敗北主義は、「どうか、私のパラダイムをその外部から批判して私を悩ませないでほしい。なぜなら、私はあなたが私のパラダイムを誤解してしまうだろうことをアプリオリに知っているのだから」という独断主義か、あるいは「すべての理論やパラダイムは、何事かに貢献する有益なものを持っているのだ」という無力な折衷主義のいずれかを生み出す可能性がある。その論理的帰結を取ってみれば、この後者の一見開放的で自由な観点は、次のような点で保守的なものになる。すなわち、対立しあう諸理論が少なくともいくつかの相反する主張を、その一部は根本的な対立であるかもしれないような主張を、含んでいる可能性がある、という事実を軽視していること。それゆえ、それは知識の発展における批判の重要な役割を無効化する可能性がある。極端な場合、そのような見方では、剰余価値と「資本の限界効率」の両方に利潤の源泉を見出したり、イギリスを階級社会と無階級社会の両方であるとみなしたりすることもありうる。また素朴な客観主義の立場と相対主義の立場は、前者を批判から保護するために、後者の折衷主義を用いて、密かに結合される可能性すらある。すなわち、「これは私のパラダイムであり、他のパラダイムにもそれなりの用途があるという考えに便宜上の賛意を示そう。ただし、私自身のパラダイムを維持し続けることを許容してくれるならば」ということである。相対主義にとって最も悲惨なことは自己論駁である。というのも、もしあらゆる可能な思考体系が平等に真（または偽）として扱われ、反論から超然としているのなら、そのときは反相対主義もまた同様でなければならないからである。

しかし、折衷主義のより合理的で限定された形態はあるだろうか？　折衷主義は時には、他の諸理論から概念を借りながら、古い主題について全く異なる方法で考えるように啓発することができる。このことは既存のシステムを改良するかもしれず、たとえそうでなくても、それは既存のシステムの強みをより目立つようにすることに役立つかもしれない（私たちは時に、このような方法でお粗末な本を読むことからでも多くのものを学びとることができる）。

マルクス主義は多くの場合、非常に独特な知識の体系として考えられているが、その内部にある多様性も、その他の知識との間の連続性もしばしば過小評価されている。他のどんな思考システムとも同じように、マルクス主義も、前もって存在している理論的伝統（たとえば、スコットランドの政治経済学やヘーゲル主義）から案出されている。そしてその後は、限りない「読解」の連続とマルクス主義を他の伝統に同化させようとする試みの連続とによって示される広範な観点から解釈されている。そのような理論体系と他の理論体系との間の関係は、解釈学的性格を有しており、そしてそれはまたたとえば、社会学がマルクス主義から学び、マルクス主義がフェミニズム理論から学びつつあるというような〔相互〕交換の一過程を含んでいる。

しかしながら、共約不可能であっても矛盾しあわないような諸理論が、少なくともある文脈《コンテキスト》においては、たとえば鍼治療と西洋医学や、有神論的な信念に基づく農法と科学に基づく農法などが、同等の実践的適合性を有しているように見える。けれども、二つ以上の全く類似性のない理論が「等しく真」でありうると言うなら、おそらく奇妙に聞こえるだろう。真理は、一般に単一のものとして考えられており、多重の真理という考えは忌まわしいものと考えられている（この後者の〔多重の真理という〕考えは、知識がその対象と混同されているところでは、信念の差異が多重の実在を指し示すものとして受けとられるので、不合理である。この見方もまた、それが厳しい批評を逃れるという点で危険である。すなわち、「私の批判者たちは実のところ〔私とは〕異なる実在について話しているのだ」として）。

私たちはすでに、完璧な真理についての単一の特権的関係や思考と世界の間の対応という仮定を疑問視してきた。後から考えてみれば、私たちは地球平面説が完全に「偽」であったと言いたくなるかもしれないけれども、それはたしかに、ある程度の実践的適合性を有していたのである。その限界は、探検航海のような実践を通して発見されたのである。こうして、蒸気機関の最初の製造業者は、熱を物体間を流れる実体と捉える理論をもって、望んでいたその結果を得ることに成功した。[*69] 言い換えれば、「真」と同様に「偽」という用語の、それゆえまた、「偽証」や「反証」や「立証」といった用語の絶対的な性質は、緩和されなければならない。それは、そうした偽の信念を抱くと、必然的に何も知ることができなくなり、それゆえ何もすることができなくなる、といった印象を与えることを避けるためである。[*70]

理論が「機能」する、またはある特定の文脈《コンテキスト》である実践的適合性を有すると認めることは、その構成要素の一つ一つが「真」または実践適合的であると想定することではない。星の動きを予測する古代の天文学者たちの功績は今もなお感銘を与えるけれども、近代的観点からいえば、彼らは星が何であるかについてはほんのわずかな考えさえ持っていなかったのである。[*71] しかし彼らが自分たちの「科学」を実践的に使用した文脈《コンテキスト》においては、このような無知やそれゆえ彼らの知識の不均等な質は、実際上問題ではなかった。特定の文脈《コンテキスト》に関連して私たちが抱いているすべての信念が、実際に私たちの行為やそれらの結果に違いをもたらすとは限らない。それらは、生起してくる物事の意味を理解するためには重要であるかもしれないが、そのいくつかは、実践的目的にとっては余分なものであるかもしれない。他の信念は、説明としてではなく記述としては十分なものであるかもしれない。また、同じようにいくつかの信念は、間違った理由のゆえに正しいことをすることを私たちに可能にするかもしれない。〔ここで〕いま一度、特定の諸観念の「有用性」についての私たちの以前の説明を繰り返すならば、不均等に発展しているけれども実践的に適合的な知識の認知的可能性を生じさせるのは、構造化され、差異化された世界の不均等な性質である。

物質的過程がそれらについての私たちの信念とは異なることを考えれば、二つ以上の根本的に異なっていて実際に共約不可能な一連の諸信念が、同等の実践的適合性を有する事例を見出すことは驚くべきことではない（私たちはしばしば実際に、統一的な信念体系であるように見えるものの内部においてすら不整合な信念を保持している）。意味の不整合は、必ずしも相互に不整合な信念の全面的な実践的不適合性を保証するものではない。反対に、完璧で内的矛盾のない一貫性のある一連の信念を有することもまた、それらの実践的適合性を保証するものではない。それにもかかわらず、とりわけ科学のような検証された知識においては、私たちは単に何がうまく機能するかを知ることで満足せずに、そのような不整合や矛盾を取り除こうとする。すなわち、私たちはある実践や期待が成功することを可能にする世界について、それが何であるかに関する首尾一貫した理解を求めているのである。

社会科学においては、この種の判断は、「科学的」コミュニティの内部で科学自身の諸概念に関してなされるだけでなく、研究対象となっている社会における諸概念に関してもなされる。そして、社会の中のある集団の信念が幻想に基づいていると私たちが結論づけるかもしれないという事実は、少なくともそれらの信念が「生存可能」だという意味で、それらが何の効果も実践的適合性も持たないということを必ずしも意味してはいないということである。[*72]

「理論化」と知識の発展

知識の発展過程についての素朴な客観主義や相対主義の解釈の不適切性について議論してきたので、今や、それに代わる選択肢の性質についてより明確に詳説するときである。私は分析的目的のために、〈知識の発展〉過程が以下の構成要素に分解されうると主張したい。

①変化の最も単純なタイプは、すでに十分に概念化されているとみなされている諸対象のさらなる実例の発見に関連している。

②より興味深い種類の変化は、単なる増加よりもむしろ発展に関連しているのだが、それは、新たな状況への既存の概念の置き換えが実際にその意味を変化させるときに、発生しうる。

③変化は、既存の知識によって生み出された期待が失敗することについての発見に続いて起こるだろう。このことは通常、「事実との不一致」とみなされているが、そのような表現は、これまで議論してきたように、誤解を招くものである。なぜならそれは、事実とそれらについての言明との間の区別をあいまいにしてしまい、「観察的」言明と「理論的」言明との間のしばしば疑わしい区別を支持するからである。実践的不適合性の発見は、私たちが「観察的言明」と考えているもの

か、または、私たちが「理論的」な主張および仮定と考えているものか、そのいずれかに関する問題〔の所在〕を同定することを可能にする。概念とそれに関連する技法〔techniques〕の使用に誤りがなければ、そして変則事例に対しては目をつむるという決して珍しくない実践を考慮から外せば、〔実践的不適合への〕適切な対応は、私たちの概念システムのある部分を、それが「観察的」なものであれ「理論的」なものであれ、変更することである。

④概念システムの構造の変化、それゆえ意味の変化は、経験的・実践的な変則事例によってだけでなく、理論的反省を介してシステムの不整合や欠陥を発見することによっても促進されうる。その不整合は、問題が解けない方程式に関するような定量的な種類であるかもしれないし、あるいはまた、次のような概念的な種類の不整合であるかもしれない。すなわち、二つ以上の概念が同一対象を指示していて、「イメージ伝達〔picture-carrying〕」の内容によっては、それらの関連性や期待を調停することが不可能に思えるような不整合かもしれない。予期されるように、この種の変化は、科学のような高度に検証された種類の知識において最も一般的なものである。これと対照的に、バーンズが言うように、「日常言語では、機能の妨げにならないような矛盾は許容される。……それは、文脈《コンテキスト》の中で受け止められるので、矛盾とは全くみなされない」[*73]。矛盾を排除しようとする動機刺激は、それらの矛盾が、両立不可能な一連の諸活動を支持または指示する場合に最も強い。それにもかかわらず、理論的反省は、それらの矛盾が時々はタイプ①の経験的発見を予測しかつ刺激しうるような問題の実際の生起を期待するかもしれない。

⑤上記のような変化のタイプの例は、社会的知識において見出すことができるけれども、いくつかの重要な付加的特徴が、社会的知識が社会的知識それ自体の対象の一部であるという事実から生じる。第1章で指摘したように、社会科学的知識の変化は、その対象の変化を促進することができるが、その逆も同様である。この関係および自己成就的効果を有する信念の可能性を前提すると、研究対象における「偽り」の信念の存在は、厳密に批判的ではない社会科学にとっては問題をもたらす。

効果的な概念的変化を生み出すような困難性を認識することが重要である。ノイラートは、知識の発展を、洋上に浮かんだまま、厚板を一枚一枚張り替えて、船を造り直そうとする作業と比較する[*74]。さらに、私たちは、ただ古い概念から新しい概念を作り出すことができるだけであり、前者〔古い概念〕のいくつかは、私たちが脱出しようとしている問題の一部であるかもしれない。あまりにも多くのものを放棄することは、私たちの考える能力を破壊することであり、以前はどうということもなかったことを行おうともがいている私たち自身を見出すことになる。科学の危機の時代には、科学者の状況は、現代芸術の陳腐な慣習から脱出したいが、その成果が芸術として認識されうるために、それらを使用しなければならない芸術家の状況のようなものでありうる。したがって、そこには不可避的に革新を制約する慣性が存在するのである。

どのような種類であれ、変則的なものに直面したとき、通常の反応は、私たちの概念システムや技法における変化の程度を最小限に抑えることである。しかしいくつかの変則は、基本的諸概念（たとえば因果関係や時間と空間の意味に関してなど）の根本的な再定式化を必要とするかもしれない。その再定式化は、システムの主要部分の意味を変更する（この変更は、必ずしも常に実践に大きな影響を及ぼすわけではないけれども）。

大規模であろうと小規模であろうと、これらの変化は、むしろ複雑であるが故障した回路の配線を変更するように、諸概念を結びつけまた形成している意味関係のネットワークの再構築を伴う。これらの変化は、私たちに問題含みの概念を「解明する〔explicate〕」ように要求する。すなわち、そのネットワークのなかの他の用語との関係を再生させることを通して、重要であるが漠然と理解されてきた諸用語に簡潔な定義を与えることである。クワインが言うように、「解明する価値のあるいかなる言葉も、全体としてそれが有用であるために十分な程度に明確かつ正確な、いくつかの文脈《コンテキスト》を有している。そして解明の目的は、他の文脈《コンテキスト》の用法を明確にしながら、これらの好んで使われる文脈《コンテキスト》の用法を保存することである[*75]」。

私は、いわゆる「理論化」の大部分が主としてこの「規範的解明〔normative explication〕」のプロセスを伴うと主張するだろう。それは、たとえば経済学における「価値」や、「階級」、「市民社会」、（資本主義的）「国家」、「都市」といった概念に関して、あるいは、「政治的」なものと「経済的」なもの、または「生物的」なものと「社会的」なものとの間の区別に関してなど、社会科学で最も困難で持続的な理論的論争において、とりわけ明白である。これこそはまさに、私が「理論」という言葉で行おうとしていることそのものである。困難であったことは、第一に、既存の用途に伴う問題を同定すること、第二に、疑わしい意味を使用するのをやめること、それゆえ第三に、どちらの意味関係を変更すべきか、そしてどちらをそのまま残すべきかを知ることである。これらは理論化に伴う特徴的な問題である。当然のことながら、規範的解明をめざす多くの試みは「袋小路」に引き込まれる[*76]。これらの一部はかなり長期間にわたるかもしれない。そしてそれらは、重要な思想家たちの仕事や社会それ自体の特定の側面についての認識を高めるかもしれないが、他方では、他の側面についての一種の「集合的記憶喪失」をもまた頻繁に生み出す。たとえばマルクス主義の学問では、構造主義的な、または決定論的な、そしてヒューマニズム的な「読解」へと向かう揺れ動きが、戦後の時代に順次交代して起こった。それぞれは、それ以前の学派の解釈者たちによって濾過され取り除かれていたマルクス主義の諸側面の「再発見」から始まった。以上は、もちろん戯画化である。そこには、対立が解消されることもいくらかはあったのであり、単にそれらの間での揺れ動きだけがあったわけではないのである。同様の揺れ動きや再発見や発展もまた、大衆文化の支配的価値の継続的変移のなかで生じる。たとえば、幼児の養育への寛容的アプローチと権威主義的アプローチとの間での変移がそうである。

とりわけ難解な概念については、非常に多くの競合する解明が存在するので、私たちがまだなおも同じものについて話しているかどうかが不明確になるほどである。非常に多くの意味関係が、疑問を投げかけられ、棚上げ状態にされているので、その語はその意味を失うほどである。こうしたことについてのありうる事例としては、「イデオロギー」や「階級」、（経済学で言う）「価値」、「都市」などがあげられる。

その見かけとは違って、規範的解明や理論化の過程は、「単なる意味論的なもの」や「学問的なもの」として片づけられるべきではない。というのも、それは、私たちが思考のうちで世界を「切り分ける」、または差異化する方法に関連しているからである。私たちが次章で議論するように、この差異化のきわめて重要な側面は、たとえ自然的なものであれ社会的なものであれ、対象の力およびその活動様式について、特定化することである。というのも、このことは、世界の差異化の内部で私たちの実践的介入が成功するかどうかに影響するからである。反対に、私たちが見てきたように、物質的事象や実践における発展は私たちの概念スキーマの修正を促すことができる。原子の分裂は明らかに自然科学的事例である。核家族の興隆と衰退に伴う家族概念の変化は社会的事例である。この見方からすると、理論化は、それが、強力な利害が絡んでいるような実践と結びついた諸観念の解明に関係しているところでは、とりわけ直接的な社会的意義を有している。たとえば、「民主主義」のような不明確であるが重い感情的負荷を背負っている用語の解明は、それらの用語のスローガンへのよくある還元によってもたらされている混乱を明らかにするうえできわめて有用であるかもしれない。[*7]

ほとんどの政治的闘争は、不可欠な部分として、「意味をめぐる論争」を含んでいる。人種に関する対立は、物質的資源や機会へのアクセスについてだけではない。それらはまた、アイデンティティ——黒人意識運動の場合は、黒人とはどういう存在であるか——に関係している。関係者は、彼らのアイデンティティが日常の行為と思考の習慣によって相互に確証されあっているその仕方を変更しようと企図している。言い換えれば、理論化と意味をめぐる論争は類似しているのである。こうして、社会的知識においては主体〔主観〕と客体〔対象〕が部分的な同一性を持っているというまさにそのゆえに、たとえほとんどの場合にその影響は小さいとしても、前者〔主体または主観〕は後者〔客体または対象〕に直接的な影響を及ぼすかもしれないのである。

〔ここで「規範的解明〔normative explication〕」の用語の意味について、特に「規範的」という語の意味について原著者に問い合わせた結果をもとに、簡単に訳者の注記をしておく。規範的〔normative〕という語は、何が良いか悪いかについて、また何がどうあるべきかを判断するという意味の「評価的〔evaluative〕」という含意を持たせている。その評価は、道徳的な価値評価の意味をも含むがそれに限定されない。それは同時に美的判断や機能的な判断をも含む。著者によれば、本書で「規範的解明」を諸概念や意味連関の社会的構成関係を批判的分析的に解明することとして論じているが、その過程は同時に批判的実践的・評価的な解明であるという意味で、「規範的解明」という用語を採用している。〕

結論

本章で私は、理論と観察との間の関係について概説することから始めた。この問題に関するいかなる結論も、私たちが理論と知覚について、知識とその対象との間の関係についてどのように理解するかに依存する。第1章で導入された主体と客体との間の相互依存関係の「痕跡（imprint）」は、意味と指示、概念的なものと経験的なもの、実践的適合性、知識の発展過程の議論において現れている。素朴な客観主義と相対主義（および慣習主義）は、この相互依存性を把握するうえでの、対照的ではあるが補完的な、失敗の〔二つの〕帰結なのである。

これらの諸問題を分析する際に、私たちは認識論または知識の理論についてのいっそう広範な議論に引き込まれることになった。世界は利用可能な概念的な諸資源によってのみ理解されうるのだが、後者の概念的資源は世界の構造そのものを決定するものではない。そして、私たちは、私たちの概念システムの内部に捕らえられているにもかかわらず、物質的世界についての実践的適合性の〔より〕高い信念と〔より〕低い信念との間を区別することは、なお可能である。観察は、理論中立的でも理論決定的でもなく、理論負荷的なものである。真理は、絶対的なものでも純粋に慣習的で相対的なものでもなく、実践的適合性の問題である。意味における差異は、理論間やパラダイム間のコミュニケーションと批判を必ずしも不可能にするものではない。知識は、完全に連続的にかつ累積的に変化するわけでもないし、一つの一枚岩的なパラダイムの別のものによる包括的な置換によって変化するわけでもない。理論は、与えられた観察やデータを秩序づけることではなく、それらの概念化をめざした交渉〔過程〕のことである。観察さえも同じである。

理論について述べるべきことはもっと多くあるが、いっそうの詳論は、私たちの研究の方法および対象の特質に関して、次章で導入されることになるいくつか他のテーマの展開を待たなければならない。

第3章　理論と方法I
——抽象、構造、原因——

理論と社会科学的知識の性質に関する一般的議論を終えたところで、今度は、社会研究における方法というより直接的問題に関わる、実在論的科学哲学のいくつかの重要な概念を紹介したい。量的方法については第6章に残しておくとして、本章では主として分析の質的方法を扱うつもりである。今や、事物の性質を考慮することなしには、方法について語れることなどほとんどない。〔というのも、〕方法とは事物の性質を研究するために使われるものだからである。たとえば、因果分析ならびに構造分析に関する決定は、因果作用や構造の性質に関する判断に依存している。それゆえ本章を進めるにあたっては、これらの二つの側面の間を行ったり来たりしなければならないであろう。方法についての検討を進めるなかで、私はそのいくつかの実践的含意について言及する。しかし、その他のことについては、やむをえないことだが、後に実在論的アプローチの全体構造が提示されるまで明らかにならないであろう。

　実在論的アプローチの多くが正統的なものではないが、ありうる反対意見に答えるために、この段階で少し脱線することを許していただきたい。正統的な科学哲学から来そうな主な批判への応答については、第5章に収められている。

　私たちは、最も「根本的な」レベルから、〔つまり〕対象を概念化するうえで最も重要ではあるがいまだ十分に分析されていない方法、すなわち抽象から始め、続いてその特殊な形式の一つである構造分析に進むことにする。このことは、関係と構造の性質について検討することを必要とする。この議論を進めるにあたって、抽象的研究と具体的研究との間の根本的区別が導入される。そこで私たちは一度立ち止まって、構造とエージェンシーとの間の関係性という繰り返し論じられる問題を見ることにする。すなわち、社会過程とは、階級構造のような社会構造によって説明されるものであり、個人は単にその運び手にすぎないのか、それとも個人や集団の意識的活動によって説明されるものなのか、はたまたこの問題に対する何か別の答えがあるのだろうか？　次節では一般化について扱い、一般化が社会科学者にはよく知られたものであるにもかかわらず、その限界が十分に理解されることはめったにないということが明らかにされる。本章は、社会における因果作用と、それがどのように分析されうるかについて広範囲に検討することをもって閉じられる。

抽象と構造分析

実践的に適合的であるためには、知識は世界の差異をつかむものでなければならない。つまり、私たちには対象を個別化し、またその属性と関係性を特徴づける方法が必要なのである。特定の目的に適合的であるために、知識は特定の条件を「捨象」しなければならない。つまり、それは、意義ある結果を持つ条件に焦点を当てるために、それを持たない条件を排除するのである。全体に関心を持っている場合でも、私たちはその構成要素を選び出し抽象しなければならない。

科学に関する多くの説明のなかで、抽象は、あまりに自明で当然のものとして想定されているので、それがどのようになされるべきかについてはほとんど何も語られていないほどである。抽象は強力な道具である。したがってまた、もし軽率に使用されれば危険なものでもある。ひとたび私たちが特定の「抽象の様式」に慣れてしまえば、それが研究と応用において問題を生んでいる場合でさえ、その「抽象の様式」[*1]を取り除くのはしばしば難しい。それゆえいくつかの説明とは対照的に、私たちが何を捨象しているのかを心に留めておくよう努力することの重要性を私は強調したい。したがって、資本と労働の配合を表現するために生産関数〔という概念〕を使う前に、経済学者は、資本の硬直性を、また労働の実際の組織化や配列〔という問題〕を捨象することで問題が生じるかどうか、さらに、生産関数という概念が意義のある違いをもたらすかどうか、について見極めるべきである。同様に、社会過程を記述するために「再生産」というメタファーを使う際に、社会過程の終わりのない開放的な性質や、社会過程が熟練行為者に依存していることを無視する不利益を社会学者たちは考慮しなければならない。多くの場合、しばしばこれらの抽象はたしかに危険のないものだとわかるだろう。しかし、それらの抽象を単に習慣から、つまり抽象が「科学」を思わせるものだという理由で使用しても、それは厳密さのための処方箋にはほとんどならないだろう。

第二に、ただ一つの抽象を使うのではなく、様々なタイプの抽象を組み合わせる（無矛盾な！）方法を探し求めるのが賢明である。熟練した観察者は、多くのスキーマを使うことができ、またそれらの限界とそれらが共用可能となる範囲を知っている者である。このことは前章の知覚に関する議論から思い起こされるだろう。これは、それらの限界と共用不可能性を正しく理解することなく、折衷的に抽象を使用する折衷主義のための議論ではない。

通俗的な語法では、「抽象的」という形容詞は、しばしば「あいまい」あるいは「現実から乖離している」を意味する。しかし、この用語がここで使われる際の意味は〔これとは〕異なっている。つまり、抽象的概念あるいは抽象化は、思考上で対象の一面的または部分的側面を隔離するのである。[*2]私たちは他の多くの側面を捨象しており、それらの側面は一緒になって、人々、経済、国家、制度、活動等々といった具体的対象を構成しているのである。この意味では、抽象的概念は曖昧というよりもむしろ精確なものなのである。「温度」「原子価」「ジェンダー」「需要の所得弾力性」「貨幣資本の循環」といった抽象に関しては、曖昧なものは何もない。そしてそれらの抽象が指示する事柄は、より具体的な概念によって指示される事柄に劣らずリアルなものでなければならない。したがって、抽象的なものと具体的なもの〔との区別〕は、思考と現実との区別と同列におかれるべきものではない。

「具体的対象」の概念は、単に「何であれ存在するもの」に関わるというような〔意味の〕ものではなく、それらの対象が通常は様々な要素や力の結合によって構成されているという事実に注意を向けさせるものである。[*3]特定の人物や制度その他何であれ、これらのものは具体的実在物として、広範囲にわたる源からの影響や特性を結合しているのである。それらの影響や特性（たとえば、体格、人格、知性、態度など）は、これらが結合された結果を概念化するための最初の第一歩として、抽象という手段によって思考上で隔離されることになるだろう。

言い換えると、具体的な出来事や対象の理解は、二重の運動を含んでいる。つまり、具体的なもの→抽象的なもの、そして抽象的なもの→具体的なものという運動である。具体的な対象に関する私たちの概念は、最初は皮相的ないしは混沌としていることだろう。具体的対象の多様な諸規定を理解するためには、私たちはまずそれらを体系的に抽象しなければならない。それぞれの抽象された側面が精査検討されたとき、それらの対象の具体性を把握する概念を形成するために、それらの抽象を組み合わせることが可能になる。

議論を進める前に、全ての具体的対象が経験的に観察可能というわけではなく、また対象についてのすべての抽象的側面が観察不可能というわけでもない、ということを指摘しておかねばならない。概念依存的現象はそれ自体として、それらを誰かがたまたま観察できるかどうかに、あるいは認識できるかどうかにかかわらず存在している。抽象は「理念化」とみなされる必要はないし、またそれらは観察を整序するための単なる発見的装置でもない。概念として、抽象は、それが指示しているだろう物質的対象とは明らかに異なっているが、このことは抽象だけでなく経験的観察や具体的概念にも当てはまることだ。つまり、それら〔の概念〕はすべて実在の対象を指示しうるものなのである。

前章で私は、「理論的」なものと「経験的」なものとが互いに共有する概念的内容を持っていることに注意を引くことによって、両者の区別を和らげようと試みた。そしてこの区別は、心的なものと実在的なものとの区別、ないしは観察不可能なものと観察可能なものとの区別とパラレルに対応するものではないと論じた。今や私は抽象－具体の区別についても、そうした〔それらの〕対応的関係から切り離したいと思う。以上の点は次の図のように要約できる。

諸対象もそれらの関係も、私たちに透明な形で与えられてい

［理論的—経験的］≠［心的—実在的］≠［観察不可能—観察可能］≠［抽象的—具体的］

≠のところは「同等ではない」を意味する。

るわけではない。つまり、それらの同定は、〔それ自体が〕一つの達成であり、そのために努力しなければならないものである。いくつかの属性や力は、対象がまさにそれであるための必然的特徴である（たとえば、動物の場合には呼吸器系を持っているということ、あるいは経済の場合には使用価値があるということ）ように思われる一方で、他の属性や力は偶然的なものに思われる。抽象は、偶然的な特徴を本質的な特徴から区別しなければならない。抽象は、分割できないものを分割してもいけないし、相互に分割できるものや異質なものをひとまとめにしてもいけない。「理論化」の仕事の多くは、そうした危険を回避し、抽象の実践的適合性が増すように、対象や関係に関する私たちの抽象を調節することに関わっている。

　抽象するうえで、様々なタイプの関係を区別することは有益である。「関係〔relation〕」という用語は非常にフレキシブルなものであるが、その用語の様々な使用のうちには、暗にある重要な対比がある。[*4] ある単純な区別が、結合や相互作用の「実質的」関係と、類似性ないしは非類似性という「形式的」関係との間で行うことができる。家々は道路や電線と結びつけられているし、諸個人は直接に相互作用しうる。しかし、諸個人はいかなる相互作用をも欠いた純粋に形式的な関係をもまた持ちうる。ちょうど、諸対象が〔たまたま〕同じ特徴を持っている場合のように。明らかなことだが、結びついている事物は類似している必要はないし、逆もまた然りである。[*5] 後に示すように、これは非常に単純な区別であるが、社会科学の多くのアプローチは結合の関係を識別する点で難点を抱えている。[*6]

　もう一つの有益な区別は、外的〔*external*〕ないしは偶然的〔*contingent*〕関係と、内的〔*internal*〕ないしは必然的〔*necessary*〕関係との間で行うことができる。[*7] あなたと一塊の土との関係は、どちらの対象も他方なしでも存在しうるという意味で外的である。それらが何らかの特定の関係を結んでいることは必然的なものではないが不可能なことでもないのである。別の言い方をすれば、その関係は偶然的なものである（ここで注意していただきたい点は、contingent〔偶然的〕という〔語の〕意味が、「contingent upon〔何々次第である〕」という言い方が「dependent upon〔何々に依存している〕」を意味する場合のような日常的な使用のなかで一般的になっている意味とは全く違うものだということである）。たとえ、ある関係が偶然的だったとしても、その関係は〔関係する対象の間で相互に〕なお重要な影響力を含んでいるかもしれない。たとえば、人々は一塊の土をばらばらにしたり、あるいはその下に埋葬されたりするかもしれない。けれどもそれぞれの対象の性質は、それらの対象がその関係の内にあることに必然的に依存しているわけではない。それとは対照的に、主人と奴隷との関係は内的あるいは必然的である。というのも、その対象が何であるかが、他方と結んでいるその関係に依存しているからである。人は主人なしには奴隷たりえないし、逆もまた然りである。もう一つの例は大家と店子との関係であり、一方の存在は必然的に他方〔の存在〕を前提としている。

必然的／偶然的ないしは内的／外的というこのような関係の区別を使うにあたっては、いくつかの重要な但し書きを念頭においておかねばならない。

第一に、たとえこのような内的関係が対象のどちらの側にとってもその定義の一部になっていたとしても、この内的関係は、大家と店子や夫と妻の場合にそうであるように、結局、幾人かの人が想定するようなトートロジーにはならない。たとえば〔あなたが〕店子だとすると、あなたが大家に家賃を払うのはトートロジーのせいではなく、あなたがある物質的社会関係のなかに入っているからである。したがって、関係のどちらの側も他方なしにはそのようなものとしては存在しえないとしても、それらを別々に同定することに問題があるわけではない。

第二に、内的に関係づけられた現象は確実に相互依存的だが、これはそれらが変化しえないということを意味しているわけではなく、ただ一方の変化が他方の変化に結びついているということを意味する。夫と妻との関係において起こる変化は、そのよい例である。

第三に、必然的／偶然的という区別は、〔どちらか一方が〕重要とか興味深いということとは何の関係もない。関係のどちらの種類も、無意義でもありうるし、重要でもありうる。イギリス政府と北海の石油との関係は、双方が他方なしで存在しうるという意味では偶然的なものである。けれども、イギリス政府の立場にとって北海の石油収益金の影響はかなり重要なものである。イギリス政府と私の音楽に対する好みとの間の外的関係は偶然的であり、また無意義なものである。同様に、人々の生存にとっての必然的条件のすべてが、社会科学にとって非常に興味深いものだというわけではない。たとえば、人々が息をする必要があるということは社会科学にとって非常に興味深いものとは言えない。

非対称的な内的関係もまた区別されうるものである。そのような関係では一方の対象は他方なしに存在しうるが、その逆はそうではない。お金と銀行制度の関係、また国家と公営住宅制度の関係がその例である。対称的であるときでも、内的関係がいつも円満なものであったり、対等にバランスのとれたものであったりするわけではない。逆に、多くの場合、相互依存は一方の側の支配と結びついている。

これらの区別は、様々な階級概念を明確にするうえで有益である。階級のマルクス主義的概念は内的関係が要となるものであり、資本主義社会の場合には主として賃労働者と資本家との関係がそれである。〔他方〕社会学において公認され流布している多くの見解では、階級は多くの共通属性（収入、教育、地位、態度など）によって定義され、諸個人はこの定義づけとの一致に従って「階級分け」される。それゆえ、そうした階級同士の関係は偶然的なものとなる。これらの二つの階級概念は、社会の全く異なる側面に関わるものとして、明確に区別されねばならない。けれども、これらは必然的に互いを排斥しあうものではない。外的に関係づけられた階級同士の対立のこの不明確さは、必ずしもマルクス主義が概念化した内的関係による区分を無効にすることを意味するわけではない。逆に、革命において資本家／賃労働者の関係を除去することが、社会学的概念によって同定される差異のすべてを自動的に除去することにはならないかもしれない。ジェンダー〔区分〕や、知的労働とサバルタン労働〔との区分〕に関わるような、〔マルクス主義的階級ではなく〕他の内的関係による実践を基礎とする区分は、大きな変更もなく存続するだろう。

他から離されたなかでも存在しうると私たちが何気なくみなしている多くの行為は、実際には内的関係のなかに埋め込まれている。たとえば、「尊敬」や「軽蔑」に関連する態度や行為はどちらも、受け入れ可能な行動についての一連のルールと人々の間の互恵的関係を前提している。[8] 多くの行為が文脈《コンテキスト》依存的である限り、行為は内的関係に巻き込まれている。ただし、多くの場合それは非対称的な内的関係であるのだが。試験を受けたり設問に答えたりすることは、以前のそしてまた予期されている、他の行為や出来事や環境を、多くの場合特定の時空連続性におけるそれらを、前提としている。それらは常にルールに支配されている。それらの特定の文脈《コンテキスト》なくしては、それらの行為は、まさにその種の行為であるとはみなされない。つまり、実践が概念依存的であると述べることは、実践が特定の概念に内的に関係づけられている（やはりおそらく非対称的に）と認めることである。社会科学において最もありふれた間違いの一つは、人間行為が内的に関係づけられた性質を持っていることについての無自覚性をすなわち常識に特徴的に見られるそうした無自覚性を、再生産してしまう誤りである。

いかなる実在的な状況においても、通常そうした関係の諸タイプの複雑な結合がある。〔研究者の〕体系立った関心の構成〔の仕方〕は、当該の関係に関する単純な問いを発することで発見されうる。この対象の（この形態における）存立は、何を前提としているのか？　それは、独力でそれ自体として存在しうるのか？　そうでないとしたら、その他に何がそこになければならないか？　その対象について、その対象をしてこれこれのことをするようにしているのはいったい何なのか？　これらの問いは陳腐と言ってもよいほど単純に見えるかもしれない。しかしその答えはしばしば複雑である。概念化と抽象化に関する多くの誤りは、それらの問いを回避することに起因している。[9]

三つの例を考えてみよう。まずここでは、わざと単純にした例から始めることにする。それは、ジョーンズとスミスという二人の人物の関係に関するものである。彼らはそれぞれ雇用者と被雇用者であるかもしれない。この点では彼らは内的に関係づけられている。しかし、宗教や〔物事への〕態度、レクリエーション活動のような他の点では、彼らは偶然的に関係づけられているだろう。つまり、私たちが関心を向けているのはジョーンズとスミスに関するいかなる側面なのかということを明らかにしない限り、ある特定の態度ないし実践について、内的関係を外的関係から区別する、あるいは必然的条件を偶然的条件から区別する試みは、混乱に陥りやすいということである。[10]

関係の性質を見定めるためには明確な定義づけが必要であるということを証拠づけるさらに複雑な例は、資本主義と家父長制が相互依存関係にあるかどうかという問題に関わるものである。資本主義の最も基礎的関係のレベル――資本家／賃労働者の関係――においては、資本家や労働者が男性であるか女性であるかは偶然的なものである。このレベルにおいては、資本は「性別とは無関係」である。しかしその具体的な形態においては、この関係の諸実例はジェンダーによって影響を受けている。またイギリスの福祉国家のような特定の資本主義社会におけるより基礎的でない構造は、ジェンダー〔関係〕によって決定され、ジェンダー〔関係〕を再生産する諸実践を含んでおり、それらの諸実践は家父長制的構造と資本主義的構造とを「連結している」。それゆえ、たとえ事実上すべての例において、資本主義的社会関係がある仕方でジェンダー化されていたとしても、また家父長制と資本主義が互いに利用しあっていたとしても（それらはまた互いに対して問題を引き起こすこともありうるが）、家父長制と資本主義との関係は偶然的だと私たちは論ずることができる。[*11] というのも、家父長制は資本主義なしにも存在していたのであり、それどころかそこには階級関係や交換価値、利潤のための生産などに関連するものは何もないし、〔逆に〕それらを家父長制の存続に依存させるようなものも何もないように思われるからである。抽象において、現象のどの側面が考察されているのかを決定する際にしかるべき注意が払われたならば、混乱よりもむしろ解明が帰結するはずである。[*12]

　第三の例は、私たちの〔研究する〕対象の性質に関する質的問題を問うことの重要性を例証している。この例は、なぜある産業においては他の産業よりもストライキが起こる傾向が高いのかを説明することに関するものである。多くの社会科学者がこの問題に取り組むにあたって、労働組合の会員数、会社規模、ジェンダー構成などのようなありうる独立変数を評価するために、すぐさま統計分析を進めた。たとえその結果が興味深いものであったとしても、探求のこの方向性は、私たちが〔重視する〕シンプルな質的問題を無視している。たとえば、ストライキ活動は何を前提しているのか？　会社規模がストライキへの傾向に作用するとはいったいどういうことなのだろうか？　それは雇用された人数によるただ規模それ自体なのか、様々に異なる規模に結びついている社会関係の性質や経営管理の形態の性質なのだろうか？　しばしば研究者は、まるで統計的関係についてのお告げがあれば事柄を説明するには十分であるかのように、こうした問いの手前で止まってしまう。その代わりに研究者は、その問題に対する答えをさらなる「独立変数」として扱おうとし、追加的な統計テストを実施する。しかしその結果がどうであれ、私たちはなお質的問題に答えるなかである結論に到達しなければならないだろう。その際、質的な問題に答えるためには、私たちがどのように抽象し、何を捨象しているのかについて、相当な注意を払うことが求められる。

　抽象化は、構造の同定にとってとりわけ重要である。[*13] 構造とは、内的に関係づけられた対象や実践のセットとして定義づけることができる。大家と店子の関係はそれ自体、私的所有や地代、経済的剰余の生産などの存立を前提としているのである（**図6** 参照）。一般的な想定とは逆に、構造とは、国際的分業〔関係〕のような大きな社会的対象だけでなく、諸個人の間のレベルや

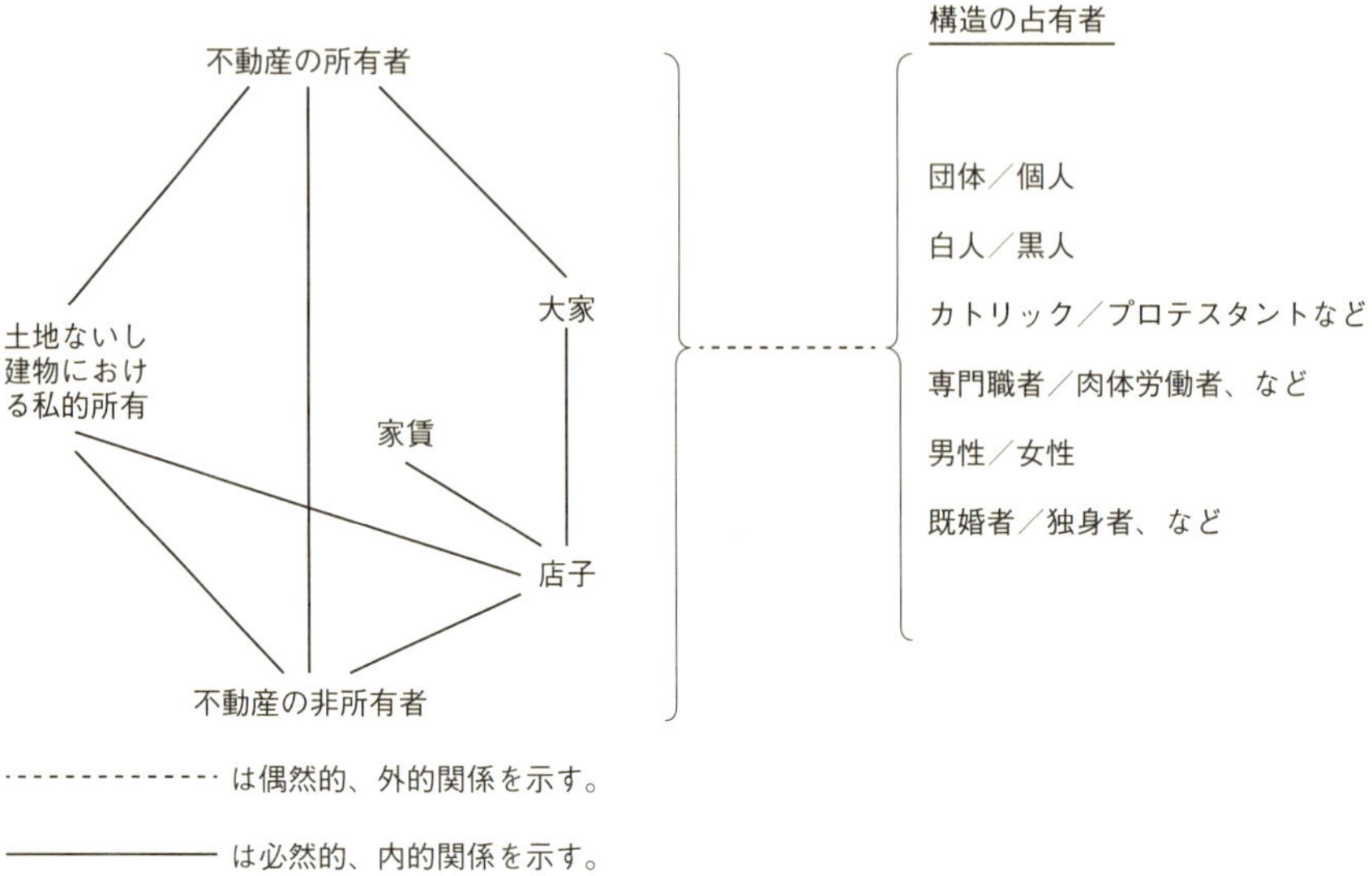

図6　構造

個人のレベルにおける小さな対象（たとえば概念構造）や、神経学的レベルやさらにそれを超える小さな非社会的対象をも含んでいる。

社会構造内においては、ある役割と結びついた特定の「地位」がある。地位の占有者を地位それ自体から区別することがとりわけ重要である。日常的思考に最も蔓延している錯覚の一つは、それらが良いものであれ悪いものであれ、その地位の諸特性をその地位を占めている諸個人ないし諸制度に帰すことから生じている。〔それらの地位の特性が〕どんな効果を生じさせるとしても、特定の人々にその責任があるとされている。そこには、社会関係の構造が、それと関連した資源、制約、ルールなどとともに、どんな効果が生じてくるかを決定しているのだという、正しい認識はほとんどない。たとえそれらの構造は、人々がそれを再生産しているところでのみ存在するのだとしても、そう〔構造は人々とは異なる独自の原因〕なのである。こうした状況のなかでは、〔地位の特性の効果を生じさせた責任者としての〕罪人を発見して、別の個人に置き換えることによって問題の解決を期待しても無駄である。特定の結果の責任があると非難したり称賛したりするための〔特定の〕誰かを見出そうと願って、私たちはある構造のなかにいる〔特定の〕個人に疑いを向けるかもしれない。そうしたところで「責任はここにある」というような場所にいる個人などは決して見出すことはないのだが。この点は、アンドレ・ゴルツが以下のように書いているとおりである。

〔官僚の諸〕機能に内属しているあらかじめ定められた責務は、官僚たちをして、すべての個人的責任や個人的決定から解放し、〔民衆の〕抗議に対して次のようななだめすかす返答をもって遇することを可能にする。すなわち「私たちがそうすることを選択したのではない。私たちはただ命令を執行しているだけなのだ」。誰の命令か？　誰の規制か？　〔この問いに対して〕人は、官僚制のヒエラルヒーを無限に遡ることができるだろう。そうしてみても、依然として「それは私の命令だ」と言うような他の誰かを見つけることは不可能であろう。[*14]

ゴルツはここで、個人的責任を回避することを非難しているのではなく、その〔個人的責任の〕不在を非難しているのである。内的関係と構造の存在を正しく認識できないこのような失敗は、警察批判に対する応答の例のなかにも見出される。この例は時々、集団における「腐ったリンゴ」の存在という言い方で表現され解釈されている。つまりそれは、警察内の特定のメンバーに対する批判として解釈されているのである。たとえ批判が、はっきりと警察制度を作り上げている地位やルールや権力の構造に対して向けられているときにも、その批判は時々――おそらくわざと――個人に対して向けられたものとして誤って理解されるのだ。

構造を、それを構成する諸個人に還元することは、高い社会移動性が社会階級の廃止を意味するとみなすような錯覚の原因でもある。さらに、常識的思考にとって構造が不可視であることが、諸地位の相互依存の過小評価と合成の誤謬と呼ばれるものを導いている。[*15]この合成の誤謬とは、すべての場合において、ある個人にとって可能であることは、同時にすべての個人にとって可能であるはずだと想定することである。たとえば、資本主義経済においては、個々の企業が「より競争力がある」ものになれるのだから、すべての企業が同時により競争力のあるものになれるし、その際どの企業も競争力を低下させたりしないだろう、としばしば想像されている。それはまるで、経済的競争が全員同時に一等賞を取れるレースででもあるかのようである。同様に、若年失業者数を減らそうという期待の下に、多くの「専門家」が、若い人々により良い資格を取り、面接テクニックを改善するようにアドバイスする。しかし、これを実行する人々は、ただ他の諸個人の就職機会を悪化させることによってのみ自分の就職機会を改善させることができるにすぎないのである。つまり、これは入手可能な仕事の数、すなわち構造内における地位の数を増やしているわけではないのである。

どんな個人、集団、制度にとっても、構造内の任意の地位を占めることができるわけではないけれども、通常そこには一定の自由度がある。たとえば、大家と店子はそれぞれ様々な性格を持つことができるし、それらの性格のうちのいくつかは他の内的関係によって構成されたものである。それゆえ構造は、「一定の変化の下での不変〔なもの〕」であると言いうる。[*16]つまり、構造の再生産にとって重要でない属性においては構造の構成要素は変化をこうむりながらも、構造〔それ自体〕は存続し続けることができるのである。大家と店子の構造はそのメンバーが継続的な交代をしながら存続しており、その間、メンバーの年齢、性別、人種、宗教、政治的意見、職業などは変化してもかまわないのである。

人々と制度そのものは、いくつかの社会構造内に不変的に存在している。あなたは不動産を賃借りするだけでなく、〔それと同時に〕大学に出席し試験を受けることもできる。その場合もちろん、後者は教育構造〔の存在〕を前提としている。住宅市場において、学生の数が多いことが賃貸住宅の利用可能性に重要な影響を及ぼすことはたしかであるが、他方学生〔の数〕だけでなく他のタイプの諸個人〔たとえば住宅所有者〕もこの問題に影響を及ぼしうる。したがって、学生と賃貸住宅〔の供給〕との共存関係はまだ偶然的である（二つないしそれ以上の対象の共存関係が偶然的だと言うことは、それらが相互にある仕方で影響し合うことを否定するものではない点に、いま一度注意されたい）。

社会生活に特徴的に見られる諸構造の複雑な接合と相互補強は、社会科学において最も難しいいくつかの問題を作り出している。私たちは実験で構造を一つずつ隔離することができないので、別の構造に由来するものをある構造に帰してしまう傾向を常に持っている。これはとりわけ次のような理由による。（a）私たちは通常、様々な構造の結果を混同しているかもしれない行為者自身の説明に頼らなければならない。（b）行為はそうした〔誤った〕理解に導かれており、しかもそうした行為がこれらの構造を（おそらく意図せずに）再生産するうえで実際に影響力を持っている。（c）社会構造は概念依存的である――しばしば体系的に混乱した概念に依存してはいるが――。（a）と（b）に関していえば、男性の労働組合員は、労働市場において女性の立場が弱いことをめぐって、家父長制よりも資本主義のせいにするかもしれないし、彼自身の行為によってこの問題を再生産しているかもしれない。（c）に関していえば、産業における技能分類についての研究は、技能分類の多くが技能要件に本来ある差異よりも、〔その職種に〕典型的に見られる労働者のジェンダーを反映していることを明らかにした。タイピストが未熟練〔労働者〕に分類され、トラック運転手が熟練〔労働者〕に分類されるかもしれないが、それは、前者が一般的に女性であり後者が男性であるという点以上のことはほとんど語っていないのである。一つの分類図式――〔たとえば〕技能分類――が、もう一つの分類図式――〔たとえば〕ジェンダー分類――の代理として一般的に使用されていることは、社会の諸構造の相互依存関係の複雑さを例証している。この〔混同される複雑な〕相互依存関係は、社会の諸構造が相互に〔それぞれの〕諸概念を確証しあうという事実によって、そしてこれらの諸概念は諸構造がそうであると主張するところのものと一致する必要はない〔概念が実在の構造を正しく反映しているとは限らないという意味〕という事実によって生み出されている。言い換えると、別の構造に由来するものをある〔別の〕構造に帰してしまうという問題は、次の事実によってさらに深刻なものにされている。つまり、社会科学者は、自分が研究している対象の内部におけるものと同じ諸問題に、つまり、自分が研究している人々によって使われている説明や分類、行為において生じるものと同じ諸問題に［彼自身］直面しているという事実である。

この種の問題に答えるうえで社会科学者にとって最良の進むべき道は、私たちの質的問いを追求することである。すなわち、問題の結果を生み出している構造はいったい何か？　たとえば、ほかの諸集団よりも特に女性を差別されるものにせねばならない何かが、とりわけて資本主義的利害関心が本質的に持つ何かがあるのか？　タイピングの職や労働者の性別に関して、そのような技能分類を生んでいるものはいったい何か？

社会構造は、共存し接合しているのみならず、持続している。最も持続的な社会構造は、その居住者たちをある状況のなかに封じ込めているような社会構造である。その状況を彼らは一方的に変えることはできないが、その状況のなかでなら既存の地位の間を変わることはできる。もしある労働者が自分の職を放棄してあるコミューンに加わったとしても、代わりはたやすく見つかるし資本主義の構造は再生産され続ける。しかしながら、コミューンのメンバーは、次のことを悟るだろう。すなわち、彼らがそこから逃れようとしている社会構造に由来する商品や実践のうち少なくともいくつかのものについては、［自分たちもまた］それを使用せずにいることや、それに順応しないようにすることはきわめて難しいのであり、したがって、資本主義の構造を再生産することを助けているということである。それはそうと、構造は一定の形態転換の下でも不変であり、しばしばそれを置き換えることは難しいのだが、このことは、構造がその内部から徐々に形態転換することがありえないことを意味しているわけではない。たとえば、宗教構造や先生と生徒の関係や夫婦関係は、力の均衡状況や［その構造にとっての］構成的意味や実践が移り変わるにつれて、ゆっくりと、しかし意義深くすっかり変わってしまうのである。

構造、エージェンシー、再生産

社会構造の「再生産」を語ることは、今や社会科学ではありふれたことになっているが、この再生産の概念には、不注意な人々が陥る罠が取り巻いている。社会構造は自動的に持続するわけではなく、ただ人々がそれらを再生産しているところでのみ持続するのである。とはいえ、人々のほうでも、社会構造を自動的に［無意識的に］再生産するわけではないし、ましてやそれを意図的に再生産することなどめったにない。それはバスカーが次のように言っているとおりである。「人々は核家族を再生産するために結婚するわけではなく、資本主義経済を再生産するために労働するわけでもない。しかし、にもかかわらず、それらの再生産は彼らの活動の意図せざる結果（容赦のない帰結）であり、同時にそれは彼らの活動にとっての必然的な条件でもある」[*17]。同様に、私たちがそのことを自覚しているかどうかにかかわらず、話すことは言語の構造によって可能となり、またその構造に制約されてもいるのだが、言語のほうは［逆に］話すことや書くことによってのみ再生産されうる。したがって、ある行為は特定の社会構造内においてのみ可能なのだが、他方で社会構造の存立はそれらの行為の持続的（で偶然的）な遂行に依存しているのである。

社会構造を形態転換させることは難しいことなのだが、社会構造の再生産にとって必要な行為の遂行でさえ、素材だけでなく特定の種類の実践的知識をも必要とする熟練した業であるとみなさねばならない[*18]〔ただ再生産するだけでも熟練した業を必要とするという意味〕。行為者は、再生産するために変更不可能にプログラムされた単なる「操り人形」や「ロボット」ないし「役割の運搬者」ではないのである。社会構造は歴史的に特殊なものであって、社会は核家族や私的所有や刑務所などがなくても存在してきたし現に存在するというまさにこの事実から、私たちは社会構造の偶然的状態性を思い起こさねばならない（構造の諸要素は必然的に関係しあっているが、何らかの構造が一つの統一体として存在しているのは偶然的である）。それゆえ、構造の存立を単にそれを構成している内的関係や必然的条件を参照することによって説明するだけでは不十分である。大量生産された自動車の増加は安い燃料の供給を前提にしているが、それは大量生産式自動車の開発を説明するものではない、と言える。言い換えると、構造分析による抽象は有益であるが、それは〔その〕起源を説明するものではない。そうした〔起源に関する〕推論が純粋にこの種の〔構造〕分析から引き出されうるという想定は、機能主義の最も大きな誤りである[*19]。

「構造とエージェンシー」の問題についての不十分な解決が広く流布しているので、この種の限定条件と戒めが必要になる[*20]。「構造主義」のアプローチは、自分たちの強みの多くを、社会過程が個々人の一見したところ意のままになる行為に還元できるとする個人主義的で主意主義的な見方、に反論することによって引き出した。しかし、諸行為が社会的諸関係の内部で生じていること、またそれらは規則に支配され、行為者の選択に属するものではない諸条件に制約されているということ、そうした経緯を強調することで、エージェントの活動とその熟練は無視され、その結果、諸条件がその行為をなす〔決定する〕かのように見えてしまっているように思われる。最悪の場合、「主体」は完全に消されてしまい、脱人間化した社会科学が生み出されることになる。

構造分析ならびに行為が規則に支配されているという特徴を強調するアプローチをあまりに拡張することには、付加的だがより一般的なある危険がある。この危険は、観察者である彼または彼女が見ている時の立脚点がもたらす自覚されざる効果に起因する。つまりこれは、もう一つの知性主義的誤謬の一種である。行為者や当事者の観点からすれば、ある行為は他の行為からたやすく区別できないものであり、行為の目標はしばしば不明確で、その遂行はいつも予期せざる脱線にさらされている。〔周囲の〕観察者にとっては、〔行為に伴う〕リスクと偶発性はあまりはっきりとは見えず、〔行為について〕報告される場合にも時間次元は圧縮されるか完全に無視される傾向にある。その結果、〔行為の〕不明確な戦略は、確固とした「規則」と「役割」に従って引き受けられた、そしてよく定義されおそらくは物象化された、「行為」のルーティン的で機械的な遂行であるかのように、事後的には見えるのである。このような「実体化」が生じると同時に、実践的知識はまるで形式的な命題であるかのようにコード化される[*21]。このことは、知識人と「一般の人々」との間に〔相互の〕大きな誤解と不信を生む可能性をもたらす。というのも、一般の人々は〔知識人の説明が〕自分たちの経験を解明するものとは程遠いと感じ、知識人は一般の人々の経験をよりよく知っていると主張する過程で、これ〔彼らの経験〕を否定するからである。ひとたびこのことが起こると、学問的エリート主義と反知性主義との対立を相互に強化する道が開かれる。すべての種類の知性主義的誤謬がそうであるように、これは単なる感じ方の問題以上のものである。つまりこの知性主義的誤謬は、その住人を実践的知識から引き離すような社会的分業における特権化されたニッチを伴う知的生産実践によって条件づけられ、また相互に強めあっているのである。

社会科学の「熟練者」は、しばしば自分たちがこの種の抽象をしているという事実に無自覚になっているが、初心者はよくこの問題に非常に悩まされる。特に、彼ら自身がいわば「第一人者〔当事者〕」として経験した実践についての、通例は受動的ないし第三者的な〔社会科学の〕記述に直面する場合においてそうである。ウィリアムズが指摘しているように、もし構造分析に関する抽象がある全体像を提供するものとして（つまり抽象が本来の抽象ではないかのように）受け止められてしまうと、抽象が同定する「固定した形式」にはまらないような「動く」もの、あるいは「生きている」ものは、疑わしくも「主観的なもの」ないし「個人的なもの」としてカテゴライズされる傾向がある。こうしたことはいかなる社会構造の研究においてもつきまとう深刻な職業上の危険ではあるが、それに対する正しい対応は構造分析を放棄することではない。というのも、構造分析を放棄することは、行為者の説明に間違った特権を与え、「主意主義」、すなわち生じている物事は無制約な人間意思の純粋な働きであるという見方へと道を開くからである。むしろ私たちは、この様式の抽象が持つ強みだけでなくその限界をも心に留めておくべきなのである。上の誤りは、構造分析を抽象の一様式として使用することにあるのではなく、あたかも構造分析がそれだけで具体的記述を提供できるかのように使用することにあるのである。つまり、構造分析は研究に対してありうべき始まりを提供するのであって、終わりを提供するものではないのである。

無内容な抽象

時に、抽象化された対象のある側面は、抽象的形式においてのみ存在することができず、むしろ特定の具体的形式においてのみ存在することができる。このことを、この「無内容な抽象」は無視しているのである。たとえばすべての商品は、人々がそれを買うのであれば、使用価値を有していなければならない。しかし、商品は「使用価値一般」を有しているのではなく、ただ栄養があるとか、ある種のエンターテイメントを提供するといった、特定の種類の性質だけを有しているのである。こういった例は、私たちがそれらにある「説明的重要性」をおいたり、〔それによって〕何が抽象されているのかを測定しようと試みたりしない限り、全く無害であるように思われる。予想されるように、ある抽象が無内容であるか否かは、時に争点となる問題である。特に論争的なケースは、単一の尺度に基づいて測りうるとする知能という概念〔について〕である。

抽象が事実上無内容になっているケースもあるが、それは抽象が指示しうるものが〔対象の側に〕何もないからではなく、〔対象への〕明確な指示を与えるには、その指示の意味関係があまりにも弱く接合されているからである。〔たとえば〕抽象的概念が記号pによってまず表示され、そして次にその記号pが対象Pを指示するようになるかもしれない。〔このような〕単なる記号表示という極端に形式的なものに抽象することの危険性は、私たちがP〔それ自体〕やPがいかなる種類のものであるかを忘れてしまうことに容易につながる。その結果、論理的ないし数学的な式の操作が「自己目的の様相を呈し」、Pが何をなしえて何をなしえないかを決定するPの物質的で因果的な（論理的ではない）性質に関する知識を把握することに失敗してしまう。この〔記号と対象の間の〕断絶が、モデルや理論が対象の様々な組み合わせに適用できる整理道具になる（たとえばカタストロフィ理論）可能性を示しているがゆえに、好都合なこととして解釈する人々もいる。もちろんこれは問題を棚上げしているにすぎない。マルクスがヘーゲルについて言ったように、これは「事柄の論理を論理学「ないし数学」の事柄―と取り違える誤謬を含んでいる。[*23] 私は後にこの点に立ち返りさらに展開するつもりである。

一般化

これまでの議論は対象の質的側面および、必然的（内的）であれ偶然的（外的）であれ、対象の実質的関係を強調してきた。実際、今日の社会科学においては、類似性や非類似性という形式的関係の探求や、システムの量的次元の研究に優越性を与えることがきわめて一般的である。どちらに焦点を当てることも必要だが、前者〔質的関係〕に対する強調がまだ足りないと私は信じている。これは部分的には、理論についての整序枠組みという考え方が支配していることの結果である。この考え方は、対象が比較的単純で透明なものであり、したがって主な問題はその量的分析に関わっているという信念を鼓舞する傾向がある。この〔量的関係の〕強調に私は反論したが、別に量ならびにそれを研究する方法の重要性を否定しようという意図を持っているわけではない。構造が質的に理解されるべき内的関係によって構成されているとしても、構造はあるケースにおいては規模や量によって作用されうる。橋のような物理構造はその積載能力において定量化可能な限界を持っているし、資本主義的企業の生き残りは利益率のような量的変数における変動に依存している。また私たちは通常ある構造に関して、そのような実例がどのくらいあるのかを、その量的範囲とともに、知る必要がある。

量的記述と――実質的ではなく――形式的な関係により大きな重要性を与えているもっと正統的なアプローチは、「一般化〔generalization〕」である。一般化は、あるクラスに属する対象の数を量的に近似的な計測をすること、ないしは対象のある共通の特性に関する言明のことである。たとえば、「第三世界のほとんどの諸国は、産業化された先進諸国に対して重い借金を抱えている」や「低賃金労働者の八五パーセントが女性である」といったことである。時に、一般化は、「犯罪者は若者である傾向がある」というように、「傾向がある」という曖昧な用語を採り入れる。これは必然的関係を示唆しているかもしれないが、そのほとんどの通常の解釈は、関係性の因果的身分（仮にそれがあるとして）に関して依然として不可知論にとどまるものである。一般化を求めるなかで、私たちは次のような問いを問う。すなわち「それらの諸対象が共通に有しているものは何か？」「それらの対象の顕著な特徴は何か？」「どのくらい多くの対象がそれらの特徴を持っているのか？」と。抽象や構造分析の展開のなかで提起される問いと違って、これらの問いは主として形式的関係を探し出す。それらの問いが実質的関係に触れる場合にも、それが必然的関係なのか偶然的関係なのかは問わない。一般化は、所与の状況の単純な記述的要約または外挿的推定――他の状況がどのようでありうるかに関する粗い予言――のどちらでもありうる。前者の使い方は明らかに有益だが、後者には問題がある。多くの社会科学者が、研究がさらに進めば第二の種類の一般化は、それが決定論的なものであれ確率論的なものであれ、人間行動の法則にまで鍛えられるだろうと信じている。それが成功していることを示す証拠など、そのかけらさえほとんどないにもかかわらず、である。言い換えると、幾人かの人にとっては、一般化は自己目的であり、秩序や規則性を追求する社会科学の構想にとって中心的なものだとみなされているのである。

後に私は、この目標が誤ったものであることを論じたい。しかしここでも、一般化の追求に付随するいくつかの問題と限界を指摘しておきたいと思う。第一に、いわゆる異なる時点における異なる社会に共通の特性〔という問題〕に関わる一般化は、その対象を「脱歴史化」することによって――つまり、実際は歴史的に特殊なあるいは〔特定の〕文化に結びついた現象に対して、超歴史的で汎文化的特性を付与することによって――〔研究者を〕誤らせかねない。[*24] 第1章で指摘したように、これは、単に歴史学や人類学にとっての問題ではなく、すべての社会科学にとっての問題である。私たち自身の現代社会を理解するうえでも、何が歴史的に特殊なのか、あるいはそうでないのかについて私たちは注意深くなければならない。労働は、人間存在にとって正真正銘超歴史的な必然的条件である。しかしそれ自体は、〔たとえば〕資本主義〔社会〕において職を見つける必要性といった、特定の社会における労働に関連する具体的実践を説明するのに十分なものとはみなせない。同様に、すべての社会は道具を使うが、「資本」を道具に還元することは、「資本」の歴史的内容に関するカテゴリーを空虚にすることであり、したがってその決定要因を〔物象化的に〕神秘化することになる。社会的対象が他の対象に内的に関係づけられていればいるほど、それは時空を通して不変的なものではなくなるように思われる。それゆえ、〔歴史的対象の〕構成的意味はとりわけ可変的であり、第二の予言的種類の一般化の対象には適さないものである。[*25]

第二に、ある範囲の対象がある特性をある程度において持っていると言うこと（たとえば、「店子の九〇パーセントが独身である」）は、それが偶然的事実なのか必然的事実なのかという点に関して何も言っていない。つまり、そのどちらが真実なのかについては、一般化ではなく他の手段によって決定されなくてはならないのである（仮に一〇〇パーセントの店子が独身だったとしても、それはまだ偶然的事実かもしれないのである）。

第三に、一般化は時に「分布的信頼性の欠如〔distributive unreliability〕」の問題のゆえに不明瞭なものになる。[*26]検定〔test〕は、〔たとえば〕人々のあるサンプルのうち八〇パーセントがxをし、残りがyをすることを示すかもしれない。これは、二つのタイプの人々が存在する結果であって、人々のうち一方はいつもxをし他方はいつもyをするということなのか、それともこれは均質な母集団に関する一般化であって、その母集団のなかで各メンバーはxないしyをするという同じ性向を持っているということなのか、どちらにも解釈可能である。こうした解釈問題は社会研究においてはよくあることだが、前者の可能性を見落とす傾向がある。

第四に、一般化は構造に対しては無関心である。一般化が構成要素らしき存在物を指示する場合にも、各個体が独立なのか、それとも何か別のものと結びついているのかに関しては何も言わない。これは、各存在物と所与の特徴との関係性の状態〔偶然的か必然的か〕についての明確化を欠いていることに関係している前の第二のものとは異なる点である。ここで〔問題にしている〕一般化は、不特定の諸存在物の間の関係性である。つまり、その関係が類似性という純粋に形式的な関係なのか、あるいは実際の結びつき〔実質的関係〕なのかについては、このような一般化からはわからない。その個々のメンバーが〔実質的には〕いかなる仕方でも結びついていない集団（たとえば六五歳以上の人々）は、ハレーによって「分類学的集合」と命名された。[*27]その集団のメンバーが何ものかを共有していると言うことは正当だけれども、それらはただ分類する者の心のなかでのみ集団として存在しているのだと言ってもよいだろう。

第五に、一般化から引き出される推論を慎重に吟味することは、「生態学的誤謬」、つまり集団レベルの特性から個々の特性を誤って推論することを避けるためにも必要である。

あるコミュニティにおける黒人の高比率と高犯罪率が並行するという事実から、私たちが白人よりも黒人のほうがより犯罪を犯すと結論づける場合。もちろんこれは妥当ではない。なぜなら、コミュニティレベルの相関関係は、黒人が犯罪の犠牲者になることのほうがより多いのが原因だ、とも言えるからである。さらにより顕著な例は次のようなものである。

すなわち、少年犯罪と老人性認知症とがコミュニティレベルで相関しているという事実から、それらがしばしば同じ諸個人のなかに見出されると結論づけることはまずできない[*28]。

通常、生態学的誤謬はこの例よりもわかりにくい。しかし、それを発見し回避するためには、一般化および形式的関係についての他の言明が、当該の諸個人ならびに彼らが入り込んでいる実質的関係に関する質的分析によって補われる必要がある。

第六に、一般化は抽象化を含んでいる必要はほとんどない。そこにパターンらしきものが存在している母集団の数量化可能なある側面を発見してしまえば、しばしば抽象化は停止してしまいがちである。単純な出来事や対象のレベルでしばしば規則性が探し求められるが、彼らは集団レベルでの形式的パターンに夢中になるあまり特定の同定可能な諸個体を関係づけることを困難にしてしまい、その出来事や対象の具体的特性を明らかにすることに失敗する。前の五つの問題は、すべてこの問題から生じてくると言ってもよいだろう。と同時にそれらの問題は、社会科学において普遍的に適用可能な一般化ないし「原法則」を発見する可能性に対して、疑いを投げかけるものである。

一九六〇年代、ベレルソンとシュタイナーという二人のアメリカ人が、人間科学においてなされた科学的発見の目録を編纂するという、珍しい事業を成し遂げた。彼らは、人間の行為、思考、感覚を説明し予言するために「妥当な一般化」を発見することが、社会科学の仕事であるとみなした[*29]。彼らの本は、明らかに外的に関係づけられた諸個人の間の共通特性に関する一般化という観点から、ほとんどの発見を紹介するものだったが、それはこの〔一般化〕アプローチの弱点を証明するものである。〔というのも〕多くの発見がくだらないもの（「人々は好かれることを好む」）であったり説得力を欠くもの（「組織は平常時よりも外的危機の間のほうが、より強固に中央集権化されやすい」）であったりする〔からである〕[*30]。またその他の発見は、概念的に結びついている諸実践を、本質的に意味を欠いた行動の単なる経験的規則性に等しいものとして扱っている[*31]（「移り気な人は、規範や標準、価値、外見、行動の点で、いっそう上位の自分が憧れているレベルに自己同一化する」）。さらにその他のものは、偶然的〔incidental〕特徴を捨象することによってではなく、関心を向けている現象に関する本質的な性質の様々なバリエーションを無視することによって、〔現象があたかも〕規則性を持つかのような印象を生み出している。たとえば、

産業制度が増大するにつれて、都市化の程度が急激に増大する。ここから、世界のなかで経済発展がまだ主として小作農的農業の段階にあるような部分は、最も都市化の程度が低いということが導き出される。一九五〇年の時点で、産業化の程度と都市化の程度との（ピアソンの）相関関係は、私たちの指数で計測したところ〇・八六だった。ここでは、世界の国と地域とを私たちの単位として採用している[*32]。

この例に伴う問題は、〔そもそも〕「都市化」および「産業制度」が様々な時と場所によって根本的に異なる事柄を意味する

ということである。つまりたとえば、資本主義的な都市と産業と前資本主義的な都市と産業とでは、ただ最も表面的（かつ最も非社会的）な類似性だけを持っているにすぎない。[*33] たとえ一般化の無意味さを大目に見たとしても、こうした一般化がめったに普遍的なものを立証しないのは無理もない。

それゆえ一般化の価値は、一般化が指示している対象の質的性質〔の解明〕に依存している。一般化はただ質的方法を補うことはできても、構造分析のような質的方法に取って代わることは決してできない。私は一般化を禁止しようとしてこういうことを言っているわけではなく、一般化の使用をより効果的なものにするために言っているのである。

因果作用と因果分析

抽象化と一般化は、プロセスと変化に対してせいぜい間接的な指示関係のみを可能にするという点で、本質的に共時的なものである。こうしたプロセスや変化の説明のためには因果分析〔causal analysis〕が必要とされる。因果作用〔causation〕は哲学においてとりわけ論争を呼び起こす概念であることが明らかになってきている。因果作用〔概念〕のいくつかの相異なるバージョンが、競合しあう哲学的立場の〔それぞれにとって〕必須の部分を形成している。形而上学的問題においては常にそうだが、特定の解釈はただ私たちの最も信頼できる信念との適合性という点からのみ正当化されうる。そしてそれは、この問題について実在論的スタンスを擁護する際の私の戦略にもなるだろう。

他の場合同様この場合も、私の目的は、素人的および科学的思考〔それぞれ〕の良い性質と悪い性質を規定し、こうして両性質を区別することである。因果作用ならびに因果分析に関する「二次的」説明〔既存の説明を基にして作り出す説明〕を提供するうえで大事なことは、「二次的」〔既存の〕な独自の因果的説明に取って代わることではなく、それらを「再構成」し、こうしてそれらの最も理に適ったところを明らかにすることである。それゆえ私は読者に次のことを注意しておかなければならない。つまり、以下の二次的説明におけるいくつかの用語はなじみのないものだとしても、きわめて平凡なことを明らかにすることを意図しているのである。こうしたことを言わなければならないのも、この主題に関する多くの哲学者の説明が、そうした説明が特別な保護区にある秘教的で「科学的」な知識であるかのように思わせる効果を持っているからである。したがってまたそれは、全く理に適った素人的な因果的説明を貶め、あるいは無視するものであるからである。科学哲学に関する正統的な文献は、科学的実践の範型の選択においてはなはだしく狭隘で、しかもそうした範型が全く異なる領域に適用できると想定している点で傲慢である。こうした文献に親しんでいる人にとっては、以下の実在論的説明は奇異であり、まさに疑問の余地があるように思えるだろう。しかし、この主題についての初心者たちにもそう思われるかといえば、私は疑問だと思う。

散漫な論述になるのを避けるために、いくつかのありうる反対意見への応答はここでもやはり第5章に先送りしなければならないだろう。

あるものの原因を問うことは、何が「それを生じさせている」のか、何がそれを「生み出し」、「生成し」、「作り出し」、「決定している」のかを問うことであり、あるいはより穏やかに言えば、何がそれを「可能にし」、「導いている」のかを問うことである。[*34] こうした言葉についてよく考えればすぐに、それらは隠喩である（とはいえ全くの「死んだ」隠喩ではない）ということが明らかになる。こうした隠喩は、それによって変化が生じることを可能にする非常に多様な手段を暗示しているかまたは要約しているのである。因果プロセスに対するもっと明確な指示関係は、とりわけ私たちが日常生活や多くの社会科学的説明のなかで用いる他動詞において見られる。（たとえば「彼らは家を建てた」「産業を再編成した」「共有地を囲んだ」は単純な因果記述、つまり何が変化を生み出したのかについての説明である。いかなる記述もそうであるように、もちろんそれらの記述は「解きほぐされ」、さらにより詳細な記述に置き換えられうる。そしてその詳細な記述もまた他動詞を使うことになる。説明としては、それらの形式張らない因果記述はいかにも不完全だが、より日常的なプロセスを扱ううえではそれで全く十分だし、実際そうした記述を使うことなしに社会について多くのことを語ろうとしても困難にぶつかるだろう。これらの記述および他のタイプの因果叙述と因果的説明（それぞれ）の性質と限界を明らかにするために、今やより本格的な議論に取りかかることが必要である。

実在論的見方では、因果性とはバラバラな出来事の間の関係（「原因と結果」）に関するものではなく、対象ないし関係の「因果力〔*causal powers*〕」あるいは「傾向〔*liabilities*〕」に関するものであり、より一般的に言えばそれらの活動様式または「メカニズム〔*mechanisms*〕」に関するものである。人々は、仕事をし（「労働力」）、話し、理由づけ、歩き、生殖するなどをなしうる因果力を持っており、また集団圧力や極端な気温などの影響を受けやすいといった多くの因果的傾向を持っている。しばしば、因果力は、単純に単独の対象ないし個人に内在しているものではなく、彼らが形成している社会関係や構造に内在しているものである。たとえば講師の力は、一個人としての彼女の特性に還元できるものではなく、学生や同僚、事務局、雇用主、配偶者などとの彼女の相互依存的関係に由来するのである。[*35] 力や傾向は、それが働いているかどうか、ないしは妨げられているかどうかにかかわらずに存在しうる。たとえば失業中の労働者は、たとえ今は働いていなくても働く力を持っている。また鉄は、たとえそのいくつかの断片が錆びる機会を持たないでいるとしても、錆びる傾向を持っている。この見方によると、因果的主張はバラバラの事物や出来事の間の規則性に関するものではなく、ある対象はどのようなものか、また何をなしうるかに関するものである。だからそれは、ある特定の状況において対象が何をなすだろうか（という予測）には、ただ派生的に関わるにすぎないのである。[*36] したがって、たまたま失業した人は、それでもその機会さえ与えられれば働くことができると言うとき、それは、将来何が起こるだろうかについて憶測にふけっているのではなく、その人の精神的または肉体的な状態や能力が今どのようなものであるかについて何事かを述べているのである。したがって、因果力や傾向は、出来事の何らかの特定のパターンからは独立に、対象に帰すことができる。つまり、「C〔原因〕」が「E〔結果〕」を引き起こす場合だけでなく、時に「C」が「E」を引き起こさない場合にも、因果力や傾向を対象に帰すことができるのである。後に見るように、この点は因果分析にとってきわめて重要である。

特定の活動様式ないしメカニズムは、その対象の本性〔nature〕のおかげで必然的に存在している。ある対象の本性またはその対象の構成は、その対象の因果力と、内的または必然的に関係しあっている。飛行機はその航空力学的形状やエンジンなどのおかげで飛ぶことができる。火薬はその不安定な化学的構造のおかげで爆発することができる。多国籍企業は、異なる発展レベルにあるいくつかの諸国で事業を展開することによって、自分たちの製品を高値で売り、労働力を安価で買うことができる。人々は、自分自身が行うモニタリングをモニターする能力などによって、自分の行動を変えることができる。[*37] もしある対象の本性が変化すれば、その対象の因果力も変化する。エンジンは使い古されるにつれてその力を失う。子どもの認知力は、彼が成長するにつれて増大する。それゆえ、このような因果力の存在を主張する際に、私はなにも固定した永遠の本質を引き合いに出しているのではない。

対象の必然的な活動様式としての因果性〔causality〕というこの発想は、ある人々が想定しているように、対象はそうする力を持っているがゆえにそのことができる、などという事実上のトートロジーに帰着するようなものではない。このような反論をする人は、しばしばアヘンの「催眠効力」のケースを引き合いに出す。つまり、〔アヘンの〕そのような特性をもって、アヘン摂取が誘眠効果を持つことの説明としてトートロジー的に〔論が〕進められる[*38]〔なぜアヘンに催眠効果があるのかを説明するために、アヘンに「催眠効力」があると言ってもトートロジーでしかないの意〕。けれども、科学者はしばしばそうした力の存在をたしかに仮定している。しかし科学者はむしろ、アヘンにそうした力を付与している物質はいったい何か、そうした力の働きとは独立に同定される物質はいったい何かを経験的に立証することによって、そのようなトートロジーを回避しているのである。よく知られた例は、いくつかの金属が持つ電気を伝導する力を、その金属の構造内に遊離電子が存在することによって説明するものである。同様に、私の歩行に対する能力や、飛行に対する無能力を、私の解剖学的構造や筋肉組織、〔体の〕密度や体形を指示することによって説明することは、決してトートロジーではない。また、地代によって生計を立てるある人々の能力を、土地、建物、または鉱山に対する彼らの所有権を指示することによって説明することもトートロジー的なものではない。

マルクス主義の理論のなかでは、有名な、あるいは悪名高い「利潤率低下の傾向」とその「反作用」におけるように、「メカニズム」と同義なものとして「傾向」という用語に出会うことがよくある。そうした種類の傾向についての言明は、いわゆる規則的な出来事の連続、すなわち平均的に起こる「傾向がある」ことに関する単なる経験的一般化としてしばしば解釈されてきた。しかしながら、マルクスが裏づけとして与えている議論をみれば明らかなように、それはメカニズムを記述しているのである。彼の考えるところでは、そのメカニズムは、資本の本性のおかげで必然的に存在しているが、いかなるメカニズムでもそうであるように、そのメカニズムの結果は他のメカニズムおよび諸条件の変化によって〔も〕媒介されうるものなのである。[*39] 他の多くの点と同様、この傾向〔利潤率低下の傾向〕に関するマルクスの主張を私は受け入れないが、それを批判するにしても、それが単に経験的一般化にすぎないとする誤解に基づいて批判するわけではない点が重要である。むしろマルクスの主張は、資本の本性のおかげでそのメカニズムが必然的に存在することを証明するために使われた特定の推論に誤りがあったことを示すことによって反駁されうる。[*40] ここで問題があるのは、「傾向」や「メカニズム」という一般的な因果カテゴリーの妥当性ではなく、この場合におけるその概念の特定の実質的使用の妥当性である。

可能ならばどこであれ、私たちは何かあるものが何かある変化を生み出すという〔レベルの〕認識を越えて、そのあるものにそうすることを可能にしている対象はいったい何かについての理解に至ろうとする。重力のメカニズムとかある人物の意図と行為との結びつきのような事例については、それらに関するメカニズムについて、私たちはほとんど知らない。このような事例で私たちが持ちたいと欲し、また銅の伝導性とか川の浸食力のような事例ではすでに私たちが持っている知識は、そのプロセスがどのように働くのかに関する知識である。単に一般的に「C〔原因〕」の後に「E〔結果〕」が続いたということを知るだけでは不十分なのである。私たちは「C」が「E」を生み出した——仮に生み出したとしてだが——その連続的プロセスを理解したいと思う。この推論様式においては、出来事が、それらを生み出す能力のあるメカニズムを仮定する（また同定する）ことによって説明される。このような推論様式は「リトロダクション〔retroduction〕」と呼ばれる。[*41] 多くのケースにおいて、このようにリトロダクションされたメカニズムは、すでに他の状況からよく知られたものであろうし、いくつかのものは実際に観察可能になるだろう。[*42] 他の場合、今までのところまだ同定されていないメカニズムについては、仮説として立てることができる。素人的また科学的知識の歴史においては、そうした仮説が後に確証されたケースもあるし（たとえばウイルス、毛細血管）、棄却されたケースもある（魔法、実体としての熱）。[*43] もちろん科学哲学は、〔そうした仮説が〕成功する保証を与えることはできない！

因果力ないし傾向性が何かの機会に実際に活性化されるか抑えられるかは、それらの存在ならびにその組み合わせが偶然的であるような諸条件に依存している。ある人が実際に働いているかどうかは、彼／彼女のための職があるかどうかに依存している。火薬が爆発するかどうかは、それが適切な諸条件——火花の存在など——のなかにおかれているかどうかに依存している。それゆえ因果力は、それを持つ対象の本性のゆえに必然的に存在しているが、その因果力が活性化するかまたは働くかどうかは偶然的である（「諸条件」〔という言葉〕によって私たちは単純に他の諸対象を指している、ということに注意されたい。それらの対象もそれ自身の因果力と傾向性を持っており、一般的な想定とは異なって、諸条件が〔因果的に〕不活性である必要はない）。

因果力が働いた場合、因果メカニズムのアクチュアルな結果はまたもや、その因果メカニズムがその中で働いているところの諸条件に依存するであろう。それゆえ、因果力またはメカニズムとその結果との関係性は、固定化されたものではなく偶然的なものである。まさに、因果力はその結果から独立に存在しているのである。ただし、この独立性は、その因果力が社会構造から生じているのでない限りで成り立つ。社会構造の場合、当の社会構造の再生産が、その社会構造の特殊な帰結に依存している[*44]〔社会構造は、因果力とその帰結が循環的になっていて必ずしも独立的ではない〕。力とその条件との関係性が偶然的だと言うことは、条件は何の原因も持たないということではなく、それらの条件は異なるメカニズムを原因として持つと言っているにすぎない。私たちが自分自身の目的のために、あるメカニズムを活性化させる際には、メカニズムがその下で作動する諸条件が望み通りの結果を生み出すものに確実になるよう手配するが、これは因果力がその条件と偶然的に関係づけられているという事実を念頭においているのである。恐ろしい例を挙げれば、仮にあるときどこかで爆弾が爆発したとして、私たちはその爆発とその結果との間の関係性にほとんど規則性を見出さないだろう。望んだ結果を手に入れるには、その目的達成をめざして、すなわち諸条件の適切な配置を得るために、慎重な配慮がなされる。爆弾の爆発は、それが起こったなら、爆弾の構造のゆえに必然的に生じたのであるが、その爆発は様々な諸条件の下で起きうる。それらの条件を構成する対象はそれ自身の力と傾向性を持っており、それゆえどの条件が爆発という結果をもたらすかは、その〔爆破〕対象がセメントであるか水であるか肉であるかに従って必然的に異なって現れる。容易にわかるように、このような単純な出来事のケースにおいてさえ、必然性と偶然性の並置関係は複雑である。対象と因果力との関係性は必然的である。それら〔対象および因果力〕とその諸条件との関係性は偶然的である。また、その条件のうちいくつかは〔当の対象および因果力の〕メカニズムを活性化させるような対象を含んでいるかもしれない。条件の特定の組み合わせのゆえに、そこに関与する対象の本性のおかげで結果は必然的に生じるが、実際のところどの条件が出現しているかは偶然的である（**図7**を参照）。そのうえさらに、私たちが必然性〔対象の因果力〕を認識するか、それとも偶然性〔条件〕を認識するかは偶然的である。

変化のプロセスは通常、相互にただ偶然的に関係しうるにすぎないいくつかの因果メカニズムを含んでいる。別に驚くことでもないが、諸条件に依存するがゆえに、同一のメカニズムの作用が全く異なる結果を生み出すこともありうるし、また相異なるメカニズムが同一の経験的結果を生み出すこともありうる。

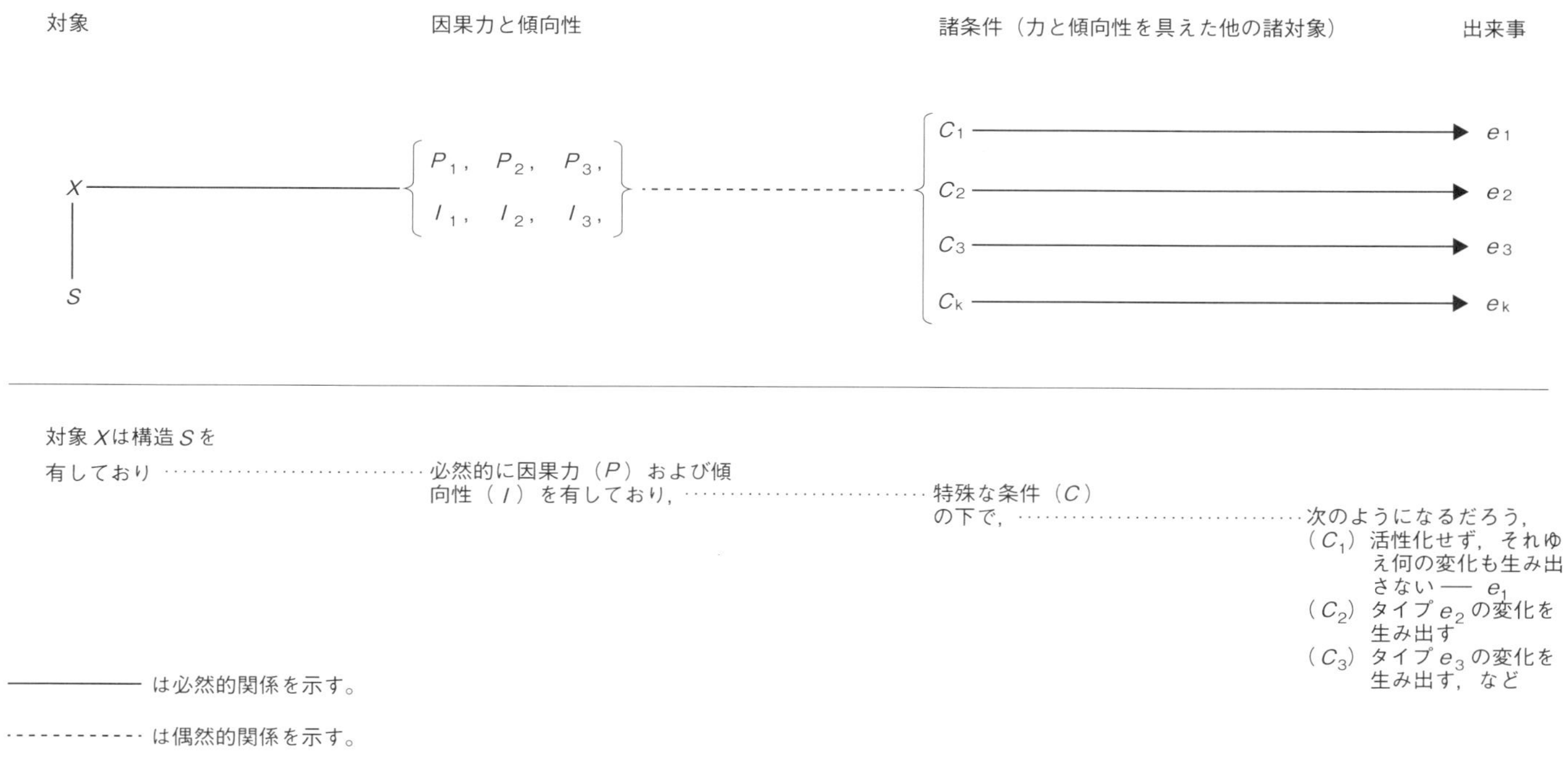

対象
因果力と傾向性
諸条件（力と傾向性を具えた他の諸対象）
出来事
X
S
P1, P2, P3,
I1, I2, I3,
C1
C2
C3
Ck
e1
e2
e3
ek
対象Xは構造Sを有しており
必然的に因果力（P）および傾向性（I）を有しており，
特殊な条件（C）の下で，
次のようになるだろう，
（C1）活性化せず，それゆえ何の変化も生み出さない ― e1
（C2）タイプe2の変化を生み出す
（C3）タイプe3の変化を生み出す，など
は必然的関係を示す。
は偶然的関係を示す。

図7　因果的説明の構造

あるレベルではこのことは特異なことではないように思われるが、因果作用を原因と結果の規則的結合（ないし「恒常的な連接〔constant conjunctions〕」）と見る正統的な見方とは簡単には相容れない。たとえば、資本主義企業に対して個々の商品の生産に費やされる労働時間を減らすように強いるという価値法則の結果は、労働者の抵抗や新技術の利用可能性、製品の性質、経営の特徴などのような偶然的条件に従って変化するだろう。ある企業は仕事率をスピードアップさせ、またあるものはオートメーション化し、他のものは操業停止にするというふうに、企業は様々な方法で〔価値法則の要求に〕対応することができる。逆に、失業のような特定の結果は、新技術の導入によっても、あるいは新技術導入の失敗によっても（競争力の低下を介して）引き起こされるかもしれない。[*45] 二つかそれ以上のメカニズムの作用それぞれが同一の結果を同時に引き起こしている場合、その状況は時によると「重複決定」されていると言いうる。移民女性の社会的地位の低さは、階級的地位および人種的かつジェンダー的差別によって重複決定されている。

避けがたいことだが、因果メカニズムの働きは、経験的出来事のパターンからはしばしば明白にならない。仮に私が非常に重い物を動かすことに失敗したとして、それは私が押さなかったことを意味するわけではない。飛行機が飛んでいるとき、それは重力の法則がもはや働いていないことを意味するわけではない。反作用力が特定のメカニズムの作用の効果を覆して、そのことを見えなくしているのである。重い物を押すケースでは、私が本当に押していたかどうかについて、それが動いたかどうかからは独立に確証することは簡単だろう。けれども他のケースでは、そのために科学的な仕事が必要になるかもしれない。ともかくメカニズムがその結果からこのように独立しているということは、決定的な含意を持っている。もしそうでなければ、私たちは自然の経過に決して介入できないし、したがって科学を含めて私たちが知っているような生活は不可能になるだろう。[*46] このことはまた、所与のメカニズムが何をなしえて何をなしえないかの発見のためには、相当な努力と創意を必要とするということを、また、規則性の追求はこの目的の手段としては不適切だということをも意味している。

さらに、一般に流布している神話（因果性を規則性と結びつけることに起因する）に反して、出来事を引き起こすものは、〔出来事の〕生起が観察される回数とは関係がなく、また、私たちがたまたま出来事を予測できるかどうかとは関係がないということにも注意すべきである。[*47] まさしく、そこには私たちがその因果力について知っていると信じているある対象が存在しているのである。たとえ、その因果力が今まで一度も作動したことがないとしてもそうである。たとえば、中性子爆弾に関して私たちの〔知っている〕因果的傾向性がそうである。

さて、ここで次のようなもっともな反論がなされるかもしれない。すなわち、この議論における私の例の多くが、物理的原因に属するものであり、それゆえ社会研究に対する因果分析の適用可能性についてはまだ疑問であると。特にある特殊なタイプの社会現象に関しては、その因果的身分が広く疑われている。それは観念、信念、理由〔reason〕といった社会現象である。

人々が理由づけし、観念を形成する因果力を持っているというのは承認されるかもしれないが、理由が原因になりうる、つまりある変化を生み出す事物でありうるという主張はもっと受け入れがたい。私たちは物質的事物に関してはその因果力を容易に認識するが、理由はそうした物質的事物とは非常に異なっており、それが何かを可能にする諸条件であることについては不十分にしか理解されていない。第1章で見たように、自然科学者が解釈すべきものは科学的概念の意味だけであるが、社会の研究者は社会実践に内在する意味をも理解しなければならない。さらに理由は、良い、悪い、間違っている、矛盾しているなどとして評価されることができるが、こういう仕方で物理的原因を評価するのは無意味である。ただし、私たちが自分自身の関心に従って物理的原因の結果を評価することはありえるのだが。

しかし、これらの点ではたしかに理由は物理的原因とは異なっているが、このことから理由がある出来事の原因になりえないということが帰結するわけではない。[*48] 実際もし理由が原因たりえなかったなら、いったいなぜ私たちは理由を評価したいと思うのだろうか？　もし〔理由となっている〕嫌な信念が誰にも何の危害も及ぼさないとしたら——なぜなら信念は誰かに何かさせる原因には決してならないのだから——、そうした信念を批判するために無駄な言葉を費やしてもほとんど無意味であろう。またもし、理由が原因たりえないといった議論が人々の心を変えさせる原因になりえないとしたら、いったい人はなぜそうした主張をわざわざ苦労して論じ〔理由づけ〕なければならないのだろうか。信念（たとえば実在論に対する私の信念）と意図（それを書こうとする私の意図）と行為（私が書くこと）とがどのように結合しているのかについて私たちはほとんど知らないということは認めてもよいが、私たちが送っている生活において理由が原因になりうることを前提としない事柄はほとんどない。実際、一般にコミュニケーション的相互行為は物質的結果を前提としているのである。

ある社会実践は、（とりわけ）間違っているかまたは矛盾していることが明らかにされている概念に依存している、ということも以前に指摘しておいた。いくつかの可能な信念は非常にばかげているので、いかなる物質的実践もそうした信念に基づいて成功裏になされることはない（たとえば、水の上を歩行することができるという信念）が、他の信念（私たちが水上を歩行することができないことを魔力で説明する）はある限定的な実践的適合性を有している。言い換えると、信念は、原因となるために「正しい」ないし首尾一貫した信念を含んでいる必要はないのである。

行為者が自らの行為のために与える理由が常に真の理由であるとは限らない、ということもまた理解されなくてはならない。マッチョなイメージを磨く男性は、自分の行為の理由を認識することはおろか、そうしたことをしていることを意識さえしていないかもしれない。実際、もし彼らが真の理由を意識させられたならば、それがきっかけで彼らは別様に行為するかもしれない（！）。したがって、社会における幻想を減らそうという批判的社会科学の試みにとって重要なことは、そうした幻想の効果を変えることであって、単に社会の外在的記述という「アカデミック」な批判を提供することではない。

それらのメカニズムについて私たちがあらかじめ知らないところでは、説明は、出来事の直接の原因を同定する他に、そうしたメカニズムが存立するための必然的諸条件に対する指示をも含んでいなければならない。これがなされない限り、実践に関する主意主義的説明が生み出されるだろう。インフレーションのように、あるプロセスがいくつかの異なるメカニズムによって共同決定されている場合は、他のものよりもより影響力を持ったメカニズムについて語るのは理に適っている。けれども、これと同じことが必然的諸条件の存在（たとえば交換の存在）にも当てはまるわけではない。なぜなら、それらの条件は必然的なものであるか、あるいはそうでないか〔だけが問題であり、影響力の大きさは問題ではない〕だからである。言語を持っていることは、私が今何かを書くことの原因ではないけれども、私が書くことができるための必然的条件なのである。理由や他の原因は、買い物をする、入隊する、小切手にサインする、投票する、結婚する、ローンの貸付を承諾する、関税を課す、礼儀正しくするといった行為にとっては所与であるかもしれない。しかし、これらの行為すべては、物質的資源や社会構造のような諸条件〔の存在〕を前提にしており、それらの諸条件のなかには、理由がそれに従って組み立てられるところの慣習やルール、意味体系なども含まれている。

主意主義は、日常的な因果的説明のなかに蔓延している。最近、多くの企業経営者が、被雇用者が従順になってきたと見ている。この事態を生じさせている条件、特に失業者の列に並ぶことへの脅威を指摘することなしに、この事態を新しいより強固な経営「哲学」のせいにする新聞記事がしばしば見られる。しかも、経営者と従業員との分断がそのせいで存在している生産の社会組織については、一瞬たりとも考慮されない。日常生活においては、私たちはそうした必然的で構造的な諸条件や、その歴史的に特殊で、したがって形態転換可能な特性については意識することなくやっていくことができる。けれども、もし常識の制限された地平を突破したいと思うなら、私たちはそれらのことを無視することはできない。

行為の直接的原因だけでなくその諸条件を私たちがどの程度意識しているかが、私たちの政策的提言にも影響する。「管理主義的」政策介入は、メカニズムがそこで作用している諸条件を操作することによって、メカニズムが働く結果を左右することに特徴的に関わっている。たとえば、法律制定の立案〔による介入〕は、その開発を特定の地域に導くことによって不動産開発の結果を左右する。しかし、抜本的ないし革新的な政策変更は、そのメカニズムが存在する原因になっている構造（必然的条件）を変えるのである。このケースでは、〔たとえば〕不動産資本を収用し土地を国有化することによってそうする。[*49] 日常的思考法は、保守的な方向に向かい、管理主義的解決を好みがちである。このような保守主義〔に向かう傾向〕の理由の一つは、それが行為の構造的条件を無視し、また構造的条件を自然のもの永遠のものとして扱っていることにある。

しばしば、社会実践の説明は、行為から理由を経てルールへと至り、そこから構造に到達するという（無限ではなく有限な）遡及的推論〔regress〕を伴っているだろう。たとえば、なぜ住宅金融組合が未熟練労働者に対して住宅ローン〔の貸付〕をほとんど承諾しないかを説明する際、私たちは第一に行為者〔住宅金融組合関係者〕の説明（安定収入の欠如など）のうちに示された理由、およびその理由によって方向づけられた行為に出会う。次にそれらの理由〔として〕は、それがフォーマルであれインフォーマルであれ、種々のルールを引き合いに出すだろう。このルールの観点から、その理由は理解されるのである（ルールが住宅ローンの適性のあるなしを決定する）。その次に、それらのルールがなぜ存在しているのか、すなわちいかなる種類の構造ないし対象のせいでそれらのルールが存在しているのか、を問う重要な段階が来る。利害関係者として利子付き資本の形成をめざす住宅金融組合は、自分たちの取引から利潤（または収益）を上げねばならない、というのがその答えであろう[*50]。彼らは、融資者が資産を競争相手の投資先に移してしまうのを防ぐのに十分な利率で、自分たちの融資者に利子を払わなければならない。したがって、返済不履行になりかねない人々に貸し付けるといった、利子を払う義務を果たすことに関する自分たちの能力を弱めかねない条件は最小化しなければならないのである。ここで機能主義的説明に対して私たちが以前にした警告を思い起こすならば、単にそうした必然的条件を指摘するだけでは、どのようにそうした必然的条件が満たされるのか――それが満たされた場合だが――を説明するには不十分である、ということを忘れてはならない。そのためには、私たちは行為のレベルに立ち戻って検討しなければならない。この〔推論の〕運動もやはり、構造とエージェンシーとの相互依存性を例証しているのである。

政策提言に関して私たちが前に指摘した点と同じことを言うことになるが、説明運動〔遡及的推論〕における各段階でいかに様々な評価的暗示が「隠されている」かについても注意されたい。最初のレベルでは行為者と彼の理由に対して、第二のレベルではある制度に特有のルールに対して、私たちは良いまたは悪いとして判断することがありえる。他方第三のレベルでは、その制度が存在する原因となっているもっと広い経済システム（その経済システムを構成している社会関係を含めて）が批判されうる[*51]。説明と評価の両方に関して、競合しあう諸理論はしばしば「話がかみ合わない」が、これは彼らがそうと気づかずに遡及的推論の異なる段階に没頭しているからである。

研究対象が存立するための必然的条件を確定しようと試みる社会理論が持つ魅力的性質の一つは、その対象のなかに変化を生み出すことを想像し、あるいは実際に試してみることによって、きわめて容易にその社会理論をテストすることができるという点である[*52]。たとえば、実際に住宅金融組合の経営者（！）の職を得て、住宅ローンを最も必要としているが経済的余裕は最もない人たちにそれを配分しようと試してみることができる。あるいはその代わりに、「思考実験」のなかでそうすることを想像してみることができる。もし、そうした配分を避けることがその支店が存立するための必然的条件であるなら、その支店かまたは利他主義的なその支配人も、そうした配分を避けるだろう。このことから、貧しい人が住宅ローンを得ることを援助するために、単により啓蒙されたより優しい住宅金融組合の経営者を求めるような政策提言は、誤った判断だと言いうる。

日常的な言説において、またいくつかの「科学的」説明においてさえ、私たちは因果性についてしばしば非常に無頓着である。たとえば学校の先生は、ある子どもたちが従順で頑張り屋さんなのは彼らが中流階級だからである、と言ったりする。こうした言明は多くの疑問を生じさせる。まず、子どもは中流階級であることによって必然的に勤勉で従順なのか、それとも彼らが中流階級なのは偶然的事実なのか？　そして「中流階級」とはこの場合どのように定義されるのか？　先生のこのような言明に対するさらに突っ込んだ検討が、学業の性質や、教室内での生徒と先生との相互行為の性質に対してなされるだろう。というのも、これらの事柄が、誰が頑張って学業に励んで誰がそうしないのかに影響を与えるかもしれないからである。たとえば、労働階級の子どもたちがより十分に応えられるような別の形式の教育ないし授業があるかもしれないのである。こうした疑問はすべて、その説明のような問題点に対する不満を表している。すなわちその説明が一般化に頼っており、そのため、その説明が指示する関係がいかなる身分のものなのかについてあいまいだという点である。一般化による説明は、ただ因果力や傾向性に関する知識が欠如しているときにのみ、あるいは説明されるべき事柄が単に既知の構成的プロセスの組み合わせや比率の形式である場合にのみ、受け入れられるものにすぎない。[*53]

こうした考え方を精査すると、重要な因果力や傾向性の探求には、そのプロセスの質的理解を改善するために使用され、またそれらの条件やメカニズムが同定されうるために使用される抽象の種類を明確化することが必要であるとわかる。このように、因果分析は通常抽象と構造分析に、したがってまた説明は記述に密接に結びついているのである。それらすべてと意味解釈との間にも相互依存性がある。行為は有意味的であるのみならず、原因と結果をも有している。理由は原因となりうるものであり、しかも構造は概念依存的なのだから、因果分析と構造分析と解釈的分析とは相互依存的なのである。

はたして、一般化と規則性の探求は因果分析の補助となりうるのか？　時には、経験的規則性の発見が〔きっかけとなって〕、そのパターンの原因となっているかもしれない因果力を持つ対象に対しての注意を、またそれらの対象の存立や活性化にとって必須の諸条件に対しての注意を引くようになることがあるだろう。しかしそれらを確証するためには、当該の対象の本性についての質的情報が必要なのであって、経験的結びつきについての単なるより多くの量的データ〔を集めること〕が必要なのではない。だから、たとえば疫学では、ある病気の原因と条件がわからない場合、ありうる広範な要素について量的データを地図化し図表化するという方法に頼ることが必要かもしれない。その病気のすべての実例に共通する要素を探し求め、でなければその病気が発生したところでのみ現れた要素を探求し、これが原因だという仮説を立てることは、理に適っているように思われるかもしれない。[*54]これらのことは試してみる価値はある。しかし、その病気と単に共変する要素ではなくて、その病気を生成するメカニズムを発見するという課題を処理することにはどちらの方法でもうまくいかない。単なる〔経験的〕連関を探し求めることの弱点は、よく知られた酔っ払いの話のなかで例証されている。彼はそうした方法を使って、自分の酔っ払いの原因を発見しようとした。すなわち彼は、月曜日はウイスキーとソーダ、火曜日はジンとソーダ、水曜日はウォッカとソーダを飲み、しらふだった他の晩は何も飲まなかった。彼は、自分がお酒を飲んだ晩の飲酒パターンのなかにある共通要素を探して、ソーダ水がその原因だと決定づけた。さて、その酔っ払い男はひょっとしたらアルコールを共通要素として、それゆえ原因として選んでもよかったかもしれない。しかしながら、何がそうした推論に信頼性を与えるのかといえば、それは、単にアルコールが共通要素だったという知識ではなくて、アルコールが飲酒を誘引する能力を持ったメカニズムを有しているという知識である。実のところ、この例はこじつけではない。社会科学のなかにある多くのありえる応用例においては、このソーダ水と同じようなものが一つではなくいくつもある。あるいはまた、共通の結果を生じさせる諸状況の間の類似性を探すことに代えて、時々、私たちは違った結果を生じさせる諸状況の間の差異を探すことによっても原因を探し求める。この方法も十分賢明なもののように思われるが、やはり決定的なものではない。もし私たちが、違った結果が生じる二つの比較可能な状況を持っており、そのときその二つの状況の間に、あるほかの差異を発見したとしても、これこそが結果に対して差異を生み出しているものだという結論は導かれない。そしてやはり、それが本当にそうなのかを検証するためには、私たちはそのメカニズムを同定する必要がある。共通特性も弁別特性も、必ずしも因果的な意義を持つものではないのである。

統計的技法は、しばしば共通特性や弁別特性を同定するために使われる。いうまでもなく、私たちは何かあるものと何かあるものとの間の相関関係を示そうとはしないが、ありえる要素のリストから重要な力や傾向性を有するものにしぼるために、利用可能な質的知識や因果的知識を使おうとする。しかしながら、何であれそこで見出されたパターンや〔出来事の〕連関の身分や因果的（統計的ではなく）意味を決めるために、それが最も必要とされるまさにそのときに、質的調査があまりにもしばしば放棄される。こうなってしまうと、研究は因果性を明らかにするよりもむしろ隠蔽してしまいかねないのである。たとえば、それらが原因なのか、条件なのか、それとも構造の一部なのかという点にはおかまいなしに、「要素」や「変数」の間の連関を探し求めることに終始するような住宅配分に関する多くの研究が、今までなされてきた。またそれらの研究は、住宅関係の役人のルールに追随する行為といった明らかなメカニズムを看過してしまっている。このような理論的また方法論的な抑制によって、社会科学者が自分たちの対象について、時にはその事情に通じた素人よりも無知である（それらのモデルについてはよく知っているのだが！）というようなことが起こりうる。[*55]

この種の仕事[*56]を弁護する際、社会科学においては〔研究の〕進歩が理論の欠如と実験の不可能性によって妨げられているとしばしば言われる。理論が欠如しているという判断は、そもそ

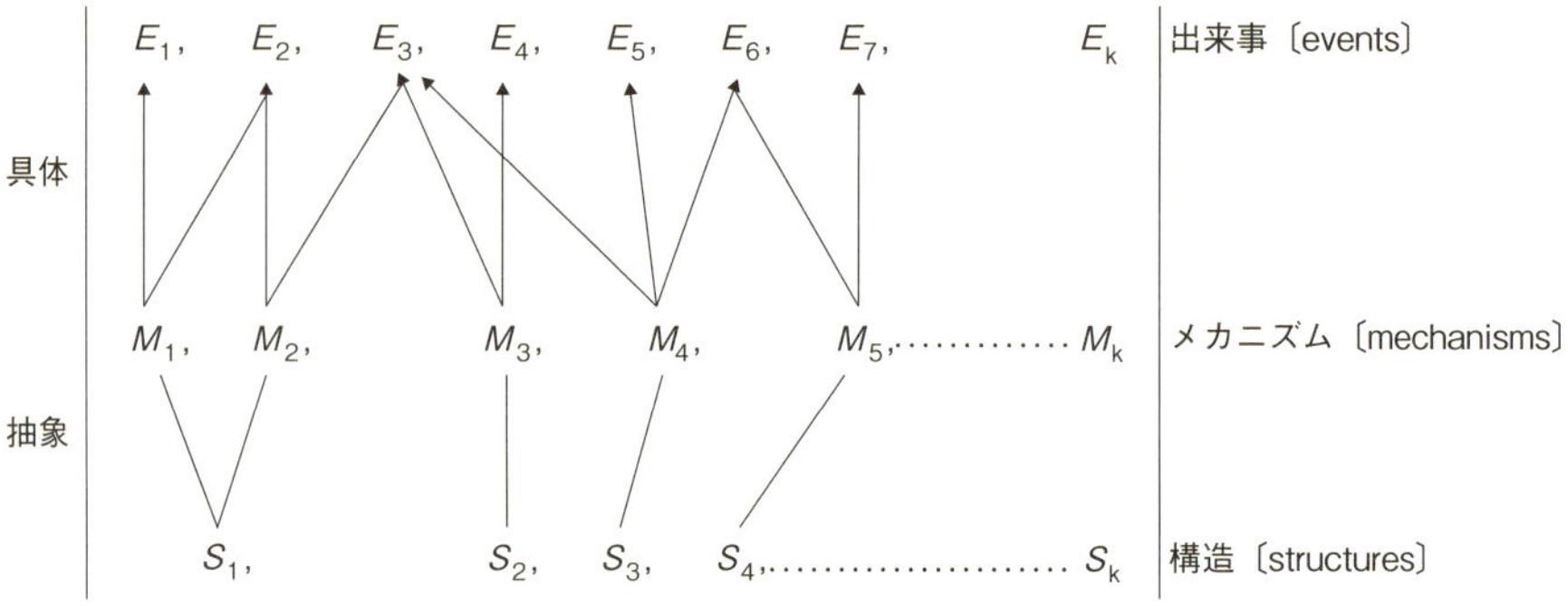

図 8　構造，メカニズム，出来事

も理論がデータ整理のための仕組みという形でのみ存在しうるという誤解に基づいており、その結果、他の形態の理論は無視されてしまう。〔社会科学では〕実験はたしかに不可能であるが、メカニズムを発見するうえで実験が常に不可欠だというわけではない。もっとも、諸条件がコントロールされる限り、実験はメカニズムの結果を明らかにするうえで有益なものではある。

このような弁護論は、社会科学者が自然科学者に対して持っている有利性をも看過している。その有利性とは、社会の知識とその対象との間には内的関係があるということである。この内的関係がメカニズムへのアクセスをよりしやすくしている。たとえば、当該のメカニズムを理解するためには、解雇通知書と余剰労働者の間の規則性について実験したり、それらを探し求めたりする必要はない。この意味を理解するためには、多くの因果メカニズムは日常的なものであり、行為者にかなりよく理解されたものなのだということを、私たちは今一度思い起こすべきである。因果メカニズムは、そうであるために秘教的な定式の形で示される必要などないのである。

結論

要約として述べれば、抽象と具体との関係性、および構造とメカニズムと結果との関係性は**図8**に示されている。水平次元は、複雑なシステムのなかにある種々の構造、メカニズム、出来事を示している。それらのメカニズムが活性化したとき、特殊な諸メカニズムはその「絡み合い」のなかで諸結果を生み出す。その絡み合いはユニークなものであろう。条件に応じて、同一のメカニズムが時には異なる出来事を生み出すこともありうるし、逆に同一タイプの出来事が異なる原因を持っていることもありうる。抽象的な理論は、対象をより広い構造の一部としてその構成的構造の点から分析し、また対象をその因果力の点からも分析する。具体的な研究は、それらのメカニズムが結合したとき何が生ずるかに目を向ける。垂直次元では、ある読者は出来事の上位に意味や経験や信念などを扱う第四のレベルを加えたいと思うかもしれない。けれども、それらは構造を形成し、原因として機能し、あるいは出来事として考慮されうるものだから、それらはすでに含まれているものとして取り扱われていると私は主張しようと思う。

第4章　理論と方法II
――システムのタイプとその含意――

これまでの中心的なテーマの一つは、方法への問いは研究対象の性質に関する綿密な考察抜きには答えられないということだった。というわけで前章からわかったことは、分析や説明の多様な形態が、いかに多くの種類の対象に関係しているかということだ。この関係性については抽象化、因果分析、一般化に関連させて単純なレベルで論議してきたので、今では研究対象が持つより広範な特質やその方法論上の意味を探究できる。とりわけ重要なものは、「階層性」、「閉鎖システム／開放システム」、空間形態であり、それらは、説明や予測にとって重要な意味を有し、また個々の専門諸科学の間の重要な方法の違いを説明する手助けとなる。前章で見たように、論議は対象と方法の問題との間を行ったり来たりするだろうが、抽象／具体の研究や理論／経験の研究に関わっては、第3章で紹介された最も一般的な原理のいくつかを、最終的には、発展させ統合させることが可能となるだろう。

階層性と創発的力

複合的な対象を理解する有効な方法は、抽象化によるか、文字通りそれを分割するか、いずれにせよ対象を構成パーツへと分解することであると、しばしば前提されてきた。たとえば、何か雇用変化のようなものを理解するためには、複雑で不規則なものが、単純で規則的な要素の合体したものに還元されるだろうと期待して、統計上の総計を解体し「分解する」ことが妥当であるように見える。もしも諸個人と彼らの態度などが理解されるならば、それだけで社会のマクロパターンは知解可能だという単純な考え方に、多くの研究者は魅惑されてきた。けれどそれは、いつでもそんなに容易であるわけではない。私たちは人々が持つ考える力を説明しようとするのに、あたかも人々を構成している細胞もそれと同じ力を持っているかのように、細胞を引き合いに出したりはしないだろう。[*1]同じように私たちが火を消すという水の力を、水を構成する要素の力を持ちだして説明したりはしない。というのも、酸素と水素はとてつもなく可燃性のものだからである。

そのような場合には、対象は「創発的力」を、すなわち、それを構成するものには還元されえない、力あるいは傾向性を持つのだと言うべきである。[*2]このような現象が示しているのは、世界は単に差異化している〔differentiated〕だけでなく、階層化〔*stratificated*〕しているのであり、それはつまり、水が持つ力は水素もしくは酸素とは異なる階層に存在するということなのである。創発性は内的な関係と外的な関係との区分を用いて説明できる。対象が外的にもしくは偶然的に関係している場合には、それらはその本質において相互に影響し合わないし、ゆえにそれらの対象の因果力を変化させない。とはいえ、そのような因果力の作動の結果に対しては影響を与えることができる。「分類学的集合」（上記九八頁参照）を含む単なる集合態〔aggregates〕は、外的に関係している諸個人から成り立ち、したがって創発的力を欠いている。全体〔whole〕の説明に向けた歩みとしての分解は、だからどんな問題も生まない。〔しかし〕内的に関係している対象、もしくは例の地主－借地人の関係に関連するような構造の場合では、創発的力が生み出されている〔その分解は問題を生む〕。なぜならこういったタイプの諸個人の結合は、根本的な仕方でそれらの力を変えるからである。社会構造は人々がそれらを再生産する場合にのみ存在するのだとしても、それらの構造は諸個人の力には還元できない力を持っている（人は自分自身に家賃を支払うことはできない）。したがって諸個人の行為を説明するには、しばしば諸個人の行為の内部構成（それも関連はするが）へのミクロな（還元主義的）遡及〔regress〕ではなく、それらがおかれている社会構造への「マクロな遡及」が必要になる。恭順な個人の振る舞いは、地位についての社会構造と結びつけて説明される必要がある。購入という行為は交換構造における仲買人の関与を前提し、首相の行為は政治的ヒエラルキー〔という社会構造〕を前提している等々。

人間のような上位の階層の対象は、法則や必然的な活動様式〔way-of-action〕に従って、下位の階層の過程を操作することでそれらの階層に対して反応し返すことができる。私たち人間は、農耕や産児制限のような手段で、自らを構成する階層を含めた生物学的な過程に介入することが可能なのだ。

私たちが、特定の階層における何らかの対象を理解するために、連続的に構成されている諸階層すべてにくまなく立ち戻って研究しなくともよいのは、世界の階層化の幸運な帰結である。社会的現象の存在は生物学的現象を前提とするが、後者の対象〔生物学的現象〕は、通常所与のものとして扱われる。同じく生物学的現象は創発的力を持ち、したがって、それを構成している化学的現象とは異なる階層（もしくは階層グループ）に属している。同様に、今度は化学的現象が物理学の対象とは異なる階層に属しているのである。還元主義的な研究は階層化を見過ごしているうえに、自らそのような遡及に引きずり込まれているのである。そのような研究が階層性や創発的力〔という考え方〕を放棄していることは、次のような研究においても明白である。すなわち、単に「因子」もしくは「変数」として扱われている対象と、全く異なる諸階層に属するかもしれない対象との間にある（通常は量的な）関係性を調べるような研究である。このような階層性（および構造）への無関心が因果性の同定の誤りを呼び込むことになる。

自然科学の対象における階層性の証拠は比較的に明らかだが、社会に関してはかなり不完全だ。〔社会科学の〕専門領域の間の分化を社会科学における階層間の分化の反映として解釈することは、たしかにいっそう困難だろう。おそらくその困難性は、部分的には、様々に異なる階層のシステムを操作する人間の高度に発達した能力と、社会構造だけが現に持つことのできるメカニズムについての概念を開発できる諸個人の能力に由来している。加えて、諸個人と諸制度が多くの様々な構造において作動している事実も、どのような構造のおかげで、ある特種な力が存在しているのかを決めることを困難にしている。社会科学の多くは、いくつかの階層をまたいで、社会的実践のすべての体系を統合しようと意図している。そこには、上位の階層が全体に反作用する過程も含む。「個人と社会」の相互作用に関する研究は、こういった関心のきわめて一般的な事例であるが、にもかかわらず多くの場合、社会は個人の集まりにすぎないがゆえに創発的力を欠くという前提が、しばしばそのような研究を破綻させてきた。*3

理論と様々な学問領域〔disciplines〕との間に交わされた最もよくある興味深い論争のいくつかは、次に見るように、ある特定の対象がどの階層グループに実際に属するのかについての論争である。すなわち、心理学の主題内容は社会的に規定されており、したがって歴史的で文化的なものなのか、それとも、超歴史的で汎文化的なものであり、したがっておそらくは非社会的なものなのか、をめぐる論争である。また、もしも消費者の選好が経済行動に対する決定因だとするならば、その選好は経済学者たちによって説明されなければならないものなのか、もしくはその選好は正しくは心理学の関心事項となるような異なった階層で構成されているのではないのかをめぐる論争である。大方のところ、そのような問いに答えるにはより経験的な研究を必要とする。しかし哲学的な分析は、少なくとも考察に値しないようなもののいくつかを排除することはできる。たとえば行動主義は、意味を持つ社会的行為を、本来的に意味を持たない身体的な行動に不当にも還元する。意味を持つ行為は常に（少なくとも神経的な過程として）身体的過程と結びついているが、しかし意味そのものは「それ自体のレベルで」理解されるべき創発的な性質なのである。同じように、社会生物学をめぐる議論では、階層と創発性の概念を使うことでずいぶん明解なものにできる。

以上のことで、そのような問題は解くのがたやすいと言うつもりはない。人々は時には、そうするのが「人間の本性」だからという理由で闘うのだといった常識的な信念を考えてみてほしい。ラディカル派からの通常の反射的な反応は、人間の本性は社会的に規定されていると主張するものである。けれども、その答えもまた不適当なものである。なぜなら、身体的なものが社会的なものの付随現象あるいは幻だと主張するのは明らかに間違っているからだ。実際人間は、ある特定の身体的な組み立てないし性質を持っていなければならない。というのも、人間は、首尾一貫した仕方で社会的な影響に条件づけられることが可能でなければならないからである。人間のセクシュアリティのように、生物学的なものがあらゆる場合と側面において社会的に媒介されているかもしれない事例もあるが、しかしこのことは、媒介されているものが生物学的なものではありえないという意味ではない。[*4] 人々は「生来的に」攻撃的であるかとか、男性は家父長的であるかとか、あるいは何であれそのようなことは、階層性と創発性とに綿密な注意をはらい、「生来的」なものや「社会的」なものを定めることの問題点に敏感な研究によってのみ決定できる。しかしながら銘記すべきことは、たとえ人々が攻撃的なのは、社会的な条件ではなく身体的な性質によるということが真実だと仮に発見されたとしても、そのような傾向を克服すべく、私たちの社会的な力を行使しようとする意図を放棄することは決して認められないだろうということである。[*5]

閉鎖システムと開放システムおよび規則性

メカニズムがそれらの諸条件から独立しているとすれば、因果作用〔causation〕は出来事のパターンや経過の規則性を含意する必要はない。しかしいくつかの知識の分野では、精密な経験的な規則性の印象的な事例でいっぱいだ。そこでは、そのような規則性が見出される度合いが、科学の成熟度を測る尺度であると、しばしば仮定されているのである。その仮定には、社会科学は〔したがって〕未成熟だという明らかな含意が伴っている。実在論は現象への〔これとは〕異なったアプローチを提供する。規則性が普遍的に存在しているがゆえに、それはただ発見されるのを待っているだけだとみなし、その成功もしくは失敗は研究者の力量のみに現れると解釈する、そのような仮定に換えて、実在論哲学は、もしも規則性が実際に生起するならば持つに違いない条件とは何かについて反省する。すなわちそれは、規則性が成り立つためには、システムやそれを構成している対象はどのようなものでなければならないかと問うのである。

〔そのためには〕数多くのプロセスにおける相互補整関係からたまたま生じる偶然的でたいていは一時的な規則性というようなケースを除き、次に示す諸条件が保持されなければならない。[*6]

①もしもメカニズムが安定的に作動すべきだとすれば、因果的力を持つ対象のうちに、変化や質的な変動（すなわち不純物）があってはならない。このことはバスカーによって「閉鎖にとっての内在的条件」と名づけられている。他の事項が同じならば、そのバネが金属疲労に陥っている時計のメカニズムは、規則的な動きをしないだろう。同様に、政治キャン

ペーンを企画する圧力団体も、もしその団体の内部組織が不統合状態ならば、正常な〔regular〕効果は期待できないだろう。

②因果的メカニズムと、その作動や効果に何らかの違いを生じさせる外部条件の因果的メカニズムとの関係性は、もしその結果が規則的（閉鎖にとっての外在的条件）ならば、恒常的なものでなければならない。もし公衆の政治的な共感が、圧力団体のキャンペーンと無関係の理由で変化しているのなら、そのキャンペーンの効果が規則性として現れることは期待できないだろう。

①と②の両方が意味しているのは、単にそのシステムにおいては、どのような新しい創発的力も発展してきていないということである。

もし内在的、外在的、両方の条件がそろうならば、そこには規則性が生み出されるような閉鎖システムが存在している。[*7] 私たちが遭遇するほとんどのシステムは何らかの仕方でこれらの条件を満たすことはなく、したがってそれらのシステムが生み出す規則性は良くて暫定的か一時的なものである。それらは開放システムなのだ。けれども、開放システムの〔なかの〕部分領域のうちでは、閉鎖システムもしくは擬似閉鎖システムができており、おそらくそこでは一つのメカニズムが、その他の影響力を完全に支配しているか優越しているかであろう。

自然科学の研究対象では、閉鎖システムは自然に存在することがありうるし（たとえば太陽系）、実験もしくは機械装置で人工的に作製されることもありうる。科学における実験の全要点は、適切な内在的かつ外在的な条件を作製することで（通常は単純な）閉鎖システムを創造していることである。それゆえ、そこから出来事の規則的な継起が結果するのであり、したがってメカニズムの作動がよりはっきりと露わになるのである。[*8] もし正常でない特異な実験結果が起こる場合、通常まず対応することとしては、これらの諸条件が満たされていたのかをたしかめてみるのが合理的である。

さて一面では、閉鎖、開放システムの意義は、十分に明らかなように思われるが、しかし閉鎖システムの存在の希少性についても、その〔①、②の〕両方の条件についても認識してきた哲学者は少ない。おそらく、哲学者たちは科学を（観念の組み合わせとは逆の）活動または労働過程とみなしてこなかったことから、閉鎖システムの人工的製作の役割にもあまり注意をはらってこなかった。いくつかの自然科学が精密さと予測のうえで成功したことは、純粋に適切な分析手法の適用によってもたらされたのではなく、自然への物理的コントロールの達成によるものなのだ。後者は単なる前者の副産物だというだけではなく、そのような自然科学の成功の原因の一つである。閉鎖システムをしたがってまた規則性を、普遍的なものであるとみなしていることからすれば、科学哲学者たちが、「科学」の模範例として物理学の経験に、またより低いが化学に対して法外な卓越性を与える一方で、閉鎖システムが稀でしかない気象学のような他の自然科学についてはあまり語らないとしても、驚くことではない。暖気団が寒気団の上に乗り上げるような場合、

「閉鎖システム科学」から導かれた知識に部分的に基づいて、その結果が説明され、また非常におおざっぱにではあるが予測されうる。気象学において、正確で永続的な規則性を発見することに失敗していることは、その「未成熟さ」を反映しているのではなく、関心対象となっているそのシステムが開放的であるという事実を反映しているからであろう。科学とその方法がその対象の本性によって変化するのは驚くべきことではないのである。

社会科学は開放システムを扱うが、それは、頼りにすべき有意義な閉鎖システム科学が有するような、自然科学における有利さと同等の有利さを欠いている。社会システムが開放性を持つ主たる理由の一つは、私たちが同じ物質的諸条件や言明を多様なやり方で解釈でき、したがってそれらへの対応についても新しいやり方を学ぶことができるという事実である。それゆえ、私たちは実際に様々に異なる種類の人々になるのである。人間の行為は、その特徴としてシステムの組織編成を修正し、それにより閉鎖という外在的条件を破る。他方では、学んだり自己革新したりできる人間の資質は内在的条件をも破る。逆説的だが、私たちが世界に介入でき、（非人間的）閉鎖システムを創造できるのは、何よりもシステムが開放的であり、多くの関係が偶然的であるからなのだ。社会システムは、せいぜい、ただ擬似－閉鎖的でありうるだけであり、暫定的で時空上は限定的でしかないような規則性を生成することができるだけである。人間の労働やコミュニケーションのかなりの部分は、私たちにとって価値あるメカニズムを活用しコントロールする目的で、たとえば、食用植物を作る光合成〔の活用〕や工場における労働の同期化〔のコントロール〕のように、閉鎖的か擬似－閉鎖的なシステムの創造に振り向けられている。社会組織の多くの形態は、ルールを強化したり労働者を機械に服させたりすることにより、出来事のパターンにおける近似的規則性を生成する傾向にあるが、それはまた、特定の種類の行為の時間化〔timing〕と空間化〔spacing〕をルーティン化しコントロールすることになる。閉鎖のための〔両方の〕条件はしたがって学問研究上重要なだけでなく、実践上でも重要なのである。*9

しかしながら、結果として生じる〔社会の〕「規則性」は、ケースによって変わり、物理学者や天文学者によって獲得可能な普遍性や正確性には到達しない。いずれにしろ、規則的なものであれ不規則的なものであれ、出来事のパターンは、自明なものではなく、それらをつくりだしているものが何であるかによって説明されなければならない。たとえば、都市に出入りする（近似的に）規則的な交通量は、労働日を取り決めるルールと自宅と職場との分離度合いとの結果なのである。

ある制約条件の範囲では、社会組織および「自動操縦装置」のような何らかの進歩した類の機械は、たとえ可変的で実際に予測できない諸条件に遭遇するようなところでも、規則的な行動の生成を確実にすることができる。インプットや条件のパターン化や配列化は予測不可能だけれども、ありそうなインプットもしくは条件の各々の一般的な性質は知ることができるので、それに出会ったときには対応できるようになる。そのような手段により、〔社会〕諸制度は、変わりやすい素材から

〔変わりにくい〕かなり斉一的な産物をつくりだすことができる。

閉鎖のための二つの条件はフォーマルには広く知られていないけれども、社会科学には、それらの条件について部分的に考慮に入れる何らかの共通の手続きはある。たとえばほとんどの社会的出来事は、ミルが「原因の多元性」[*10]と呼んだものの所産であることは一般的に認知されている。したがって何らかの不規則性は、分離可能な様々の規則的プロセスが単に混ぜ合わされた効果にすぎないことを示すことができると期待されることが多い。そこで何らかの一つの「原因」を分析する際には、私たちは他の原因の影響を「コントロール」しようと試みる。けれどもそのコントロールは、閉鎖のための両方の条件の充足にはたまにしか到達しないのである。

開放システムの遍在性へのもう一つのありふれた対応は、それらが閉鎖的だと単純に仮定してしまうことである。経済学における均衡や、地理学における等方平面（isotropic plains）といった仮定は、理想化された仮説上のモデルを展開するところで、その機能を果たしている。実在的システムの閉鎖のための内在的および外在的な条件が満たされるかどうかは、考察される時間的な期間に依存する。もしも緩慢に発展するシステムがごく短い期間にわたって調査されるような場合、明らかにそれは閉鎖のための条件に近似しているように見えるだろう。[*11]こういった特質が招きよせるのは些細なケースを巧みに利用するやり方である。そのケースでは、いっときの時点で計測した開放システムの次元を、あたかもそれが時間を超えて不変であり、それゆえ「規則性」であるかのごとく扱うことで、閉鎖という幻想が創り出される。事実、ある社会科学者たちは、ただいっときの時点しか持続しない「関係性」もしくは形式的結びつきを指示するために、「規則性」という言葉を用いる習慣を身につけてしまったように思える。しかしながらシステムが閉鎖だと仮定することは、システムの閉鎖をつくりだすことではないし、仮説上の閉鎖システムのモデルが実在の開放システムに「近似する」ことがないのは明らかである。新規性、生成、質的変化は、たとえその度合いは大きく異なっていても、人間の行為を特徴的に示すものなのである。

科学における法則
——因果的法則と道具主義的法則[*12]——

因果作用および閉鎖システムや開放システムに関わる上記の実在論的な概念はまた、科学的法則の理解にとって重要な含意を持っている。慣習的に、法則とは「もしもCならば、Eである」というタイプの、普遍的で経験的な規則性に関する十分に実証され確証された言明として定義されている。また因果作用は、出来事の経過における規則性として理解されている。実在論の見方では、因果作用はCもしくはEにおける変化に関わっている。また因果的な知識は、力もしくは傾向性に関わっており、また派生的にのみ、それが何をなすか、またはその効果はどのようなものかという点に関わっている。したがって、因果法則についての実在論の概念は〔慣習的な概念とは〕異なっている。つまり、「ある法則の援用が前提にしていることは、何らかのメカニズムの活動についての主張であって、そのメカニズムがそのもとで作動する条件についての主張でもなく、またその活動の結果、すなわち何らかの特定の機会のもとで生じる現実的な帰結についての主張でもないのである[*13]」。すでに述べたように、一定の速度で落下する対象がいつもの規則性を生じさせなくても、引力の法則が存在しなくなるわけではないのは、ちょうど鳥が飛んでいるからといってその法則が存在していないわけではないのと同じだ。むしろ、引力の効果は他のメカニズムによって変化させられている。この後者のメカニズムも引力と同じく法則的な言明によって指示されることになるだろう。まさしく、因果作用は必然性に関係するのであって、普遍性や規則性や一般性に関係するのではない。このことは因果法則にも当てはまる。因果法則は、それを保持しているものの性質のゆえに必然的に存立している因果メカニズムに関係しているが、そのメカニズムが、たまたまその規則性の生成を可能にしている諸条件の下で生起するかどうかという偶然的な事柄には関わらない。

社会科学とりわけ歴史学では、「法則によらない説明[*14]」の可能性と正当性に関する長く要領を得ない論争が続けられてきた。その論争はたいてい、次のような誤った仮説を両方の側が受け入れることで行われてきた。

①因果作用は規則性により表示されるのであり、まさに規則性は因果作用の必要条件であるという仮説。

②法則とは普遍的で経験的な規則性を指示しているという仮説。さらに、多くの場合は以下の仮説も加わる。

③理由は原因ではありえないという仮説。

さらには、以下のいずれかの仮説が加わる。

④社会科学の方法は自然科学の方法と同一であるために解釈学は排除できるという仮説。

もしくは、

⑤歴史のような社会研究の課題は、それらの諸対象の意味を理解することであり、それらを因果的に説明することではないという仮説。

対極にある鏡のように、④と⑤は双方ともに、自説を支えるために③の仮説に訴えていることは明確であろう。②を受け入れる人たちは、次のことをまれにしか自覚していない。すなわち、そこで主張されているような法則は、いくつかの科学（たとえば物理学）では発見されていながら、他の科学（たとえば歴史学）ではずっと発見されないままで来たという事実が、前者は閉鎖システムに接近できたのに対して、後者は開放システムに（接近を）限定されていたことを反映していることを（もしもあなたが、①、②、③、④の擁護者にもの申したいのなら、次のことを主張してみてほしい。すなわち、それらの仮説は、うまく確証され正確で持続的かつ普遍的な規則性についての、つまり社会現象を統御している「法則」についての同義反復的でないたった一つの例を提供しているだけなのだと）。因果作用したがって因果法則は、必然性に関連しており普遍性や規則性に関連しているのではないのだという、さらに、理由は原因となりうるのだという、私たち実在論の主張は、「法則を使わない」で説明が可能かどうかについての論争をも、あるいは④と⑤との間の論争をも、簡単に解決してしまう。前者〔の論争〕が関わっているのは、地理学における伝統的（「地域的」）、「個性記述」アプローチと、「法則定立的」もしくは「精密科学的」（「空間分析」）アプローチとの間の、あるいは国際関係研究における「古典的」と「行動主義的」アプローチとの間の、あるいはまた「政治哲学」と「政治科学」アプローチとの間の、さらには心理学や社会学における解釈学的と実証主義的アプローチとの間の、説明についての論争なのだ。

　日常生活では、歴史学や他の社会科学においても同様だが、私たちは頻繁に原因と理由の双方に言及することによって説明を行っている。ここでの原因とは、決して繰り返されることのない、それゆえ「規則性[*15]」の一部を形成することのない原因のことである。実際、しばしばそれら〔原因と理由〕は同じ一つのことであるかもしれないのだ。上記仮説の①、②、そしてたぶん④を力説したかった哲学者たちや歴史家たちは、第一次世界大戦の原因というような個性的な出来事を、その原因として普遍的な規則性[*16]の事例を引き合いに出すことで説明する巧みな手法を夢想するために、膨大なインクとエネルギーを費やしてきた。そのような試みが風変わりで魅力のある不条理と見えても、驚くことではない[*17]（何人かの者たちは、社会現象を扱いさえしていないのである）。これと対照的に、仮説の⑤に魅せられた人々は、社会変動がどのようにして生み出されるのか〔因果的原因〕を理解することを不可能なこととみなした。にもかかわらず、彼らは非社会的な過程ならば因果的に説明されうることを認めるであろう[*18]。

　法則は出来事のパターンにおける普遍的な規則性を指示しているという信念は、有名な方程式である $E=mc^2$、$PV=RT$、などで表現されるような自然科学における事例から支持を得ている。これらが全く明白に指示しているのは、出来事の間にある規則性であり、それらを生成する因果メカニズムなどではないということである。それらの法則は、システムの様々な次元を計測するある方法を提供していることから、私はそれを「道具主義的」な法則と呼ぼう。

　道具主義的法則は、因果法則とは異なる役割を遂行しており、異なる制約に従っている。

①規則性は記述的なものであり、上で述べたような理由から、その適用にあたっては閉鎖システムに限定される。

②ハレーの指摘では、法則がうまく適用されるには、システムを記述する変数（たとえば、圧力P、容量V、温度T）によって指示される諸特性が、「自らの同一性を維持しつつも、それら（特性）は別々に変化しえる」ように外的に関係して

いるのでなければならない。方程式において諸変数の値が変化するときも、その変数は同じ対象を指示し続ける。諸要素が因果的に相互作用していながらもその同一性を保持しているプロセスは、ハレーによって「パラメトリック〔parametric〕」と呼ばれている。けれども、多くの社会現象の質的な性質は文脈《コンテキスト》とともに変化するので、その性質は媒介変数として、あるいは道具主義的法則の可能な対象として扱うことはできない[20]。行為は、意味で構成されている文脈《コンテキスト》から独立しては理解できない。つまり行為は、文脈《コンテキスト》が変化する際にその同一性を保つことはめったにない。

③道具主義的法則は、メカニズムに言及しないし、それゆえ何が変化を引き起こすのか同定しないので、その法則は因果的な意味における説明ではない。何らかの情報が与えられれば、その法則からでも未知の変数の値が何であるかがわかる。とはいえ、方程式に関連づけられた理論内のどこかで、メカニズムへの言及を行うことは可能だ[21]。そのような〔メカニズムへの言及という〕助けがなければ、道具主義的法則や理論は単なる計算装置でしかないことになる。

④閉鎖システムが存在する場であれば、道具主義的法則やモデルは、そのような計算を行うために成功裡に使用できる。たとえ、それらに関わる因果的メカニズムや条件が同定できず、適切に概念化できなくても使用できる。もしもアウトプットがインプットと規則的に関係しているのなら、そのような規則性に合致するいかなる定式もうまくいくだろう。壊れる前まではスムーズに稼働していたある機械の〔不具合になった〕特定の部品の存在など知りもしなかったというような事態について考えてみれば、読者が以上の指摘を把握する助けとなるだろう。たとえばレコードプレーヤーの回転盤が回転するスピードを、調節目盛りの設定〔settings of the controls〕に合わせるための定型の手順を案出するのは容易だろう。そのような手順は、回転盤の背後にあるメカニズムに関わる変数を含んでいる必要はない。実際のところそこでは、メカニズムなど全く知られていなくてもよいだろう。また「理論的」な用語は、現実の対象を指示していなくてもよく、ただ論理的な整序装置〔ordering devices〕として働くだけでよいだろう。因果的な知識は、機械がスムーズに稼働している（すなわち閉鎖システムにとどまっている）限りは重要ではないように見えるのである。私たちは、機械が〔正常に〕稼働していればそれがすべてだという道具主義的な態度をとればよく、いかにしてそれが稼働するかなど決して気にする必要はないのだ（いくつかの最高権威の科学に対抗する異端の罪に関与するリスクはあるが、それらの科学が閉鎖システムへのアクセスを持つことで、道具主義と似たような態度をとることを許すと主張してもよいだろう[22]）。こうして閉鎖システムが利用できる限り、因果的メカニズムを同定する手段としての概念化についてそれほど心煩わす必要はないのである。そのような環境では、整序枠組みのような理論の見方こそその本来のものであり、概念の問題は実践的重要性をわずかしか持たないように見える。そうであっても、機械が壊れてしまい、アウトプットがそのインプットとは無関係に

変化する――すなわちシステムが閉鎖的でなくなった――ときに、介在するメカニズムの存在に気づくのであり、そのメカニズムを取り払ってみることで、それらの存在の同定を試みることとなる。同様に社会的な危機においても、これまで認識されていなかったメカニズムが露わになる（もっとも、機械における諸過程のように、機械を構成する諸過程がパラメトリックに類似しているようなものは〔社会では〕わずかしかないのだが）。回転盤の動きについて全面的な因果的説明をしようとするなら、それらのメカニズムがたまたま偶然的に規則的な動きを起こしているのかどうかにかかわらず、そのようなメカニズムを指示することが必要とされるだろう。その際、メカニズムを同定するには、その効果を定量的に計算する可能性に依拠する必要などないのである。同様に、社会システムにおいても（それは例外なく開放的なものなのだが）、いわばそれによって政治的合意が維持されているメカニズムについての知識は、その効果を定量的に計算する可能性に依拠する必要はないのである。

　したがって、閉鎖システムを保持する効果は次のような二様の働きを持っていることが理解できるであろう。すなわち一方では、メカニズムとその効果が安定した関係にあるので分析に役立つ。しかし他方では、その規則性がある特定のメカニズムを覆い隠しているかもしれないということである。なお閉鎖システムが、実際に存在しかつ物質的に操作可能なものというよりも、仮説的なものである場合には、問題はより深刻なものになる。レコードプレーヤーの回転盤のような実在的な閉鎖システムの場合、因果関係における非対称性は、種々の要素もしくは「パラメーター」を操作してその効果を調べることで発見されるであろう。私たちは次のことを学び取ることができる。回転盤は、適当に調整目盛りを操作することによって、毎分四十五回転させるようにはできるけれども、その手順を逆にして、手動で回転盤を回して、調整目盛りを変化させようとしても、うまくはいかない。天文学者が研究する閉鎖システムは、実在的ではあるが操作不可能なものである。したがって、因果的な推論は、より間接的になされた観察によるか、あるいは他の関連科学の参照によって行われなければならない。これと対照的に、記号によって表現されている仮説的な閉鎖システムの論理的もしくは数学的な操作は、因果的な構造を導き出すには頼りにならない指針である。というのも、この種の操作を統御するルールが、実在的な対象の可能な活動様式を統御している法則に対応する必要はないからである。そこでモデルを逆にたどれば、その結果は原因を計算する（「決定する」）のに使用できるかもしれないが、その計算と「予測」に向けた努力は、まさに因果的依存関係の基本的な非対称性についての誤った設定に基づいたものである。後に論じるが、この問題は社会科学における定量的モデル化に特有なものである。

　もしも道具主義的な諸法則が、未知の変数を計算するために特定の条件の下で有用なのであれば、おそらくは、それらは予測にとっても有用なのである。そこで次に、予測というこの主題と、その主題の説明との関係を検討していきたい。

予測

科学における予測の性質と役割について、以下のような広く支持されてきた仮定を考察しよう。

①予測の成就は、社会科学であれ自然科学であれ、いかなる科学にとっても第一義的な目標であるとする〔仮定〕。

②予測と説明は対称をなす。説明は予測として役立ち、予測は説明として役立ちうる〔とする仮定〕。この他には唯一、時制の相違のみが難点となる。すなわち、すでに起きてしまった既知のことの説明に比べ、いまだ起こっていないことの予測は当然ながらより困難になる。

③ *a* 予測能力が理論の最も厳密な検証であり、科学の成熟度を測る物差しである〔とする仮定〕。

b 「ソフトな」科学が予測に無力なのは、それがもともと予測不能な対象を扱うからではなく、いまだに発達した理論と科学の手法を持っていないからである〔とする仮定〕。

これらすべては誤謬であると示すことができる。

①は社会科学に関してはたしかに間違いだし、おそらく多くの自然科学にとっても間違いだろう。これまでになされてきた数多くの説明と比較してみても、予測〔による説明〕は比較的まれであり、特に精確なものはめったにない。③に表現されている科学の見方を支持し、自らの仕事に対して「科学」であるとの名誉ある称号を主張したい人たちは、予測の数値や意義を誇張し、精確さや信頼度の相対的欠如を粉飾しがちだ。閉鎖システムの科学と類似しているという見せかけの取り繕いがしばしばなされているが、それは、いくつかのサンプルから母集団の特性を「推定する」〔研究〕実践のように、「予測」の意味を拡大解釈して、未来を語るデータがないケースを補うためである。他方では②や③を受け入れたうえで、社会研究が科学という資格を有することを否定しようとする人々は、社会的予測が成就できないことを隠すより、むしろそのことを目立たせようとする傾向がある。たとえば反マルクス主義者たちはとりわけ、マルクスとエンゲルスが行った一握りの予測に対して、針小棒大に騒ぎ立てようとする。しかし、マルクスとエンゲルスの〔因果的〕説明への関与の〔大きさ〕に比べてみれば、彼らの予測への関心はわずかでしかなかったのである。

予測がなぜ社会「科学」では説明よりも一般的ではないのか、またなぜ③が誤謬であるのかについて示すには、命題②を検討することがまずは必要となる。「もしもあることがいかに作用しているのかを説明できるのなら、私たちはその振る舞いもまた予測できるであろうし、その逆もまた真である」。このような論議は、非説明的予測や非予測的説明の事例を考察し始めるまでは、もっともらしく見える。前者〔非説明的予測〕の事例はかなり広く知られている（たとえば、曲線外挿法〔curve-extrapolation〕による予測〕けれども、後者〔非予測的説明〕はあまり一般的ではないか、そうでなければ単に不完全な説明と考えられている。非予測的説明は、因果作用についての実在論的な考え方によって容易に解釈できる。私たちは、対象の活動様式をその構造や構成を参照することによって説明することができるし、どんな条件の下でならそのメカニズムが発動するかを知ることができる。そのことは、それらの条件やメカニズムがいつどこで存在することになるのかについて認知できなくても知ることができるのである。だから、何が出来事を生起させ、どういうときにそれが生起するのかを知ることは可能だが、将来の生起について、どこで必要かつ十分な条件が存在するようになるのか、あるいは存在するようになりそうかは、傾向的にしか予測できないのである。

閉鎖システムでは諸対象とそれらの関係は安定している。メカニズムについての抽象的な説明的知識は、システム状態についての情報と、そこから引き出される成功裡の説明的予測とによって、容易に補完される（もっとも、その予測の成功は説明の妥当性によるのではないのだが）。しかし開放システムでは、精確で信頼できる説明的予測の可能性はほど遠い。メカニズムの数や性質だけでなくその組み合わせについての情報を得る見通しも、したがってまたそれらの相互作用の結果を予測できる見通しも小さい。言い換えれば、システムの閉鎖のための内在的および外在的条件がどの程度満たされていないのか、その程度を見通すことは、実践的にはできそうもないのである。

おそらく非予測的説明の最も有名な事例は、進化論だろう。その理論が指示するメカニズムは、それ自身では進化の方向を予測するには十分ではない。しかしこのことが意味するのは、非予測的説明はまさに不完全な説明ということなのだろうか？この問いに答えるためには、未来に獲得するかもしれないすべての偶然的な関係、たとえばこのケースでは、有機体とその環境との関係すべてについて、私たちが知っていると期待するのが合理的なことかどうかを考えなければならない。

他の開放システム的な自然科学から、さらなる事例を考察してみよう。地質学は、埋蔵石油の発掘に関わる非予測的説明を提供できる唯一の科学である[*23]。石油発掘のための必要条件はすでに知られている。しかしそれらの知識は、それだけではその存在を確定するには十分ではない。たとえば、どんな岩石と構造によって、石油の存在が物理学的に不可能となるのか（たとえば花崗岩の貫入の場合）、可能となるのか（たとえばある種の砂岩の場合）、は知られている。実際に石油を作り出すメカニズムも知られている。しかし、それらのメカニズムと適切な岩層のタイプとの関係が偶然的なものであり、さらにその関係を生じるシステムが開放的なので、石油発掘の予測を高い精度で期待することはできなくなっている。必要条件についての知識からどこを探せばいいのかは知りうるが、しかしいまだに、何があるかたしかめるためには掘削してみなければならないのである。地質学者が精確で信頼できる予測をすることを妨げている説明の「不完全さ」は、メカニズムに関わる何らかの抽象的な知識の欠落に由来しているのではなく、偶然的な関係についての経験的な知識の欠落に由来しているのである。不完全なのは因果的説明ではなく、システムの記述である。開放システムにおける偶然的な関係についての可変的な形式が与えられるときにのみ、そのような記述が期待できるのである。その記述がもしも完全なら（たとえば、石油を形成する有機体が、どのようなふさわしい場所に、実際にうまい具合に存在しているのかを知ることができたなら）、予測する必要などほとんど残っていないだろう。きわめて多くの科学哲学者たちが、すべてのタイプの知識に対して、閉鎖システムの科学で可能な研究実践を、帝国主義者風に指令してきた。それゆえ彼らは、非予測的説明の重要性を軽視する傾向にあったのである。けれどもより合理的には、説明的予測（もしくは予測的説明）こそ特別なケースなのだと解されるべきである。

非説明的予測はもっと広く知られているが、しかしここでも、その予測が適用されるシステムが、開放システムなのか閉鎖システムなのかによって、予測が成就する条件に重要な違いを生む。すでに記したが、もし数量化された閉鎖システムがあるとすれば、それは、精確に予測はするが因果作用を正しく同定していないモデルに当てはめることができる。気圧計の読み取りは天候変化の予測に使用できるし、その逆も可能だが、どのケースでもその予測が説明の役割を果たすことはできない。非説明的予測は、複雑な開放システムでは必ずしも信頼できる予測ではないのである。予測願望の社会科学者たちは、しばしばせめぎあう双方のそれぞれから両手を引っ張られる自分を感じてきた。一方の側は、予測される出来事の原因だと考えられる主要なプロセスすべてをモデル化することで、予測の適中率を上げるべきだと誘っている。このオプションは不確かな未知の偶然的関係を表現するという問題に遭遇する。そうしたモデルはまた過度に複雑なものになりうるし、データ渇望症的で不格好なものになりうる。また無視できない誤謬の増幅を生み出すがゆえに、その結果はその努力の正しさを証明していない。他方の側は、簡単な曲線外挿法のような非説明的予測であり、使いやすく因果性に関しては不透明だが、より良い結果をたびたび出してきてはいる。

擬似的相関関係をもとにしても、最良の予測結果を得ることが可能かもしれない。通貨供給量よりもスコットランド赤痢の発生率のほうが、インフレーション率とより高い相関関係を持つような場合、後者〔スコットランド赤痢の発生率〕が前者〔通貨供給量〕よりも、インフレーションについてのより優れた予測変数であると証明されてしまうだろう。経済学者たちはこのような擬似的相関関係を使わないだろうが、その理由は、そのばからしさのためだけでなく、そのような偶発事が未来にも持続しうることはありそうもないように見えるからである。

というわけで、実際に、開放システムの予測法は、全く非説明的なものでもなく完全に説明的なものでもない、折衷的なものである。通常それは、主要なプロセスのうちのいくつかが簡略な形で「変数」に表現されたモデルの形態をとる。これらの「経験的モデル」は、既存のデータに適合させられさらに未来に外挿される[*24]。それらは曲線あてはめ〔curve fitting〕を含んでいるが、しかしその曲線は、因果的なものと解釈されるであろう関係性にあてはめられている。つまりそれらのモデルは、実際のプロセスを正確にモデル化しようとはしていないのである。人は、予測モデルに表現されるべきインフレーション率に影響を与える、あらゆる経済的行為者〔agent〕やあらゆる因果メカニズムや諸条件について知ることを期待したりはしない。他方では人はまた、重要なメカニズムについての抽象的説明が、それらの存在とその発動のための適切な条件がいつどこで生じてくるのかについて語ることをも、期待してはいないのである。抽象的説明が関心をよせているのは、現実の出来事ではなくて、何がそれらを生成するのかである。具体的説明が必要とするのは、いかに、どういった条件で、これらのメカニズムが存在するのか、そしてどのようにそれはこの特定のシステムで相互作用するのか、についての記述を提供してくれる追加的な経験的知識なのだ。逆にいえば予測は、現実の出来事に関心をよせるのだが、何がそれらを生成するのかについて考察する必要はないのである。

さて、社会科学者たちは、しばしば説明の目的と予測とを混同して、その正当化のために〔説明と予測の〕「対称性テーゼ〔symmetry thesis〕」に訴える。対称性テーゼでは、説明が「事後記述〔postdiction〕」として扱われる。事後記述とは過去の過程についての報告である。それは、ある出来事が起こるより前でも、説明されるべきその出来事を予測することに役立ったであろうはずの記述である。とりわけ統計的手法を使う研究では、出来事を予測したであろう操作を因果的説明として扱うのが一般的だが、しかしそこでは、非説明的な事後記述も非説明的な予測と同様に可能になる。

というわけで、説明と予測は時制の違いやその困難さの違いより以上の違いがあり、それらは異なった目的のためになされる異なった種類の操作なのである。予測は私たちに、何かあることが起こることを期待する根拠を与えるが（たとえば病気に罹る最初の予兆[25]）、（因果的）説明は私たちに何が物事を引き起こしているのかを告げる。後者は、一般に社会科学では見出されないような特別の条件のもとでだけ、信頼できる予測の根拠としてのみ役立ちうる。私たちは、説明か予測かどちらを望むのか決断しなければならない。二重の目的を追う研究は、あぶはちとらずになってしまいがちである。

ここまでは、単純なものから複雑なものへと運動するために、私は再び物理的事例に大幅に依拠して、社会科学を開放システム的自然科学と同じ位置にあるものとして扱ってきた。しかし社会科学では、生態学のような学問分野におけるよりもなおいっそう予測を困難にしているもっと身近な追加的要因がいくつか存在する。ポパーは、社会変化が（ほかの何よりも）人間の知識の成長に依存しており、さらにそのような知識の成長は、その知識の内容を知らずしては予測できないということを根拠にして、社会のきわめて短期的な発展を除けば、何事かについて予測することは原理的に不可能であると論じた[26]。自己成就的および自己否定的予測という広く知られた現象もあるが、それは予測が成功したのか失敗したのかについての解釈を不透明にする（予測された結果は、ただ私たちがそれを実行したかあるいは妨げたかに依存してのみ生起したりしなかったりしたのだろうか?）。しかし、この結果は、はるかに根本的でありながらしばしば見逃されてきたあるものの単なる顕れなのである。すなわち一般的には、単なる予測への反応としてではなく何が起こるかは、人々が何をするかに依存しているのである。[*27] 社会の変化は私たちに対して起こるのではなく、私たちによって作られるのである――ただし、それは私たち自身が選択した条件のもとで作られるのでもないし、また私たち自身が選択した資源によって作られるわけでもないのだが。それらの条件のいくつかは自然的なものであり、私たちの制御を超えている。しかし他の条件は、ずっと以前の人間の（多くは意図されざる）行為の所産なのである。

したがって（少なくとも言えることは）、社会変動の予測を自然変動の予測と同じように扱うのには何か違和感がある。私は、過去の私の行動を調べて次のページを私が書くかどうかを、予測しようと試みたりはしない――私はそうすると〔自分で〕決断するのである。私は予測などしないし、それが実現するかどうかを目撃するのを待ったりはしない。私はそれを実現させるのだ。同じように、ある選挙の公示は意図の表明であり予測ではない。人々が自分の未来を作るという事実は、社会科学において予測を余計なものにしてしまうとまで述べるつもりはない。とはいえ、その事実はたしかにその〔予測の〕範囲を限定する。人々が単一の「歴史主体」として、一緒に一致した行為をするような社会などは存在しない。「私たちが」行うことは、私たちは他者と一緒に、あるいは他者に対抗して行う。もっとも、集団的行為や競い合う行為の相対的な重要性は、社会のタイプによって異なるのだが。個人や制度の行為は、それらの行為がなされる前に「あらかじめ調和させられている」わけではないけれども、他者たちが何をするかについての仮定――もしお望みなら「予測」――をもとにしてなされなければならない。[*28] 未来についての不確かさは現在についてのそれと同じではない。一方は私たちがすることに依存するが、他方は実際に今あることに関連する。またたとえ一体化した集合的主体が存在していたとしても、一種の予測のようなものがなされなければならないだろう。

すべての予測が――自然的であれ社会的であれ――本質的に同じだという考えは、危険でもある。というのもそれは、社会的行為を物象化し、エージェントもしくは「歴史主体」としての私たちの力を否定するものであり、それはまた、何がなされるべきかについて、全く敗北主義的で反動的な信念をおし進めるものだからである。その危険性は、次のような研究アプローチにおいてはとりわけ大きくなる。すなわち、①秩序の質的な性質を考慮することなく、秩序〔の形式〕を探し求めることに心を奪われている〔研究アプローチ〕。②時間上の単一時点から測定された関係性を「規則性」として、誤って取り扱っている〔研究アプローチ〕。③それらの関係性を、あたかもそれらが規則性タイプの法則かまたは道具主義的な自然の法則であるかのようにして、未来に外挿する〔研究アプローチ〕。おそらくこのような無邪気さの最も豊富な源泉は、統計的手法に基づく教科書にあると思われる。その手法は、予測への期待を抱いて、社会階級と人種偏見度との間の関係性のうちに秩序を探し求めるような〔研究の〕事例を提供している。もし私たちが、

「（社会科学の）要点はそのような実践〔偏見的慣習〕を変えることだ」という訴えをもってこれに応答するならば、向上する予測能力が私たちに前もって警告を与え、こうしてそれらの予測を自己否定的予測にすることが可能になると言われるだろう。しかし、法則や因果作用についての道具主義的な規則性の理論を前提としたアプローチは、そのような状況を変えるために利用できるメカニズムに関わる情報を提供することができずに、ただ単に出来事のパターンや「現れ」のうちに秩序を探し求めているにすぎない。これと対照的に実在論のアプローチは、直接予測へと導くのではなく、私たちが変えたいと望むような出来事を生み出す生成メカニズムやその条件を探求する。メカニズムの存在とその活性化の双方の必要条件についての、またいくつかのケースでは、その効果を媒介している条件づけの仕方についての情報を提供することによって、私たちはそのメカニズムを取り除いたり変化させたり、その活性化を妨げたり、またはその作動の結果生じる損害を抑制したりする機会を増大させるのである。

　そのような知識は、副産物として、かなり条件つきのものだが次のような説明的な予測もまた提供するだろう。すなわち、「もしもメカニズムMが存在し、そこに条件C_1とC_2が存在するなら、出来事E_1が生起するだろう。そのときに、同時に条件C_3が存在すれば、出来事E_2が生起するだろう」というものである。しばしば関係する構造やメカニズムそれ自体が変動を受けるか、あるいは新しい予期していなかった因果的影響力を持つ条件が生じることがあるが、その場合、予測は誤っていたことになる。しかしもしそうなった場合でも、そのもとになっている理論はこのような「反証」に耐えて生き残るだろう。なぜなら、何らかの意義ある「検証」を提供できる閉鎖システムが不在なのだから。

　ついでに言えば、未来の出来事やそれらの日付や規模の特定化を含まないある種の「予測」はなされるかもしれないが、しかしそれは、ある特定の現象の存在が所与とされたとき、他の現象もまた、おそらく特定の編成のもとで、存在していなければならないとただ主張するだけのものである。つまり、「もしもxが、yと内的に関係しているのなら、そこでは、xはyなしでは存在しないだろうし、逆もまた真である」ということである。だがその場合、これは、社会の必然性、すなわちある対象や構造にとって何ができるかもしくはできないかに関わる主張以上の予測ではない。たとえば、ある政治組織の理論ならば、民主主義的な統制の余地を当該の制度の規模と決定すべき案件の数に関係させるかもしれない。収穫逓減についての経済学理論は、予測的なものとみなされうるかもしれない。しかしそれは、ある特定の物品の生産のために何が物質的に可能か不可能かについて、いくらかの告知をするという意味でのみそうなのだ。その告知は、対象にとって何が可能かを語るのみで、特定の偶然的条件の下で対象が何をするかは語らないのである。

　言い換えれば、社会科学における予測の可能範囲に関してどんな見通しが持てるかは、正統的な規則性の理論が主張するものよりずっとわずかなものである。それどころか、精確な予測を達成することについての後者の惨めな失敗は、これらのプログラムの実行不可能性を証示している。なぜかといえば、そのような規則性の理論は、自然科学から導き出した不適合なモデルに依拠しているからである。つまり対象自らが、新しい可能性や不可能性を創造し、自然や社会を新しい仕方で組織することを学んでいくような、そうした対象を研究している自然科学者などほとんどいないのである。しかし、予測できないものでも、多くの場合コントロール可能なものである限り、その非予測性を問題視する必要はない。[*29] さらに逆説的だが、最も規則的につくられ最も簡単に予測できるような社会過程（たとえば、労働日の周期）は、一般に予測にとっては興味のない対象なのだ。予測にとって最も重要な社会的対象は、一般的に（良かれ悪しかれ）重要な効果を生み出すが、しかし社会組織の優勢な様式のもとでは社会的にコントロールできない行為であろう（もちろんそれには、おそらく誰もコントロールしようと望まないような多くの個人的行為も含まれる）。明らかなことは、予測の成功の困難さとその度合いは対象の性質によるということである。

現実のある事例を考察しよう。世界の経済不況に関わる現近の状況のなかで、六十年から八十年周期の「長期波動」のなかで資本主義的発展が生じる、という考えに対する関心が復活した。その波動のなかでは、経済の大変動が、成長と雇用の創出と新技術の開発などのひとつながりの連鎖の創発によって特徴づけられている。それらの創発が、その後に続く長期の経済成長の基礎となるのである。[*30]「やがて」これらの新技術が仕事の追加的増大につながることをやめ、仕事の再配置を促すような技術変化が優勢になると、そのシステムは不況へと向かうことになる。以上は、むろんこの理論の一部分をごく粗くまとめたものだが、予測の問題性を描き出すには十分である。長期波動が過去に現実に起こったということについては、この分野での研究者すべてが同意しているわけではない。しかし、それに同意している研究者のなかには、それが資本主義発達の必然的な特徴なのか、したがってそのような経過は資本主義が持続する限り続いていくのかという問題に、当然ながら関心を寄せている人たちがいる。この理論では発明が重要な役割を演ずる。発明は未来における知識の成長に依拠するので、私たちは発明について予測することを期待できない。必要は発明の母ではあるかもしれないが、それは発明のための十分条件ではない。発明がいったんなされたとしても、必ずしも利益を生むことのできる生産物になるとは限らない。経済成長モデルにおいて、技術革新は当惑のもとである。それは成長の「原動力」なので無視することは難しい。とはいえ、いくつかのモデルはそれ「技術革新」を無視している。それについての予測モデルをつくるのが、実際上不可能だからである。そのうえ損失を経験してわかったことは、新規技術が失わせた雇用以上の雇用を生み出すかどうかは偶然的だということである。重要な連鎖を形成している技術の多くは、相互に偶然的に関係しており、それらの「離陸」は多くの偶然的な社会的、政治的諸条件に依存している。その結果、考慮に値するいかなる予測も、一連の諸条件の長い連鎖を含むことを避けられない。その連鎖は、メカニズムがそこで作動しているいくつかの環境条件のみならず、何らかのメカニズムが実際に存在するかどうかにも及んでいる。「予測」という名称に値するとは思えないほどあまりに多くの留保条件が付けられるかもしれないが、もしも一定の目的が達せられるのなら、私たちが何をなすべきか何を防ぐべきかに注意をはらうためにも、「予測」は役に立つかもしれない。

さて、仮定③（一二五頁）に応答するなかで次のことがわかってきた。すなわち、様々な「科学」の間で予測の成功度が一様でないことは、それらの科学の対象の性質に大いに関係しており、科学主義のレトリックがそう主張するほどには、科学の「成熟度」にはわずかしか関係していないということである。もし科学主義的な見方をまじめに受け取るべきなら、次のような驚くべき判断に導かれるであろう。すなわち、現代の地理学あるいは地誌学といった科学は、古代の天文学より成熟度が低く見えるであろう。なぜなら、前者〔現代地理学〕の洗練された理論と技術にもかかわらず、後者の科学〔古代の天文学〕よりも諸対象の配置を予測するのにほとんど成功していない（すでに存在した事物を考察する場合でさえ成功していない）からだと。

諸科学のこのような相違は、知識は特定の主体－客体関係の文脈《コンテキスト》のなかでのみ、すなわち〔認識〕主体の抱く意図とともに、それが何についての知識であるのかとの関連でのみ、合理的に判断されうるということを再度示しているのである。人間の行為に関わる場合、予測は高い不確実性を持つということはほとんど確かなことであるが、予測が行為を刺激する限りでは、全く何の予測も持たないよりはましかもしれないのだ。実際のところ、ミルの言葉を言い換えれば、予測するには不十分な私たちの大量の知識は、それにもかかわらず手引きとしては最も価値があるのだ。[31]

合理的な抽象化と「カオス的な概念構成」

抽象化は様々な方法で可能だが、私たちは今ではマルクスがそう呼んだ「合理的」な抽象化と、悪しき抽象化もしくは「カオス的な概念構成〔chaotic conceptions〕」との間の相違性を提示しうる地点にいる。[32] 合理的な抽象化とは、構造のような何らかの統一性と自律的な力を持つ世界の重要な要素を、隔離抽出〔isolate〕するものである。悪しき抽象化とは、恣意的に分割不可能なものを分割し、そして／あるいは、無関係なものや非本質的なものをひとくくりにしてしまう。こうしてそれは研究対象の構造や形態を少ししか考慮しないか、あるいは全く考慮することなく、研究対象を「切り刻んで」しまっているのである。**図9**はその〔合理的抽象化とカオス的な概念構成との〕相違を図解することを試みている。

悪しき抽象化もしくはカオス的な概念構成の明らかにまぎれのない例としては、「サービス」概念があり、「サービス職」のように使われるものだが、この概念はきわめて多様な活動をカバーしている。それは、構造を形づくるものでもなく、何ら有効性ある因果的な相互作用をするものでもなく、その多くは、

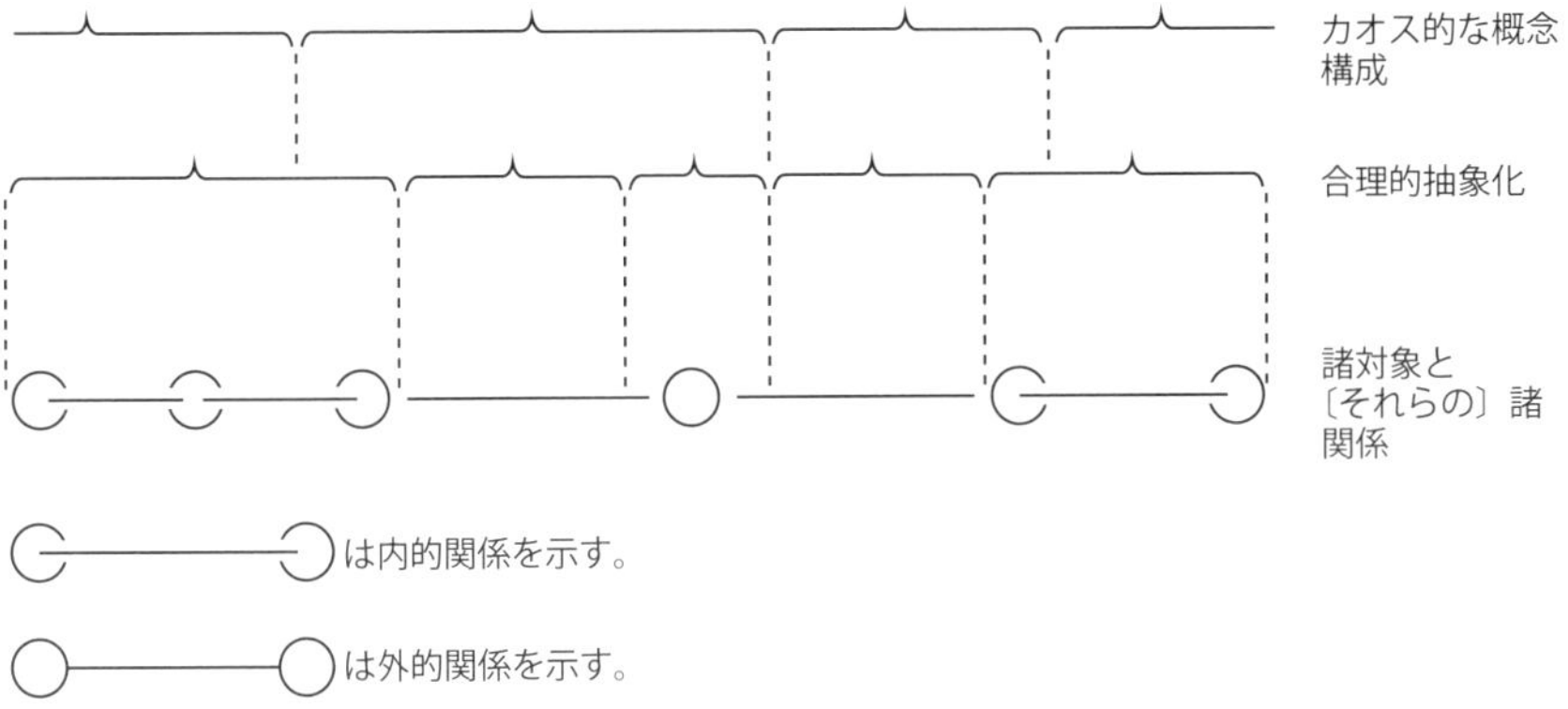

図9　合理的抽象化とカオス的な概念構成

通例何らの重要な意義も持っていない。そこで想起されることは、ある不適当な概念が一連の信念に組み入れられることの結果がどうなるかは、どれほどの「説明的重要性」がそこに置かれているかに、あるいは私たちの活動がそれに導かれている程度に、依存しているということである。したがって、記述的な目的のための単純なカテゴリーとして〔ならば〕、日常的また科学的実践の双方で、カオス的な概念構成が問題なく使えるような多くの状況がある。しかし「サービス」のような概念は、誰かが単一の因果力とか傾向性をそのクラスに分類される対象に帰属させたとたんに問題を発生させることになる。それゆえたとえば、ケータリング、コンピューター・サービス、地方自治体、配管業のような様々な分野における職業が、類似の行動をするものとイメージされる。

　改めて確認するが、「合理的な抽象化」や「注意深い概念化」などへの要請は、言及する価値があるどころか誰も拒否しないような利点へのあたりまえの訴えのように見える。けれども、カオス的な概念構成に基礎をおく文献の実質的な内容を社会科学のなかに見つけるためには、遠くのものを探す必要はない。特によくあるのは、内的に異質的でそれゆえ首尾一貫した振る舞いをしそうもない諸対象の間の、定量的な関係性のなかにある経験的な規則性についての研究である。たとえば、「サービス職の雇用」と「経済成長のレベル」との関係性についての研究である。この種の研究の多くは、諸対象の共通の性質またはきわだった諸特徴が必ず因果的に重要な特徴でもあるという間違った前提に根拠をおいている。さらにはもっと一般化して言えば、それらの研究は、因果作用が規則性と何か関係があるという前提に根拠をおいているのである。[33]

最後に抽象化は、良かれ悪しかれ、社会科学における研究対象の一部を形成しうるものであり、またそれは実際に影響力を持っているのである。たとえば貨幣の使用は、具体的なタイプの労働や商品の多様な特徴からの「実在的な抽象化」を前提としている。[34] 抽象化の結果はその適切さに依存するだろうから、私たちは抽象化を無視したり、それを評価することを手控えたりはできないのである。

抽象から具体へ
——マルクス主義的研究の例——

理論的研究と経験的研究が抽象から具体への移行過程で結合される方法の例証として、私はマルクス主義理論の適用例を選んだが、それは抽象と具体の構造化において独特の様式化を行っている点で優位生を有しているからである。[35]

図10は、具体的な出来事もしくは複合状況の概念化の背後にあると思われる概念の諸類型のヒエラルキーが概括されている。それらは史的唯物論の最も基礎的な原理から始まるが、そのうちいくつかは超歴史的な必然性を指示している（たとえば、人々は自分たちを再生産できなければならず、したがって芸術や科学等々を生産することができるための必要条件として食事や住居がある）。次にそれらは、「封建主義」や「剰余価値」のような歴史的に特殊な概念を経由し、また社会的諸現象により保有されている「傾向性」やメカニズム（たとえば、投資の最も高利潤な型をめざして流れる貨幣－資本としての傾向性）を経て、これらのことを経験し生活するより「具体的」レベルへと向かう。このレベルのどこにも——最も基礎的なレベルでさえ——無謬的で、純粋にアプリオリに捉えられる知識は存在しない。[36]

これらの対象の抽象的な概念、つまり構造やメカニズムから一段ずつ具体的なものに向けて移行する過程で、「理論的」な主張（たとえば資本と剰余価値との関係性についての主張）は、偶然的に関係しあう諸現象について経験的に発見された知識と結合されなければならない。このようにしてたとえば価値法則は、入手可能な特殊な種類の技術、資本と労働の相対的な力、国家の介入といったものによって媒介されて、様々な結果を生み出す。価値法則は、資本の構造（競争しあい、独立した方向づけを持つ諸資本から成り立ち、それらの各々の資本が利潤のために生産し、剰余価値の生産に依存しているような構造）のおかげで、資本が必然的に保持するようになるメカニズムに関連している。言い換えれば、偶然的に関係しあう諸条件は決して不活性なのではなく、それ自身が因果過程の所産なのであり、それ固有の因果力と傾向性を有しているのである。二つかそれ以上の存在物がいっしょに出会うのは偶然的であろうが、それらがそのようにして結合されるときに生じる事柄は、存在物の性質ゆえに必然的に起きるのである。

ところで、社会理論が、純粋に理論的な主張に基づいて、こ

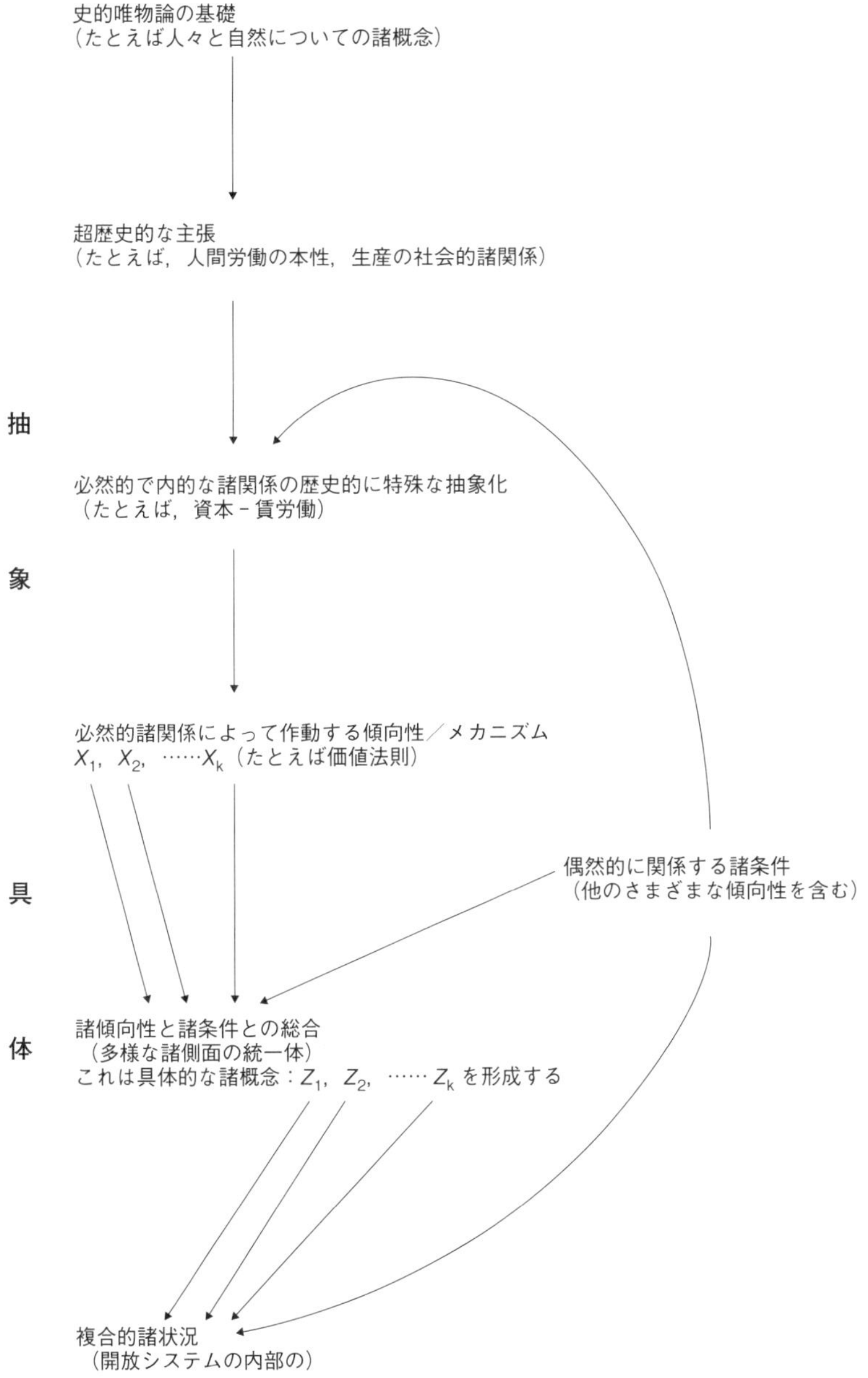

＊これらの理論化と，抽象化によるその説明は，なにもマルクス主義のみに特別に許されたものではない。

図10　抽象的なものと具体的なものとの関係

れらの偶然的な関係の性質や形態を前もって知りうると期待できるわけではない。抽象から具体への移行はしたがって、次のことを発見する目的をもって、理論的な主張を経験的な研究に結びつけるものでなければならない。すなわち、①どのような対象がそこに存在するのか（たとえば、資本主義的経済か、それとも他の何か？）、②それがまとう偶然的な形態とは何か（たとえば、鉱山資本か、商業資本か、等々）、③その場合、どのような条件の下でそれは存在するのか（たとえば政治的環境）。各々の段階で、偶然的ものについての経験的知識が必要なので、抽象から具体への移行は演繹的なものにはなりえない。なぜなら結論は、前提の意味内容から完全に導出されえないし、前提の意味内容のうちには「含まれて」いないからである。たとえば、超歴史的な主張（たとえば、「すべての生産は社会関係のもとで遂行される」）から、歴史的に特殊な主張（たとえば、「資本制生産は無所有の労働者階級を前提とする」）に移行するためには、前者の主張には含まれていない歴史的な情報が、付加されなければならない。[*37]

また銘記してほしいのは、具体的な分析を展開するには、他の社会理論もそうだが、マルクス主義理論は自らの射程範囲ではないところで生み出された知識を組み入れることが必要だということである。たとえば労働過程の研究なら、工学から知識を取り入れなければならない。この偶然的に関係しあっている諸現象のいくらかは、マルクス主義以外において十全に理論化されているかもしれないが、そのあるものについては再理論化される必要があるかもしれない。また他のものの理論化では、マルクス主義的な概念や理論的な主張それ自体を見直す必要があると示されるかもしれない。マルクス主義理論はたしかに他の社会理論よりも広い射程を持つように見える。そこには「全体化〔totalizing〕」と称されるにふさわしい意義はあるだろうが、理論の適用にマルクス主義以外のものを組み入れることを必要としないほどに十全または自己充足的だと想定するならば、それはばかげたことであろう。マルクス主義者が、工学者の技術的な知識に異議を申し立てるようなことはしないと思われるが、技術工学の社会的文脈《コンテキスト》については異なる解釈を持っているかもしれない。逆に言えば、非マルクス主義者たちは、史的唯物論の最も根本的な主張のいくつかを、あるいはより具体的な言明のある限定された側面についての主張を、受け入れている。とはいえ、受容した「意味の周辺部」は、彼らの言説の他の諸要素次第で多様なものになるのだが。

最後に銘記すべきことは、この抽象から具体への移行は意味の解釈のための証拠に乏しいということだ。〔そこでは〕通例ある特定の鍵概念が選び出されなければならないのであるが――〔その際〕そのような抽象化によって行使される暴力性について無関心のままでいることが多い――私たちは、上記で示された手法による抽象から具体への移行によって、行為や言説の意味を解釈したりはしない。むしろ私たちの理解は解釈学的な循環や螺旋形をたどり、部分を全体に、要素をその要素に先行するものに、そしてそれらに続くと期待されるものに関係させていく。とはいえ、社会関係や実践が――上の例で言及されたすべてのものと同じく――概念依存的である限りにおいて、抽象から具体への移行は解釈学的な理解と連動させられなければならない。以上のことはぎこちなく聞こえるかもしれないが、社会科学者たちは、ある程度までこのようなことを直感的に行っているのである。以前にも述べたように、上記した再構築や定式化の要点は、それらの研究に理由づけの過程をより透明で自己意識的なものにするための手助けとなることであり、研究のための処方箋を提供することではないのである。

理論的なものと経験的なものについての再考察

ここまでこれらの実在論的な考えを紹介してきたが、今や私たちのこれまでのかなり広い理論的な視野をもっと精密にし、理論と経験的な研究との関係を限定することが可能となっている。第2章で擁護された意味で、理論とは、対象を説明することにおいてはもちろん、経験によるその観察や同定においても使われる検証済みの概念群である。そこで対象の同定や定義では、対象が持つ重要な因果力や傾向性を指示するのが通例である（たとえば、「労働力」そのもの、「子ども介護者」、「病弱者」）。私たちはここで次のことを付け加えることができる。すなわち、現象の概念化に加えて理論は、必然的あるいは内在的な関係について、そしてまた因果力について、言い換えるなら世界の必然性について、抽象的なレベルで最も強い主張を行うということである。物事の間の関係が偶然的な場合、その形態は常に経験的な問題でなければならないのであり、それは現実の事例を観察することで答えられるべき問題なのである。理論は、対象を概念化する方法を提供するが、偶然的な関係については不可知論にとどまらざるをえない。だからたとえば物理学理論は、電気を通す銅の力については確固とした主張をするけれども、それ自身は銅のどの特定の断片が電気を通すような状況におかれるかには関与しない。さらには社会理論でも同じように、資本は賃労働なしには資本として存在できないということを所与の前提として、この関係について理論的な主張がなされる。もしもGM自動車会社が農奴制労働の今日的形態を機能させたとしたならば、理論は本当に困惑するだろうが、〔資本主義についての〕理論自体はその性格上全く正当にも、その労働者がアメリカ人か、イギリス人か、トルコ人かという偶然的な事柄については、関与しないだろう。

たとえ私たちが、GMにいる労働者の人数といった偶然的事柄についての経験的な主張で誤ったとしても、基本となる理論に対する異議申し立てが認証されるなどということはありそうもない。私たちは理論的な主張の重要さを全く合理的に評価しているし、それへの反駁を真剣に受け止める義務を負っている。逆にいえば、偶然的な事柄に関わる主張にはそれほど大きな信任をおかないし、もしそういった偶然的な事柄についての主張が反駁されたとしても、さほど困惑したりはしないだろう。後で見るように、この区別に留意できないと、社会科学における検証の性質や含意に非合理的な期待を生じさせることになる。

注意すべきは、偶然的な関係、すなわち必然でもないが不可能でもない関係性について、厳密な理論的主張を私たちが合理的に行えないというのは、偶然的な関係を含んだ諸現象を理論の埒外に置くということではないということである。[*38] 私が住んでいる町の保険会社のオフィスと公園との関係は偶然的な関係である。両者の共存をはっきりと期待できるとする強い理論的な主張はありえないが、それは、それぞれ他方がなくとも十分存在しうるという単純な理由からである。けれどもこのことは、保険会社や公園を理論の個別的な適用の視野の外に追いやるわけではない。つまり、個々の金融資本もしくは公共財についての理論ならば、その説明のためにうまく利用できるし、その記述は理論中立的なものにはならない。いくつかのケースでは、同じ一つの理論が偶然的に関係しあう両対象に対して、何らかの適用可能性を持つかもしれない。とはいえ〔その場合も〕、両者の共存について確固たる主張がなされるとの期待はいまだ持つことができないのだが。繰り返せば、理論と経験は、ある対照的な側面を有しているが、互いを前提しあってもいるので、双方についての単純な対立もしくは二元論〔的な見方〕には正当性がないということである。

今までは、このような相互依存性のうち一方の側——すなわち経験的な研究が理論に導かれる〔theory-informed〕仕方に重点をおいてきた。しかし経験的な研究はまた理論を導く〔theory-informative〕ものでもありうる。つまり、経験的研究は既存の理論に導かれてだが、新しい理論的な主張や概念を生み出すことができる。こうして、東欧圏ブロックの経済についての研究は貧困の連鎖や持続的な欠乏を生み出す傾向を持つ、複雑で包括的な計画経済のある必然的な性質を同定することを可能にした。[*39] これらは、部分的には社会主義組織の批評家たちによって予想されていた。彼らは、私利的な経済行為者たちがそのような文脈《コンテキスト》（たとえば、競争、失業、倒産、対顧客義務の不在という状況）で、何を行うのかについての仮説を立てていた。まずはじめに、それらのいくつかの事例が行為者自身によって自らの実践を通して発見されたが、別のいくつかの事例は後に学術的な経験的研究によって発見された。新しい理論を発展させるこれらの異なる（相互作用する）ルートの存在は、社会科学では典型的なものである。

理論と経験主義者との関係は、一般的には自然科学よりは社会科学のほうがより密接である。構造が高度に文脈《コンテキスト》－独立的なところでは、そうした構造は自然システムにありがちなのだが、その場合、それらの構造の性質が理解されたなら、それらについての理論は様々に異なる事例に適用されるので、それらは頻繁に修正される必要はない。構造が様々な所で様々な速さで形態転換を受けている場合、それは社会では一般的なことだが、抽象的な研究と具体的な研究は、自然科学——そこでは純粋研究と応用研究がそれら二つの研究の同義語となっている——ですら相互の対話が必要だが、それよりもいっそう密接な相互対話が必要とされる。技術者は物理学の法則を発見しようとはしないだろう。彼女は自分の意図をそれらの物理学の法則を応用することに転じているので、自身が理論物理学者である必要はないのである。しかし社会の研究者は、社会構造それ自体の変動に直面させられることも多いので、それらの変化する性質や力について何らかの理論化をせざるをえないだろう。こうして「サービス階級」の性質と力は、住宅建築組合、福祉国家、大企業、若年層などなどのような諸制度の性質と力がそうであるように、変化してきたし、場所によっても様々に変化してきている。原子とは違って、そのような対象は歴史〔的時間〕や地理〔的空間〕を有している。それらは場面や背景を提供しているのみならず、社会構造それ自体に差異をもたらすことができる。より永続性のあるものを除くすべての社会構造の研究結果は、したがって、明らかに無時間的なメカニズムの形式的分析ではなく、むしろ理論に導かれ理論を導く物語〔*narratives*〕となるだろう。前者のような社会構造の分析は、閉鎖システムである自然科学から導き出される科学概念に執着している人々にとっては、心地よいものではないかもしれない。だがしかしそれは、社会システムが開放的であるだけでなく、持続的な革新と質的な変化を生み出す学習過程を体現しているという事実を反映しているのである。[*40]

「理論的なもの」、「経験的なもの」、「抽象的なもの」、「具体的なもの」という用語に関するこういった「規範的解明〔normative explication〕」の終着点として、私は、これらの概念をその馴染み深さという観念とのありふれた結びつきから、解放してやりたい。その観念のもとでは、理論的な事柄と抽象化は経験的な事柄とは真逆で、不慣れで難解で秘教的なものだと前提されているのである。実際には日常的な知識は、厳密な意味で抽象的であるような概念を含んでおり、また多くのありふれた決まり文句は、私たちが理論的な主張（たとえば、「人はすべて死すべきもの」）と定義してきた事柄を体現している。同じように、私が定義した「具体性」は、たしかに馴染みのある素人的な知識とだけもっぱら結びつくようなわけにはいかない。もしも何らかのこれ〔素人的知識〕と反対の知識が使用されたなら、日常の状況では、私たちはその対象を〔具体性の定義である〕「多様な諸規定の統合」として理解するよりも、たいていそれをただ表面的、部分的にのみ理解するだけですませてもよいだろう。

理論的なものが馴染みのなさと結びつくことは、より重要な哲学的な区分をあいまいにし、素人的な知識と科学的な知識との違いを過大視し、不明確にするだけである。こうしたことは実際驚くべきこととも思えないが、「馴染みのなさ」は哲学的に重要な変数ではないということだ。もしもこういった理論と難解さや馴染みのなさとの結びつきをいったん留保し、さらに、概念は、その使用のために専門用語を与えられる必要はないという点に留意するならば、理論を経験的な研究に結びつける可能性を正しく認識する助けともなるだろう。理論的な研究と経験的な研究との統合に異議をとなえる人たちが理論を認めうるのは、たいてい理論が〔経験的研究と〕明確に区分されて、さまざまな概念の名称がページの各所に列記されているときのみなのだろう。

空間的形式と抽象的および具体的研究[41]

社会現象には歴史的特殊性があり、方法はこの点を考慮すべきだという論議はよくあるが、その社会現象の地理的に変化する性格には、地理学の他にはあまり関心を払ってこなかった。実際、ほとんどの社会科学者は空間を無視している。だが空間は、世界で起こることに違いをもたらすように思える。求人と求職者との空間的関係性は、労働市場の作用に違いをもたらすが、たとえばもし求人の場所がアクセスの難しいところにあるなら、求職者にとってはその求人は役に立たないだろう。

空間や時間における経路をたどるように表象された社会的な過程を想像してほしい。何が対象に起こるかは、それが人であれ物であれ、時空間上でなされるそれらの接触と結合に、つまり、どこで私たちは他者と関係を結ぶのかに依存している。誰とよく接触するか、何が起こるかは、時空間を構成する社会的、物理的な環境の内容と形態による。実際、私たちの人生の行路で行うあらゆることは、私たちがまさにそれにふさわしい時、ふさわしい場所に存在したことによっている。普通、私たちは、熟考することもなく今そこにある具体的な状況から対象を抽象化し、役割、制度、職業などのカテゴリーを考えつき、それらを空間や時間から独立のものとして取り扱っている[42]。私たちは、まずはじめに物事をそれらの文脈《コンテキスト》から切り離し、次にその文脈《コンテキスト》を忘れ、そうすることでそれらを空間や時間を持たないデータとして扱い、そのうえでそれらをどのように説明すればよいかと思案することに進む。それは、それらの時空上の形態に関わる情報が欠けているなかで、何らかの種類の適切な因果的文脈《コンテキスト》を再構築しようとする試みを含んでいる。それは全く非合理的だというわけではないとしても、社会生活を説明しようとすることのようなやり方の異常さについて反省してみる価値はあるだろう。社会科学者が空間を考慮に入れないのは間違いなのだろうか。その答えは、彼らが特定の具体的な対象についての抽象的な社会理論や説明を発展させることに関心を持っているのかどうかにかかっている。以上のことを明らかにするために、空間の本性について少し脇道にそれなければならないだろう。

多くの形而上的な概念のように、「空間」は神秘的であると同時になじみ深いものという両面がある。常識的な見方では、空間は対象とは独立して存在するがゆえにからっぽなものであって、対象はその内部に位置していることになる。これは空間の絶対的な概念を意味する。この概念は矛盾している。なぜなら「空虚であるということは無ということであり、無ということは存在しないということ」だからである[43]。このような概念によれば、無〔nothingness〕としての空間は何らかの効果を持つとは言えないのである。効果とは、ちょうど「距離摩擦」〔距離は様々なコスト要因となることについての地理学用語〕とか「空間が持つ効果」について語るときに推察されているようなもののことである。これと対照的に、空間の相対的な概念では、空間は物質で構成されており、空間的広がりを持つ対象で構成されている。「距離摩擦」のような用語は、空間を構成する特定の諸実体の間の摩擦〔コスト〕についての略式語法として理解されるべきである。またそれは自然科学で知られているように、摩擦係数が実体ごとに異なっているものとしても理解される。[*44]

しかし、空間について重要だが難しい点は、それが対象によって構成されているにしても、対象には還元されないということだ。ハレー[*45]に従うなら、空間の相対的な概念の微妙さは、次のような一連の文字の間の空間的関係の考察によって説明されうる。

ABC

PQR

BのAとCに対する、およびQのPとRに対する空間的関係は全く同等であり、BをQと交換しても、「〔何かの〕間にあること〔between-ness〕」という空間的関係を変えない。ただしある特定の因果力を活性化するか、不活性化するかは、A、B、C、P、Q、Rがどのような種類の事物なのかに依存する。言い換えれば、空間はただ対象の内部に、あるいは諸対象〔間〕を通して存在するが、現にある対象の特殊なタイプからは独立しているのである。これらの文字がどのような種類の事物を表示しているのかは、空間的関係に違いを生み出しはしないが、それ〔がどのような事物か〕は、確実に因果過程の作動や効果に違いを生み出す。空間の絶対的な概念に一定のもっともらしさを与えているのは、その空間的関係性のそれを構成している対象のタイプからの独立性なのである。しかし、「そのようなものとしての空間」が文字通り無内容な抽象であるとすれば、ある地理学者たちが信じてきたような「空間の科学」は存在しえないことになる。「空間のフェティシズム化」とは、空間を構成している特定の対象が持つ因果力に帰すべきことを「純粋な空間」に帰してしまっていることにある。この反動で、空間の相対的な概念の擁護者たちは、空間がその構成物である対象に完全に還元されると想定することによって、これと逆の誤謬を犯した。そのような説に依拠することで、それは、空間がいかにある違い――それがどんな意味であれ――を生み出すかを認識できなくなっている。[*46] 対象の因果メカニズムが作動しているのかどうか、どのような結果を生じさせるかは、特定の偶然的に関係する諸条件の存在に依存する。そして、それらの諸条件の存在が今度は空間的形態に依存する。たとえば、物事に囲まれていると私たちが語るとき、私たちは空間的関係について述べているのである。しかし当該の諸対象がそれらの接触によって因果メカニズムを作動させることが、つまり、私たちが有毒ガス！に囲まれているときに起こるだろうことがもしもないというのであれば、「囲まれている」ということには何らの物質的な意味もないことになるだろう。実体を捨象する空間の抽象化は全く無害なことに見えるかもしれないし、それは実際にも西洋言語の構造に組み込まれているけれども、最近の地理学の歴史が示しているように、そこには軽率な者がはまりやすい落とし穴に満ちている。そのような事例で最もありふれたものは、無空間的な分析によって生み出された誤った印象をただそうと懸命になっている理論家たち自身が、空間を構成している特定の対象を捨象してしまい、対象が持つ力を空間自体に帰属させてしまうときに生じる。哲学的な討議では空間の相対的概念を擁護する人々でさえ、具体的研究では時々こういった落とし穴にはまってしまっている。*47

しかし、もし私たちが内容を捨象し形式を抽出することができないのに、世界について何事かを語ることを期待するのだとすれば、私たちは、形式を捨象して内容を抽出することで［はたして］無空間的な科学を得ることができるのだろうか？　大まかに言って、サウンダースが指摘しているように、デュルケーム、マルクス、ヴェーバーのような主たる社会理論家たちは空間を捨象していた。*48 これから論じたいことは、抽象的な理論の発展が関心対象になっているところでは、この点には何らかの正当性があるということである。

社会的な諸過程はピンの先端で起こっているわけではない。すべての物質的な社会的諸対象は必ず空間的延長を、時にはそれらの諸要素の特定の空間的配置を、また特定の運動の力を持っている。それらが必然的な特性である限り、理論は以上のことを考慮に入れるべきであり、少なくとも否認することは避けるべきである。というのも、それらのことが生起する事柄にある違いをもたらすからである。*49 さらには社会科学はシステムを扱うが、それらのシステムの空間的形態は、それがニュータウンであれコミュニケーションのシステムであれ、その構成要素である因果メカニズムを利用し操作するために意図的に調整されうる。自然の何らかの操作と同じように、以上のことは、特定の効果を得るための偶然性の利用を含んでいる。抽象的な社会科学が無視できない事実は、社会形態の再生産の可能性や問題は、それらの諸要素を時空間において統合することに依存するということである。また幾人かの理論家が彼らの抽象的な研究においてこのことに注意を喚起してきたということである。

こうして、不動産資本の運用は必然的に空間の使用へのアクセスや、その独占を含んでおり、人々のそれと比較してイメージや貨幣資本の高度な流動性は、現代の重要な特徴である等々。これらの空間的な諸特徴のいくつかはたいへんな社会的重要性を持っている。しかしそれらについてあらかじめ言えることに関しては、理論的な主張のレベルでは、よくてもあいまいさは避けられない。なぜそうなのかといえば、物質的でないような過程は空間的なものではないし、ほとんどの社会過程は無視できない程度に、「空間的柔軟性」を保持しているからである。この柔軟性が、その限界内で、様々に異なる編成の多様性において、同一または類似の社会構造の再生産を可能にするのである。たとえば、資本蓄積が成立するために、資本は労働力の調達への接近を必要とする。また労働市場は、分離している労働者と仕事を結合させるための時間と費用が生む空間的制約を持っている。にもかかわらずこの制約は、空間について多くのことを語らないし、さらに多くを語ることも期待できない。なぜなら、こういった制約に適合する空間的編成の多様性はとても大きなものだからである。どういった空間形態が生起するかは、幾多の偶然的に関係しあっている諸過程による。同じく、資本の絶えざる経済追求はまた「時空の圧縮」を導き、距離を短縮する費用が低減されるので、分業が拡大し世界が「収縮する」。繰り返すが、このことが無視しえないほどの社会的重要性を持っている一方で、その主張はどうしてもあいまいになる。なぜなら、こうした傾向性と両立できる現実の編成がきわめて数多くあり、それはまたもや他の過程や環境との偶然的な関係に依存しているからである。*50 だから抽象的な理論は、社会構造の必然的な空間的特性を記録するためにも、何らかの空間的内容を持つべきである。けれどもある限界内でだが、通常それら〔社会構造〕が取りうる可能な形態はかなり多様であり、またそれらがおかれうる文脈《コンテキスト》の空間的な形態はさらに多くあるだろう。これらの無数の偶然性を前提にすれば、社会理論における空間的な内容は限られたものにならざるをえない。

社会理論が構造やメカニズムの分析を超えて、（おそらく仮説的な閉鎖システムを想定することによって）それが生み出す可能な結果の推定に進む場合、空間の捨象は重大な誤りを生むだろう。空間がつくりだす相違でおそらく最も著名な事例は、（無空間的な）完全競争モデルの場合であり、そのモデルは、空間の捨象が見落とされるやいなや、空間の独占モデルになってしまうのである。*51

具体的な対象や過程についての経験的研究では、空間に関わる状況は〔抽象的理論的研究とは〕違っている。その研究が、偶然的な環境のもとでのメカニズムの現実的な作動や効果について研究することを意味するとすれば、研究は一般に空間的形態がある相違をつくり出す限り、それらの空間的形態を必ず考慮に入れる必要がある。

閉鎖システムを扱う自然科学においては、空間的形態の偶然性は定数とみなされるかまたはどうでもよいものである。そこでは、それらの偶然性は、因果的な相互作用をしていない諸対象の間の空間的関係に関連しているのである。たとえば、梃子の仕組みや振り子の周期についての実験では、私たちは問題となる対象の空間的な長さを記述するには注意深くなければいけないが、その実験が実施される場所がロンドンか東京かは、何の違いも生まない。*52

社会システムでは、大きな程度の文脈《コンテキスト》依存性と絶えず変化する空間的関係の乱雑さとの両方が存在するが、それらのすべてが相互に因果的に無関係な諸対象を含んでいるわけではない。驚くことではないが、規則性はあったとしても束の間のもので、空間的にも限られている。たとえ具体的な研究が空間的形態それ自体には関心を持っていないとしても、もし具体的なものの偶然性とそれらが結果として生み出す相違が理解されるべきだとすれば、空間的形態が考慮されなければならないのである。しかしながら社会システムの複合性と開放性を前提にすれば、偶然性と具体的文脈が生み出した相違を説明するという目標に接近する以上のことは、実際上ほとんど可能ではないのだ。たとえば労働市場の例では、求人者と求職者とのそれぞれの組み合わせに関係させるような、空間的形態について考慮することは実行可能ではないだろう。とはいえ、全国規模のデータを、明確に分割されている労働市場の諸領域に落とし込むことは可能だろう。しかしそれは、依然として市場の空間的形態が持つ効果に近似的に接近するだけである。というのもそれは、それぞれの市場領域の内部における諸関係の具体的な形態を「かき混ぜる」ことになるだろうからである。相当多くの社会研究が、因果形態のこういったほとんど無自覚の混ぜ合わせのために弱体化されており、最悪の場合は、諸対象が関わっている現実的な諸形態を捨象する程度は、メカニズムがその効果を生成する過程を全くあいまいにするほどである。こうしてそれらの社会研究には一個の混合物、つまり「脱空間化された統計学的混合液〔soup〕」のなかで道を見失ってしまっているのである。したがって、社会科学では一連のデータに合うように調節されたモデルのパラメーターが、他のものにはまれにしか適用させられないのは驚くべきことではない。いくつかのケースでは、多くの過程における空間的柔軟さかまたはその強固さによって、こういった混ぜ合わせ状態の影響が緩和されているのかもしれない。この柔軟さや強固さが、その文脈《コンテキスト》の相違にもかかわらず、それらのパラメーターを同じような仕方で操作することを可能にしているのである。しかし現実的な出来事の説明が空間的形態の偶然性を考慮することが少なければ少ないほど、それだけいっそうそれらの主張の具体性が少なくなるのである。[*53]

結論

すぐ前の二つの章では、研究対象の性質〔関係、構造、因果力、閉鎖／開放システム、空間的形態など〕、方法〔抽象化、構造分析、一般化、因果分析など〕、目的〔説明、計算、予測、理解〕、および〔法則、理論的主張、経験的問いに関わる〕命題的知識のタイプについての諸議論を交互に慎重に検討してきた。私が示したと思いたいのは以下のことである。すなわち、これらの諸領域の間の関係には、両立可能性および両立不可能性の形の相互依存性が存在するということである。したがって、文脈《コンテキスト》への考慮抜きにはいかなるタイプの知識も言明も有効なものとしては成り立たないのである。たとえば、あるシステムの諸次元を計算もしくは予測化する可能性とその実践的適合性は、そのシステムが開放的か閉鎖的かに依存している。相互依存性のこうした形態について論証するなかで、私はまた次のことを示そうと試みた。すなわち、上で説明されたものとは異なる広く流布している科学の概念構成が、限定された目的や対象のタイプ〔たとえば、予測や閉鎖システム〕に適用されたとき、どれほどその信頼性の程度やまさにその実行可能性の程度を引き下げることができるのかという点である。にもかかわらずそれらの科学概念は、上記の限定された〔予測や閉鎖システムの〕諸条件が実際に普遍的に存在するという暗黙の前提を悪用しているのである。同じように、常識となっている様々な概念構成〔たとえば、絶対的空間〕を批判するだけでなく、それらの概念構成が何らかの実践的適合性を有するような、対象、目的、方法の諸側面があるかどうかを点検することによって、それらを理解することも重要である。確かめられた知識はそれが「科学」であれ人文科学であれ、部分的な実践的適合性に、つまり「何とか間に合わせる」ことで満足せずに、その実践的適合性をすべての領域に極大化することを追求する。このことを達成し、主体‐客体関係の差異化された特徴を理解するためには、私たちはだからすべての目的に当てはまる単一モデルという聖杯を追い求める通俗的な方法論者の希求を放棄すべきである。もちろんそれは、どんな目的のためにも何でも古い方法を使うように人々を促すことでもなく、あるいはまた甘ったれた折衷主義へと陥らせることでもない。

この章で紹介された方法は、主として質的なものであった。第6章では、より立ち入って量的方法を検討するつもりである。ただし、論争中の哲学的争点に関わるより進んだ討議を希望する方は、まずは第5章を参考するほうがよいだろう。

第5章　科学哲学におけるいくつかの影響力ある不幸な出来事

私が第3章冒頭で警告したように、知識と科学の実在論的解釈は正統派の諸科学哲学とは大きく異なっている。後者〔正統派〕は社会科学の実践に多大な影響を及ぼしてきており、それは概して有害であり続けたと私は確信している。こうした正統派の鍵となる重要な諸要素に一定の関心を傾注するために、ここで社会科学にとっての一つの実在論的アプローチの詳論を途中で休止したいと思ったのは、もっぱらこの理由のためである。そうすることで、〔私の議論の〕批判者たちが〔自説への〕支持を引き出しうる哲学的立場を〔あらかじめ〕掘り崩しておいて、私がこれから述べるいろいろな議論に対するありうる反論のいくつかに答えておきたいと思っている。それはまた、この後に続く諸章で論じられるはずの一般化の不十分な性質への批判とその他のいくつかのアプローチや方法への批判に対して、内実を付け加える助けにもなるだろう。

序文で指摘したように、本章は主に、社会科学の哲学における主要な論争のいくつかにすでに出会っていて、それゆえそうした反論を発するかもしれない人々に向けられている。他の読者は、お望みなら、直接第6章に進んでもさしつかえない。

原子論と帰納および因果作用の問題

帰納問題はおそらく、科学哲学者たちお気に入りの謎である。それは、ある特定の出来事の継起連鎖が常に起こることが過去に観察されたからといって、それがすべての場合に起こるだろうと想定することは論理的に許されていないという事実に、関連している。朝に太陽が常に昇っているという私たちの知識から、太陽が〔その後も〕そうし続けるということは論理的には導けない。観察された有限な一連の出来事に基づいて、一連の無限な出来事についての妥当な推論がなされることは不可能なのである。この問題は、それが一見して常軌を逸したいろいろな含意を持つがゆえに「哲学のスキャンダル」とあだ名されてきた。もしそれが本当なら、私たちは行為における過去の経験を信頼するためのいかなる確固とした基盤も欠くことになるからである。諸メカニズムが将来は存在したり作動したりするのをやめてしまうかもしれないし、そうなれば、その活動様式についてはその必然性が存在しなくなる。私たちは経験から学ぶことができなくなるし、失敗からさえ学ぶことができなくなる。というのも、過去に誤りを犯したことが将来にも誤る必然性はないからである。[*1]

これと密接に関連しているのが因果作用の問題であり、そこでは、因果作用〔causation〕は、その生起が観察された出来事の、ある規則的連鎖ないし恒常的連接〔constant conjunction〕として概念化される。この問題の要点は、Cの後にEが続くというような一定の継起連鎖が与えられたとしても、CとEが因果的に結合されると言うことは正当化されない、という点にある。私たちが観察できること、それゆえ、当該状況について知りうることのすべては、出来事Eは出来事Cの後に続くという点だけである。いくつかの恒常的連接が実際に普遍的であるということがたしかめられていたとしても、CとEの関係は依然として偶然的なものであろう。この説明では、「〜を引き起こす」とか「〜をさせる」とか「生産〔する〕」というような観念はどれも、起源からして純粋に「心理的」なものだということになる。この立場のいくつかのバージョンでは、科学からこの〔因果作用という〕概念を一切排除してしまう。それが正しいとすれば、（時計の作動のような）言うところの因果的過程と、ある偶然的な連鎖またはつながりとの間には真の違いはないことを意味する。というのも、この見解によれば因果作用は規則的な連続以外のものではないからである。

これらの〔二つの〕問題の諸前提は、特に後者の因果作用の記述は、前章での論評の観点から見ると訳のわからないものにみえるだろう。また、それらの結論はそれを私たちの経験と調和させるのは難しいように思われる。しかしその論理には非難の余地がない。それに応答して、多くの者は科学と実生活における帰納の成功に訴えようとの誘惑にかられる。だが哲学者たちが嬉々として指摘するように、そうした議論は循環論である。なぜならそれは帰納によって帰納を正当化しようとするものだからである。しかし、そうではない応答もあるのである。私は、帰納と因果作用の問題についての議論は妥当ではあるが、その結論は受け入れる必要がないことを示そうと思う。なぜならその結論は、理にかなってもおらず、実にばかげた前提から導かれたものだからである。帰納問題の多くの議論は実際のところ二つの別々の問題を混同したものであって、帰納が科学において使用される限り、それは多くはないのだが、その記述は修正されねばならないということも、示されるであろう。

帰納問題が設定される仕方から私たちは、観察者たちが観察した出来事からいまだ観察していない出来事について推論しようと試みる、という描像を受け取る。だが観察が概念に媒介されているという事実、また対象は特定の記述のもとでのみ知りうるという事実についても、あるいはすでになされた観察の可謬性〔fallibility〕についても言及がないのである。[*2] そのうえ、この問題は、通常定義される限り、ひどく説得力のない原子論[*3]〔atomism〕という教理を前提にしている。あらゆる形而上学的信念と同様に、原子論についてもその真偽を決定的に示すことはできない。それについては、私たちの最も頼りになる知識と両立可能か不可能かという観点から見て、その説得力がより多いか少ないかを示すことができるだけである。原子論には二つの流派がある。存在論的な流派——何が存在するかの理論に関心を向ける——は、この世界は、時空上の不連続で区分けされた諸点に存在する不連続で区分けされた原子的な諸要素からなるという見方を保持している。原子論的であるということは、これらの基礎的な諸要素が内的構造や、差異性を持たず、したがって、因果的諸力を持っていないということである。〔この考えに従えば〕私たちが知る様々な対象は、これら様々な諸原子の相異なる結合以外の何ものでもないことになる。対象間のすべての関係は外的で偶然的なものであり、それゆえすべての連鎖は偶然的である。このような想定は、〔もう一つの〕認識論的な流派——知識の理論に関心を向ける——と組み合わさっており、それは観察を、単純で何の問題もはらんでいない分割できない〔個々の情報の〕「読み取り」へと断片化されたものとして描き出す。この二つの流派は互いに補強しあっている。というのも、もし対象あるいは出来事が「点的形態〔puncti-form〕」のものであるなら、そのような〔点的な〕観察もまたより説得力を持つことになるし、その逆も成り立つからである。[*4]

さて、理論中立的な観察という概念は今日ではほとんど支持されていないけれども、原子論が無自覚のまま維持されているせいで、観察が理論負荷的であるということの意味をしっかりと理解することが困難になっている。というのも、対象や出来事が原子論的で、複雑に差異化され構造化されていないのだとしたら、対象や出来事を観察可能にする手段である概念や図式を開発することになぜそれほど多くの知的労力を費やす必要があるのか明らかにならないからである。〔その場合は、〕概念開発の代わりに、整序枠組み〔ordering frameworks〕作りの活動に注意が向けられてしまう。

観察とその対象についてのこうした還元主義的な見方は、しばしば、観念を記号標記で表すことへの執着によって覆い隠されてしまう。出来事 e_1、e_2、……、e_k についての観察 o_1、o_2、……、o_k から私たちが引き出すこのような知識の位置づけによってすべての論議がいったん枠づけられてしまうと、科学者（あるいは知識人）としての私たちの仕事の多くが、概念を発見することに関わるものだということをたやすく忘れてしまう。それらの概念は、私たちが還元的に「出来事」と呼ぶ諸変化や諸対象相互の、そしてまたそれらの諸変化や諸対象の内部における、しばしば複雑で精妙な差異性を把握することを可能にしてくれるものなのだが（哲学者たちは、ある観念を記号標記で置き換えることそれ自体で分析の厳密さを増すには十分だとする偏見を免れていないのである。〔この偏見を維持するための〕精神衛生にはそれ相応の報いが用意されている）。

それが一般に理論中立性に縁取られていない場合でも、原子論の認識論的流派のばかげた面の最たるものは、観察は連続的ではなく「点的形態」だという前提である。[*5] 以下で簡単に示すが、この〔前提〕は変化についての私たちの知覚に関して愚かしいいくつかの含意的主張を生み出す。哲学者たちがどうしてそうした異様な観念〔原子論〕に納得するようになったのかは、今ではほとんど放棄されてしまっている知識の絶対的基礎づけへの希求という文脈《コンテキスト》においてみれば、少しは理解しやすいであろう。それがとる一つの形態は、知識を観察についてのたしかで確固とした言明で基礎づけようとする企てである。つまり、研究とは、最も単純で最も原基的な、論争の余地がないと思われるような観察へと、当然にも引きつけられていくものだというのである。点的形態をとった観察は、乱雑で連続的に変化するような観察よりも、都合がよいのである。同様に、単純な観察対象は、内的に差異化された多面的な対象よりも好ましい「係留点」のように見える。だが、確実性へのこのような特殊な追求は、帰納問題という形でそれ自体深刻な逆襲をくらうことになる。というのも、原子論という前提は、すべての諸関係は外的で偶然的なものだとする前提を含んでいたからである。そのことは、ひるがえって、その構成要素たる諸原子については確実性があるとしても、その継起連鎖とパターンについては確実性もなく、信頼性さえもないということを意味しているのである。

　原子論は変化を理解するうえでさらなる諸問題を生み出す。有名なゼノンの逆理の一つは次のことを示した。すなわち、時間を別々に分離され区分された複数の点からなるとする原子論的概念構成では、運動が知解不可能になるということである。もし一本の矢が、時間上分離された別々の点の上で、空間上区分された一点にのみ存在し他の点には存在しないのであれば、矢は動くことができない。つまり、ジョージェスク＝レーゲンが論じているように、「一点に存在するものは運動していたり進化したりはできない。動くもの、進化するものは、いずれかの一点には存在しえない」のである[*6]。時間についての「瞬間」という考えは意味をなさない。運動も休止もともに、それと識別できるためには持続としての時間を占めていなければならないからである。そこで、もし私たちが、たとえばある植物の生長についての記述を、分離され区分された複数の時間のなかで生起する切り離された諸段階に分割する、というその慣習に服するならば、生長がどのように起こるのかを学ぶことはほとんど期待しえないだろう。

　非連続的な時間という前提が捨てられても、原子論的諸対象というなおも残っている前提が、変化を理解するという問題を依然として提出してくる。そこで、変化についての唯一知解可能なタイプは、〔位置の〕置換による移動と変化ということになる。つまり、そのような変化の（そして因果作用の）典型的なモデルは、一つのビリヤード・ボールが別のボールにぶつかってそれを動かすというものである。こうしたことは、固い諸対象が衝突するときには実際に起こるかもしれない。しかしそこでは、対象にとって内的な質的変容を通して起こる変化の可能性が、教条的に排除される。なぜなら、すべての対象は、無構造で、無力で、因果的に不活性な、変化不可能な原子に還元可能なものとみなされるからである。

　原子論という前提が捨てられるならば、いくつかの変化は事物の間にではなく、事物の内部で起こる変化であり、それゆえに事物の本性によって、必然的に起こりうることがわかるようになる可能性がある。外的関係とともに、因果力と傾向性とを持つ内的に構造化され差異化された諸対象の内的関係をも認める存在論によってのみ、質的変化と出来事の単なる継起とを区別することが、それゆえ、必然的ないし因果的変化およびその関係と、偶然的変化およびその関係とを区別することが、できるのである。[*7] 因果作用問題にまつわる〔原子論の〕基本的な欠陥は次のように単純なものである。つまり、もし私たちがはじめから、原子論を前提してしまい、事物の間の、およびそれらの内部の実在的連結の可能性を除外してしまうなら、そうした前提から出発する議論のせいで因果的連結を発見できないとわかったとしても驚きではないのである。〔他方〕実在論的説明では、外的な偶然的諸関係は認められるが、普遍的なものとはみなされない。なぜなら、いろいろな対象とその因果力との間の関係のような、内的な必然的諸関係もまた存在するからである。

帰納問題に応答するためには、二つの異なる問題の合成、つまり、一方の何が存在するのかに関する存在論的な問題と、他方の私たちの知識の地位に関する認識論的な問題との混同とから生じている共通の混乱を、除去することもまた必要である。第一の〔存在論的な〕問題、ハレーとマッデンが「帰納の大問題」と呼ぶもの[*8]は、世界それ自体が変化しうるので、過去の編成がもはや維持されないということが論理的に可能だという考え方に関連している。つまり、水がもはや水ではなくなり、地球がもはや私たちが知っているような地球ではなくなる、などである。ここで肝心なことは、多くの者が考えたように、このことは、現在の私たちの世界におけるすべてのものが、いろいろな対象とその性質の関係をも含めて、ただ偶然的にのみ関係しているのではないと、気づくことである。私たちは現在の知識を頼りにする根拠を持っていないという含意を伴った、こうした通俗的で不合理な結論にだまされないようにするならば、この大問題のせいで夜も眠れなくなる必要はないのである。この世界が（単に知覚上、徐々に変容していくのではなくて）突然根本的に変化するような恐ろしい日が万が一来て、私たちがそれを生き延びたとするなら、私たちはおそらくそのことを認め、私たちの知識をまた再建し始めるだろう――その際、新しい自然必然性を発見しようと努めることで知識を再編し始めるだろうという点が肝要な点である。

そんな日が来るまでは、私たちは現在のこの世界における自然必然性に関する知識を捨てる必要など全くないのだ。観察された出来事の有限の組み合わせを基礎にして出来事の無限の組み合わせについて推論することは、たしかに危険であるし、「出来事」が実際偶然的に関連している場合には、論理的に正当化もされない。しかし、出来事が必然的に関連している場合にはそうではない〔正当化される〕のである。

実在論的見解では、自然の斉一性は多くの科学者たちがそのことを強く主張しているとおり偶然的に関連する諸事物の継起連鎖の「たまたまの」規則性に由来するのではなくて、事物それ自体の内的関係や構造や作用様式に由来するのである。[*9] さらに言えば、「物理的不可能性」という概念が知解可能であるのは、こうした見解〔実在論〕においてのみである。「帰納の大問題」がいつでも脅威としてのみならず一個の現実性としても現れるこのような原子論的枠組みにおいては、ことわざが言う縫い針の目にラクダを通すことを阻止するようなものは何もない。いろいろな対象が構造と因果力と傾向を欠き、常にお互いに連結しあっていないならば、あらゆることが起こりうるし、知識の構造は砂上に建てられることになる。

第二の問題、「帰納の小問題」[*10]は、次のことと広く混同されている。それは私たちのすべての知識は、原則として、可謬的だということである。このこと自体は本当のところ、帰納の特殊な一問題などでは全くなく、一般的な問題である。それは、私たちがすでに行った観察だけでなく、これからすべき観察にも関係するものだからである。しかし、私たちが間違う可能性があるということは、知識とこの世界との関係の本性に由来するものであって、実在世界のすべての諸関係そのものが外的なものだということを含意しているわけではないのである。

帰納の諸問題を扱ったので、ここで私は、帰納的推論が行われる環境について手短に論じたい。帰納が唯一の推論様式ではないし、いろいろな出来事の規則的継起連鎖を発見し予測することが私たちの唯一の関心事なのでもない。科学者たちも一般人たちもおそらく、どのような事物が実在するか、それらの組成や〔その事物に内在している〕力や傾向性は何かということに、より頻繁に関心を持つだろう。それゆえに、これから起こるだろうことを予測するよりも、今起こっていることを説明することにより多く関心を持つだろう。因果的諸力を想定することは、帰納ではなく、リトロダクション〔retroduction〕に関連している。対象の本性や構成を次々に探求することで、リトロダクションが成功することを示すならば、私たちはある過程の原因を知っていると主張できる[*11]し、そうなれば、私たちは過去の継起連鎖からの帰納に依存する必要はなくなるのである[*12]。既述のように、スコットランド赤痢の発現率とインフレ率の間の強い相関のような、偽りの関係の場合には、私たちは、そのようなつながりが持続するだろうと帰納的に推論するような危険を冒したりはしないだろう。なぜなら、そのような推論が帰納の論理学的（大）問題にひっかかるからではなく、関連する諸対象についての知識から、それらが因果的に関係していないことに確信を持っているからである。

ある因果関係が〔存在するかもしれないと〕疑われるが確証されていないような別の場合には、ありうるだろう結果が私たちにとって十分に重要なものであるならば、帰納的推論を考慮に入れる選択もありうる。もし特定の化学物質を使って作業する人たちがある病気にかかることが見出されたとしたら、私たちはおそらく、その物質で作業する人々が将来もまたその病気にかかりうるという帰納的推論をするだろう。その病気を生み出す可能性のあるメカニズムをリトロダクションして固定することにまだ成功していなくても、私たちは次のように判断するかもしれない。すなわち、その病気の原因となっている因果メカニズムがそうした諸条件に何らかの関わりがあることは大いにありうることだと。そうした推論は、論理学に由来する何の保証も持ってはいない。だが、その化学物質を研究の対象にすることを拒否する論理学的に有効な理由もないのである。だが、それらの推論は、諸事例の有限な継起連鎖として観察された一定の規則性が普遍的なものだろうとする単純な推論ではない。むしろ、私たちの理性的推理は、ありうる因果力についての、またそれらに留意するか無視してよいかに関するありうる帰結についての、判断に依存しているのである。この例でいえば、評価すべき事柄について、以下の四つの可能性がある。

①その化学物質は有害であり、私たちは使用し続ける
②その化学物質は有害ではなく、私たちは使用し続ける
③その化学物質は有害であり、私たちは使用をやめる
④その化学物質は有害ではなく、私たちは使用をやめる。

要するに、私たちが、出来事どうしが因果的に連結されているというしっかりとした知識を持っている場合には、帰納する必要はない。そうした知識を基礎とすると、問題となっている出来事どうしが実際には偶然的にのみ関連していることを知っている場合（スコットランド赤痢－インフレーションの事例）には、私たちは帰納法など使わない。そして、出来事どうしが必然的に関係しているのか偶然的に関係しているのか不確かである場合（作業－災害の事例）には、私たちは何を想定すべきか、あるいは行うべきかを決めるのだが、それは、帰納の論理学的問題についての議論を参照することによってではなく、選択肢となる異なる諸仮説による行為のありうる結果〔のどれか〕が正しいという実践的判断をすることによって、そうするのである。帰納と因果作用についての慣習的な説明は、一見して単純で点的形態をとった「いろいろな出来事」についての単純な点的形態の「諸観察」を含む知識以外のすべての内容の知識を、空疎なものにしている。つまり、対象どうしの間の関係についての不確実性が、対象それ自体についての私たちの知識の素朴な原子論的概念を補完する関係になっているのである。

必然性

帰納と因果作用、そしてそれに伴う諸問題についてのこれらの正統派の説明は、自然における必然性に言及していないか、またはそれを明確に排除している。ここで私は、この排除の基礎となっている必然性についてのいくつかの広く流布している混乱を一掃しておきたい。また、必然性に言及する説明に同語反復的なものがあるという非難に反論しておきたい。

主要な問題は、言明どうしの間の関係に関する論理学的な必然性あるいは可能性と、事物どうしの間の関係に関する自然的ないし物質的な必然性あるいは可能性との間の混同である。さて、先述したように、概念の変化は一般的には、私たちの知識の実践的適合性を改善しようとするために、あるいは、概念がこの世界の構造を「写像化する〔map〕」[*13]能力を改善するために、導入される。私たちがこの世界における必然的あるいは内的なある関係を発見したことに自信を感じた場合、当該の対象の定義の関係的部分を指示することによって、そのことを「概

念的必然性」という形で私たちの会話に反映させることが、時々あるだろう。たとえば、（生物学的意味での）父〔という語の意味内容〕が子どもを持っている、あるいは持ったことがある男性だというのは、定義上、真である。[14] だが、このことは、単なる同語反復とか恣意的定義ではない。というのは、この概念的必然性は、男性と生殖の間の関係において経験的に発見された自然必然性を指示するために使われているからである。生物学的な父と母を持つことなしに子どもがこの世界に生まれてくることはできないということは、私たちの定義の単なる気まぐれによるものではない。明らかに、ある種のアボリジニーの人々は男性が生殖において何らかの役割を持っていることに気づいておらず、そのため彼らの言語のなかに「父」という語の等価物を持っていない。そのような自然必然性の発見の後を追いかけて、偶然的に関連する諸要素だとして以前には理解されていたことが、対象の定義の一部とされることが時としてある。いろいろな定義は単に恣意的に発明されるのではない。つまり、それら〔定義〕が実在の対象を指示しようと意図されている場合には、自然必然性を「写像化する」、あるいは、自然必然性を概念的必然性の形態で言語のなかに「取り込む」ようにそれらはつくられうるのである。[15]

しかし、発見されたすべての必然性が、概念的あるいは論理的必然性の形態で、言語のなかに「取り込まれる」のではない。というのも、それらのいくつかは、偶然的に関係する言明によって叙述されうるからである。[16] 人間の生存と食べることとの物質的関係は、必然性として認知されるが、その関係が人類の定義に「取り込まれた」ことはなかった。その結果、このことは単に論理学的に真であり、定義上のみの真であるように見えることになった。それはおそらく、食べることは私たちと他の動物たちを差異化していないというもっともな理由によるものであろう。私たちが、「資本を蓄積することをやめた資本家は、資本家であることをやめる」といった言明に出会った場合も、そうである。それは一見したところ単に定義の問題のように見えるが、いずれかの実在の対象ないし構造がその定義に当てはまるかどうかが問われなければならない。たとえば、この対象は特徴a、b、cを、もし特徴dが失われても、保持するだろうかということを問う必要がある。特徴a、b、c、dが独立して同定されうる限りで（それらは独立して存在しうることを意味しなくてもよいが）、その主張が定義によってのみ真であるのか、実在世界でも「真」であるのかを決定することは可能である。

無数の定義とその他の論理的に必然性のある言明が、この世界について創作されうる。そのほとんどはばかげたものであるが、ほんの少数のもの〔定義〕だけがこの世界における必然性を同定することに成功するだろう。私は、資本家は『フィナンシャル・タイムズ』紙を読むことは資本家であるための必要条件である、と主張することはできるが、資本家であることのその他の必然的特徴と言われるもの（たとえば、利潤をあてにして販売用の諸財を生産するために、貨幣を前払いすること）が独立して同定可能であるならば、その主張がこの世界の「真」であるか、あるいは実践的に妥当かを、すなわち、その論理的構造がうまく実在世界の構造を「写像化している」かどうかを、私たちは容易に調べることができるだろう。

さて、多くの哲学者たちは、それらの定義が内包する語の意味から見て定義上真か偽かという分析的言明と、この世界のありよう（あるいは、そのように信じられるもの）から見て「真」か「偽」かという総合的言明との区別に、かなりの重要性を付与してきた。先の議論で示したように、この区別は不十分である。なぜならば、少なくとも世界のありようについての経験的知識に基づく定義もあるからである。[*17] 論理学的必然性と、自然的あるいは物質的必然性とは明瞭に区別でき、後者〔物質的必然性〕は異なる論理的形態、つまり概念的に必然的な言明あるいは概念的に偶然的な言明による定義、によって私たちの言説のなかで表現されうる。私たちが物質的必然性を発見しようとするのは、そのように〔必然的に〕関係している諸対象の性質を構成する物質的連結を探索することによってであって、どの言明がどの他の言明と論理的に関連しているかを調べることによってではないのである。つまり、論理学的形態はとても重要であるが、正統派の科学哲学で一般的に考えられているほど重要なものではないのである。[*18]

この世界で必然性についての私たちの主張の経験的な（アポステリオリな）起源は、科学の〔認識の〕変化の過程を考察することによってより明確にわかるであろう。これ〔科学の変化〕はしばしば、以前には偶然的なものだと信じられていた諸関係が実際には必然的なものだったという認識に伴って起こる。ある事例ではその逆が起こるかもしれないが、それは通常は、第一の変数と第二の変数に帰されるとされていたその効果の原因となっている、以前には隠されていた「第三の変数」の発見を通して、起こるのである。男性と再生産の関係の例をもう一度、考えてみよう。必然性として発見された場合でさえ、それについての私たちの知識が〔さらなる〕修正を免れるというわけではない。男性がどのような性質によって再生産に必須なのかが問われるや否や、人工授精の可能性ゆえに、元の主張に対して修正が必要とされることが明らかになる。この場合でも、最初の主張が全くの偽りだったと単純に言うことは誇張であり、理にかなっていないように思われる。上記の議論を私たちは以下のように要約できる。

思考的対象の領域——論理的な必然性と偶然性の両方を含む。つまり、どちらの形態の言明も、自然必然性を指示するために使用されうるが、それは、常に原則として可謬的であり、それゆえに修正可能な、特定の（ある概念的体系の内部の）叙述のもとでなされる。

実在的対象の領域——必然的関係と外的関係の両方を含む。因果的関係と偶然的関係の両方を含む。

帰納の〔大小〕二つの問題に共通する混同を思い起こすならば、思考的対象あるいは言説の領域と、実在的対象の領域との間の関係が偶然的であるという事実は、後者〔実在的対象の領域〕の内部の諸関係が偶然的か必然的かということには何ら関係ない、ということを付け加えてもよいだろう。

「本質主義」への告発

正統派の科学哲学（たとえば、ポパー）の観点からは、自然必然性、メカニズム、力のような実在論的諸概念は、（とりわけ！）「本質主義」の罪に問われる。私は、本質主義の諸教義を検討し批判することで、またそれらの教義は実在論の教義ではないことを示すことで、そのような暗示的な含意を持った批判に反論したい。ポパーによれば、本質主義とは次のようなものである。

①科学の目的は、事物の真の本性あるいは本質を発見し、それらを定義という手段によって叙述することであるという教義。
②知識あるいは科学は、個別の出来事の観察で始まり、次いで単純な帰納的列挙によって、出来事の普遍的で「本質的な」性質が直観によって把握されるまで〔推論を〕進めていくことだという信念。したがって、それらの本質的性質が当該現象の定義の一部となる。[*19]

本質主義としてしばしば叙述される他の諸教義は以下のものである。

③そのようにして発見された本質は不変であること。
④あらゆる対象は何らかの究極的で単一の本質を持つこと。
⑤私たちは、ある対象の本質についての絶対的で訂正不可能な知識を獲得できるとすること。

本質主義の「罪」とは、これらの教理、特に③、④、⑤の恣意的性質にあり、また観察は理論中立的だという②（および⑤）の含意にあるが、とりわけ⑤の危険な独断的性格にある。これが本質主義というものだとすれば、たしかに間違っている。だが、それが実在論というものではないのも、同じように確かなことである。少なくともそれは、実在論の現代的なバージョンのものではない。

①および⑤に反対して、私たちは、真理についてのそのような単純な考えは疑わしいものであり、もし「絶対的な」真実を獲得していたとしても、私たちはそのことを決して知りえないだろう、と論じてきた。また①に反対して、私は、この世界における必然性について私たちの（可謬的な）知識を、定義かまたは論理的に偶然的な言明のどちらの仕方でも表現しうること、そしてどちらを選ぶかはほとんど重要ではないことを、示したばかりである。②は、第2、3章および帰納問題についての私たちの議論のなかで明瞭に拒否されている。私は③や④を主張したことはない。対象の諸性質をこのように制限する理由がないと思われるからである。ある性質は、実際に、他の性質に影響を与えることなしに、変化可能であるだろう（この場合、それらをあまり本質的なものではないと記述したいと思う）。しかし、他の性質は相互依存的なものであるかもしれない。つま

り、一つが変わると他の性質も変わる、それゆえに（お好みならば）対象の「本質的」性質も変わることになるだろう。そうした性質は数的には有限だとしても、私たちは、それらをすべて知るだろうと想定する根拠を持っているわけではない。たとえば、実際のところ、化学の歴史は、ある単一の根源的「本質」にすべてを還元する諸性質〔を発見する〕という見通しや、または一連の諸性質の終着点〔を発見する〕という見通しなどほとんどないままに、諸元素の一連の諸性質（たとえば、色、重さ、融点、展性、原子価、比重、原子量）が発見されてきたことを示している。

　実在論が本質主義という罪に問われると信じている人たちは、なお残っている「自然必然性」という概念の藁くずを有罪証拠として持ち出すことだろう。彼らは、自然必然性という概念が論理的必然性という概念とは異なっていることを、そしてまた、私たちの知識が偶然的な地位しか持たないということが、すべての出来事ないし対象が偶然的にしか関係しないことを意味するものではないということを、たとえ評価するとしても（多くの批判者たちはそうすることに失敗しているが）、ある関係が必然的だと信じる積極的理由はない、となお論じることだろう。ひどい言い方の場合、そこだけを取り出して、自然必然性という想定などは、ただそれだけのこと――単なる想定にすぎないもの、とみなすだろう。だが〔それを言うのであれば〕普遍的な偶然性、または原子論という想定もまた、同じである。すでに述べたように、いかなる形而上学的信念とも同じく、それは、次のような知識との両立可能性の観点に照らしてのみ評価されうる。すなわち、いずれかの想定のうち、それぞれの命題の賛同者たちの両方が支持する想定のみが信頼できる、そうした知識であると。手短にいえば、刑事訴追の論拠そのものが自然必然性を前提しているのだと論じることによって、私たちはそれ〔自然必然性〕の最強の弁護を提示するだろう。

　科学哲学の初心者にとって、私がどちらかといえば学術的な諸対象を攻撃していて、〔私の議論が〕科学や日常の知識にとって明白な実践的意義を持っていないように見えるかもしれない。しかし、実はこの議論は、しょっちゅう誤解を生み出している言説構造に対する一個の警告として役に立つという、幅広い含意を持つものなのだ。

　ある理論が多くの概念的必然性を包含する場合に、それはマルクスが「先験的構築」と呼んだもの、あるいは一連の純粋に分析的な真理のように見えることがありうる。[*20]これが重要な意義を持つかどうかは、そのような先験的諸要素が実在の必然的結合に根拠づけられているかどうかによる。実際には偶然的に関係しているようなものが定義の内容に入り込んでいる（たとえば、消費者選好と消費者需要の関係が顕示選好という概念に入り込む[*21]）ならば、それは不服申し立ての根拠になる。他方で、二つまたはそれ以上の対象の日常的な定義が相互に独立であるとしても、それらの対象が〔実在的にも〕相互に独立であるということが常に帰結するわけではない。そのような定義はしばしば、ある対象を他から区分して同定するために使用されうるような特徴にのみ言及し、諸対象を結合する特徴は除外しているからである。経済的範疇としての「生産」と「分配」は通常、意味上で一方が他方を論理的に包含しないように、相互に独立に定義される。だが、もし私たちが二つの概念を「解きほぐし〔unpack〕」て、その対象を実質的文脈《コンテキスト》で検討するなら、二つの対象は内的に関係していることが明らかになる。というのも、生産が起こるためにはすでに生産手段の分配[*22]が存在していなければならず、分配は物の生産に物質的に依存しており、それらの物はまた分配されうるのだからである。

論理学の限界

上記の議論は、知識の構築と再構築における論理学の限界に関連するもっと一般的な議論を示唆するものと受け止めることができる。論理学とは、十分な理由づけという諸原則に関連しており、それらの原則に従って、諸前提から必然的に結論が導かれる。[*23] そういうものとして、論理学がほとんどの科学の説明においてある特別な位置を占めていることは驚くにあたらない。論理学の主題的内容は、ある論証におけるいろいろな言明または術語どうしの形式的関係なのであって、それら術語の指示対象ではないことを認めることが重要である。つまり、論理学の主題は、言明と実在世界との関係あるいは素材的対象それ自体どうしの関係に関連するものではないのである。算術と同様に、論理学体系は純粋に形式的で、中立的で、時間性を持たず、内容を持たない。そして論理学的諸関係における術語はあらゆるものを指示しうるか、または何ものをも指示しえないのである。妥当な論証とは、その前提を受け入れながら〔それが導く〕結論を拒否するのは矛盾だというものである。ある論証が有効か否か〔という問題〕は、その論証が実在世界との関係に関して真か偽か（あるいは実践的適合性〔を有する〕か）とは別の問題なのである。

エルスターは、その興味深い著書『論理学と社会』のなかで、論理学的モデルは三つの度合い、つまり無〔none〕、有〔some〕、全〔all〕、あるいは不可能性、可能性、必然性——だけを認める点で、抽象をその極界にまで進めていると主張している。[*24] 論理学的モデルは、諸対象および熱い、寒い、可笑しい、真剣な、今、ここ、あそこ等の定性的で時空間性を持つ記述を量化する際に、実数の使用を回避している。このような抽象の極限的な性格は、特定の因果過程の詳細な説明を、「もしCならばE」あるいは「C⊃E」という通常の形式的表現と比較することで、確認することができる。論理学の諸原則を研究する際には、私たちはこのような抽象〔的性格〕について思い悩む必要はないが、論理学の諸原則が実質的で具体的な諸対象についての論証に適用されるときにはいつでも、抽象によって排除されるものが議論中のその問題にとって決定的に重要なものではないかを点検しておくことが肝心である。もしそうした点検をしないならば、私たちは言説の論理構造のせいで世界の解釈を誤ってしまうかもしれないからである。すでに示したように、たとえば、ある複数の術語が論理的に〔互いに〕独立しているという事実から、しばしばそのように思われているが、その術語が指示する諸対象が実質的にも相互に独立しているということを導けるわけではない。また、原子論を批判するなかで、私はゼノンの逆理の一つに言及して、非時間的な論理と実質的諸過程との明確な非照応性を示しておいた。

次に、論理学的諸原則を世界の解釈に適用することが、捨象するものが何かを列挙しよう。第一に、何らかの抽象に伴って、諸対象のある特定の性質とその文脈《コンテキスト》が排除される。それゆえそれらの概念を構成する意味連関のいくつかが無視される。この過程が極限まで行くと、論理的モデル〔化〕によってあるいは他の手段によって獲得された知識の形式化が行われる。想像されるように、世界についての論理的モデルの超抽象的性格のせいで、それらのモデルは、諸対象の原子論的概念構成と、第3章で叙述したタイプの無内容な抽象とに、うまく適合する。同様に、考慮から除外されてしまうのは、私たちが諸対象をどのようにして指示するのかという概念の問題である。すなわち、私たちが対象を指示できるのは、特定の叙述の下でのみ、また利用可能な意味の枠組みの内でのみなのだ、という事実である。また、諸命題に対する認識する主体としての私たちの態度も考慮から除外されてしまう。

これらの最後の点〔命題に対する私たちの態度〕はまた、第3章で述べた説明〔explanation〕の再構築〔の問題〕にも当てはまるかもしれない。もっとも、〔そこでの〕抽象の諸タイプは論理的モデルの抽象よりもそれほど極端なものでも拘束的なものでもないので、日常の知識のなかに見出される多くの「一次的」概念化は許容されるものであったのだが。実在論的な諸概念の使用も論理学的モデルの使用も、上記の争点の無視を必然的に含むものではない。したがって、実際のところ、両者それぞれの限界が認識されているなら、両者は組み合わされることもありうる。しかし、そこには、特定の種類の抽象が過剰に拡張される危険が、常に存在している。つまり、特定の種類の抽象が、ある領域に位置づけるのが良いような別の種類の抽象に置き換わってしまったり、また論理学の場合には、多くの哲学者や科学者たちがその厳密性と確実性に誘惑されて知識の他の形態や要素を周辺に追いやったりする危険性がある。[*25]

この傾向は、あるいはおそらく条件と呼ばれるべきだろうが、正統派アングロ・アメリカ的科学哲学では根深いものである。ハレーはそれを「論理学主義〔logicism〕」と名づけて、以下のように定義している。それは、「「原因」「説明」「確証」などのメタ科学的諸概念はすべて、論理学から導き出された諸概念で、余すことなく、解釈されうるという教義」である。[*26] あるいはより一般的には、それは、演繹的論理が考慮に値する唯一の「思考の乗り物」だとする見解[*27]のことである。この見解は、それ〔論理学主義〕が科学あるいは知識一般の哲学的再構築を鼓舞しているところでは、悲惨な帰結をもたらしている。ともあれ、次章で示されるように、論理学主義に類似するものは、社会研究のいろいろな定量的アプローチにも現れているのである。

私はすでに、観察が知識にとっての理論中立的な、それゆえ絶対的あるいは無謬的な根拠を与えることができるとする今や放棄された想定について論評した。「確実性希求」のこうしたバージョンはもはや通用するものではないけれども、「科学の論理学」を追究する人々は、論理学と数学の分析的真理という観点で、異なる種類の確実性を追究しているのである。繰り返せば、この人たちは、世界がどのようなものか、何が事物を引き起こすのかという問いを、諸言明どうしの論理的関係に関する問いと混同するという典型的特徴を持っている。

この見解では、科学を他の種類の知識から際立たせているものは、その論証の論理的構造と、反証への公開性である。内容についての問い、それゆえ知識の諸対象の多様な性格についての問いは、私たちの実在論的見解とは逆に、多かれ少なかれ重要性を持たないものと考えられている。そしてポパーのような現代の論理学主義者たちは、因果性の概念のような、形而上学的な問題を排除することを企てたりはしないけれども、それらをまさに二次的なものとみなす。この人たちはまた、いろいろな理論的な仮説や主張が生い立ってくる過程への異様なほど拒否的な態度をとる。そうした問題は単に科学の「心理学」に関わるものと考えられ、科学の社会学や科学史にとってのみの関心事と考えられる。両者〔科学の心理学や科学の社会学または科学史〕はともに科学哲学とは根本的に区別されるとみなされる。それゆえ、主体‐客体の関係や主体‐主体の関係は、科学が発生する場であるにもかかわらず、「心理学的」あるいは「社会学的」次元という観点（ある科学者はなぜある特定の観念を考えた最初の人になったのか、彼／彼女は誰に影響されたのか、等々）からのみ理解される。こうしてそれは、それらの必然的な解釈学的かつ概念的な条件という観点のもとでは理解されないことになる。このことは、そうした問題を扱うのに「心理学」という語をまさに選択していることから明らかである。それは、あたかも諸概念の発展は単に科学者個人の私的心理の一機能であって、概念諸体系の還元不可能な社会的で相互主観的で言語的な性格の機能ではないかのようである。この〔科学の社会的認識機能の個人的心理機能への〕誤った同一化は、ポパーによる、科学的諸仮説の源泉についての、「天才」のある不可解な「詩的」性質という観点からの美化にも明らかである。その結果は、概念化の諸問題が無視されてしまい*28（観察は常に理論によって導かれるというポパーの正当な一貫性にもかかわらず）、また、論評に値すると判断される唯一の問題が、単純な「出来事」あるいは「事例」についての妥当性ならびに予測の真偽を確立するという問題になってしまうのである。

さらに、非論理学的な種類の理由づけの諸形態への無関心〔という問題〕もある。諸概念は、命題間の伴立という論理学的諸関係以外の手段によっても、結びつけられうる。たとえば、それらは、ある共通の対象への共有された指示とか隠喩によっても結びつけられうる。そうした諸関係は非論理学的〔non-logical〕なものではあっても、もちろん、必ずしも非論理的〔illogical〕なものではない。私たちは常に、この世界をいかに観察して概念化するかという問題に直面している。そうした問題に対して、私たちは、他の論理構造ではなくある特定の論理構造〔論理学〕を選択するということで答えることはできない。なぜならば、論理学〔それ自体〕には内容がないからである。

科学の非論理学的だが概念的な内容が、論理学をうのみにするのを促すわずかな想像力しか必要としない哀れな論理学的思考者たちにとっての精神的な支えとしてしか扱われないならば、私たちは、科学は何を指示するべきなのか、なぜ科学はまさにどんなものにも〔やみくもに〕その必然性ないし秩序を追究しないのか、について考える視野を失ってしまうだろう。または、科学的労働はなぜそれが現に行っているような形態をとるのか――すなわち、単にあてずっぽうにデータを収集するのではなく、抽象化し、実験し、世界に物理的に介入するのか、また世界における秩序についての仮説を〔立てて〕試験をするのか、について考える視野を失ってしまうだろう。

驚くにあたらないことだが、論理学を祭り上げ、概念的な問題への関心の欠如を所与の前提にしたうえで、論理学的な科学哲学は、理論について整序枠組み的概念構成を好む。結果として、それは、ほとんどの理論的論争が何をめぐってなされているかについて何の洞察も持たず、したがって、私たちがどんなデータであれ、それをやみくもにそうした演繹的体系に適合させるようなことを追求しないのはなぜか、についても語ることができないのである。

実在世界で生起していることは（概念依存的な現象は別として）、諸言明どうしの論理学的関係とは区別される。同じことが、私たちが使用する理由づけの非論理学的諸形態にもあてはまる。しかし、それらの非論理学的形態は、論理学がそのいかめしい抽象の範囲内に包含することができないような事柄を概念化できるのである。「〜するように強いる」とか「〜を生み出す」という因果的概念は、「因果メカニズムAが変化Bを生み出す」〔という定式〕が単なる規則性（普遍的かどうかにかかわらず）についての論理学的伴立関係という地位に還元されるや否や、失われてしまう。自然必然性と変化を発生させるメカニズムという概念なしでは、因果的諸関係は単なる（偶然的な）普遍的継起連鎖と区別できなくなってしまい、「物理的不可能性」や「疑似相関」のような概念は知解不可能になる。*29

非論理学的で理論的理由づけは、いろいろな有意義なメカニズムや構造の性格を把握するのに必要とされる。もっとも、そうした知識をある演繹的論理の構造のなかで定立することは発見的には有益でありうるのだが。そこで、そうした非論理学的な理由づけは科学以前的なものであり、かつそして／または「科学の心理学」の一部でしかない、という論理学主義的偏見に抗して、私は、以下のことを論じたい。すなわち、因果的で、イメージ伝達的な概念および（論理学的でない）その他の概念は、いろいろな論理的構築を理解するための単なる発見上の補助だというのではなく、その逆なのだ〔実在世界の因果関係についての概念を発見するためのものだ〕ということを、論じたい。*30

ポパーと演繹主義

社会科学で最も影響力のある論理学主義的哲学はポパーのそれである。*31 彼の仕事のほとんどの論議は、科学的推論と反証主義〔falsificationism〕の論理学的構造についての彼の議論に最上位の地位を与えるものになっている――ここでいう反証主義とは、科学は諸仮説を立証する〔verifying〕ことによって進歩するのではない、それは不可能であると考えられている。そうではなくて、諸仮説を反証することによって進歩するのだという教義である。ほとんどの論者たちがそれを受け入れているので、次の点についてはあまり言及されることがない。すなわちそれは、彼が理論、因果性、科学的法則を主として経験的規則性についてのものとして扱っていることであり、彼が物質的あるいは自然必然性を否定していることであり、彼が帰納の標準的説明についての原子論的諸前提を受容していることである。ポパーは、観察が理論負荷的であることをよく知っているが、理論を論理学的整序枠組みとして扱うことによってその要点を弱めている。*32 私たちが見たように〔彼にあっては〕、抽象と概念化の問題が「科学の心理学」のごみ箱へと追いやられるか、「天才」の謎として残される。

　彼の哲学にとって中心的なものは、科学は帰納的なものではなくて演繹的なものだという彼の信念であり、彼は自分が帰納問題を解決したと自慢している。だが、帰納法が使用されることを否定することは、帰納問題の解決ではない。実のところ、彼は自分自身の立場を擁護して論じるための肝心な道具として、この問題についての標準的説明を利用しているのである。

　〔ポパーによれば〕帰納とは違って、演繹は妥当な推論の一形式である。なぜなら、演繹的論証の結論は、その前提が受け入れられるならば、矛盾を犯すことなしには拒否されえないからである。ポパーは「仮説-演繹」手続きを称揚している。そこでは、科学者たちは検証可能な諸命題が演繹できる大胆な仮説ないし推測を進める。こうすることで、ある重要な〔論理学上の〕非対称性の利点を役立てることができる。つまり、ある妥当な演繹的論証（あるいは帰納的推論）の結論を肯定することはその前提が正であることを証明しないけれども、*33 その結論を否定あるいは反証することは、当該の前提がある意味で偽であることを必然的に含意する、ということである。〔論理的な非対称性という〕この性質は帰納的論証には存在しない。私たちの観察を基礎にして、もし、すべてではなくほとんどのAがBであると推測し、後に、BではないようなAの一変則事例を発見したとしても、その推測は反証されない。私がハレーから借用した以下のような仮説の例*34を考えてみよう（その例が自然科学から取られているということはポパーにとって不公平ではない。というのは、彼は社会科学と自然科学は同一の説明方法を共有すると信じていたのだから）。

① すべての金属は電気を通す　｝前提
銅は金属である
∴（ゆえに）銅は電気を通す　結論

② すべての金属は電気を通す　｝前提
アルミニウムは金属である
∴（ゆえに）アルミニウムは電気を通す　結論

①、②ともに妥当な演繹的論証である。〔だが〕②は反証さ

れた。アルミニウムは電気を通さないからである。だから、アルミニウムが金属ならば、「すべての金属は電気を通す」というこの言明で指示されている、推論された普遍的規則性は、偽でなければならない。①の結論はその諸前提を拒否しないが、両前提のどれをも確証しない。というのも、一つの金属が電気を通すという事実からすべての金属が電気を通すということは導けないからである。実際、そうした結論は、ばかげたものを含めて、無数の前提から演繹されうるだろう。たとえば、「すべての木は電流を通す。銅は木である。それゆえ銅は電流を通す」というのは、一つの〔形式論理上〕妥当な論証である。どれほど多くの事例を確証しても、その論証の諸前提でなされている普遍的主張を立証するのに十分ではない。けれども、諸前提を反証するにはたった一つの変則事例が必要とされるだけである。

しかし、この単純な戦略は、ポパーが望んだように帰納問題を回避するのに失敗している。というのも、もし出来事のすべての継起連鎖が偶然的で、それゆえあらゆる事例で帰納の大問題（世界は突然変化するかもしれない）に対して脆弱であるならば、（どんな推論様式を選択するかにかかわらず）今日反証されるものも、明日には確証されるかもしれないからである。私たちが一つの反証事例を観察したという事実からは、テストを繰り返せばいっそうの反証〔事例〕を見出すだろうということを（帰納的には）導けないのである。すべての出来事が偶然的に関係しているのであれば、反証には大した意義がないし、普遍的規則性についての推測などは大胆というよりも愚かなことになる。反証が持続的で理論的意義を持つものとみなされるべきなのは、あるいくつかの諸関係は必然的なものだと私たちが前提している場合のみである。だからポパーの反証主義は彼が否定したいものを前提にしているのである。[*35]「科学の論理学」は、必然性に関わって形而上学的水準で生じた諸問題を逃れることはできないのである。

ポパーの科学観の核心にある演繹的論理構造は説明の一つの理想的形態として広く称揚されてきたもので、「演繹法則論的（deductive-nomological）」（D－N）モデルあるいは「被覆法則（covering-law）」モデルとして知られている。[*36] そこでは、説明されるべき（あるいは、予測されるべき）出来事（説明と予測の対称性が想定されている）は、ある普遍的法則（規則性）といろいろな初期条件の組み合わせから演繹される。そうした説明形式は、次のような問いに答えるために使用されることがある。

なぜ銅は電気を通すのか？

すべての金属は電気を通す（法則）　説明事項
銅は金属である（初期条件）
∴（ゆえに）銅は電気を通す　被説明事項

（ここで、再びハレーの自然科学の例を使うことにした。規則性の法則として、道具主義的なタイプのものを提示しているような、重要でしかも合理的な普遍的規則性を、社会科学では見出すことが困難だからである)。だが、説明のこの「モデル」形式は本当に説明しているのだろうか? ここでの法則言明が真であると想定したとしても、その研究者はすべての金属が電気を通すことなどおそらくすでに知っているだろうから、銅やその他の金属をしてこのような振る舞いをさせるものが何かについて説明されるという意味で、なぜこのようなことが起こるのかが語られていないことに不満を持つことだろう。このモデルは、何がこの効果を決定または生み出しているのかを私たちに語る代わりに、被説明項である出来事が起こると期待したいくつかの根拠を与えているにすぎない[*37]。あるいは別の言い方をすれば、それは、ある他の言明から被説明項である言明を論理的に導出する仕方を提供しているにすぎないのである。いくつかの場合には、こうした期待あるいは導出のそのような根拠が、求められていることのすべてだというような場合があるかもしれない。しかし、そのことと、因果的説明を与えることとを混同しないことが肝心なのであって、因果的説明は常にその出来事を発生させる、あるいは生み出すものへの指示を含んでいるのである。そのうえ、繰り返すが、被説明項である出来事は、ばかげた規準からも演繹されうるのである。たとえば、「金属」という語を「乳製品」、「共産主義者」、あるいは何であれ読者のお好みのもの、を使った例で置き換えてみよう。そうしても、その説明は、D-Nモデルの純形式的規準を満足させる限り、なお有効なのである。

いろいろな説明の内容への問いと、因果的説明のために、出来事の原因となっているメカニズムを引証することの必要性とを、私たちが無視してはならないことは明らかである。私たちの見解では、「銅は電気を通す。なぜならば、銅はその構造のうちに遊離電子を持っているからである」が、受け入れ可能な因果的説明である(もちろん、当該のメカニズムの叙述は、私たちの関心に従って、さらに「詳細に分析される」よう求めることができるだろう)。そして、説明されるべき出来事がたった一回しか起こらなかったか、あるいは規則性という形態で繰り返し観察された出来事の一例か〔という問題〕は、何がそれを生み出すのか、とは別の問題なのである。

こうして、この種の説明をD-N図式に適合させることが可能になるだろう。というのも、それにぴったり合う「被覆法則」を思いつくのに大した創意はいらないからである。

例 複数の遊離電子を持つすべての金属は電気を通す
銅は複数の遊離電子を持つ金属である

それゆえ銅は電気を通す

とはいえ、演繹的形式と被覆法則は、何が被説明項の出来事を引き起こすのかについて何らの情報も付け加えないのだから、〔必要のない〕余分なものである(ローチが記したように、社会的出来事に被覆法則を援用しようとする企ては例外なく、結局は、どちらかといえばおなじみであたりまえのことを、規則性と称するなじみのない疑わしい主張を引き合いに出して説明することに帰着する[*38])。「遊離電子」〔による説明〕はメカニズムを指示しようと企図している。そのような企図が成功するかどうかは、演繹的論証に組み入れられるかどうかによるものではない。したがって、D‐N〔演繹法則論的モデル〕による説明の事例が与えられるところではどこでも、それらの事例が、因果的説明として持つだろう何らかの説得力を、あるメカニズムへの指示という、まだ公認されていない算入に帰せられるかどうかを点検すべきなのである。

　そこで、私たちの社会科学的説明をD‐Nモデルという鋳型にはめ込もうとするよりも、次のような単純な形式が受け入れ可能になる。たとえば、「土地貴族は課税によってその命脈を絶った」とか「穀物輸出は農業利益団体をなだめるために許可された」といったものである。[*39] もしこれらの形式が批判されるとすれば、検討されるべきは、その内容であり、それらが有意義なメカニズムを正しく同定しているかどうかという観点から検討されるべきである。そしてこのことが今度は、（観察は理論負荷的だというポパーの主張にもかかわらず）論理学主義あるいは「演繹主義〔deductivism〕」がほとんど注意を向けようとしないもの、を考察するように私たちに求めてくるのである。つまりそれは、いろいろな説明項と被説明項で指示された諸対象を私たちはいかにして概念化するのか、ということについての考察である。

　演繹‐法則論的「説明」モデルは、説明に失敗しており、それはその失敗によって、論理学主義の貧困を証言する証人となっており、また、特に諸言明どうしの論理学的関係に関わる、諸事物が生起すると期待する根拠と、その生起の原因となる実在の構造およびメカニズムとの混同、について証言する証人となっているのである。特にポパー（とラカトシュ）によって発展させられ、人気を集めているにもかかわらず、それ〔D‐N説明モデル〕はほとんど実践されていないのである。社会科学における多くの方法論者たちはその規範を学生たちに処方しているが、ほとんどの研究者や学生たちは実際にはそれらを使用していない。このようになる理由を知ることは、「大胆な推測」で被覆法則として提案されると思われる普遍的規則性についての決定論的言明の重さを理解するなら、難しいことではない。もし閉鎖システムが利用できないのであれば、たとえ、いくつかの他の事情にして同じならば〔ceteris paribus〕という防護用の想定が許されるとしても、その仮説は成功の見込みがないものになるだろうからである。もっとも、あまりにも多くの〔他にして同じならばという〕防護を組み入れるのは、研究者たちが、ポパーがうながしたような反駁の危険を最大化することよりもむしろ、最小化しようとしている、という批判を呼び寄せてしまうだろうが。有名な一例では、経済学者R・G・リプシーがある教科書を執筆し、そこで仮説‐演繹アプローチは、反証性を受け入れているので、採用されてしかるべきだと述べていた。[*40] だが、もしこの教科書で仮説として設定された諸関係が決定論的普遍的規則性として扱われ、いかなる変則的事例からの反証にも脆弱であると想定されるならば、ほとんどの理論は生き残らないことになろう。後の版でこの著者は方法論的な導入部を変更し、ポパーならきっと承認しないだろう一つのアプローチを採用した。つまり、確率論的あるいは統計的法則を提案し、帰納的な支持を得るためのどんな測定尺度が見出されるかを知るべく試験をするというものである。より最近では、ラカトシュによるポパーの考えのさらなる発展に続いて、より洗練された反証性の諸形態が探し求められている。もっともこれらは、因果性と諸法則についての規則性の（道具主義的な）理論、原子論と論理学主義の教理、そして閉鎖システムと開放システムの区別への無関心、に挑戦するどころか、むしろそれらを永続させているのであるが。[*41]

第6章　社会科学における量的方法

あなたがそれを測定できず、数値で表現できない場合、あなたの知識は貧弱で不満足なものである。（ケルビン卿）

あなたがそれを測定でき、数値で表現できる場合でも、なおあなたの知識は貧弱で不満足なものである。（ジェイコブ・ヴァイナー[*1]）

本章の目的は、社会科学における量的方法の使用法についてのいくつかの問題を探究することである。それはまた、前章を読んだ人にとって——少なくともその主題についての初心者には——かなりアカデミックな批判に思われたかもしれない事柄に、より実質的な内容を与えることに役立つだろう。数学的アプローチは筆者が攻撃した哲学的および方法論的立場の不可欠な部分ではないけれども、数学的アプローチが社会科学で一般的に使用される方法は、それらの哲学的方法論的立場と共鳴しあう傾向がある。

通常、量的方法の支持者は、純粋に言葉だけの方法をはるかに超えて、演繹的推論という私たちの力を拡張することのできる正確で明白な言語としての数学の特性に訴える。こうして、論理学と同様に、数学的推論の妥当性は、「白か黒か」〔二択的〕問題であり、経験的チェックというよりは内的な〔整合性の〕チェックを受けることになる。この後者〔経験から離れて論理的妥当性のみに注目する数学的アプローチ〕の特徴は、際限なく異議を唱えることが可能に思える社会科学の性質に悩まされている人々にとって大きな魅力を持っている。しかし、数学の威力と優美さを承認したとしても、私たちがその適用可能性の限界を検討することを妨げるべきではない。数学は、論理学のように、純粋に形式的な言語であって、すべてか無かを指示するために使用することができる。第5章では、〔論理的に〕妥当な議論であっても、必然的に「真」であるとか、実践的に適正であるというわけではなく、実際には全く理にかなっていないかもしれないことに注意を促した。したがって、このことは数学にも当てはまる。すなわち、あるモデルに数学的な誤りがないという発見は、それが世界に適用できるかどうかについては何も語っていないのである。数学的推論の純粋に形式的な本性は、それが適用されたときの実践的な適切性を調べる必要性から私たちを放免してくれるものではない。それどころか、まさにそれ〔数学的推論の形式性〕が〔実践的世界に対して〕中立的なものであるからこそ、数学を世界に適用する際に使用される抽象化の形式の適切性については綿密に精査されなければならないのである。ヴィトゲンシュタインが述べているように、「私たちは、生活において……数学に属さない命題から、同じく数学に属さない他のものへと推論するためだけに、数学を使用する」[*2]。しかし、この数学の使用の際の問題性に対する意識的な無視を見抜くためには、社会科学における量的方法の使用の様々な事例にまで目を向ける必要はない。おそらく、この無視や自己満足〔complacency〕の理由の一つは、自然科学における数学的な世界表現の数多くの顕著な成功があったからであり、察するに、その最も有名な例はニュートンの研究であろう。バナールが書いているように、「ニュートンの貢献は決定的だった。それは物理的な原理を観測によって確認された量的で計算可能な結果へと変換するための数学的方法を見つけたことであり、また逆に、そうした観測からそのような物理的原理に到達したことである」[*3]。

そのような成果に感銘を受けない人はほとんどいないだろう。だから、多くの社会科学者は、適切な方法を採用したなら、彼らのニュートンを見出すことができるようになると期待しているのである[*4]。しかし、なぜ彼らが失敗したのかを理解するべきなら、それらの数学的な表現が実践的に適切であるためには、現実の対象やプロセスがどのようなものでなければならないかを尋ねなくてはならない。この問いについて私は、決定論的モデリングと統計的方法という、社会科学における量的アプローチの二つの主要なタイプに関連させて議論する。この問いに対する私の特殊な回答の成功がどんなものであれ、私は少なくとも、この問いの重要性について強調しておきたい。

定量化

この問題は、定量化の操作に関連して、最も基本的で根源的なレベルにおいて提起することができる。すなわち、それらが定量化可能であるためには、対象はどのようなものでなければならないのか、と。この簡潔な問いに対する答えは困難で複雑である。許された紙幅のなかでは、ニコラス・ジョージェスク＝レーゲンが卓越した著書『エントロピーの法則と経済プロセス〔*The Entropy Law and the Economic Process*〕』のなかで論じた、その主題についてのいくつかの論点を要約することができるのみである[*5]。

間隔尺度を用いた定量化の実践的に適切な形式は、少なくともその尺度の原理において、質的に不変の対象とプロセスに対してのみ展開することができる。たとえば、それらは、その本質を変えることなく、分割されたり結合されたりすることができるのである。私たちはそれらを、異なる時間や場所において異なる条件で測定することができるが、異なるものを測定しているのではないことを知っている。しかし、自然科学に比べて社会科学では、この安定性についての確信を私たちが持つことのできる機会は、はるかに少ない。したがって、文脈依存的な《コンテキスト》行為や態度などの特性は、定量化には不適切だと考えられるかもしれない。もし、それらを定量化することに固執するならば、私たちは少なくとも、その結果がどのように解釈されるかについて、非常に用心深くなる必要がある。対象が質的に不変である場合だけ、私たちがそれらの対象を測定しまたは変更する際のその順位は、〔対象の質には〕無関係なのである。石炭の灰への転換や子どもの社会化は、質的変化を伴う不可逆的なプロセスであり、いかなる有意義な方法でも、計数的に測定することはできない。そのような対象は、それがあたかも「パラメーター的」なものであるかのようにモデル化することはできない[*6]。つまり、ある方程式の変数によって指示されている対象が質的な変化（たとえば、学習プロセスを通じた〔変化〕）を生じるような仕方で相互作用する場合は、それらの変数は安定した指示を行うことができないのである。したがって、線形性、可算性についての、および比例変動の実践的に適切な道具主義的法則を発見する可能性についての仮定すべての成否は、それらが指示する対象の特定の物質的特性にかかっている[*7]。

〔変化の〕プロセスが数学的に適切に表現されるかどうかは、その変化のタイプに、すなわち、純粋に量的であるか、質的に不変な実体の運動に還元可能であるか、あるいは、還元不可能な質的なものであるかということに、かかっている。後者〔量に還元不能な質的変化〕の可能性は、個体が依然として固有性を保持している場合（たとえば、老化のプロセス）と、それらの個体が識別不能になる場合に分けられるであろう。はじめの二つのタイプ〔量的であるかまたは質的不変の場合〕の変化は、対象の間の外的な関係に影響するだけなので、加算や減算などの数学的操作によって物理的な結合や分離を問題なくモデル化できる。しかし、第二の種類の〔量的なものに還元不能な〕質的変化においては、創発力がそうした結合や分離によって生成したり消失したりする可能性があるために、計数的な測定は実践的に有効ではない。社会を見る最も興味の薄い方法の一つは、人口学的分析によるものだ。これは、諸個人を外的に関連するものとして概念化しているため、社会構造とその創発力に対しては「盲目」である。それでもそれが普及している理由の一つは、その抽象化の様式が定量化を可能にするからである。その問題を正しく評価することなく多くの研究者がそれでもなおそれ〔定量化の方法〕を使用しているが、もっと「非-社会的」でない〔社会的な〕アプローチは、定量化がそれほど容易なことだとみなすべきではない。たとえば私たちは、時間やお金を単位として、異なる種類の労働を計数的に測定可能なものとして扱うことが、まさにどれほど奇妙であるかについて、立ち止まって熟考することはめったにない。他のすべての種類の抽象と同様に、そうした特徴〔定量的な抽象〕が実践的な問題を引き起こすかどうかは、それら〔の抽象化的方法〕が使用されている状況と、そこから引き出した推論の「重み」に依存するので、そうした測定がいつでも問題を免れていると想定することはばかげている。応用的な量的方法についての多くの教科書が、測定の持つ問題に言及していることは事実であるが、それらの問題はまれにしかさらなる関心を引かない。なぜなら、それらの教科書はそうした方法の使用に潜んでいる概念的な問題や形而上学的問題を探求できていないからである。

社会科学の場合、めったに論じられていないさらなる複雑な事態がある。それは、定量化が単なる分析の道具ではなく研究対象の一部であるという事実から生じている。その対象の多くがすでに定量化されていることを考えれば、経済学が圧倒的に量的な社会科学であることは驚くことではない。とはいえ、そのこと〔量的科学であること〕を「科学」としての優越性の証拠として好んで解釈する人々によって、この単純なこと〔対象がすでに量化されていること〕がしばしば見過ごされているのだが。しかし、量的データが与えられているという事実は、ここで議論された問題の重要性を減少させるどころかむしろ増加させるのである。間違っているか、または一貫性のない考えによって情報を与えられ制御されているような実践の可能性について第1章で示された論点は、社会学の〔扱う〕「ソフトな」質的データだけでなく、経済学の〔扱う〕量的で「ハードな」データにも適用される。そして、いわゆる「価値中立性」を誇りにしているにもかかわらず、「実証的」な経済学者たちは、時々定量化に対する、また（たとえば、公共セクターの価格決定政策などの）社会における経済計算のモデルに対する批判を、買って出ることがある。これらの問題のあるやり方は、非市場取引に限定されるものではなく、経済におけるすべての形態の定量化に関係している。どんな経済理論も、限界生産性や労働時間、あるいは他のどんなものの測定であっても、量的尺度が何についての測定であるかという論点を回避することはできないのである。

数学
――非因果的言語――

これらの問題に留意して、当該の対象を適切に定量化したうえで、そのシステムの数学的モデルを構築しようとする場合を想定してみよう。この段階では、私たちは、数学的アプローチを使用することのもう一組の特性と限界を自覚しなければならない。

まずは、そうしたモデルで実行される数学的操作は、仮定とデータから特定の結果を計算したり、演繹したり、導出したりする方法は提供するけれども、現象を因果的に説明する方法は提供しないのである。以前行った閉鎖システム（一二三－一二四頁、レコードプレーヤーの回転盤の例）についての議論において、そのようなシステムの挙動が、どのようにその因果的構造を何ら考慮することなく、計算されるかを確認した。そして、第5章では、論理的（演繹的）な秩序と因果的な秩序の間の対等的な不一致〔an equivalent non-correspondence〕の例を示した。残念なことに、何かを計算する方法を見つけることは、それを生み出しているものについて因果的な説明を与えることと必然的に同じであるという信念は、数学的モデリングを幅広く使用している経済学のような領域に蔓延している病である。驚くことではないが、このような信念を受け入れている人たちは、誤りをもとに原則をつくるポパーのような還元主義の哲学者に訴える傾向がある。[*8]

　因果的説明を援助するものとしての数学モデルの使用は、不可避的に問題的なものとなる。なぜなら、言語としての数学は非因果的で非構造的なものだからである。それは、私たちが因果性を表示するものとみなしている、「生産する」「生み出す」「力を持っている」といったカテゴリーを欠いている。$y=f(x)$のような数学関数は、yまたはxをそのようなものたらしめているものについては何も語らず、ただ、yにおける量的変動が、xにおける量的変動と（実質的にではなく）形式的に、何らかの関係にあることを語るのみである。もちろん、方程式における＝記号は、いわゆる「独立変数」が「従属変数」の変化の原因であるということを意味するのではなく、ただ両側の量が等しいことを意味するだけである！　ある変数を独立変数、別の変数を従属変数と定義する決定に関わるどんな因果性への転嫁〔imputations of causality〕も、非数学的な因果基準に基づくものでなければならない（しかしながら、いくつかの場合、その決定の根拠は、データがある変数として利用できるということ以上のものではない。したがって、それらの変数は非独立的なものでなく、独立的なものとして扱うことができなければならないのである！）。第3章で提案した実在論的な因果理論によれば、対象の質的分析はメカニズムの開示を必要とする。慣習化した因果理論は、そのような懸念事項を捨象し、その代わりに出来事の規則的な継起関係に焦点を合わせる。このように、それ〔慣習化した因果理論〕は数学的アプローチととても気楽な仕方で結びついているが、明らかにこの結びつきは、特に疑似相関の問題に露わになっているような、偶然的関係と因果関係とを区別するうえでの無能力を何ら修復するものではない。

　同様に、量的分析に使用される「変数」の概念は、因果的説明に関しては無関心な概念である。つまり、変数は、その原因ではなく、（定量化可能な）変化を計上するだけである。数学の語彙は因果力の発揮に関連する効果を記録するのに有用かもしれないが、なぜ対象がそのような効果を有するのかを示すためには他の「言語」が必要である。この限界を認識しないことが、労働力（または、仕事の能力）と、その力の発揮――つまりは労働とを、区別するうえでの経済学の広範な失敗の後押しをしているのである。この混同は、意味論上の軽微な問題などではなく、資本主義経済がどのように機能しているかについての多くの重大な概念錯誤を、特に、賃金はなされた仕事に対する支払いであるとする信念を、下支えしている。実際の実践では、仕事と仕事の成果を分けることは不可能である。なぜなら、理論家によるその結果からの労働の抽象は、実践的な同等物を持たないからである。もしも、労働者が労働を売ったとするなら、彼らは労働の成果もまた売却しなければならないだろう。しかし、企業が労働者自身の才覚で働く労働者から商品を購入するのでない限り、資本家たちはそんなこと〔自分の労働者から商品を買うようなこと〕はしない。フォードは、フォードの労働者から車を購入しない。なぜなら、そうすることは、自動車で利益をあげる可能性を、労働者に引き渡すことになるからだ！　変数と計算だけを扱うときには、Lが、実際に行われた仕事を表しているのか、それとも労働力を、つまり仕事の能力を表しているのかは、ほとんど問題にもならないようだ。しかし、利益の起源についての因果的な説明という観点からすれば、それはきわめて重要なことなのである。

したがって、数学的モデルの考案者は、ある特定の変化をもたらす社会的対象がどのようなものかについて説明することではなく、行為の結果を表現し計算することに関心を持つ傾向がある。このような傾向のさらなる理由は、内的関係、したがってまた構造を表現することについての数学の不可能性である。そのうえ、定量化されたときには、実際に実質的な関係（すなわち、対象間の物質的結合を含む関係）が、つまりは内的関係および／または因果的関係が、純粋に形式的関係か偶発的な関係か区別できなくなる。これらの限界は、「変数」として表現されている諸対象が依存しているその社会的関係や構造が意識されないという、社会科学における数学的モデルの作成者の傾向を強化するのに一役買っている。

会計処理モデルと疑似因果モデル

もしも数学の言語が非因果的であるとすれば、モデルがそれらの対象について何事かを「説明する」と言ってもよいような、他の〔因果的でない〕何らかの意味はないのだろうか？　もし、「説明」によって単に「明確にする」ことを意味しているなら、もちろん、モデルは構成要素の量がどのように変動するかを説明するかもしれない。また、最も簡単な種類のモデルの一つは、会計報告書に明細として記載された個人の出金や入金や利息の支払いを指示することよってある人の預金収支の変化を説明する（または、計算する）ように、構成要素に分解することによって（従属変数として扱われる）集合体の変化を「説明する」ものである。実際、モデリングへのそのようなアプローチは、時に「会計処理フレームワーク」と呼ばれる。そのモデルは変化する構成要素を計算するけれども、何がそれらの変化の原因となったのかは指示しないのである。

この種の量的な分解はしばしば、「因果的な分解〔causal disaggregation〕」を構成しているかもしれないものには対応させることができない。たとえば、雇用変化の研究において、明白な分析方法の一つは、工場の「誕生」、「消滅」や移動、あるいは部門分析、など、変化の構成要素を同定することや定量化することを含むだろうが、雇用変化の多様な原因がどれかの分解〔された要素〕にきちんと対応することは見込めそうにない。[*9] さらに、構成要素が質的に不変ではない場合や相互に因果的作用をしている場合や、創発力が発生したり結合と分離によって解消されたりする場合にも、問題が発生する。創発力を持っている対象の効果をその構成要素の相対的寄与の観点から説明しようとする試みは、水の振る舞いのある割合を水素による効果に帰し、残りを酸素の効果に帰すようなものである！[*10] 適切に用いられるなら、会計処理モデルの数学的操作は、可能な物質的操作や変化の観点から解釈可能でなければならない。このことは、どんな具体的な研究においても、計算による説明がなくてもよいなどと主張するものではない。どのような因果メカニズムが存在しているか、またはどのように働いているかを知るだけでなく、（もしも、それらが分離可能であれば）それらの数値と効果を量的に推定することも通常は重要なことなのである。

会計処理モデルの他に、その独立変数が単なる構成要素であるだけでなく、従属変数における変化の原因ならびにその条件でもあると称するモデルもある。従属変数における変化は、構成要素における変化の具体的な総和として解釈可能なものではないが、むしろ、原因や条件とみなされるかもしれない変数がどのようにそれらの構成要素の変化に伴って共変動するのかを反映している（因果推論は数学の外で行わなければならないということを読者に気づかせるために、私は〔あえて〕「かもしれない」と言っている）。これらの「疑似因果〔*quasi-causal*〕」モデルと会計処理モデルは、両方とも、同一の方程式の形式——典型的には $y=f(x_1, x_2, \ldots, x_k)$ ——を使用している。しかしながら、数学的言語の明白な柔軟性に注目するだけでなく、二つの用法の意味における違いに注意を払うべきである。特に疑似因果モデルの場合、方程式の論理的秩序が、経済成長のようなプロセスの物質的、因果的秩序を「表現する」ためにどのような意味で役立ちうるかをたずねることは有用である。この問いの答えが追究されない限り、モデル作成者は、「因子」（他の「中立的な用語」でもよいが）となる可能性のあるどんな現象をも扱おうとして、ただ単純にモデルに変数を「代入する」やり方に陥る可能性がある。その際には、それらの因子が条件なのかあるいはメカニズムなのかを、さらにもしそうなら、どんな種類のものなのかを解明したりしないのである。そしてありうることだが、そのような不可知論的な態度は、単一の方程式のなかでの会計処理的要素と疑似因果的要素の精査されていない結びつきを許してしまうかもしれない。

「理論」モデルと「経験」モデルおよび閉鎖システム

予想されることだが、当のシステムが開放されているか閉鎖されているかは、数学モデルの使用にも強い影響を及ぼす。いわゆる「理論モデル」は、ちょうど、経済の二部門モデルや、マーシャルの需要‐供給モデルがそうであるように、常に単純で仮説的な閉鎖システムの存在を仮定している。このモデルはそれ自体、様々な可能性を明確化するために、発見法的に有用でありうる。[*11]〔これに対して〕いわゆる「経験モデル」は、実際のデータに合わせて、社会科学においては、研究者がそれを承知していようといなかろうと、開放システムに合わせて調節されている。数学的関数が定常的でない関係か、または定常的な仕方で変化することのない関係に合わせて調節される場合

――すなわち、システムが開放されている場合――そのモデルは予測ではあまり成功しない。しかしながら、ひとたびシステムの構成要素が定量化されると、それが閉鎖的であれ開放的であれ数学モデルを事後に〔*ex post*〕予測に合わせて調節することは常に可能になるけれども、事前の〔*ex ante*〕予測がうまくいくのは前者〔閉鎖システム〕の場合のみである。それでもなお、モデル作成者がしばしば望むのは、不規則な関係と思われるものが不変の構成的規則性の影響だと示しうるようなやり方で、システムを解読できることである。典型的には、たとえ閉鎖のための外的な条件が認められても内的条件は無視され、さらに、開放システムに見えているものも、実際には閉鎖されたサブシステムが結合したものにすぎないと仮定される。しかし、研究者が現実の（開放された）システムをモデル化しようと試み、また実際にも、ある典型的な「徴候」や反応が同定されうる場合でも、この不適切な判断の帰結から逃れることはできない。

これらのことをいくつかの例で説明するために、人口変化の数学モデルの非常に簡単な例を考えてみる。[12] 各年齢層の女性千人当たりの出生率や年齢別の女性数といった変数についての情報が与えられると、将来の出生数を予想することができる。事後の計算を目的としてひとたびモデルが調節されると、ただ方程式を再調整するだけで、すべての変数を従属するものとして扱うことができる――因果の順位と計算の順位は一致する必要はなく、必要に応じて結果から原因を計算することができる。しかしながら、モデルを予測に使用した後で実際のデータと比較したときには、モデルが閉鎖の条件を満たしていないという事実が不正確さを導くことになる。年齢別に細分化したとしても、各クラスには異なる出生率を持った諸個人のタイプが含まれているおそれがあり、しかも、これらのタイプの比率が変化し、出生率に対する社会的影響が変化するので、年齢別出生率も変動する。この「徴候」に対する一つの反応は、異なるグループが区別できて、それによって、質的な変化を質的に恒常的なグループの純粋に量的変化に還元することができるという希望をもって、さらにモデルを細分化することである。バスカーに従えば、これは「還元主義的遡及〔reductionist regress〕」と呼ばれることがある。[13] いずれにせよ、この還元主義的な応答戦略はしばしば逆効果的である。なぜなら、モデルの複雑さ、つまり推定される「知られていないもの」の数と、それとともに、誤差増幅の可能性とが、急速に増加するからである。そのうえそれは、変動が平均化されてしまう「大数の法則」に由来するかもしれない規則性の程度をしばしば失なわせることになる。もし、モデルの唯一の目的が、説明ではなく簡単な予測や計算を行うことであるならば、最大の秩序または規則性を与えるような分解のレベルを選択することが、おそらくより実践的になるだろう。

それとは別に、あるいはそれに加えて、反対方向への遡及を試みることができる。そのような「相互作用論的」遡及[14]の場合には、特定のパラメーターが変化するものであると認識されているが、そのような変動はモデルの内部で内的に算定されうるものと期待されている。たとえば、出生率に対する経済的影響の研究から、こうした影響についてもモデル化するような経済的なサブシステムを増築することが決定されるかもしれない。このような〔時に還元主義的遡及と結びついている！〕戦略は、MITの世界モデルを含む一九六〇年代後半から一九七〇年代初めの法外なモンスターコンピュータモデルに典型的に表現されていた。[15]それらの戦略は、複雑性、データの必要性、エラー増幅に対しても、同様の〔問題のある〕効果を持っている。第4章で指摘したように、たとえ不正確であっても、私たちは予測なしですませることはほとんどできないのであるが、社会システムを、何らかの正確性をもって予測的にモデル化することができるかもしれないと期待することの無益さに、最終的には直面することになる。一般化についての注釈の場合と同様に、私がこれらの困難を指摘しているのは、予測的なモデル化を禁止するためではなく、避けられない困難や反応を説明するためなのである。

仮説的な閉鎖システムをモデル化するときには、諸過程のどのような相互の自律性も、またどのような相互依存における非対称性も――つまり、その数学的表現を大いに助けてくれるような特徴も――明白ではない。[16]開放システム〔および閉鎖されてはいるが操作可能で実在的なシステム〕では、この自律性と非対称性がよりいっそう明らかである〔たとえば、生産と供給の消費と需要からの部分的な自律性のように〕。分析的に解くことのできる方程式によってそれらをモデル化することは不可能ではないにしても難しい。それどころか、コンピュータシミュレーションを使用した再帰的な定式化が、要求されるかもしれない。その場合、分析モデルの優美さは犠牲にされてしまうのだが。[17]

システムが特別によく理解されているのでない限り、そのシステムの数学的モデルのパラメーター値を先験的に特定することはほとんど不可能である。そこで、それらのパラメーターが「測定」されなければならない。通常、私たちは――それらの変数が正か負かといった――ある関係を示す「符号〔sign〕」について良い思いつきを持っている。とはいえ、あらかじめ正確な定式を特定することはできない。システムが閉鎖されている場合、このような〔パラメーターの〕定式が一度実行されるだけで、予測をうまく達成する強固なモデルを生成するのに十分である。しかし、システムが開放されている場合は、そのモデルはそれぞれの適用に対して新たに適合的に調節〔あてはめ〕されなければならない。そのため、パラメーター、係数、回帰直線はケースごとに変わることになる。[18]抽象化というよりも一般化が求められているのだが、結局はほとんど一般化できない結果となる！　時にこの種の〔調節の〕実行は予測モデルのための「試験」として擁護されている。しかし、モデルを一連のデータに合うように調節することは、いかなる有意義な意味においても、予測や試験をすることではないのである。たとえ、調節されていない特定の変数の「調節具合」が試験される場合であっても、その変数は、調節されているモデルの一部を通じてすでに間接的に最適化されてしまっているということを覚えておかなくてはならない。[19]

多くのモデルにおける、解釈されない定数やパラメーターや係数の存在は、数学的秩序と因果的秩序の一致を作り出そうとする試みの不適切性を証示している。もしも、それらを特定のプロセスや特徴を「表示する」ものとして解釈できないなら、それらは「誤差の範囲」としてより正当化可能な仕方で記述されるかもしれない。というのも、それらの唯一の機能は、どんなデータセットにも合うように調節する手段を提供することによってモデルの不適合性を隠蔽することだからである（十分なパラメーターがあれば、任意のモデルを任意のデータに合わせて調節することができる）。その一方で、それらのパラメーターに一貫した実質的な解釈を与えることができるならば、それらを調節されるままに任せておくより、理想的にはそれらの数値を、先験的に、あるいはモデルの内部で、決定することが可能となるはずである。そうすることは、還元主義的遡及や相互作用論的遡及を引き起こすことになるのだが[20]。モデル作成者はそれに気づいていないかもしれないが、ケースごとに数値が異なるパラメーターの算入は、閉鎖のための内的および外的な諸条件を満たさないこと、および因果構造を誤って設定することを容認してしまうような、遡及的だが解釈不可能な方法を提供する。

したがって、それぞれのデータセットに合うように調節しなければならない「経験モデル」の使用は、永続的な規則性を利用できないことへの無自覚の反応とみなすことができる。永続的な規則性は、道具主義的な法則〔観〕の主題とされるかもしれないものなのだが。このような経験モデルの使用はまた、演繹的論理の放棄を意味するとともに、それによって、予測が経験的な規則性についての仮説から演繹され、その後で独立したデータに対して試験されるという、仮説－演繹的な手順に科学は従うべきだという信念を表示しているのである[21]。この種のうまく成功する予測を主張する代わりに、社会科学者は相当に希釈された方法論的原則を受け入れざるをえなくなった。たとえば、経済学者のポール・サムエルソンは、このような予測は実行不可能であることを承認したが、その代わりに、最小要件として、従属変数における予測された変化についての代数学的な表記は正しくなければならないと主張している[22]。もう一人の経済学者、レオンチェフは、経済学者たちが理論家として、どのように想像上の閉鎖システムを仮定しているかを指摘した。その想像上の閉鎖システムでは、彼らは、科学的「説明」や予測は形式において演繹的でなければならず、さらに普遍的な経験的規則性に関係していなければならないという仮定を保持できるのである。そこではしかし、今度は、開放システムのためにモデルを「操作可能にする」ときには、それらの両方〔演繹的予測と規則性〕の教義を放棄しなければならないことを見出すことになる。

私たちは理論家〔theorists〕として、価格、生産高、貯蓄率、投資率等々が、生産関数、消費関数、その他の構造的諸関係によって説明されるような諸システムを構築する。それらのパラメーターは、少なくとも議論の便宜上、知られうるものと想定されている。しかしながら、私たちは、経験的研究とみされているものに従事する計量経済学者として、新しい事実情報を見つけ出すことによって、これらの関数の実際の形状を確かめようと試みたりはしない。私たちは、立場を一変させて、応用理論家〔theoreticians〕としての役割において、未知として扱った価格、成果、その他の変数の観測された大きさから、未知の構造的関係を導き出すために、間接的な統計的推論に頼るのである。[*23]

別の言い方をすると、このような「立場の一変」は、因果的秩序と論理的秩序の不一致への無自覚的な反応と見ることができる。システムが閉鎖されていたならば、暗黙の因果性の反転〔inversion〕は予測の目的にとっては必ずしも問題にはならないけれども、開放システムにとっては、それ〔反転〕はたしかに理論の説明的な地位を無意味にしてしまう。〔モデルの〕誤った設定をやりすごす可能性、つまり、閉鎖システムの記述と予測における因果性の反転をやりすごす可能性は、「同定の誤り」という形で顕わになる。この「同定の誤り」によって、諸過程によって決定される諸関係、または、それらの諸過程の相互作用の結果でもあるような諸関係が、それらの諸過程の決定因として扱われることになる。したがって、経済学における平衡（つまり閉鎖システム）についての仮定は、生産や流通や消費行動の産物としてではなく、事後的な需要と供給の変数を決定因として処理することを許容する。[*24] 驚くことではないが、これらの反転は、このような「理論モデル」が使用されるときに、最も大きな不安を呼び起こすことになる。もしも、モデル作成者が演繹的形式を放棄して予測的ではない因果的説明という代替案を無視するならば、ブローグが次のように記述した方法で、彼らは「諸要因」の経験モデルの「調節〔あてはめ：fitting〕」に引き戻される。

> それらの学術雑誌は、想定可能なすべての問題に回帰分析を適用する論文であふれているが、そのような試みの成功がしばしば「マニュアル本的な計量経済学」に依存していることは何ら秘密のことではない。つまり、それは、仮説を方程式によって表現し、最良の調節〔fitting〕を選択し、残りを捨て、こうして、今試験されているその仮説を合理化するために理論的な議論を調整する。[*25]

しかしながら、ブローグはこの徴候を認識して不満に思っているものの、その原因を理解することには失敗している。というのも、彼は依然として「演繹主義」と経験的な規則性の探求という一対の方法論的原理を受け入れており、したがって、開放システムの含意に留意することに失敗しているからである。

モデルにおける仮定の役割

「理論」モデルと「経験」モデルあるいは「操作」モデルとの関係を見るもう一つの方法は、抽象から具体への移行のし方にある。あらゆる種類の研究において、この移動は以下のような作業によって最も形式化されている。その作業とはすなわち、仮定を緩めたり、サブモデルを増築したりすることによって、連続的により複雑になる形式の仮説的システムの特性を探索するために数学的モデルを使用するような作業のことである。しかしながら、特徴的なことに、具体的なものへの移動を遂行する試みは、特に仮定の役割に関連して、ある問題にぶつかる。質的なものであれ量的なものであれ、あらゆる種類の抽象的分析や「思考実験」において、仮定が作られなくてはならない。それらの仮定の役割はとりわけ数学的モデルにおいて明瞭なのであるから、今や私は、ここで、数学的モデルについて議論することにする。

「理論モデル」は、通常、当該の問題を簡素化するだけでなく、その問題が閉鎖システムとして扱われることを許容するような仮定に基づいている。たとえば、経済学における均衡の仮定や地理学における等方性平面の仮定がそうである。このような仮定は、その主要変数における質的変動を捨象することと、それ以外の、関心から外れた関係を一定に保つことによって行われる。これらの関係は、必然的であるかもしれないし偶然的であるかもしれない。特に後者〔偶然的な関係〕の場合、抽象化は「偶然性を取り除く」プロセスと考えることができる。

これらの方法は発見法的には有用かもしれないが、果たして具体的な対象を理解するうえで役立ちうるだろうか。もし役立つとしたら、どのようにしてであろうか？　さらに、仮定が「非現実的〔unrealistic〕」であるかどうかは重要な問題だろうか？[*26]　その答えは、抽象概念の本性、モデルが適用される対象に対するその使用法、さらには「非現実的」ということが何を意味するかに依存する。もしも説明ではなくて予測と計算が必要とされている場合には、仮定はどのような意味においても現実的である必要はない。その場合重要なのは、モデルが正確な結果を生み出すという意味で「有効に働く」ことだ。もしも説明することが第一の目的である場合は、次の二つの可能性が存在する。

①モデルが合理的な抽象化に基づいている場合には、それらの仮定は、不変的で確実でよく定義された必然的な関係を保持すること、および、偶発的な干渉プロセスを「取り除く」ことに、単に役立つだけである。こうして、そのモデルは、具体的な開放システムにおける構成的プロセスのいくつかを、(質的な因果分析による助けを受けて）効果的に説明するかもしれない。この場合、それらの諸仮定は、アクチュアルな出来事のレベルでは保持されないという限定された意味で「非現実的」であろう。とはいえ、それらは世界の必然性についての理論的主張と矛盾するものではなく、むしろそれらの対象をより明確に露わにすることを助ける。

②もう一つとして、諸仮定は、次のようなもっと深刻な意味で「非現実的」であるかもしれない。つまりそれらは、関心対象となっているシステムの必然的な（そして、特に重要な）特徴として知られているその特徴を否定してしまうのである。すなわち、それらの諸仮定は、単に起こりそうもなかったりまれだったりするだけではなく、物質的に不可能な状態を、関心対象になっている中心的なプロセスの表現の一部として想定してしまうのである。

この第二の種類の仮定のよく知られている例は、無時間的世界において、また完全な知識に基づいて生じているかのような市場プロセスについての経済学におけるあの表象である。そのような諸仮定は、もし以下の点が示されうるならば、計算と予測という目的のために、正当化されうるかもしれない。すなわち、もしそうした仮定に基づいたモデルが、そうでなければより「現実的」な仮定を使用した複雑で面倒なモデルによって導かれたかもしれない結果に、量的な手段を用いることで近似しているのだと示すことができるならば。

説明という観点からすれば、それぞれのタイプによって仮定を緩めることの効果は非常に異なる。①ではそれは、モデルに表現された基本構造とメカニズムの特徴づけはそのまま維持しているが、より具体的なレベルでのそれらの効果は修正されるかもしれない。②ではそれは、上記の構造やメカニズムの特徴づけを台無しにしてしまう可能性がある。そこで、それらの仮定の「非現実的」な性格は、現実の対象に光を当てるために使用するという点からして、深刻な問題となる。このことは、そのようなモデルがたまたま具体的なパターンと一致しないというだけではなく、それらは、抽象的なレベルで現実を把握するということさえしていないのである（私たちの用語法では、抽象的とは「非-現実的なこと」ではなく、現実のある一側面のことを意味するという点を思い出してほしい）。それらはせいぜい、実践においては決して真たりえないような、興味深いフィクションかもしれないのである。残念なことに、それらは、開放システムに合わせて調節されたモデルにおいて頻繁に使用されており、すでにそうした調節された調節的適合〔fit〕が得られているという偽りの根拠に基づいて、説明的適切性があるものとして扱われている。したがって、「完全競争状況を仮定せよ」やその類いの仮定に直面するときはいつでも、その著者が不可能な仮説的状況について語っているのか、実際のシステムに近似した物質的に可能な仮説的状況について語っているのかを確認することが不可欠である。つまり、この二つの選択肢は同じではないのである。[27]

仮定の実在論〔the realism of assumptions〕に関する様々に異なる基準は、現実の状況よりも「人間行動学的」モデルに、すなわち、最適条件を分析するために使用されるモデルに〔対してあてはめてみるのが〕むしろふさわしいと思われる。たとえば、線形計画法モデルは、ある制約条件に従って、何らかの量を最大化または最小化することを可能にする。ある経済学者は、技術的制限と資源的制限のもとでの一連の工場の最大生産量を計算するために、または、与えられた数の地点へ商品輸送を可能にする時間やエネルギー量の最小限支出を計算するために、このモデルを使用するかもしれない。人間行動学的モデルは、あなたや私が実際にどのように行動するかではなく、理想化された合理的人間がどのように行動するかを立証すると言える。とすれば、それらの仮定は「現実的〔realistic〕」でなければならないのだろうか？　これに答えるには、このタイプのモデルをより詳細に調べる必要がある。こうしたモデルの主要な関心は、「合理性」にあるのだが、これは無内容な〔形式的な〕

抽象化である。しかし、合理的行動のモデルでさえ、エージェントがある種の能力と障害（たとえば、完全または不完全な知識）を持っていることや、さらに、ある行動を可能にし、また望ましいものにするようなある特定の種類の社会のなかの存在であると、暗黙のうちに仮定することによって、何らかの内容が与えられている。典型的には、後者のタイプの仮定は、未検査のままであり、初期設定によって〔by default〕、歴史的に特殊な現代の社会関係やイデオロギー（特に、個人主義）が〔あたかも〕普遍的なものとして扱われている。言い換えれば、合理的行動とは何かという問いは無内容な抽象のレベルでは分析することはできないのである。したがってもし、私たちの社会において理想化された行動が可能であるかどうかを判断すべきだとすれば、再度、それらの仮定が非現実的であるかどうか、またそのことが有意な差を生み出すかどうかを決定する必要があるのである。[*28]

したがって、仮定の実在論についての問いは、「非現実的〔非実在的〕〔unrealistic〕」という用語の意味に言及するのではなく、〔むしろ〕それらの仮定が使用されるモデルの種類やそれらが適用される対象物の種類を考慮することによってのみ、満足に答えることができる。

抽象的なモデルから具体的なものへと移動するプロセスでは、相対的に高度な抽象において「取り除かれた」偶然性の多くが、全く異なる理論によってカバーされるべきプロセスによって支配されているということを見出す。したがって、それらは相互作用論的遡及を生み出さずにはモデル化することができないのである。

しばしば、具体への移行は最初の障害物によって簡単に停止してしまう。経済学や地域科学における、表向き「暫定的な」仮定が緩和される期日のよく知られた先延ばしと、現実のシステムを分析することよりも優先される「論理的パズル」を用いた継続的な実験とは、数学的モデル化の閉鎖システムへの依存性を示している。そして、「経験的モデル」の使用は、通常は「漸次的接近法」を用いた具体的なものへの一歩ずつの段階的な進展ではなく、抽象と具体の間の多くの媒介を越える飛躍を意味するのである。その結果、実際にモデル化されたこのプロセスの表現は、脱落している他のものを埋め合わせるために歪曲されなくてはならなくなる。

マルクスの、主に『資本論』第三巻での、非常に単純な数学的表現の使用法は、この観点から見ると興味深い。[*29] どんな「変数」もそれが定義されるに先立って、それらが表現する対象（たとえば、価値、不変資本および可変資本）の概念が、現在では異常に見えるほど徹底的に質的に探究されている。「モデル」の量的な「漸次的接近」（たとえば、単純再生産から拡大再生産へ、固定資本回転率から変動資本回転率への接近）は、徹底した質的な漸次的接近によって行われる。このプロセスは、マルクスが数学的分析をそれ以上実行することができなくなる、第三巻の転形問題まで続けられる。この問題を解決した人々も、その先さらにわずかだけ進めることができただけで、なお高い抽象度の仮想的な閉鎖システムを扱い続けている。このような方程式体系の扱いやすさは、システムの閉鎖を維持するためのきわめて重要な仮定に、特に、使用価値量と交換価値量との間に固定的な関係があるとする仮定に依存している。[*30] マルクスが認識したように、このような条件は資本蓄積の全期間を通じては維持されることができない。[*31] そして、彼が説明しようとしていたのは後者〔資本蓄積の全期間〕であったので、その仮定とその仮定が許容する分析の数学的形式とは、具体的なものへと移動するなかで次第に放棄されざるをえなかった。新古典派経済学において支配的な戦略は、閉鎖システムをしたがって計算可能性を維持するために、説明的な妥当性を犠牲にすることであった。当然のことながら、このことはまれにしか認められていない。とはいえ、〔新古典派経済学の〕予測基準への忠誠と、非現実的仮定についてのフリードマンの不適切な条件つき支持への〔彼らの〕忠誠からすれば、その点は認められているも同然なのだが。マルクスの戦略は、説明のために計算可能性を放棄することだった。[*32] 第4章で指摘したように、どちらの場合でも、そのような理論は、抽象化された要素がおかれている偶然的諸関係を発見するための経験的研究を行うことなしには、実際の具体的ケースの表現に向けた大きな移動を期待することはできない。その際、その〔経験的研究における〕観測が理論負荷的なものであることはもちろんである。しばしば、形式的なモデルを用いた分析から、社会システムを特徴づける開放性、偶発性、質的変化や新規性をとらえるための物語り〔narrative〕へと、移行することが必要となるであろう。

統計的方法

統計には主要な二つのタイプがある。たとえば、分散の測定などの記述と、カイ二乗検定などの推論とである。前者〔記述統計〕について語るべきことは、それらが、質的な記述を有益に補完するような限定された記述の形式を提供するということだけである。しかし、〔後者の〕統計的推論の野心的で骨の折れるプロジェクトは、さらなる議論を必要とする。統計的方法の限界の多くは、「決定論的」モデルに関してすでに検討したものと同一であるが、説明という明示的な目的のために、開放システムについての研究でそれらを使用することは、いくつかの特有の問題を伴う。

厳密にいえば、推論統計は母集団の特性をサンプルデータから推定する帰納的推論の一種である。とはいえ、実際にはそれらの方法は、予測と説明、および仮説検定といった、より野心的な目的のために招請されている。そのような方法を採用する明らかな理由は、〔自然という閉鎖システム〔を対象とする〕〕自然科学がアクセスできるような、より「決定論的な」プロセスと比較して、社会的プロセスが明らかに「統計的」な特徴を持っているからである。

しかし、これ以上話を進める前に、「統計的」の意味を明確にしなければならない。「決定論的」プロセスとは対照的に、統計的プロセスは、しばしば「確率的」と言われており、「偶然的」要素や「ランダムな」要素を伴っている。この二つのプロセスの区別は、プロセス〔それ自体〕の性質をそれらについての私たちの知識の性質と容易に混同する可能性がある。最も重要なのは、決定論的プロセスと対照的に、「偶然」や「ランダム」や「統計的なもの」を「原因がない」ものとして扱う根拠が、社会科学には、ないように思われることである。[*33] たとえば、私たちは、コミュニティのメンバーがあるイノベーションを採用する順番を、確率的プロセスとして記述することを選好するかもしれない。[*34] しかし、このことは、個々人の〔そのイノベーションの〕採用について、原因がないものと考えることを意味しないだろう。〔そうした〕順番やパターンは、特定の記述のもとではランダムなものにすぎない。たとえば、このページの文字の順序は、もしもその文字列が形作る意味を捨象するならば、ランダムであるように見えるかもしれない。したがって、ある出来事の発生に対して、せいぜい確率を割り当てることしかできないという事実から、その出来事が決定されていないということが、導かれるわけではないのである。

　この〔決定性を否定する〕議論は、確率またはランダム性が客観的性質（すなわち、対象自体の性質）であるという通常の仮定に異議を申し立てる。この見解で最もよく知られているのは、ある出来事の確率は発生の相対的な頻度にすぎないという考え方である。たとえば、新生児が女性である確率は単に女児出生の相対的頻度や割合にすぎないことになる。このような解釈の問題点は、確率の意味と、確率を割り当てるための（いくつかの）根拠とを混同することである。これと対照的に、確率が私たちの無知や信頼の尺度であるとするような主観的な解釈もある。これは、確率が（未来の）出来事の発生についての私たちの期待に関係しているという事実に注意をひくのに役立つ。[*35] とはいえ、そのような解釈は、それらの原因については何も語っていない。それにもかかわらず、私たちの（主観的な）信頼または無知の程度は、（客観的）[*36] 原因についての私たちの知識の程度によって明らかに影響を受ける。もしも、人々が陪審員に選ばれるときの原則について、私たちが何も知らなければ、最も合理的な期待は、誰もが呼び出される等しい確率を持つということである。もし私たちが、選任規則を学び、必要な陪審員の数と人口の数とその特徴についての情報を入手するならば、私たちは、確率を再定義し、除外されたグループのメンバーにゼロ値を割り当て、資格のある人々に対してその確率を調整することができる。

　これは、因果メカニズムについての私たちの知識がより完全になるにつれて、統計の〔利用〕価値が低下することを示唆している。[*37] しかしながら、因果メカニズムについての知識が申し分ない場合でも、一群のプロセスの相対的な量的次元をモデル化するために統計的方法を使用することもありうる。言い換えれば、統計的方法に頼ることを要請する「無知」は、因果メカニズムに関連するだけではなく偶然的な関係にも関連しているのである。したがって、主要なプロセスに存在している準ランダムな変動の原因が知られているときでも、それらをモデル化する目的のためには、それらを未分化のランダムな「ノイズ」

として集合的に扱うことが望ましいかもしれない。「揺らぎ」や変動が非ランダムで重要なものである場合は、それらは明示的に表現される必要があるかもしれない。他の種類の知識も同様だが、統計は、その実践的な目的から切り離しては理解できず、適切に評価できないということを、私たちは再び見出す。

一般化や予測、説明における統計的推論について考察する際には、これらの用語の意味におけるあいまいさに注意する必要がある。先に見たように、「一般化」は、おそらくあるサンプルにおける情報に基づいて母集団の特徴を要約した単なる記述であるか、あるいはそうではなく、より野心的には、ある特定のサンプルの特徴からそのサンプルが抽出された母集団への外挿というだけでなく、異なる時間や空間における他の母集団への外挿なのである。同様の使用法は「予測」にも共通している。こうして、控えめな曲線の当てはめ演算〔curve-fitting exercises〕と母集団のパラメーター推定は、強い意味の「予測」をめざす大胆な試みとして、しばしば誇張される結果となる。

ある程度までは、「統計的説明」の限界はよく知られており、スウェーデンの異なる地域での出生率とコウノトリの数の間に発見されるような「疑似相関」の好例を、統計的方法の教師ならばたいてい持っている。このような問題点は、「統計的説明」や「因果的」という用語に注意喚起の引用符を付すという形ばかりのやり方で、通常は知られている。しかし、統計的分析の使用は、しばしば、そのようにして発見された量的な関係が因果的であると示唆することを意図している。たとえば、回帰方程式は、それ自体は因果関係や条件づけの関係については何も語っていないのだが、それでも、「因果分析〔causal analysis〕」と回帰分析は実質的に同義であるという想定が広く受け入れられている。たとえば、バーンバウムの書籍『社会学における因果分析入門〔*An Introduction to Causal Analysis in Sociology*〕』は主に回帰〔分析〕についての議論であり、因果作用〔causation〕とは何かについては何も言及していない。*38

このような誤った説明の可能性についての認識は、規則性が原因を同定するための十分条件ではないと気づくことと基本的に同じものである。それら〔規則性〕が〔原因の同定のための〕必要条件でさえないということは、本当にまれにしか認識されていない。規則性が自然必然性と因果力という概念を拒否しているので、多くの統計分析の支持者を引きつけている正統派〔実証主義者とポパー主義〕の科学哲学は、因果関係を偶然的な関係から区別する実証的な基準を提供できない。統計分析の創始者の一人であるカール・ピアソンによって一八九二年に示された以下の見解は、今では異常に見えるかもしれないが、少なくともこのようなジレンマから脱する一つの方法を示している。「過去についての科学は記述であり、未来について〔の科学〕は信念である。というのも、もしも説明という語によって、科学が知覚のすべての諸継起の必然性を示すことを意味しているならば、科学〔の行っていること〕は説明ではないし、これまでに一度も説明ではなかったのである」*39。私は、この主張を「科学」についての見解としては明確に拒絶するけれども、どのように定義しようとも、それは、統計の役割についてならば妥当な評決だとの印象を私に与えてくれる。より最近では、統計家たちは統計についてのより強い主張を行うよう試みてきた。たとえば、ブラロックは、部分的な相関係数の比較に基づいた「因果分析」の方法を提案したが、これも同じ問題を抱えており、条件や偶然的な形式的関係から原因を区別することができないでいる。[*40] もしもこのような方法が説得力を得るとすれば、質的な因果分析や構造分析に基づいた実在論的な査定によって補完されなければならない。

多くの統計家たちと同じように、ブラロックは、技法以上の何かが、つまり「理論」が必要であることを自発的に認めている。とはいえ彼は、それが何を含意しているかを述べることに失敗しているのだが。しかし、私の印象では、統計家たちは理論を、経験的な規則性を基礎的な構成要素とする整序枠組み〔ordering framework〕とみなしている。このような理論の提供は、規則性が必ずしも因果的なものではないという問題をもう一度新たに提起するだけである。メカニズムと出来事との間の分離を考えると、強い相関（または他の何らかの量的な関連）が因果性を含意する必要はないし、弱い相関が因果関係や構造的関係の不在を含意する必要もないのである。理論がこのタイプの問題を解決するのに役立つとするならば、その理論は、因果的メカニズムを前提としなければならない。したがってそれは、従属変数の全体的な変動が独立変数の変動と量的にどのように関係するかをただ特定するだけのものではないのである。[*41]

あるシステムの量的な分解は因果的な分解に対応する必要はなく、このことは統計的説明にも当てはまることがすでに示されてきた。たとえば、分散分析（ANOVA）のような技法は、従属変数におけるある合計変動量を、他のいくつかのプロセスにおける変動に帰するために使用することができる。犯罪率の研究では、データを、たとえば都市中心部、郊外、農村といった地域的なクラスに分解してもよい。これらのクラスの平均の間に違いがあるなら、この違いは「説明された変差〔explained variation〕」と呼ばれる。このような演算は非常に簡単かつ機械的に行うことができるけれども、その計算結果が実際のところ何を意味しているのかについて語られるべきだということを、私たちは常に要求していかなければならない。では、犯罪率の変動のある割合が地域のタイプによって「説明される」と言う場合、それはどういうことを意味しているのであろうか？　あるいは、知能のある割合が遺伝的要因に起因すると言う場合はどうであろうか？　ある人々のそれへの答えが、単純に、xパーセントの変動が地域のタイプや遺伝的要因によって引き起こされているというものであれば、その人々は、次のような疑問について十分深く考えていなかったことになる。すなわち彼らは、「原因」や「説明」という用語の意味について、また、説明的に扱われる対象が持っているであろう注目すべき因果力とはどのようなものかについて、より一般的には、なぜ量的ならびに論理的な秩序が因果的秩序に一致しなければならないかについて、考えていなかったのである。[*42]

もしも統計的方法が数学的性質の観点からのみ、あるいは「マニュアル本〔cookbook〕」的やり方でのみ考察されるならば、そのような方法は定量化可能なすべての主題に適応することができるように思われる。しかし、私たちが世界を理解するうえでのそれらの方法の実践的適合性は、部分的には、その方法が適用される対象のタイプに依存する。統計的方法を自然科学から社会科学へと移転させる試みにおいては、この問いに十分な注意が払われてこなかった。〔その方法の〕適用の一般性を探索する際に、自然科学における統計的分析の成功または失敗に影響を与えるあの抽象化の特定の様式が見落とされてきた。したがって、それらを使用するうえでの物質的制約が忘れられ、ただ形式的で技術的な制約のみが残されることになったのである。このことが今度は、「実験」、「変数」、そして「制御」といった用語の意味におけるいくつかのさらなるあいまいさとして再び現れている。[*43] 自然科学においては、通常、「実験」は、当該システムの実際の物理的制御や操作を意味している。しかし、社会科学では、統計家たちが、それ自身は制御されていないあるシステムの観測上の制御や操作を指示するために、その用語〔実験〕をしばしば使用している。これに類似したものとして、ハレーとセコードが指摘したように、「変数」には二つの意味があるということである。その一つは、実際に物理的に操作される事物に関わるものであり、もう一つは、そこにおいて、それぞれの成員が、異なるレベルや量や強度において観察されるある属性を持っているような、そうした事物のクラスを指示している。前者は自然科学において、後者は社会科学において、より一般的である。[*44] ちなみに、「制御」という場合は、〔次の三つを〕区別することができる。すなわち、①実験的制御——そうしなければ変動する可能性のある何ものかを物理的に一定に保持すること（たとえば、温度を制御することなど）。②観察的制御——たとえば、研究のために民族的に均一な母集団を選択するなど、特定の変数や因子が一定して起こる事例に観察を限定すること。③数学的制御——実際には制御されておらずまた一定でもなかった変数の効果「を考慮に入れる」目的でデータを数学的に操作すること。

制御された変数が実際に何らかの違いを生み出すかどうかを決定することに関して、①は最も直接的な証拠や「認識論的アクセス〔epistemic access〕」を与え、③は最も直接的でないものを与える。第4章で述べたように、操作可能な対象を研究する研究者は、その対象が観察されるだけのものである研究者に対して、かなりの有利性を有していた。〔社会的対象について私たちが所持しているデータのみならず〕社会的対象そのものは操作可能であるにもかかわらず、諸個体はめったに比較可能ではない。というのも、操作についての研究者たちの解釈や事前理解が異なるからである。たしかに、諸個体については、統一的なやり方で何らかの形で「制御された」ものとして扱うことはできない。以下の二つの事例を比較してみよう。第一の事例においては、自然科学者は、肥料を与えることに対する感受性を試験する目的で、ある植物のサンプルを選ぶ。〔その際、〕たとえサンプルが無作為であるとしても、分布的信頼性の欠如の問題を回避するために、すでに層化されているか単一のタイプの植物に限定されているかもしれない。次に、そのサンプルは、「対照群〔control group〕」として使用される部分と、それ以外の肥料が与えられた「実験群〔experimental group〕」との二つのサンプルに分割される。その結果が記録され、二つのグループ間の差がサンプリングバイアスに起因する可能性があるかどうかを確認するための統計的検定が実行される。もしも帰無仮説（すなわち、（サブ）サンプルの平均に差異がないという仮説）が棄却されるなら、研究者は、その差異を生じさせたのは肥料だとの確信を感じとるだろう。というのも、その他は制御されている条件のなかで、この一つの処理だけが施されたのだから。

　第二の事例においては、移民労働者と在来労働者の労使関係へのアプローチの差異を研究する研究者が、それぞれのサンプルを採取し、ある変数について、二つのグループの間で記録された差異がサンプリングバイアスによって偶然に発生した可能性があるかどうかを調べるための検定を行う。

　これらの二つの事例の間には、異なる世界ほどの大きな差異がある。第二の〔労働者の〕事例において、私たちは、諸個体がどちらのグループにもランダムに割り当てられていないことをよく知っている。したがって、二つの事例で使用された「制御」の性質もまた大きく異なることをよく知っている。社会科学の「サンプル」が制御されていないという（そして、ほぼ間違いなく制御不可能だという）その性質と、さらに、人間行為の「文脈《コンテキスト》依存性」とのために、二つの事例の違いはその変数〔性質〕に帰せられる（移民か在来住民かの区分は、他の特性や「相関バイアス」の範囲によって、影響される可能性がある）。移民か在来住民かというような区別は、（たとえば、階級や収入といった）広範囲の特性を無分別なままに包含してしまう。さらに、二つのグループ間の実際の相互作用と内的関係（たとえば、地位の間の〔作用と関係〕）は見落とされてしまう可能性がある。ウィラーズらが論じているように、このようなグループ間の統計的な有意差を検定することは無意味である。[*45] 自然科学では、対象の振る舞いにおける文脈《コンテキスト》依存性は、より限定的なもので安定している。というのも、それらの対象は、周囲のことを能動的に解釈したりしないし、学習したりしないし、意味のある行動に関与したりもしないからである。驚くべきことではないが、対照群および実験群へ諸個人を配分すること、および分布的信頼性の欠如を回避することが、より問題的なものでなくなると、その結果として統計分析のあいまいさも少なくなる。社会研究の研究デザインにおける「制御」は無意味とまでは言えないが、ただ、本当の実験科学におけるのと全く同じ仕事を果たすことは期待できないと言えるだろう。

　したがって、統計的手法の有用性は、それらが適用される対象のタイプと、それらが展開される研究デザインのタイプにきわめて大きく依存すると主張できる。[*46] それゆえ、統計的分析のための可能性の評価は、当該対象の非統計的な精査を必要としている。数学的秩序と因果的秩序が一致している必要がないがゆえに、その可能性の評価のために統計的技法自体には頼ることができない。たとえば、あるサンプルが分布的に信頼できるかどうかを判断するにあたっては、ただグラフ上に描かれた曲線の不規則性や変曲を探すだけでは答えを見つけることは期待できない。というのも、分布的な信頼性のなさが、それらの不規則性や変曲を生み出すわけではないだろうからである。むしろ、質的分析および概念的な準備こそが必要なのである。

原理的には、そのような準備が統計的分析に先行することが可能であるように思われるが、しかし実践的には、その技法の技術的要請がしばしばそうした概念的準備を阻害するのである。質的分析は、変数の増殖を促す傾向があり、相互依存性と創発性ならびに分布的信頼性の欠如の同定を促し、こうして、それらの技法の適用をより困難にする傾向がある。[*47] 統計の使用を重要視する人たちは、そのような情報を無視するように誘惑されるかもしれない――時には、定量化の欠如は理論的な未熟さを示すものだという、疑わしい根拠に基づいて。たとえば、大規模サンプルという「利点」を得るために、分布の信頼性のなさを無視することがよくある。このことが今度は、対象の因果力と因果的な構成についての記述を省くことによって、また、同時に説明されるべき様々に異なる対象や出来事の数を増やすことによって、因果的な説明を見つけ出す可能性をわずかなものにしてしまう。

因果的な説明にとっての統計の弱点は、多くの方法の技術的要請を満たすという観点から見てそれが邪魔者であると判明している限り、因果的つながりや内的関係の存在がやっかいな重荷になりうるというところに明確に現れている。[*48]［それぞれの］観測は互いに独立していると考えられるため、全く同じ個体や関係しあう諸個体の複数の観測との間に統計的な関連づけを求めることでは決着がつかない。重回帰方程式の従属変数における変動を「説明する」ために使用される独立変数は、互いに独立していると想定されており、その組み合わせ効果は純粋に加算的であると想定されている。これらの要請を満たせないことに対処する技法はあるものの、注目すべきは、説明的な観点から私たちが興味を持っているまさにそのもの――つまり、相互依存およびつながりと創発――は、多くの技法にとっては邪魔者として扱われざるをえないということである。たとえば、回帰［分析］における独立変数間の相互作用の「問題」を扱う技法はあるけれども、それらは相互作用を計算する方法を提供するとしても、その相互作用を説明しはしないのである。たとえば、学校での教育の研究においては、教育方法と生徒の社会階級的な素性との間には、成績に影響を及ぼす相互作用があるかもしれないのである。独立変数間の相互作用という技術的問題が克服されても、説明されなければならない現象はまだ残されている。

変数間の関係についての統計的分析に対する最も一般的な批判の一つは、それらの変数は、主要な対象の質的変化と文脈《コンテキスト》における変化を捨象する傾向があるということである。多くの場合、その二つの変化は結びついており、内的に関連している。たとえば、産業変化の研究者たちは、次のような分析を長年行ってきた。すなわち、彼らは、特定の産業の質的性質とそれが働く競争環境との間の絶え間なく変化する相互依存を、まるで「変数」が外的にだけ関係しており、経済環境は行為の受動的な背景にすぎないかのように捨象してきたのである。理論化され測定されるべきだったものは、投資や雇用のような単なる「変数」ではなく、企業の質的な性質と経済環境との間の内的関係なのである。歴史的変化の急速さを考えると、分析の結果は、無時間的な文脈《コンテキスト》に依存しない規則性を暴き出すようなものではなく、特殊な局面に固有のものとみなされるべきものであった。同様の問題は社会学と心理学においても共通している。つまり、諸個人の本性――人々であれ機構であれ――とそれらの社会的環境においては、単に外的に関連していて単純に変数として扱われる余地があるものはまれである。[*49]統計的分析が唯一受け入れることのできる種類の方法であると考える者にとって、このことは受け入れられるものではない。なぜなら、まさに、このような方法を用いてそれらの側面に対処することは困難だからである。

したがって、統計的方法についての主な判決は、その論理的な厳密さにもかかわらず、説明に関する限りそれらは原始的な道具であるということでなければならない。ある意味では、統計理論は、それぞれの技法が正当に使用される条件を定義する問題に（たとえば、どのような種類の尺度が使われているか、非正規分布に適しているかどうか、などに）非常に注意を払っている。これらの制約は、因果的秩序を表現するところで、数学から成る非因果的言語を一貫性もなく使用することを防止するための方法として解釈することができる。たしかに、決定論的方法を優先させて統計的方法を選択すること自体が、当該のあるシステムの特性に対する応答を表現している。今では、統計学者たちは、技法の背後にある概念を理解することの重要性を適切にもしばしば強調し、それゆえに「マニュアル本（cookbook）」的なアプローチを避けている。しかしながら、それらの技法が基礎においている諸仮定が実際の研究対象に対して合理的かつ適切であると示されるべきならば、「因果的秩序」の観念、社会理論、説明の本質、そしてより一般的には研究対象の本質が、当たり前のこととされてしまうのではなくて、むしろ、精査されなければならないのである。このような意味で、これらの問題については、社会科学における統計分析の実践はきわめて不充分なものなのである。

私が知るほとんどの場合、暗黙の概念構成が、閉鎖システムの普遍性や因果性の規則性理論、原子論的な存在論（何が存在するのかについての理論）、説明と予測の等価性などを仮定する傾向を持っている。これらの諸論題について明示的に考慮しない場合、人は、これらの暗黙の仮定が抱えている問題を、非線形性や自己相関などという「技術的」な困難の問題として、それらの〔技法の〕効果のレベルでのみ意識する傾向がある。そして、もしもその人が統計のこのような限界に気づかないなら、それらの技法がその対象にとって適切なものかどうかを公平に評価することをせずに、抽象化と説明の様式をそれらの技法によって提供される鋳型にむりやり押し込めてしまう傾向がある。

結論

さてここでは、社会科学への量的アプローチに関連する問題をより一般的なレベルで議論することで、この章の結びとしたい。それは、ここで取り組まれている批判のタイプの性質を理解することが重要だということである。私は、そのような量的アプローチの使用の限界および、それらの使用に一般的に伴ういくつかの仮定と実践に関心を寄せてきた。今や読者は、構造分析が、どれほどマルクス主義の（およびおそらくは他のいくつかの）社会の概念構成と「共鳴」する傾向があるか、しかしまたそれは、社会を外的に関連する諸個人と因果的「諸要素」の無構造の集合体〔aggregate〕として描写するような個人主義的な理論とはいかに共鳴しないか、ということにすでに気づいているだろう。この後者の見解〔個人主義的理論〕は、量的方法の使用とより容易に共鳴しあう。この点に注意を促すことで、私は、構造分析がマルクス主義を必然的に伴うとか、個人主義的理論が量的アプローチを必然的に伴う、あるいはそれに伴われるとか、と主張しているわけではない。とはいえ、私はただ、そこには特定の哲学的立場や社会理論や技法が房状に結びつくことを促進させるような「共鳴関係」があると主張しているにすぎないのである。[50] 社会科学についての適切な批判はどんなものでも、断片的な批判を超えてこのような共鳴関係を理解しなければならない。したがって、たとえば、適切なサンプルサイズについての技術的要請、普遍的規則性という仮定、分布不確実性と人間の行為の文脈《コンテキスト》依存性という性質についての過小評価のそれぞれが、どのように共鳴し、補強しあうかを理解しようと試みることには価値があるのだ。内的関係や創発についての数学の盲目さは、次のような信念を（必然的に伴うのではなく）助長する。その信念とは、複雑な行為は単純な行動の単純な組み合わせに還元可能なものとして扱うことができ、さらにそれらの単純な行動を今度は、定められた刺激に対する規則的反応であるとみなすような信念のことである。その規則的反応とは、あたかもそれぞれの刺激と行動が文脈《コンテキスト》にかかわりなく全く同じ意味を持っているかのような反応である。[51] この種の共鳴関係のさらなる例は、社会現象を常に偶発的で転換する傾向を持ったものとしてではなく、機械的で規則的なものとして解釈することによって、人間の実践を物象化しようとする社会現象についての数学モデルの使用者の傾向において明確に現れている。

ここで提起した量的方法についての見解は、おそらく、その方法を使用しないアプローチを原始的なものと考える多くの社会科学者の信念とは明らかに食い違っている。社会科学教育における「方法」に関する多くの諸科目が、ほかならぬ統計的方法にほとんど限られている事実は、この正統派の影響力を証示している。ここには科学主義的な偏見がはびこっている。そこでは、別の手段によって得られた知識は、「ただ直観的なだけのもの」、あるいは、――奇妙にも――先験的なものとして、しばしば思い上がって〔見下すように〕記述される。こうして、あたかも、唯一の種類の観測、したがって経験的技法は、測定であるかのように記述される。しかも、その測定は、何度も繰り返しなされる場合に、そのときのみ唯一承認可能なものとされる。[52] そして、ある関係が必要な規模のサンプルにおいて観察されていない場合は、まるで「相対的に非現実的なもの」であるかのように記述される。

量的方法の能力についての誇張は、しばしば、第5章で述べた、「演繹主義」の方法論的傾向に結びついている。演繹主義は、たとえば、概念を案出することに関わるような非論理的形式を、演繹的論理の下位におく。またそれは、理論を、規則性を秩序づけるための道具として解釈する。演繹主義では、記述や概念的な準備は、科学の「本当の」事業にとって重要ではない予備作業――テスト可能な秩序づけ構造やモデルの構築――とみなされている。したがって、そこでは記述と説明の間に明確な区別がある。この点で演繹主義は、理論中立的な観測と、データを指示することなく単に順序づける「理論項〔theoretical terms〕」との間の今はなき区別をそのまま繰り返しているのである。その結果として、メカニズムや構造の発見に必要な注意深い記述や概念化は見過ごされている。

質的形式の分析と量的形式の分析を組み合わせることは不可能となっているとまでは言えないが、上記のことが理由で、それはまれだとだけは言える。しばしば、質的知識、したがっておそらくは因果的な知識は、対象の記述を定量化可能な次元に制限するために、一時的に捨象されるだけでなく、実際に放棄されてしまう。極端な場合、最初の概念化〔の作業〕が数学的な表記法を定義する問題に還元されてしまう（「Kは資本であり、資本はKである。このようにしてモデルとうまく合わせていけばよい！」）[*53]。事実、量的方法やモデルの使い方を学んでいて、その記述的な意味に疑問を抱く（すなわち、数学的秩序と因果的秩序との間の関係について質問する）学生は、まるでそのような質問〔をすること自体〕がその方法を理解する能力のなさを示していると言わんばかりに、教師たちにその質問を遮られてしまうこともまれではない！　数学的秩序づけと厳密さを達成することとの代償は、しばしば、モデル化されるその対象の本性を無視することによって生み出される概念的ずさんさである。[*55] モデリングに質的な分析が伴わない場合、複雑ではあっても理解可能な社会形態が、操作が容易であっても解釈が難しい論理的なカテゴリーや「内容を伴わない抽象物」の状態に還元されてしまう可能性がある。もし、研究者がこのように知識を放棄して、単純に「変数」とそれらの量的関係の観点から考察を始めるならば、手近には「理論」がほとんどないという印象を抱きやすい。こうして、利用可能な理論を無視することから仕事を始めておいて、研究の結論において、理論の欠如をただ嘆いているだけの統計分析の利用者を見ることも珍しくないのである！　たしかに、統計学者たちは、しばしば、GIGO（Garbage In, Garbage Out〔ゴミを入れても、ゴミしか出てこない〕）アプリケーション〔の適用〕を避けるために、研究対象になっているそのシステムについての理論を持つことの重要性を研究者たちに思い起こさせはするが、「理論」の本性が誤解されているために、この適切な助言はたいていの場合守られていない。

モデル作成者を「科学」の守護者とみなす権威ある見方と対照的に、思考の代用として「回帰という急場しのぎ〔regression bash〕」を用いる研究プロジェクトに対しては、凡庸さのイメージがますます〔強く〕結びつけられている。この凡庸さは、部分的にはこの技法の限られた視野に由来し、また部分的にはそれが頻繁に使用されるやり方にも由来している。たとえば、二つのサンプルの平均が有意に異ならないという帰無仮説の棄却または受容に関する研究デザインを構築するような実践の稚拙な性質について反省してみよう（因果性は必ずしも量的秩序に反映されなくてもよいのだというその可能性を忘れないようにして）！　統計的な有意性、サンプルの規模、および回答率への執着は、頻繁になされる「カオス的」な概念構成の適切性〔如何〕に対する関心が欠如していることと奇妙な対照を成している。そのような概念構成における相互関係、あるいはむしろ「相関関係」については、統計分析が明らかにすることになっているのだが。私たちは、次のようなやり方のうちに、典型的に、細部まで行き届いた統計的分析〔の例を〕を見出す。そのやり方では、一連の「カオス的な概念構成」、たとえば、多様な生産のタイプや競争状況、財政状況などに関連する様々な企業のあるサンプルが、別のカオス的な概念構成、たとえば、異なる計画と経済政策によってカバーされた特定の地理上の諸地域などと関連させられている。明らかなことだが、基本的なカテゴリーをより「カオス的」でなくすることは、そのサンプルをより「代表的」でないものにするので、受け入れ不可能となるだろう！　サンプルの規模を増やすことや、あるいはむしろ母集団の範囲を増やすことは、「大数の法則」の効果により、ある規則性を生むかもしれないけれども、「カオス的な概念構成」のカオスさを少しも減じるわけではない、あるいはそれは、別の言葉でいえば、分布的信頼性の欠如を弱めるわけではないのである。「ブロッグの研究では、関係Aの値はxであり、スミスの研究ではyであった。しかし今度はまた、ジョーンズはzの値が、関係Bにやや類似しているものに対応することを発見した」。これらの結論はあいかわらず確定不能なものである。つまり、それぞれの研究は異なる母集団に対して異なる時間と場所で行われたものなので、それらの比較可能性が不確かなのである。そこには、理論の欠如がある。したがって、そこには明確なパターンが現れないかぎり、さらなる研究が――おそらくは全く同じ種類の研究が――必要とされる。私たちがその努力をし続けてさえいれば、いつの日か、わが普遍的一般化が達成されると。たとえ、この目標が断念され、その結果が空間的および時間的に限定されたものとして受け入れられたとしても、この方法〔量的方法〕自体が説明のためには不十分なものであり、それどころか不必要なものかもしれないのである。

　最後に、量的方法のこうした共鳴関係は、研究が基礎としている最初の仮説を弱める可能性がある。教育の成績と社会的背景〔との関係〕といった主題を考えてみよう。人は、この主題を、最初から、一般化や量化可能な形式的な関係についての問いに関わるものとして解釈したくなるかもしれない。すなわち、「教育成績は、社会的背景によってどのように変動するのか？」という問いがそれである。このように問いが提起されるや、私たちは、それ以上の難しい話を抜きに、量的分析を選択する傾向がある。その後、次の重大な決定は、そのためのデータが存在する場合の「変数」や「要因」あるいは「指標」を選択することに関わるものである。その結果は、どのようにそれらが共変動するかについての何らかの（おそらく、一般化できない）言明である。しかし、より困難ではあるが、それらの論題について、過程と媒介という観点から、因果的に考えることもまた可能なのである。それらの過程や媒介によって、特定の社会階級の一員であることが、また、特定の教育制度のタイプや特定の経済状況が、教育に対する〔人々の〕態度等々に影響を及ぼしているというふうに。この思考は、このような関係の具体的な実例についての経験的研究と組み合わせることができる。[*56] これは、「変数解析」の単なるより複雑なバージョンではない。というのも、それは、現存する諸要素の、カテゴリー、構造、および階層を区別しまた関連づけるための重要な概念的かつ経験的な仕事に関わるからである。つまり、「文化的なもの」がどのように「経済的なもの」と関連するのか、応答がどのように解釈によって媒介されるのか、解釈や個人的意見がどのように「相互主観的な意味」に関連するのか、等々を明らかにする仕事がそれである。これらの諸問題について不可知のままにしておくことや、統計的なごまかし〔the statistical wash〕による説明のやり方で何かが明らかになるかもしれないと願って、それらの諸問題を可能な「変数」や「要因」として無頓着に扱うことによって、得られるものは何もない。〔そこでは〕「に伴って変動する」ことと「因果的に決定する」こととの区別、あるいは、形式的な関係と実質的な関係との間の区別は、初見でそう思われるだろうほどには明確なものでも学問的なものでもないのである。それは、啓発的な回答を提供する非常に異なる可能性を備えた、根本的に異なる種類の研究の間にある裂け目を示している。[*57]

第7章　立証と反証

　私たちは、社会についての特定の観念または理論を受け入れるのかそれとも斥けるのかをどのようにして決定するのであろうか？　この問いに対しては、自然科学の最良の実践とみなされているものに基づくいくつかの単純でよく知られた答えがある。それらの答えのなかでも最も人気の答え、すなわちポパーの「反証主義」については、次章で論じることにする。その考え方は、明確で決定的なテストが可能であるという楽観論を鼓舞するのに役立つとはいえ、社会科学では、それにあてはまるような例を考えつくことは困難である。実際、社会理論の適切性について何らかの合意に至る可能性について深刻に悲観する社会科学者は多い。理論的な論争はとめどなく、進歩はめったにないか不確かである。私は、立証〔verification〕と反証〔falsification〕についての正統的な見方は概念錯誤であり、それは、特に社会科学にとっては不適切であると論じようと思う。その結論としては、根拠を欠く楽観主義と極端な悲観主義の二つの極が相互に相手を補強しあっているということになる。社会科学者たちが、彼らの仕事を立証または反証という前もって指定された様式に方向づけるやそれだけいっそう、適切にテストされた理論に基礎づけられた進歩の可能性からは遠のくことになる。それゆえ、テストにおける進歩が少なければ少ないほど、それだけいっそう強くそのような不適切な規準が擁護されることになる。

　この主題についての私たちの思考は、自然科学の「通俗的な」イメージによって影響されている。そこでは、飛行機の試作品の場合のように、まず理論が先に発展し、次に、予測と不動の観察事実とを比較するような決定的な「最終テスト」において試される。[*1] しかし、これが自然科学におけるテストについての不適切な描像であるとすれば、それは社会科学にとってはいよいよもって不適切なものになる。社会科学では、仮説形成とそのテストはめったに切り離すことができないので、「テスト」という用語よりも「評価〔evaluation〕」という用語のほうがより適合するように思われる。私は、〔自然科学と社会科学の〕これらの違いは、それらの対象の違いに対する合理的な応答であるという点について論じようと思う。

さらにまた、社会科学は、「予測」に適しているのか、「実践」にか、因果的説明にか、解釈的な理解にか、社会の自己認識にか、あるいは解放に適しているのかを、私たちは問いたいと思っている。社会についての知に対して、また思考し自ら解釈する存在に対して何を期待するのが合理的なのかを問うことに心煩わされる注釈者はほんのわずかしかいない。通常の手続きは、自然科学が、社会科学もそれに向けて努力すべき普遍的に適用可能な「高度の規準」の模範を提供しているのだと主張する科学主義的偏見に従っている。十分多くの人々がこの偏見を信じ込んでいるならば、それに異を唱える者は誰であれ、その規準を引き下げるものだとして攻撃されることになる。

立証と反証についてのいかなる議論も、第2章で議論した認識論と客観性の問題に対する、ある特殊な立場を前提にしている。後者の問題についての混乱が前者の問題についての混乱を引き起こしている。というわけで、ここで、以下の諸点を思い起こすことが有益である。

①観念の領域と、実在の領域つまり物質的対象の領域との間の区別〔の重要性〕。思考は前者（観念）の領域に閉じ込められているけれども、実践はこの二つの領域の間の活動的な関係である。

②極端な懐疑主義や普遍的懐疑には、ここでの議論に寄与するものは何もない。というのも、テストや評価は、たとえば、「Bゆえに非A」という論証におけるBのように、特定の観念を前もって受け入れていることに依存しているのだからである。競い合う諸観念のうちどれが、争い合っているすべての当事者によって最も信頼でき、かつ首尾一貫した観念および実践だとして同意される諸観念と両立しうるのかを見出すことによって、諸観念は評価され、論争は解決される。

③絶対的真理という概念は成り立たない。すべての知識は可謬的なものであるが、すべてが同等に可謬的なわけではない。問題は、それらの知識の知解可能性を含んだ（相対的な）実践的適合性〔practical adequacy〕である。立証も反証も原理的に修正可能である[*2]。

④観察は理論負荷的なものであるが、しかし理論決定的なものではない。理論は一枚岩のようなものでも、ばらばらなものでもなく、重なりあい内的に差異化されているのである。その内的な構造は、通常、ある本質的な度合いの余剰を有している。少なくともそれらの諸要素のいくつかが反駁されても、多くの場合その全体構造を崩壊させたりせずに、一定数の諸概念のマイナーな調整を要求するだけかもしれないのである。理論の内部で、または諸理論相互の間で、互いに通訳可能（すなわち、相互に知解可能）で、無矛盾な一群の諸概念を見出すことが可能である。それらの諸概念はまた、同語反復的でない相互のクロスチェックを許す点で十分に独立的なものでもある。

⑤意味〔sense〕と指示〔reference〕とが相互に依存しあっているのだから、テストとは、切り離された知識の小片を個別的な実在の断片と比較することを単純に意味しているわけではない。テストにかけられている言明は、無媒介の事実と向

きあっているのではなく、事実についての他の緒言明と向きあっているのである。世界についてのどんな一つの名辞による指示も、他の諸名辞との意味連関に依存しているのだから、どんなテストにも、いくつかの概念が絡まりあっている。このことは、そのテストがどんな種類のものであるかには関係がない。さらに、ある理論の首尾一貫性に関する「内的な」問題は、その理論の世界との「外的な」指示関係の適合性に関する「経験的な」問題から独立ではない。とはいえ、後者〔経験的な指示関係〕におけるいくつかの誤りは、たとえば量的な間違いは、どんな概念上の修正をも引き起こさないかもしれない。

⑥社会科学では、諸構造を隔離抽出するために実験を施すことは不可能である。このことが評価を難しくしている。なぜなら、第3章で見たように、相異なる社会諸構造は、常に互いに接合されていて、しばしば互いに他の構造の再生産に組み込まれているからである。

何よりもまず思い起こすべきは、上記の観点から見て、立証と反証が絶対的に確実なものだと期待するのは（それらが論理的または数学的真偽に関わるのでない限り）全く道理に合わないということである。それら立証や反証は、より優れているか劣っているかの判断に関係していると言ってもよいだろう。

哲学的批判

哲学的批判〔philosophical criticism〕それ自体は、一定の概念錯誤を取り除くことのできる「目の粗いふるい」を提供することによって、社会理論を評価するうえである役割を担うことができる。ある人々にとっては、これは、小難事を逃れて大難事に飛び込むように見えるだろう。なぜなら、どんな知識も際限なく争われているとすれば、哲学こそは、またその扱う諸問題がはなはだしく果てしのない性格を有しているからである。しかし、哲学には少なくともいくらかの誤った処置（たとえば、社会現象の有意味的で概念依存的な性格についての行動主義による否定）がある。このような行動主義の頑固さは、私が感じるところでは、成功裡に防御する見通しからではなく、それに反対する論証の無視から生じているのである。この無視は部分的には、哲学と、社会科学における知識の社会学のある顕著な特徴がもたらす作用である。つまり、明らかにそれは、多くのアングロ・アメリカ系哲学者による大陸の哲学伝統に親しむことへの教条的な拒絶と、社会科学者たちのなかでの、特に最近自然科学から移動してきた人たちのなかでの、これと類似した科学主義の優越である。社会科学における理論間の多くの論争は、究極的には哲学と方法論の問題になる。それらの多くの問題は、なお依然として大いに対立しあっているのだが、そこにはしかし、合意の諸要素が、たとえば観察の理論負荷的な性格についての認識が生まれてくるといった他の要素もあるのである（次のことを想起しよう。すなわち私たちは、上記第二の要点を踏まえれば、批判のための暫定的な係留点を別の領域で提供しうるような、究極ではないが相対的に持続的な合意の領域があるはずだと期待してよいのである）。

存在仮説

批判のこのような〔科学主義的な〕哲学的水準を超えて、私たちが、〔社会科学的な〕知識・主張にどのように接近していくかは、その知識主張〔knowledge-claims〕のタイプに依存している。そのような知識主張の最も重要なものの一つは、「ある国際的な分業が存在する」とか「階級社会が存在する」とか、「上流層の仲間内で受容可能な行動についての特殊なコードが存在する」といったような、「存在仮説〔existential hypotheses〕」である。科学についての多くの説明がこのような〔存在仮説の〕言明を無視しているのだが、公式であれ非公式であれ、それらの言明は理論の重要な構成要素なのである。概念システムの内部におけるそれらの言明の立証は、当該の対象を認定するための受け入れ可能な規準を前もって確定しておくことが求められる。[*3] このような仮説を確定させるには、ある特定種類の対象についての観察の単一事例を必要としているだけである[*4]（それらの仮説は、そうした対象の数値についての主張を含まないし、第3章で定義された意味での規則性についての一般化でもないことに注意してほしい）[*5]。

では、重力場や生産様式といった観察不可能な対象に関する存在仮説についてはどうであろうか？　しばしば、第二の例として、それが観察不可能だということは確実とはいえない。つまり、「観察可能性」は、より正確には時には「熟知性〔familiarity〕」として解釈されてさしつかえないものである。そしてまた、時々は、はじめに観察不可能な対象も後に観察されるようになる。いずれにしろ、このような主張〔存在仮説言明〕は、孤立的に、恣意的になされはしない。それらは、より観察可能で慣れ親しんだ出来事と対象についての私たちの知識から遡及的に推論されるのである〔be retroduced〕。たとえば、利潤、地代、利子（これらすべて観察可能）が、存在するためには「剰余価値」（観察不可能）が存在していなければならない。あるいは、「子どもがこれまで聞いたこともない文法に沿った文章を話すためには、その子どもはすでに発話を生成する構造を保有していなければならない」〔と言われる〕。明らかに、実体化された存在物〔entity〕についての定義があいまいなものであればあるほど、それだけそれについて立証したり疑ったりする可能性は少なくなる。〔こうした議論では〕ある最小限のレベルで、形而上学的な根拠による一定程度の支えが確保されることになろう。たとえば、私たちは、すべての出来事は原因を持っているという形而上学的前提に基づいて、観察できない原因を持つ観察された変化は、観察不可能なある原因を持っていなければならないということを受け入れるだろう。もし、これ以上さらに進んでいかないのであれば、ただ具合の悪い観察事例を説明してしまおうとして単に便利な仮説上の対象を呼び出しているだけだと正当にも非難されるかもしれない。しかし、存在主張〔existential claim〕はこれよりももっと特殊な主張のことであり、それを支持する他の形態に依拠している。存在主張は、力や傾向性（たとえば、発話する能力）についてなされるところでは、私たちはそれが「根拠づけられる」ことを期待している。すなわち、私たちはどんな種類の対象がそうした力や傾向性を保有しうるのかについて語られることを期待する。当の種類の存在物は、その原因および条件がよりよく知られていて、それと同じタイプのものである事例や出来事への参照によって特定化されるであろう。[*6] 観察された効果が可能であるためにはある特定の種類の存在物が実在しなければならないというふうに、論証は通常その効果に対してなされる。もし他の独立の出来事もまた、同じ存在物の存在することを指し示すなら、私たちの確信は高まるだろう。さらに、ひとたびこのような主張がより十全に特定化されるなら、その対象はしばしば観察可能になる。

どんな種類の存在物を呼び出してもよいわけではない。それは、その性質が世界についての既存の私たちの知識に照らしてみて妥当と思われるものでなければならない。すなわち、それは、私たちが知る限りで、その存在と特徴が物質的に可能なものでなければならないのである。観察できないだけでなく、現時点で知り思いつくことができるものにほとんど似ていないような存在物やメカニズムが存在する可能性を排除できないとしても、それらが説明に呼び出されてよいわけではない。妥当と思われるものを無益な思弁から区別するために、どこかに線引きがなされなければならない、あるいは「保守的な原理」が確立されなければならない。[*7] もし、反証されていないという理由で無益な思弁に対して信用保証をするとすれば、矛盾に陥る危険を冒すことになり、したがって早まって信頼できる知識を捨ててしまうことになる。たとえば、近代医療よりも精神療法〔spiritual healing〕を好むなど（ただし、前者が誤ることがないわけではない）。区分線をより高く引き、保守的な原則を拡張するのも、すなわち観察不可能なものについて語ることがいっさい禁じられているとするのも、また非合理的である。それは、観察可能な出来事だけが観察可能な原因を持ちうるのであり、したがって、世界は私たちの感覚能力と同じ広がりを持つ、というドグマを生む。

もしある存在物の時空上の位置が特定されていて、ある別の対象がその場を占めていることがわかるならば、観察可能なものについてのその存在物の存在主張は反証されうる。[*8] ある仮説が観察不可能なものに関連している場合、それらの仮説は、観察可能な出来事を生み出す能力のあるいっそう妥当な存在物を遡及的に推論する〔リトロデュースする〕ことによって、あるいは、その推論された存在物が実際に、他の観察可能な諸対象によって因果的に説明でき、それらの諸対象から導出できるだけでなく、そこから演繹もされることを示すことによって、吟味されるだろう。観察可能であるかどうかにかかわらず、私たちは、仮説設定された対象の概念化についても吟味するかもしれない（たとえば、国家の（またはその概念化の）性質についての論争、および生産様式についてのまたは精神病についての論争）。

当の対象のどんな側面が必然的に関係しているのかについて正確に定義づけるうえで十分な注意を払うならば、内的関係または必然的関係とその諸条件についての理論的主張の査定はより簡単明白なものである。[*9] XはYを前提にしているということは、もしXがYなしでも見出されまたは生み出されうるとすれば、明確に反証されうる。立証はあまり確定的なものでないとしても、そのような主張の支持はその対象の本性または性質についての論証に依拠している。その論証によって、それらの諸性質が必然的に関係していることが確信される。それらの主張は、観察を通じてであれ、実践によるそれらの主張の反駁の試みを通じてであれ、閉鎖システムまたは開放システムにおいて検証される。実践による反駁の試みとは、問題になっている関係の内部または外部で不可能だと仮説的に想定されている行為を遂行しようとする試みのことである。この種の反証は、それが同時に社会的行為の実践的な可能性についての新たな情報をもたらすので、純粋に否定的な価値しかないわけではない。[*10] 婚姻関係のような概念依存的な内的関係が関連している場合、正確な定義が特に重要になる。そのような関係は、その存在のために諸規則に依存していると言われている。しかし、その内的関係の定義、したがってまた正確な形態が変化するかもしれない。したがって、それらの関係についての主張の査定は、それらの主張が適用可能であるべきだとすれば、それらの歴史的特殊性を考慮に入れておかなければならない。

行動または偶然に関係しあう諸現象の配置についての経験的主張に関しては、もし閉鎖システムを扱っているのであれば、強い予測を行ってその反証を真剣に受け止めなければならない。もし、システムが閉鎖されていることに確信を持っていて（閉鎖のための二つの条件について点検済みで）、予測が外れるならば、それは予測を行うために使用された道具主義的な法則の反証として、そうでなければ、データにおけるエラーを示すものとして、受け止めなければならない。［しかし］その初期状態が不完全にしか知られていない開放システムにおける偶然性の予測に対する反証は、理論的に重要なものとして扱われる必要はないのである。

とはいえやはり、社会システムの状態についての記述と予測は、多くの偶然性を含みながらも、私たちにとっては無視できない実践的重要性を持っている。私たちの行為が成功するか失敗するかは、自然的ならびに社会的メカニズムをいかによく理解するかにかかっているばかりでなく、私たちの目的をそこで達成しようと努力する文脈《コンテキスト》についての記述と予測がどれほど正確であるかにかかっている。偶然性に関連するエラーは深刻な実践的帰結をもたらすかもしれないが、それは私たちの理論的な主張を必ずしも脅かすものではない。たとえば、ある経済政策が失敗するのは、経済の構造とメカニズムについての諸前提（理論的主張）が誤って特定化されているからではないかもしれず、むしろ、偶然的な諸事実に関する情報が不完全であるからかもしれないのである。同様に、燃料タンクが空であることに気づくまたは予測することに失敗することは、自動車がどのようにして動くのかについての理論的理解に関しては全く重要性がない。もちろん、実践的な観点からすれば、そのことはちょっとした惨事ではあるけれども。社会研究の多くの部分が、世界の必然性についての　抽象的な理論における革新に関係するよりも、むしろ、社会システムのそれらの多くの偶然的な諸関係との具体的な結びつきを理解するために既存の理論を利用することに、関連するのだから、そうした説明に対する反証や批判がしばしば理論的な帰結をほとんど持たないとしても驚くことではない。たとえば、歴史上の特殊なエピソードの説明に対する批判が、社会構造やメカニズムについてのその概念化に異議申し立てをしている場合でも、その批判は、むしろ、偶然的な諸事実についての判断を批判している以上のものではない場合がほとんどである。社会科学における後者のような批判のいわゆる非確定的な性格と、自然科学における検証と批判のいわゆる決定的な性格との好ましくない比較を行う人々は、しばしば、両者が非常に異なった種類の研究であることに気づけないのである。このタイプの社会研究は、まずもって開放システムの具体的な説明に関連しているのであり、（純然たる）自然科学は、通常は閉鎖システムにおける抽象的な主張に関連しているのである。

予測的検証

原理的に見て、予測的検証〔*predictive tests*〕は、知らぬ間に説明のうちに滑り込ませるかもしれない事後的な合理化という身勝手を許すので、魅力的な提案に見える。

しかし、仮説から導かれる予測を検証することによってその仮説を確証しようとする試みは、社会科学ではまれである。将来の社会的な出来事についてなされたほとんどの予測は、忘れられている。予測に照らして社会理論を検証しようとする試みがされた場合、いくつかの重要な問題が生じる。その一つは、自己成就的または自己否定的予言の可能性である。もう一つは、「後件肯定の誤謬〔the fallacy of affirming the consequent〕」として知られているものである。定式「BであるがゆえにA」という仮説が与えられている場合、Aという事例の発見（後件肯定）は、それ自体では、何か他のものCではなくまさにBがその原因であると証明されるわけでない。こうした誤謬は、日常の議論ではよくあることである。たとえば、最近次のようなことがしばしば主張された。すなわち、核戦争が起こっていないことが、核兵器が抑止力となっており、核兵器が「平和を維持している」という主張の「証」となっているのだと。しかし、このような議論は、上記の論点を証明していない。というのも、他の諸条件もまた同等に、あるいはそれ以上の信憑性をもって、平和の維持にあずかっているといえるからである。

社会科学では事態はしばしばもっと悪い。なぜなら、ある仮説が、その予測の成功によってではなく、その仮説を体現している経験的なモデルがデータに「符合〔fit〕」していたという事実によって、確証されたとみなされているからである。すでに注意したように、モデルに符合することはその検証とは全く別のことである。しかも、どんなモデルでも推計される十分なパラメーターを備えて、ある一連のデータに符合するように調節〔fitting〕することができる。成功裡の符合的な調節〔fitting〕は成功裡の因果的説明を必然的に証明しているわけではなく、むしろそれは計算用具を考案することなのである。それは、開放システムの将来の発展を成功裡に予測するものでなくてもよいのである。

話を予測における一般化と確率的な仮説の使用に戻すと、それらの仮説は、それに適合するまたは適合しない事例に照らしては、決定的に立証も反証もできないということはよく知られている。「Xの八〇パーセントはYである」または「あるXがYである確率は〇・八である」という類いの言明は、有限の母集団においてすべての個体をくまなくチェックすることによってのみ立証または反証されうるのであり、無限の母集団ではそんなことは全くできない。サンプルデータに基づく確率的予測の失敗の原因は、いつでもそのサンプルに帰すことができる。しかし、そうした弁護が論理的には許容されるものだとしても、繰り返し失敗するような場合は、そのような弁護は当を得たものではないだろう。

統計的な検証のよく使われているタイプは、二つのサンプル平均の間に有意の差異が存在しないという「帰無仮説」を斥けようと試みる形をとる。それを適用したほとんどの場合、研究者はサンプル平均の間にあると申し立てられている差異を説明するために選ばれたある仮説を設定する。それは次のように仮説設定される。①そこには有意な差異Yが存在する。②その差異は、Xによって引き起こされたものである。しかし、多くの統計学の方法についての教科書が正しくも指摘しているように、帰無仮説を斥けしたがって①を確証しても、それは②を確証することには全くならないのである。それが②を確証するということは信念は後件肯定の誤謬のもう一つの事例である。②を確証するためには、他の可能な既知のメカニズムがではなく、まさにXがYの原因であると示すことができる、Xについての独立の説明的な検証を行わなければならない。だから、このような統計的な検証の弱点は、それがサンプル平均における差異はサンプリングエラーのせいではないかという疑問を乗り越えた証明をしているのではないという事実から生じているだけでなく、むしろ、それが因果的仮説を直接に検証するものではないという事実から生じているのである。

最後に、多くの標準的な文献によって与えられる印象に反して、そのような〔統計的な〕検証は、その概念化が問題のないものであれ、予測の立証または反証に至ることはできない。量的なエラー〔開放システムではその重要性は明確ではないのだが〕が見出されるか否かにかかわらず、統計学やモデル論に暗に含まれている諸概念もまた評価を受けなければならないのである。

因果的説明と説明的検証

因果的説明を評価するという問題は、部分的には、因果作用〔causation〕についての極度に単純な規則性の理論が優勢となっているために、広範に理解されているわけではない。**図11**は、因果的説明が、いくつかの構成要素を明示的または暗示的に含んでいることを示そうと意図している。それは、一つは原因そしてもう一つは結果という二つの事象を引き合いに出しているだけではない。私たちは通常、当該の対象の本性（その構造、組成、性質）についての何らかの理解を持っており、しばしばそのメカニズムの作動を観察することができるのである。対象Xに保持されている力、傾向性またはより一般的にメカニズムについての主張は、適当な諸条件のもとで、それらがどのように働くのかを観察し、また、どのような性質のおかげでそれらの諸力が存在するのかを発見するために、Xの構造を調べることによって、たしかめることができる。たとえば、私たちは、「ニッチ」の一つを占有する者が種特有の変化を引き起こしうるような政治的構造についてたしかめることができる。したがって、因果的説明は、図のAの領域で評価されうる。Aの見出しのもとでの諸対象と諸性質は、常に観察不可能、または別の言い方でいえばアクセス不可能というわけではない。だから、それらの同定は、Bの領域における出来事を同定するよりもより問題は少ないだろう。実際、出来事はしばしばより複雑で具体的なものであり、それらが記述できるようになる前に抽象によって分析される必要があるだろう。さらに、説明的評価はしばしば、自然科学よりも社会科学でのほうが容易である。なぜなら、私たちは多くの構造やメカニズムに対して実践を通じた「内的なアクセス」を持っているからである。また、私たち自身のものと類似した理由や信念は原因として機能する場合があるからである。他動詞的な因果的説明（第3章を参照）は、特にそうした査定に開かれている。理由が原因として機能すると主張される際の因果的説明は、もっと難しい。というのも、時々、特に歴史的研究では、行為者の弁明という疑わしい証拠でさえも欠けているからでる。

さて、Xがそこに位置している諸条件の範囲は広大かもしれないが、その位置と性質についての情報が与えられていれば、どのような種類の出来事eが生み出されるかについて予測が可能かもしれない。しかし、特に複合的で開放的な社会システムの場合、私たちは前もっては、そうした諸条件についてわずかしか知ることができないだろう。したがって確実な予測をすることはできない。もし予測がなされたとしても、まさにc〔諸条件〕が知られていないのだから、その予測の成功または失敗は、本当にはその因果仮説に対する肯定とも否定とも判断されない。開放システムにおける因果仮説について（B領域における出来事の生起または非生起にもっぱら依拠した）純粋な予測検証を試みる者は、「愚直な反証」という過失を犯しがちであ

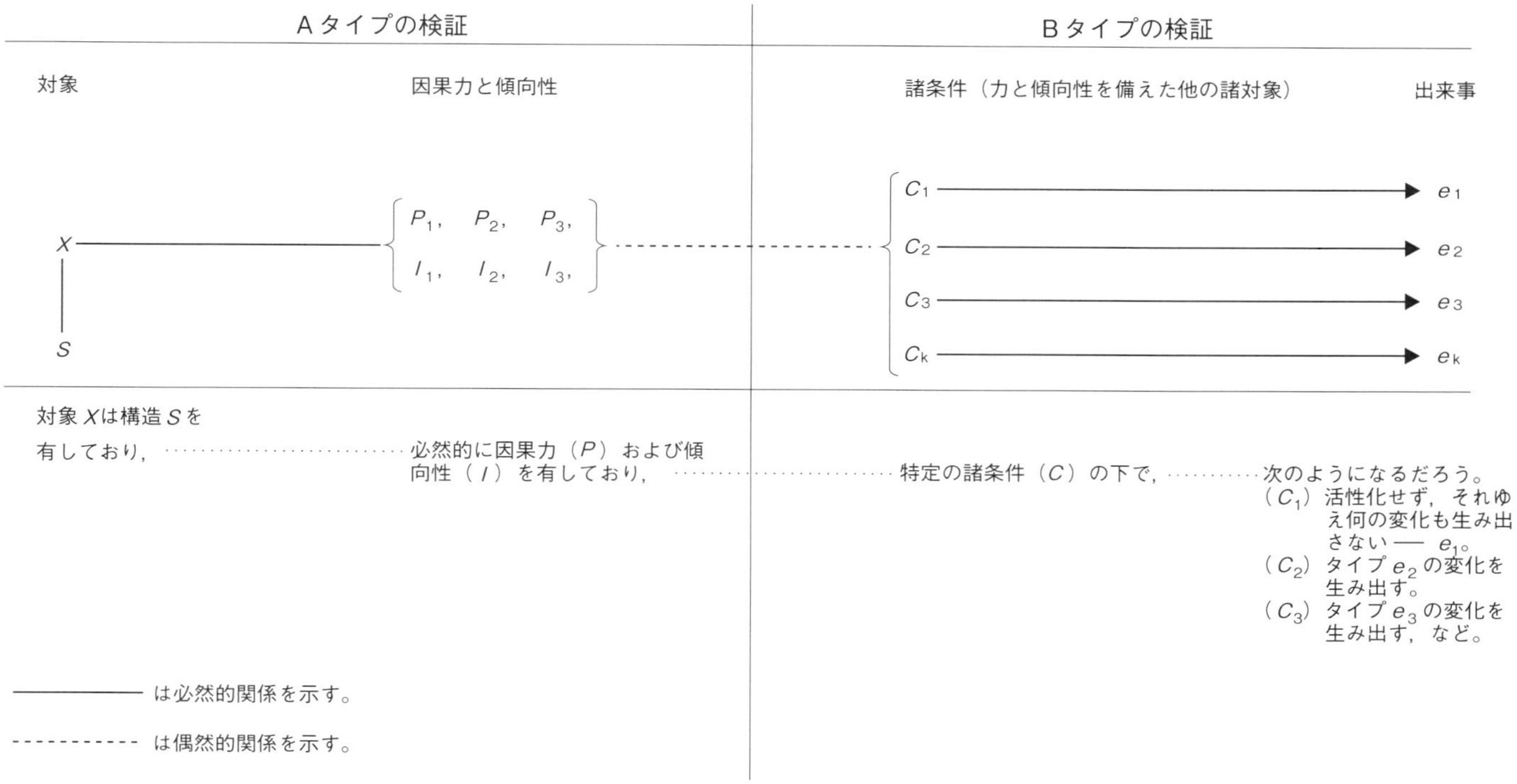

図11　因果仮説の評価または検証

る。愚直な反証では、他のメカニズムからの変則的で避けられない影響が当の因果的主張に対する反証として扱われる。たとえば、「飛行機は空気よりも重いが飛ぶことができる、したがって、重力の法則は反駁されている」というように。他方で、すでに見てきたように、たとえば、「予測された出来事が生じた。したがって、その原因*X*についての仮説は真でなければならない」というように、純粋にB領域における予測の成功に基づいて、その〔仮説の〕立証がなされたと主張されるならば、再び後件肯定の誤謬の不正に陥ることになる。というのも、他のどんなメカニズムでもなく*X*こそがその原因である、ということはまだ示されていないからである。いずれにしろ、厳密にいえば、因果仮説の評価における予測の成功は、メカニズムの性格や力や傾向性についての主張を検証しているのではなく、むしろ何らかのその効果についての仮説を検証しているのである。

　私は、因果的主張は、予測の適切性というよりも、後件肯定の誤謬を免れている説明の適切性についてのAタイプの評価に従うことができるのだと論じたい。私たちはたいてい、ある出来事がいつ生じるのか、たとえば、魚がいつかかるか、ポンドの価値がいつ上がるのかについて、予測することはできない。けれども、諸対象が働くときにそれらを働かせている重要な力や傾向性やメカニズムを保有しているその対象の本性について子細に調べるならば、それがどのように生じるのか、いつ生じるのかについて説明することはできる。ポンドの価値の場合、私たちは、なぜ通貨投機者たちやその他の者たちがイギリス通貨を買ったのか、その理由を見出すことができる。彼らが与えた理由のいくつかは誤った判断に基づいているかもしれないが、たとえ彼らが誤っていたとしても、それはなお原因でありうる。私たちはまた、その誤った判断によってそうした理由や力が保有されるようになった社会的、制度的、イデオロギー的構造と文脈《コンテキスト》とについても調べるべきである。言い換えれば、ある説明の立証はB領域（後件部分）の特定の出来事の生起にのみ依拠しているのではない。実際、ある条件のもとでは、*X*はそうした出来事を生起させないかもしれないのである。むしろ、〔説明の〕立証は、*X*（前件）とそのメカニズムの同定と「解明〔unpacking〕」に、すなわち、これまでの出来事の生起とは少なくとも独立な証拠に依拠しているのである。

　説明は演繹的なものでなければならず、そして／または、理論は計算的または予測的な道具でなければならないという考え方を支持する科学哲学では、Aタイプの記述的および説明的評価の可能性が過小評価されている。というのも、理論は、世界についての言明をその出力においてのみ、つまりその予測においてのみ、なしうるように見えるからである。これに対して、世界のその他の内容は、その目的〔予測〕のための手段として役立つのみであり、それ自身の権利において検証されるようなものではない〔とみなされる〕のである。このような考え方は、社会科学に数学的なモデルが使用される方法においては一般的なものである。とはいえ、必然的にそうでなければならないわけではない。A領域の評価が、その説明的および予測的な内容の構成から簡単に分離できない、という考えは特に問題と解される必要はない。A領域の内容を前もって受け入れていることに基づいているなら、B領域についての予測的主張を行う用意があると感じられるまで、その評価が先延ばしされるべきではない。観察の過程と最初の概念化でさえも、もし、それが第二章で提示された二十の質問モデルで理解されるとすれば、それ固有の評価手続き（もちろん可謬的なものだが）を内包していると正当にも言われてよいだろう。予測的な遂行のいわゆる強い検証に比較するなら、多くのものが弱いものとして却下されるだろう。しかし、すでに示したように、後者〔強い検証〕に対する信頼は、特に社会科学では不適切である。したがって、他の選択肢を却下するのは賢明ではないと思われる。

実際に、多くの社会科学者たちが因果仮説を偶然関係しあう出来事のあいだの規則性についての主張として扱っている。開放システムに直面しながらその成り行きについての理解を欠いている場合、彼らは、膨大なセテリス・パリブス〔*ceteris paribus*〕（「他の事柄にして同じならば」）前提を付して因果的主張に限定を付さなければならない。しかし、因果的主張は規則性についての主張ではなく、産出、妨害、変化についての主張なのである。私がドアを押してもドアを開けられなかったとき、それは私がドアを押していなかったという意味ではない。そこには、どんなセテリス・パリブス限定も必要ない。もし私がドアを押しているなら、それがロックされているかされていないか、あるいはバリケードされているのか、本当はスライド制のドアなのかには関係なく、ドアを押してしているのである。このことは、もしドアがロックされていないなら、私がドアを押しているのかどうかを見極めるのを比較的容易にするだろう。そこには検査する別の手段がある。セテリス・パリブス前提は、何らかのメカニズムの活動がどのような効果を生むかについて予測を行うためにのみ必要とされる。何が起こったのかあるいはどんな種類のメカニズムが存在するのかを説明するためには、それ〔セテリス・パリブス〕は必要ではない。[*12]

開放システムにおいて、予測を検証することによって理論を評価しようとするなら、不規則な出来事はセテリス・パリブス前提が働かなかったことを示しているのか、あるいは反証されたことを示しているのか、いつも判然としないことになる。このことは、自分の好みの理論を反証から守るために、前者〔セテリス・パリブスが働かなかったこと〕の可能性に訴えるという疑わしいがよくある戦略を招き寄せる。ところが、敵対者が同じ戦略をとることは反証回避だとして批判する。もし私たちが純粋に予測の検証に依拠しているなら、反証を不可能とみなさないままに愚直な反証を避けようとするということの問題が深刻なものとなる。しかし、理論を査定するための別のやり方があるのだ。

ここで、クリスタラーの例について考察しよう。彼は経済学者で、一九三三年に、住宅地の規模と配置と間隔について説明し予測するすばらしい理論を提示した。[*13] そこでは、物品が販売される場所の位置は、販売を最大化しようとする販売者の意図に支配されると仮定された。その際、購買者は販売店に行くまでの距離を最小化すると想定されている。クリスタラーは、均等に配置された人口を前提にして、類似の商品の販売者たちが三角形の格子に規則的な間隔をとるという普遍競争均衡論的な解を導き出した。彼はまた、異なる商品の販売のための集客エリアの異なる規模を考慮して、規模の異なる居住地のヒエラルキーを導き位置づけた。こうして彼は、そのモデルを南ドイツに適用しようと試みた。こうして、おそらく予想のとおり、観察された配置と予測された配置との間に多くの違いを見出した。しかし彼は、読者に対して、そのような変則性は彼の理論に対する反証を成り立たせるものではなく、単に他の事柄が同じではなかったところにまで〔理論を〕拡張したことを示しているにすぎないのだと警告した。[*14] 今やそのことが真実だとしても（町は山の頂上にはおかれないとか、他の外的な諸要素が経済的な諸力の上に重なったとかであれ）、このような議論は、明らかに、どんな理論に対しても、それがどれほどひどいものであれ、見せかけの防御帯を提供することができることになる。そうした可能性ならびにその他の適用におけるこのモデルの「改良版」の成果の乏しい予測的な仕事にもかかわらず、空間における競争圧力がどのように〔販売店の〕位置選定に影響を与えるのかについての一つの考え方としてのもっともらしさのゆえに、部分的な説明としていまだに広く受け入れられている。この「もっともらしさ」の評価において、〔社会〕科学者たちは――自然科学者には不可能な――市場行動のメカニズムへの「内的なアクセス」という有利な立場を保持していることになる。このようなアクセスを用いたとしても、後件肯定はしておらず、説明仮説に対する独立の証拠をたしかめていることになる。他の人々は、このモデルを「人間行動学」的な仕方で、ある特定の行動的および文脈《コンテキスト》的な前提のもとでどんな合理的な居住パターンを表すのかについてのある表現として解釈している。このような理由で彼らは、そのパターンが実質的に理屈に合ったものだということを見出している。この理論のいくつかの側面はすでに批判され、おそらくは反証されている限り、その批判は、再び説明的適合性の観点からのものである（たとえば、それは、そのような市場行動を引き起こすことのできる社会経済的な構造の種類を特定することに失敗していると）。表面的に見ると、科学の哲学者たちに広まっている立証と反証についての単純なモデルと比較して、事態は次のように見えるだろう。すなわち、そのモデルは、検証可能な理論を生み出すことができず、あるいは検証がなされた場合にもその検証の結果を受け入れることができない社会科学のいわゆる未成熟を典型的に示しており、その結果、明確な進歩がなされていないのだと。しかし、実際の閉鎖システムが得られないとすれば、合理的な検定は、可能な最良のやり方でなされていたのであり、進歩は、実際の空間的な結果についての予測ではなく、メカニズムの理解という点で成し遂げられていたのであると。

現実の事例によるよりも抽象的なもので考察するとき、これまでのここでの議論は、同語反復になりそうな論証やまやかしの反証不能な仮説の形にうさんくささを感じている読者を当惑させているかもしれない。観察不可能なものについての存在仮説の使用は、神秘的な力についての主張よりも何ほどかましで、より検証可能なものなのだと、私たちは正当にも主張することができるだろうか？ もし期待された結果を得られない失敗が対抗的な諸力に訴えることで説明されうるとすれば、メカニズムについての主張はなおも適切に検証されうるだろうか？　以下では、サウンダースによるこれらの疑念についての以下のような表現について考察しよう。

このような理由づけ（たとえば、もし利潤率が低下するなら、それは利潤率低下の内的傾向性にその原因があるのであり、もしそれが低下していなければそれに対抗する傾向性に原因がある、とするような）は自己確証的な同語反復以上のものを何ら生み出しはしない。人は、故郷を通過する列車の旅をしていて、列車の窓から象を追い払うためにカラシ菜の種を散布したある男の話を思い起こすことだろう。サリーに野生の象なんかいないよと言われたとき、その男は、これは単に、象を押しとどめるものとしてのカラシ菜の種の有効性（象がいないのはカラシ菜の種の象抑止力のせいだ）を証明するのに役立つだけなのだと答えた。[*15]

この議論は、表面的には人に訴えるところがあるが、よく目をこらしてみれば、いくつかの間違いに依拠していることがわかる。第一は、対抗的力に訴える論証が必然的に「自己確証的同語反復」とまやかしの正当化を生み出すという主張である。ここで、再び説明のこの構造についての次のようなありふれた例について考えてみよう。すなわちそれは、「私はそのドアがロックされていなかったなら、うまくドアを押し開けていたはずだ」というものである。もちろん、私は、（意図的であれ、悪気なくであれ）このような議論をまやかしに使うこともできたというのはありうる。私は、ドアを開けようとしているふりをしている、あるいはそうしていると妄想しているだけかもしれない。またそうすることで、対抗する力に訴えて因果的主張に対する反証を逃れようとするかもしれない。しかし、ある概念のばかげた使用の可能性は、その概念の責任ある使用の資格を奪うことにはならない。したがって、想定された力（ドアを押すこと）と想定された対抗的力（ロックがかかっていること）の双方の働きをチェックする相互に独立のやり方を考えることは難しいことではない。だから、このような説明が「自己確証的な同語反復」に必ず陥るわけではないのである。

ところで、社会科学の例についてはどうだろうか？　ここで、以下の陳述について考察してみよう。それらすべてはある対抗的な傾向性（A）によって覆されるようなある傾向性（B）に関心を抱いている。

①「（A）もし、その女性たちが受動的な役割へと社会化されていなかったならば、（B）彼女らはそのような退屈な仕事を受け入れなかったであろう」。

②「（A）もし、労働組合の防御の力がなかったならば、（B）賃金は下がっていたであろう」。

③「（A）もし、軍事クーデターがなかったならば、（B）農地改革は完遂されていたであろう」。

私たちは、このような主張をどのようにして検証し、あるいは評価するのだろうか？ もし、結論部を対抗的な力の作動の証明として受け取るなら、そのとき正当化は同語反復的になり、「後件肯定」を含むことになろう。たとえば、「その女性たちが退屈な仕事を受け入れていることが、彼女たちが受動的な役割へと社会化されていることを「証明している」」というふうに。しかし、ここには別の戦略もあるのであって、それは言い立てられている対抗的な力〔の存在〕を根拠づける独立の証拠、たとえば女性の社会化の性格についての証拠を探すことである。言い換えれば、そのような主張は、B領域よりもA領域において評価を受けるべきである。そうすることはしばしば困難なことであるが、不可能なことはまれである。困難をもたらす理由の一つは、変化の他の未知の原因が存在する可能性である。私たちが合理的にたずねることのできるすべては以下のことに尽きる。すなわち、A領域における証拠を再度よく見ることによって、ありうるその他の原因が検査され、排除されることである（知られていない原因へのアクセスはほとんど期待できない）。たとえば、①のケースでは、経営者はしばしば、女性たちは男性たちよりも退屈な仕事に本性的に耐えることができるのだと論じ、女性たちが〔現に〕退屈な仕事を行っているという事実がこの点を証明していると述べて、彼らの信念を正当化しようとする。これは、同語反復であり、後件を肯定するもので、もちろん通用しない。しかし、このような主張は、どんな身体的属性のおかげで、女性たちが退屈な仕事に適性を持っているとされるのかと問うことによって、非同語反復的なやり方で、評価される（そして排除される！）ことができる。

では、まやかしの説明で、サウンダースによって引用され検証されたあの特殊な例についてはどうであろうか？ 最初のものは、利潤率が低下する傾向性についてのマルクス主義理論の例である（この理論になじみのない読者はこの段落を飛ばしたくなるかもしれないが）。実際、サウンダースは、この理論のカリカチュアを提供し、その説明の構造を誤って伝えている。実のところ、その傾向性とそれに対抗する諸力双方の存在についての主張が、利潤率の動きとは独立に同定されるだろう変化のうちに根拠づけられている。その双方の傾向性が利潤率の動きを説明すると想定されている。しかも、その説明は後件を肯定することなく、同語反復を生み出すこともないのである。たとえば、利潤率を上昇させる傾向を持つ対抗的な力の一つは、賃金の低下、したがってより低コストをもたらす労働供給拡大の可能性である。この説明はまた、非同語反復的に評価されうる。利潤率を引き下げる別の傾向性もまた存在するという主張は、実践上はもっとアクセスが難しい。なぜなら、この主張は、実際上測定が不可能なある比率（「資本の有機的構成」）の動きに関する議論に基づいているからである。より一般的にいえば、たとえ、それぞれの可能性を受け入れたとしても、特殊な結びつきをしている様々な傾向性と対抗的傾向性の相対的な「重要度」を測定するという大きな問題がある。しかし、これらの困難は「自己確証的な同語反復」の困難ではない（実は、私はこの〔資本の有機的構成の〕理論は、欠陥を持っていると思っている。しかし、その欠陥は、サウンダースによって示されたものではないし、立証についての論題に関係するものでもない）。

カラシ菜の種撒きについての第二の例は、傾向性や対抗的傾向性に訴えることが純粋に空想的で立証不可能な力を呼び起こすことと同じであると主張するのに役立っている。しかし、上記の①から③の例をもう一度見てほしい。それらが呼び出してくる原因については、そこに空想的なものや神秘的なものは全くない。それらすべては、社会科学における説明では典型的なものである。実際、いくつかの力が他の力によって修正を受けたり、無効にされたり、阻止されたりするだろうとの想定を含まないような、あるいは観察不可能なものの存在を想定しないような、いかなる社会研究も社会科学における理論的な論争も想像することは困難であろう。A領域の評価の可能性を思い起こすならば、まじめな説明と空想的な説明を区別することは難しいことではない。私が提唱した基準によれば、カラシ菜の種蒔き人の主張を反証するのに何の困難もない。つまり、象がいつもいなかったわけではないことの証明を求める。そして、かつては象がいたことがあると証明されたならば、現実の象についてある実験をして象の退去の他の可能な原因を除外しようと試みるだろう。もし、この証明が成功したなら、その際はさらにそのメカニズムについての説明と、その力に関する追加的な証拠を要求するだろう（〔空想的な仮説への〕このような応答の奇怪な性格はこの例〔自体〕のつまらなさを映し出している）。問題は、①存在仮説を軽視すること、②理論の役割を観察可能なものについての言明を引き出すための発見的な道具に縮減してしまうこと、③検証可能なものは、すべて観察可能な出来事についての予測であると想定する、そうした哲学にある。その哲学は、物質的な可能性（についての既存の知識）に何らの考慮も払わないようなおかしな説明に対する抵抗力をほとんど全く提供しない。[*16]

解釈
——評価を免れる？——

社会科学において競合しあう考え方を評価する可能性についてのとてつもなく大きな悲観論は、解釈的な理解に関連している。ある政治運動についての、いわば保守的な歴史家の解釈が、社会主義的な歴史家のそれと比べてより良いか悪いかを決定することはできるのだろうか？　あるイデオロギーの本当の意味が何であるかを、どうしたら決定できるだろうか？　自然科学では可能とされている「客観的」な決定と対比されて、しばしばそのような決定は「主観的」なものとして描かれる。その決定は、私たちがその解釈を受け入れるか受け入れないかであると。しかし、自然科学における検証の確定性が頻繁に誇張されていることは、以前に見てきたとおりである。そこで私は、解釈的理解がなぜ特別に競合しあうのかにはしかるべき理由があるのだから、その解釈の評価の「柔軟さ」と非決定性もまた誇張される可能性があると論じようと思う。

社会科学の概念的な対象または概念依存的な対象が、自然科学の対象と異なるその程度に応じて、それらの対象の認知可能性が異なっていても驚くべきことではない。私たちは意味を理解し「使用」することはできるが、それらをつかみ出すことも、突っつくことも、または測ることもできない。[*17] たとえば「愛国心（patriotism）」についてどのように解釈するかを決定することは、水の沸点を測定するようなこととは全く類似するところがない。私たちが解釈的理解を評価するのは、はじめに仮説または予測を設定してその後にそれを検証することによってではない。むしろ、解釈過程それ自体が、ちょうど「テキスト」のある部分を他の部分との関係で読み取るように、継続的なモニタリングと修正を体現している。自然科学者たちは、自分たちが解釈すべき唯一の意味が彼ら自身の科学のコミュニティにおける意味であるような単一の解釈学的サークルの内部で仕事をしているのに対して、社会科学者たちは、彼ら自身の意味の枠組みと行為者たちの意味の枠組みの間を媒介しなければならない。このことが翻訳と判断について大きな問題を提起する。特に、〔解釈者と被解釈者との間で〕意味の枠組みが大きく分かれているように見え、合理性についての異なる概念と結びついている可能性のあるような歴史学と人類学ではそうである。しかしながら、解釈の問題は克服不可能な問題なのではなく、日常生活で私たちが継続的にそれに対処している事柄なのである。[*18]

最初に、この明かな解釈の不決定性に対する相対主義的な対応を取り上げよう。それによれば、すべての解釈が興味深くまた同等に価値があるので、それらすべての花を咲かせなければならない。これのもっと洗練された変種は、テキストとかイデオロギーのような概念的対象はまさにあいまいなのだから、そのあいまいさを排除するよりも容認すべきだと論じるものである。

花を咲かせることに反対できる者は誰だろうか？　その答えは、イメージを喚起する偏ったアナロジーにおどおどすることなく、それらについてよく知る者である。次のことが何を意味するか明確にしてみよう。すなわち、初心者の解釈は学者たちの解釈と全く同じほど良い。アパルトヘイトについての人種主義的解釈はリベラルな解釈と全く同じほど良い。いくつかの観点からして、このような立場は疑わしいものである。第一に、その立場は不誠実に行き着く。というのも、このような立場が標榜する自由主義は現状を批判から免れさせるのに役立つからである。第二に、それは、私たちは〔自分たちの〕解釈に対して無関心であることはめったになく、それらについて大いに論争しているという事実の意味を理解することに失敗する。第1章と第2章で論評した日常生活における意味をめぐる対立は、それが対立しうるという事実だけでなく、まさにどんな解釈でも受け入れ可能なわけではないことが重大な問題となるという事実を指摘しているのだ。解釈についての意見の不一致は、私たちがそれらの解釈に対して無関心ではないということだけでなく、それらが重大な問題となるということを示しているのである。

解釈の決定不可能性についての誇張された見方は、意味を人々の実践的な文脈《コンテキスト》から、その指示対象と使用者から、無自覚のうちに切り離すことに由来する。行為者たちが使用し理解している意味は、実践と社会諸関係のなかに埋め込まれている。それらの意味は、人々とその環境についての記述と評価を定着させることができる。またそれらは、私たちのアイデンティティに、そして私たちが社会のなかで何ができるかに影響を与えることができる。もちろん、それらは隠蔽したり誤った表象を与えたりすることもできる。こうした理由から、私は、たとえば「納税者に課される負担義務」として記述されることに、無関心ではいない。〔それについては〕まさしくどんな解釈も受け入れ可能なわけではないのである。そうした解釈が誰にも影響を与えず、私に対する人々の行動に何らの違いももたらさないならば、そのときだけ、私はそれについてどうでもよいと感じるだろう。だから、私たちが解釈を評価することは、そうした記述やその実践的な含意と部分的に関係しているのである。

以上のことは、意味と社会についての私たちの解釈はあいまいさや多義性を抑制するべきだと論じようとするものではない。もし、社会における概念と状況が私たち社会科学者にとってあいまいで抗争含みのものであれば、それらは行為者たちにとっても同じようなものであろう。英霊記念日における軍隊パレードの意味は、戦争の恐怖（「二度とあってはならない……」）を再認識することと、軍隊そしておそらくは戦争そのものを祝い栄光化することとが結びついている点で、すこぶる両義的なイベントである。しかし、あるイベントについて両義的だとか多義的意味を持っていると解釈することは、どんな解釈をも容認することではない。なぜなら、すべての解釈が両義性を認めるわけではないからである。皮肉なことに、両義性を公平に扱おうとするならば、私たちはそれをどうでもよいやり方で解釈することはできないのである。

解釈の多面性についてのもっと納得できる見方は、クリフォード・ギアーツによって提案されている。彼は、解釈的人類学という自身の学科では、「進歩が合意の完遂によってなされるのは、論争の洗練化によってなされるよりも、いっそうわずかでしかない」と論じている。「何が改善されるかといえば、私たちが相互に論じあう際の正確さである」[*19]。これは、議論はもっと自然科学のようなものになるべきだと考えている人々によって非常にしばしば表明されている社会科学の「果てしのない論争」というおなじみの批判に対する雄弁で安心を誘う弁護のように思われる。またギアーツの弁護は、意見の不一致が進歩の不在を意味するという推論を斥けるという効能がある。しかし、私たちは百の花についての〔すべてを承認する〕相対主義を超えてさらにもう少し先まで前進できると、私は考えている。

私たちの解釈の対象、つまり、動機、信念、行為者の考え、構成的意味その他類似のものは、その〔観念の〕保有者の客観的で物質的な状況からの規定性だけでなく、彼らの文化の中で彼らに入手可能な概念用具からの規定性という、二重の規定性を有している。つまり、彼らの文化が、彼ら自身の状況を解釈する方法を提供しているのである。社会について学ぶ学生は、この二つの規定性両方の側面を理解するように努めなければならない。その際しばしば、よりよくたしかめられているとともに大いに異なった文脈《コンテキスト》で発展されたさまざまな概念用具を使用することになる。こうして、意味は空間と時間をまたいで多様なので、私たちは、自分たちの解釈を、自然科学の実験ではできるとされている反復実験によって簡単にたしかめることなどできないのである。

解釈の評価は、不整合性や特定化の誤り、見落としを探し出すある種の三角測量的な過程で、一つの概念の意味と他の概念の意味への参照によるクロスチェックを伴う。[*20] それぞれの部分の意味は全体の意味との関係で、そしてその逆の関係でも、継続的に再検査される。解釈の確定は、対抗する解釈が関連しているような物質的な環境や、社会諸関係、アイデンティティ、信念、感情についての知識に照らして行われる。理由と信念が社会的出来事の原因となりうるのだから、解釈的な理解の評価は、よく想定されているほど因果的な説明の評価と大きく異なってはいないのである。何人かの人類学者たちに擁護されている他の戦略は、読者が研究者の解釈だけに依存する必要がなく彼ら自身で判断できるように、研究者が彼らの読者に対して可能な限り多くの一次資料（会話やインタビューなどの記録）を入手可能にしてあげるというものである。[*21] これは、自ら使用した一次資料を秘密にしたり、ふるいにかけたり、作り変えたりしがちな研究者の通常の性向にいくらかの――ほんのいくらかにすぎないが――制限をかけて、彼らの解釈をより評価しやすくするという利点がある。行為者、研究者、読者の誰であれ解釈における究極の権威などは持っていないし、彼らの誰もが誤っているかもしれないのである。一次資料を提示する様式は、それ自体中立的なものではないし、ある微妙な差違を隠蔽してしまいがちである。研究者はそれでも、「そこにいた」「一次資料に近い場所にいた」という相対的な――絶対的なものではない――優位さを持っているかもしれないし、読者は研究者の解釈を考慮に入れる必要があるかもしれない。しかし、上記の戦略は、会話の可能性を少しだけ開き、研究者の解釈を少しだけより透明なものにする。

研究者の解釈について査定するもっと直接的なやり方は、もちろん、行為者自身にそれについてどう考えるかと問うことである。このことはしかし、行為者の見方に何か究極の権威を与えることを必ずしも意味するものではない。学問的な説明は〔行為者には〕認知されていない諸条件や結果について言及することができる。〔その際〕彼らは必ず、その条件についての言説の形で、実践的意識を表現せざるをえない。また、彼らは意識化されていない意味についてさえも言及する。このような理由から、学問的な説明は行為者の説明とは異なることがありうる。時々両者は相互に対立することもありうる。行為者の理解は、学問的理解に対して、その対象としても競合者としても、向かいあっている。これら両者の説明について評価することを避けることができない（それは、最もよい解釈を見出すためには必要なことである）のだから、私たちは、しばしば、合理性と価値についての論争に巻き込まれることになる。こうして第1章で見たように、間違っているのは、私たちのそれらについての説明ではなく、社会、特に行為者たちの理解と実践だ、と無理なく言うことができるようになる。自然科学の諸対象は、評価すべきそのような性質を何ら持っていない。そこでは、評価されるべきものは、対象それ自体ではなくもっぱら観察者の知識だけである。社会科学では、観察者の知識と観察されるもの知識の両方が吟味にかけられる。こうした事情からして、私たちが行為者に〔解釈上の〕権限を付与するのかそれとも学者たちに付与するのかを認可することのできるアプリオリな根拠は存在しないのである。

諸解釈の間のこうした批判的な関係を認めることは、学者たちに対して、行為者たち自身の説明を無視することに、お墨付きを与えるものではない。あるいはまた、二つの説明の違いについて上で示したような理由を、そうした戦略の正当化として扱うことにお墨付きを与えるものでもない。一九六八年の重要性についての解釈は、学者たちが彼ら自身の反省を彼らの解釈の対象と混同しているよい例である。学者たちならびに彼らと同じような位置にいる人々（たとえば、メディア関係の職員たち）の個人的な経験の重要性は、彼らの数がわずかであってもその数が示しているものよりもおそらくもっと大きいものである。しかし、非常にしばしば彼らの説明は、多くの人々にとって、その年は比較的普通の年だったのだということに留意し損ねている。そこでは、褒め称えられている（誰によって褒め称えられているのか？）その出来事は、多くの人々には、ただ鮮明なだけで〔その意義は〕薄ぼんやりと理解されているにすぎないのである。

というわけで学者たちは、彼らの提供する解釈が、誰についてのものか、誰にとってのものかを確定する必要がある。もし、その解釈が行為者自身の理解についてのものとして意図されているならば、それは、純粋に学者たち自身の教化啓発のために解釈を展開することとは異なる含意を有している。このような教化啓発のための解釈では、結論となる説明は、しばしば、それと明示されている対象に関係するものというよりも、その学者自身の社会的地位と学問的な競争に関係するものである。もちろん、素人の理解は、研究者の意味枠組みを通じて解釈されねばならない。しかし私たちは、そこに、ある相互作用が存在することを認知できる。その際に、素人の理解が研究者の意味枠組みに解消され、それゆえ、学者の説明に対する素人の批判は常に斥けられうる、などと想定されてはいない。このことは、研究者たちは彼らの解釈を、自分たちの教化啓発のために発展させてはならないというわけではない。それは、研究者たちが、自分たちの教化啓発を、事柄が行為者たちにとって持っていた意味を〔彼らが〕表現しようとするものと同じものだと偽らない限りにおいてだが。実在論は、解釈的理解がきわめてパーソナルなものでありうるという考えを受け入れることができる。しかし、実在論は解釈者（author）の個人的な地位の座標（the co-ordinates）を特定する必要性について忠告する。もし解釈について査定するつもりならば、私たちは、その解釈が誰によって、誰のために、誰についてなされているのかを知る必要があるのである。

結論

結論として、上記の処方箋が、私が評価の正当な方法と信じていることについての定式化であり再構成であるということを、もう一度強調しなければならない。私は、多くの社会科学者たちがすでにそれらを手広く使用していると考えている。しかし、それどころか不幸にも、その多くが、科学者は予測の検証に多大な信頼をおくべきだと主張するような評価についての制限された考え方によって影響を受けてきたのである。もしその結果が、研究者たちがその方法論的な表明において、彼らの実質的な研究で実践をしていることを、単に否定しているだけであるならば、まだ損害は小さいだろう。しかし残念なことに、彼らの幾人かは、その〔予測の検証という方法の〕忠告をまともに受け止めている。自然科学の状況と比較してみれば、社会科学における主観と対象との関係の性質について含意するものは、決定的な評価を行う可能性について陰鬱な失望を引き起こす。逆にいえば、相互作用が存在しないのだと言い張っても、また、あたかも〔社会科学〕研究が自然科学の研究と異ならないものであるかのように振る舞っても、何も得るものがないのである。実際、そのような戦略は事態をもっと悪くするだけであろう。しかし、第9章の後半部で、私は、社会科学の目的を再検討するならば、問題のうちのいくつかは解消できることを示そうと思う。

第8章　ポパーの「反証主義」

社会科学における検証についての最もよく知られた考えは、「反証可能性」についてのポパーの仕事である。彼の理論は、魅力的なほどシンプルであるが逆説的なものである。それは、強いバージョンと様々な解釈を許す弱いバージョンに帰着する。[*1]それはまた、科学の進歩を帰納という手段による知識の一様な累積的増大とみなす退屈なイメージを、大胆な推測を行い、それを反駁する勇敢な過程としての科学という描像に置き換えることで、科学を美しく描く。科学のこのような特徴づけは、実際にはそれを実践に移すことが不可能だという事実にもかかわらず、人気を獲得している。いくつかのポパーのアイディアが紹介されている第5章と同じように、以下の議論は、科学の哲学におけるいくつかの論争についてすでに慣れ親しんでいる読者に向けられている。そうでない読者は、直接第9章に進みたければそうしてもよいだろう。[*2]

ポパーの反証〔の議論〕の大もとは、彼の自然必然性の否定にある。事物や出来事の間のあらゆる関係は、偶然的であり、それゆえに、どの段階においても帰納についての大問題が生み出される（世界は変化するかもしれない）。この帰納の大問題は、帰納の小問題と繰り返し混同されている。帰納は、正当にも〔論理的〕推論の合理的モデルとしては排除されている。しかし、それに代えて、ポパーは自然必然性を前提とするリトロダクションではなく、演繹を据える。理論は演繹的な形式を持たねばならず、検証可能な予測を生み出さなければならない。〔ところが〕演繹的理論は、予測の成功によっては確証されたということができない。なぜなら、第5章で見たように、無数の仮説が、妥当な演繹的論証という前提のもとで使用可能になり、成功する予測を生み出すからである。そこには、Aタイプの検証に相当するものが存在しない。なぜなら、論理的な形式という代償を払って、理論の内容を無視することで、ポパーは、理論が出来事の予測を通じてよりも、むしろ、存在仮説を通じて対象と関係しているその仕方を、見逃しているのである。

ポパーの議論の最も顕著な部分は、（演繹的な）理論は確証されえないけれども、予測の失敗によって明瞭に反証されうるのだという主張である。もし、予測が前提から正当に引き出されていて、しかも予測が反証されるならば、その前提のなかに誤りがあるのでなければならない。[*3] したがって、第5章で述べたように、立証または補強と反証との間には非対称がある。逆説的にも、理論が誤っていることが示されるときにのみ、私たちはその理論の確かさを確信することができるのである。[*4]

この演繹的な構造に適合させ、したがって理論を反証のリスクにさらすために、科学者たちは、たとえば「多くのXがYである」ではなく「すべてのXがYである」といった、普遍的な規則性についての大胆な推測を行うように促される。後者の［普遍的］言明は、普遍的で決定的なものとして記述されうるとしても、しかし、ポパーによれば、それは偶然的に関係しあう諸現象についての言明なのである。この形而上学的仮定はポパーにとって御しがたい逆説を生み出す。なぜ、人は偶然的なものについて普遍的で決定的主張を行おうと欲したりするのであろうか？　もしこの世界に何らの必然性も存在しないのであれば、なぜ出来事についての普遍的な言明についての反証が関心の対象になったりするのであろうか（ポパーの忠告に従えば、その普遍的言明はできるだけ多くの帰結を禁止するようなものでなければならないのだが[*5]）？

ところで、少なくても帰納の小問題（すべての私たちの知識は原理的に可謬的なものである）のゆえに、どんな成功した理論も修正を免れて正しいと証明されることはできない。だからまた、どんな反証言明も正しいと証明されることはできないのである。そしてポパーはこのことをよく承知していた。しかし、これに付け加えるならば、もし、帰納の大問題のゆえに、決定的な立証が達成できないのであれば、第5章で見たように、反証もまた不可能である。この世界に何らの必然性も存在しないのであれば、今日反証されたものが明日立証されることもありうるだろうし、その逆もまたしかりである。反証が決定的でありうるとしたら、それは、私たちが世界における必然性について正当にも主張しうるそのときのみである。たとえ、その主張がなおも、世界についての他の知識と同様に、帰納の小問題に服しているとしても、そうである。さらに言えば、諸関係について大胆な推測を行うことに価値があるのは、この世界に何らかの必然性が存在するときのみである。

すでに述べたように、もしこの世界に必然的関係と偶然的関係の両方が存在するならば、またもしそこに閉鎖システムがあるならば、そのときのみ、対象の必然的な振る舞い方が出来事のパターンのうちに規則性を生み出すだろう。操作可能な実在的な閉鎖システムの存在はしたがって、このような対象の振る舞い方についての主張に対するいわゆる反証をめぐる解釈上の論争を最小限化するうえでこの上もなく助けとなる。

ポパーによれば、最も成功した理論でさえも、確証されたとか立証されたと言うことはできず、単に補強されたまたは今のところ反証されていないだけなのである。純粋な帰納推論では、出来事についての成功した予測はどれも私たちの理論を強化するわけではない。なぜなら、その成功が今後も継続すると推論する何らの論理的根拠も存在しないからである。このことは正しい。ただし、見てきたように、私たちが純粋な帰納法に、すなわち、これまで出来事の特殊な経過がいつも生じることが知られているからといって、単にそれゆえに、それが今後も生起し続けるだろうとする推論に、究極的に依存しているなどということはありそうもないということを除けば、であるが。しかし、存在主張およびAタイプの検証を考慮に入れるならば、これらの言明も他の言明同様に帰納の小問題に対しては脆弱ではあるけれども、一つまたはそれ以上の根拠によって成功裡に証明された存在仮説が、全然証明もされなかったものより少しもましなことはないなどと語ることはばかげている。だから、確証のまたは補強の度合いが存在するとする私たちの直感的考えはきわめて理にかなっている。成功が私たちの理論における増大した確信を保証するとは言えないのは、ただ、私たちが出来事の観察からの純粋な帰納に依存しているとき、あるいは非因果的な前提からの演繹に依存しているときだけなのである（私たちは対象の本性と因果力についての知識を欠いているのだから）。

　ポパーは科学における進歩についての以下のような英雄的な描写を提示している。その描写では、大胆な理論――反証可能なより脆弱なものであればあるほどよい――が推測される。その次に、それらが誤りであることを証明しようとする試みがなされる。これがなされるときには、理論の創始者はアドホックな修正を行って自らの理論を防御しようとしてこれに応じてはならない。ポパーは、少なくともいくつかの修正は正当になされてよいと許容することによって、またよりよい理論が見出されるまでは反証された理論であっても放棄するのは非合理的だと受け入れることによって、この義論を修正し限定づけしているが、いくつかの理由からこれはなお満足なものではない。[*6]

　第一に、理論は（きわめて理にかなっているのだが）しばしばその構造において演繹的なものではない。だから、それらの理論のいくつかの主張についての反証は少なくとも理論全体の放棄に至る必要はない。したがって、反証に対する対応としての修正が必然的に理論を「弱体化させる」と仮定することはばかげているように見える。もし、その理論がA領域ではわずかにしか展開されていないならば（つまり、その理論が道具主義的な理論に傾いているならば）、この種の修正は、アドホックな性格を持つというのは最もありそうなことである。そうであるなら、その理論家は〔修正的な〕変更を加えてよいものに対する概念的な制限を欠いている。そうした変更を当該の対象の本性についての（反証不可能な）存在的知識によって知解可能となるものに制限する代わりに、彼または彼女は、それが不具合を取り除くのなら何でも変更する傾向を持っている。これは厳密に言えば、道具主義的社会科学、とりわけ数学的モデル化を特徴づける実践である。言い換えれば、理論と科学についてのポパーの見方は、彼がそれに対抗して忠告していたまさにその危険を助長することになっているのである。

　第二に、理論の概念的内容と意味の変化についてのポパーの考慮の欠如もまた、それによって理論が評価される過程についての彼の捉え方を狭めている。概念上の修正は、予測の経験的反証から生じる場合もそうでない場合もある（修正は、正しい答えが誤った理由によって生み出されていたという趣旨の論証によって、生じるかもしれないのである）。そうした修正は、その意味が固定されている言明の相互の論理的な関係の再調整からだけ生じるわけではない。それは、理論の概念的および図像的な内容における変更から生じることもある。その場合、その内容それ自身が評価されなければならない。第5章では、妥当ではあるがばかげた演繹的議論が示された。そうしたばかげたことを取り除くのは、論理上の変更ではない。また、予測の反証がそのばかげたことを暴露するわけでもない。むしろ、繰り返しになるが、この議論場面で最も進歩をもたらすものは、ポパーが「科学の論理」の外部にあるものとして無視している、まさに「事前検証」的な概念の精査なのである。

第三に、反証への応答において理論に合わせて修正することが、回避〔戦略〕として望ましくないものであると解釈する必要は必ずしもない。それはむしろしばしば、反駁を承認しているのである。これに関してはマルクスの有名な「貧困化テーゼ」について考察してみよう。このテーゼは、いろいろな仕方で解釈されてきているが、マルクスの真意がそれら解釈のどれに当てはまるか明らかではない。問題となっている事柄は、これらの様々な解釈の出自ではなく、その適切性である。もし、（たとえば、労働者階級は、資本主義の発展につれて漸進的に貧困化するというような）単純な解釈が誤りであると認められているとすれば、そしてたしかにそれはそのとおりなのだが、それに代えて、このテーゼの他の解釈が提案されることになる。しかし、これは最初のバージョンの反証に対する回避〔戦略〕と受け取るべきはなく、むしろその受容と受け取るべきである。したがって、第二のバージョンはそれ自身の権利において考察されなければならない。

もちろん、すでに見たように、時々、ある過程についての主張が対抗的な諸力や諸条件に訴えて、いわゆる反証事例に対して防御されることがある。この場合しばしば、もし帝国主義によって第三世界に生み出された貧困化がなければ、先進諸国の労働者階級の大部分は「貧困化」していたであろうと論じられてきた。先進諸国は、高価な国内生産品の代わりに低賃金労働諸国からの輸入に代替させるので、第三世界の貧困化が先進諸国の実質所得を上昇させることができるのであると。純粋に哲学的な議論に基づいて、このような説明の構造は反証不可能でありそれゆえに不当なものである、として排除することなどできない。この場合その説明の構造が、貧困化のメカニズムとそれに対抗する諸力の双方のための入手可能ないわば説明的証拠に基づいているかどうかが問題なのである。[*7] つまり、貧困化テーゼが、前資本主義的生産様式と結びついているかどうかにかかわらず、資本主義の本性に内在する何ものかを引き合いに出す主旨のものかどうかに、またはそれが偶然的な要因によって決定されているとみなされている状態の予測であるかどうかに、多くのことがかかっているのである。このことは、もしあれこれのことが異なっていたとしたら、歴史において何が生じただろうかを決定することの難しさを、過小評価しているのではない。しかし、非実在論者は、世界における必然性についての私たちの知識を無視することによって、その困難を頻繁に過大評価している。Xが生起しただろうということは、端的に、それが繰り返し生起してきたという事例からの帰納的推論である必要などないのである。そのことは、何らかのメカニズムの本性についての理論から知りうる（ただし、いつでも可謬的なのだが）であろう。

第四に、「自らを危険にさらす」理論を愛好するポパーの議論もまた制限されなければならない（〔ポパーによれば〕よい科学的理論はどれも、禁止〔条項〕である。それは、ある特定の事柄が生起することを禁じている。理論が禁じるものが多ければそれだけいっそうよい理論である）[*8]。今や、開放システムについての理論が、閉鎖されたまたは閉鎖可能なシステムに関する理論よりも禁止するものが少ないとしても何ら驚くべきことではない。また同様に、偶然性についての言明が必然性についての言明よりも禁止するものが少ないのはいたって理にかなったことである。ポパーによれば、「XかまたはYが生じる可能性がある」という理論のほうが「YではなくXが生じるだろう」という理論よりも教えるところがより少ない。しかし、「投資は、雇用を増加させるかまたは減少させる」という主張を考えてみよう。もしこの主張が正しく、しかも、私たちが前もって、投資は雇用を増大させうるだけだと想定しているならば、この主張もたしかに役に立つであろう。しかしもちろん、もし理論がどんな条件のもとでならどちらの結果が生起するかを特定するであれば、なおいっそう教えるところが多いであろう。ここで確認されるべき一般的な論点は、方法論的な処方箋は存在論を無視してはならない、ということである。理論が何を禁じるかは、世界の構造に依存しているのである。

最後に、科学の変化についてのポパーの考え方における反証に与えられた顕著な優越性について考えてみよう。その〔反証主義の〕弱いバージョンでは、それは「私たちは誤りから学ぶことができる」という単純な理念である[*9]。すでに見たように、〔ポパーでは〕理論の査定は大まかにいって予測された出来事の検証に、あるいは私たちの用語ではBタイプの検証に限定されている。もしそうなら、演繹的理論が正当に反証されたとき（つまり、以前に定義されたような意味で素朴に反証されたのではなく）、私たちは何を学ぶのであろうか？　ただひたすら、それとは別の演繹的理論を試さなければならないということである。演繹主義は、理論の内容を無視し、したがって因果的説明を道具主義的「導出」から区別できないのだから、否応なしに、A領域の内容はただひたすらB領域における検証を通じて間接的に評価されうるだけである。しかも、それは反証事例が見つかった場合にだけなされるのである！　明らかに唯一そのときのみ、私たちは何かが間違っていると知るのだが、それは何かが間違っているということのみであり、何が間違っているかではないのである。経験から学ぶことへのこうした制約は、社会科学では、つまりBタイプの予測検証がいずれにせよまれにしか可能でないところでは、なおいっそう深刻なものになる。

最後の論点は、社会科学者たちをして、彼らの理論を批判にさらすようにと勇気づけるどころか、反証主義は、社会科学者たちに次のようなイデオロギーを提供している。それは、実際にはその反対のことをしていながらも、彼らがやっていることはこのような〔批判にさらすようにとの〕勇気づけなのだとするものである。Aタイプの批判は、それが「心理学」に関連するものであって、科学の論理に関連するものではないという理由で、またBタイプの予測の反証だけが問題に最終的に決着をつけることができるという理由で、あるいは諸前提は実在論的なものではありえないという理由で、拒否されうる。しかし、社会システムについての予測では紛れのない反証を生み出すことがとてつもなく困難なので、彼らが理論を評価する卓越した方法を手にしているという主張は、空虚なものであり、「むしろ」彼らの[*10]理論を検証から防御するのに役立っている。たとえば、ブローグとギーディマンは、新古典派経済学の抽象化と説明に対するAタイプの根拠に基づいてなされた批判を、このような仕方で拒否している（ここでもまた、諸前提は実在論的である必要はないという議論に訴えている）[*11]。ブロウグがこのような戦術を採用しているのは、彼がある種の経済学理論の反証不可能性をもとにしてなされてきた批判の多くを承認していることからしても、なおさら奇妙である。この問題をもっと深刻に捉えながら、しかしポパー的な基準に対して何らの対案も持っていない他の人々が、理論的な抗争を解決する可能性への自信を失い、絶望にかられて「すべてはあなたの理論／パラダイム次第なのだ」と結論づけたとしても驚くことではない。このようなポスト・ポパー的状況についてのバスカーの以下のコメントは的確である。

> 予測基準への公的で持続的な忠誠と結びついている決定的な検証状況の不在はどれも、一挙に方法論を神秘化し、かたくなに守られた（あるいは特権化された）理論を防御し、代替案の成長を妨げ、および／あるいは、理論的抗争の解決不可能性（またはそれへの信念）を力づける。この解決不可能性（への信念）は、実践的にはもちろん、抗争の現状肯定的な解決を意味しているのである[*12]。

第9章　説明に関わる諸問題と社会科学の目的

「よい説明とは何か?」は、社会科学者が方法論者に問いかける、最もありふれた問いの一つである。それはまた、最もいらだたせる問いの一つでもある。というのも、質問者が念頭においている対象や、彼・彼女らがその対象について説明したいと考えているものが何であるかを知らない限り、応答することはできないからである。しかしながら、一部の哲学者は、説明のタイプの多様性は見せかけのものにすぎず、したがって、説明は一つもしくは二つの基本的な論理形式に還元できると論じることによって、〔説明についての〕一般的な解答を提出しようと試みてきた。第5章で論じた「演繹的法則定立」モデルはその一つである。彼らはまた、単純な出来事の説明を範例として提供する。たとえば、「なぜ水銀の円柱は上昇するのか」、「なぜ冷却器は爆発したのか」などである。第5章で論じたように、これらのモデルは重大な欠陥を持っている。たとえ、単純な出来事の説明として再構成したとしても、である。驚くことではないが、第一次世界大戦の原因、女性の従属の原因、幼い子どもの言語獲得の原因など、複雑な現象の説明に興味関心を持つ社会科学者にとって、それらの例はほとんど有益でないことがわかっている。

本章では、社会科学における「説明」に関するいくつかの問題を、研究対象の固有の性格や複雑性を適切に取り扱えるような仕方で検討する。特に、なぜ典型的な説明が相対的に不完全で、近似にすぎず、そして競合しあうのかを示したい。〔そこでは〕一方の研究対象の性格と、他方の研究者の目的・予期・方法との間の相互作用から生じる困難性を取り上げる。いくつかの問題は、不適切な方法の利用によって自ら引き受けたものと言われるかもしれないのだが、何が適切で何が不適切かは、説明されるものの性格に関する判断によってはじめて決定されるものである。部分的には、争点は、抽象的分析と具体的分析および一般化との間の、すでに議論してきた区別を参照することによって明確化することができる。その区別は、オルタナティヴな研究デザインという観点で問題を検討するのにも役立つといえる。

今日では、方法に関する議論において、社会科学の基本的な目的は、社会的世界が存在する仕方についての一貫した記述や説明を提供する、「科学的」で客観的な命題的知識を発展させるものとして自明視されている。これを、科学の目的の正統的概念構成〔*orthodox conception of the aims of science*〕と呼ぼう。しかし、もしこの〔社会科学の〕困難性という問題を徹底して追求するならば、これらの目的を再検証し、それらが非合理的もしくは矛盾を含んだ予期をもたらすかどうかを問う地点にたどり着くことになる。私たちは、その考え方に対するオルタナティヴを、批判理論的な概念構成〔*critical theory conception*〕と呼ぼう。私たちが、社会科学とそれに関連した知識が何のために存在しているのかという問いに向き合うならば、困難はより包括的なものとなる。さらに、何が問題であり、何が解決策であるかに関する判断のいくつかは、逆転されてしまう。

　議論を始める前に、この困難性という問題についていくらか言及しておく必要がある。というのも、この問題を正当な関心事として受け入れることに対して、哲学者のよく知られた抵抗があるからである。そこでは、すべての科学は困難なのであり、困難は対象によってではなく、方法によって特徴づけられると主張することによって、困難性の問題はしばしば斥けられてきた。しかし、自然科学と比較してみた際の社会科学における「成功」の欠如の原因が、対象と関係のないものならば、その原因を、社会科学者の能力不足、適切な科学的方法を用いることの失敗、歴史が短いことなどに帰すほかなくなる。しかし、これらの可能性のどれも大きな信頼性を与えることはできない。「成功」における違いは、部分的には適切な方法の不均質な利用に由来するかもしれないが、研究対象の違いが関係しているかもしれないという至極もっともな可能性の考察を拒絶することは、独断的だといえる。そして、もし私の議論が妥当ならば、「成功」に関する単一の基準をどんなタイプの研究にもあてはめることができると想定することは、道理に合わない。実際、クリケットのルールによって、サッカーを評価することはばかげているといえる。たしかに、どんな種類の研究も困難に直面するが、しかし、私が考察したいのは、このような社会科学に固有の困難性である。また、何が存在するのかという問いの重要性および、対象の認知可能性を前提とするならば、実在論はとりわけこれらの課題にふさわしい装備を備えている。

説明と困難性の問題Ⅰ
——正統的概念構成——

パトナムに従って私たちは、気象学のように、その研究対象が構造を欠いているという点で「乱雑性」であるような開放システムの研究と、社会科学のように、その対象が「構造化された乱雑性」であるような研究とを区別できる。[*1] 前者は本来的により単純である。また気象学の場合、それが行う理解は、閉鎖システムにアクセスできる他の自然科学によって産出される有意義な知識による援助を受けることができる。困難性をもたらすよく知られた源泉は、実験的手法の利用不可能性と、社会科学の、対象に対する内在性〔internality〕である。この内在性が、対象を社会科学の影響を受けて変化しやすいものにしている。一部の自然科学者は、同様の困難性は量子力学にも存在しているとする。量子力学では、調査自体が、研究対象に不可避的な影響を及ぼすのである。しかし、この相互作用は有意味なものではないので、上記のような比較は有効性を持たない。

後者〔社会科学〕の困難性は、人々が自己解釈的な存在であるという事実から生じるものである。自己解釈的な存在は、学習したり、解釈を変更したりするので、新たな方法で行為し、また対応し、それゆえ後続の行為に向けた新たな刺激を生み出す。言い換えれば、彼らの因果的諸力や力量は、非人間的な客体と比べると、かなり多様であり、また変化しうるもので（束の間のものでさえ）ある。彼らは物質的な環境によって影響を受けるので、彼らの行為は、環境に対して固定的な関係にとどまるものではない。なぜなら、まさに、彼らの行為が、彼らに利用可能なものの見方〔way of seeing〕によって媒介されており、その見方も大いに変化しうるものだからである。したがって、知識自身の発展が社会科学における対象そのものを変化させうると言える。他方では、私たちはこの問題を含んだ関係の客体であると同様に主体でもあるので、たしかに、私たちは少なくとも客体に対する内的アクセスという点で有利な点を持っている。もちろんそのアクセスは誤りうるものではあるが。これに加えて、自己解釈的な存在であるという私たちの性質もまた、とりわけ人間の行為を、固定された仕方ではないが、文脈《コンテキスト》依存的なものにし、あるいは「多価的な〔polyvalent〕」ものにしている。それはさらに、複雑な社会的行動が、文脈《コンテキスト》を越えて変わることのない単純な行動の組み合わせには還元できないものだということを保証する。自然現象についてであれ、社会現象についてであれ、どのような説明も、すべての知識は修正可能だという認識論的な理由からして不完全なものだといえる。しかしそれはまた、社会現象の説明は、研究の対象が単純な進化的な変化ではなく、継続的な歴史的変化に服しているという上述した存在論的な理由からしても不完全なものだといえる。

「説明」とは、広範囲な事例をカバーする伸縮性のある用語であり、私たちはそのような〔伸縮性の〕範囲とうまく折り合いをつけるように試みる必要がある。[*2] 説明についてのあまりに形式化された再構成や、限定化された再構成は、以下の単純な点を見落とすことを許してしまう危険性がある。すなわちそれは、説明しようとする試みにおいて、すべて私たちが知っていることに依存してしまうことである。これと逆の極端な場合、批判的な考察もなく、日常生活において説明として通用しているものを単にリスト化するということがあるが、これでは意味がない。その場合は、方法論などは余計なものになる。さらに、哲学的な議論では容易に忘れられることだが、説明ならびにそれに対する回答への要請は真空のなかで提出されるのではない。すなわち、それらは、特定のレベルの事前理解や関心を有する人々によって求められるのである。バスが遅延した理由やイラン革命の原因についての説明を求める私の要求への回答は、その複雑性において多様なものとなりうる。それは、後者の出来事がより複雑だからというだけでなく、前者〔バスの遅延理由〕に関する私の事前理解がより大きいからである。それゆえ、説明が抽象的に議論される際には、読者は、それらの説明がその中で提示されていたであろうもっともらしい社会的文脈《コンテキスト》を想像しなければならない。説明が抽象的になされるとき、それらの説明は〔自然的対象についてであれ、社会的対象についてであれ〕、いつでも不完全であるように見える。その理由は、私たちの無知のゆえだけでなく、完全性を必ずしも必要としない私たちの現に存在している知識〔の性格〕のゆえでもある。しかしながら、以下で示すように、社会科学に特有の、もっと深刻な種類の不完全性の問題が存在している。成功裡の説明は、調査者と被調査者によって用いられている概念枠組みが相互に理解可能なものであることをも前提としている。このことは比較的明白のようにも思えるかもしれないが、説明についての哲学者の再構成は、それらの概念枠組みの最も問題のある特徴を、すなわち彼らが用いる用語の意味〔の問題〕を、あまりにも頻繁に無視しているのである。

これまでの章において、相対的に単純な出来事や対象に関する説明のいくつかのタイプについて議論してきた。ここでは、より複雑な対象に移る前に、それらを簡単に再確認しておきたい。出来事は、メカニズムの存在をリトロダクションしたり、確証することによって説明される。また、メカニズムの存在は、それを保持する対象の構造や構成に言及することによって説明される。ある同じ出来事がいくつかの明確に区別される諸原因によって共決定される場合、その出来事は各メカニズムの相対的な貢献〔度〕を考量することによって説明される。しかしながら、それら個々の力には還元できないが、他の諸対象の結合から生じる創発力の結果としてその出来事が生じている可能性について、常に注意しておく必要があるだろう。というのもこのような場合、〔諸原因を別々に特定する〕因果的な分解〔causal disaggregation〕の手法は機能しないからである。しばしば、説明するという問題が、説明される出来事を記述することのうちにあるとされ、その場合は、説明としては再記述だけで十分だとされる。たとえば、「それは宗教的な会合であり、政治的な集まりではなかった」といったように。社会の内部の諸概念は、「それ自身の水準」において説明される必要がある。もしくは、それらの概念の意味は理解されなければならない、と言うこともできる。それらの意味が観察可能な肉体的な行動〔それ自身説明を必要とするかもしれないが〕と関係するときであっても、それらは行為の付随現象またはその外的な記述へと還元することはできない。それと同時に、行為の原因やそれを可能にする諸条件に言及することによって、何が行為を生み出したかを説明する必要がある。それらの原因や諸条件には、他の行為や、理由と信念などが含まれることになる。行為の意味を理解することは〔それだけでは〕、なぜ、どのように、いつ、どこでその行為が生じたのかを説明するのに十分だということはめったにない。より一般的にいえば、社会科学は、それ自体が日常的な言説において相対的によく理解されているような行為を説明することにしばしば関連している。しかし、〔日常的な言説では〕そのような行為を可能にしている諸条件、特に社会構造、についてはたいていの場合自覚されていない。な

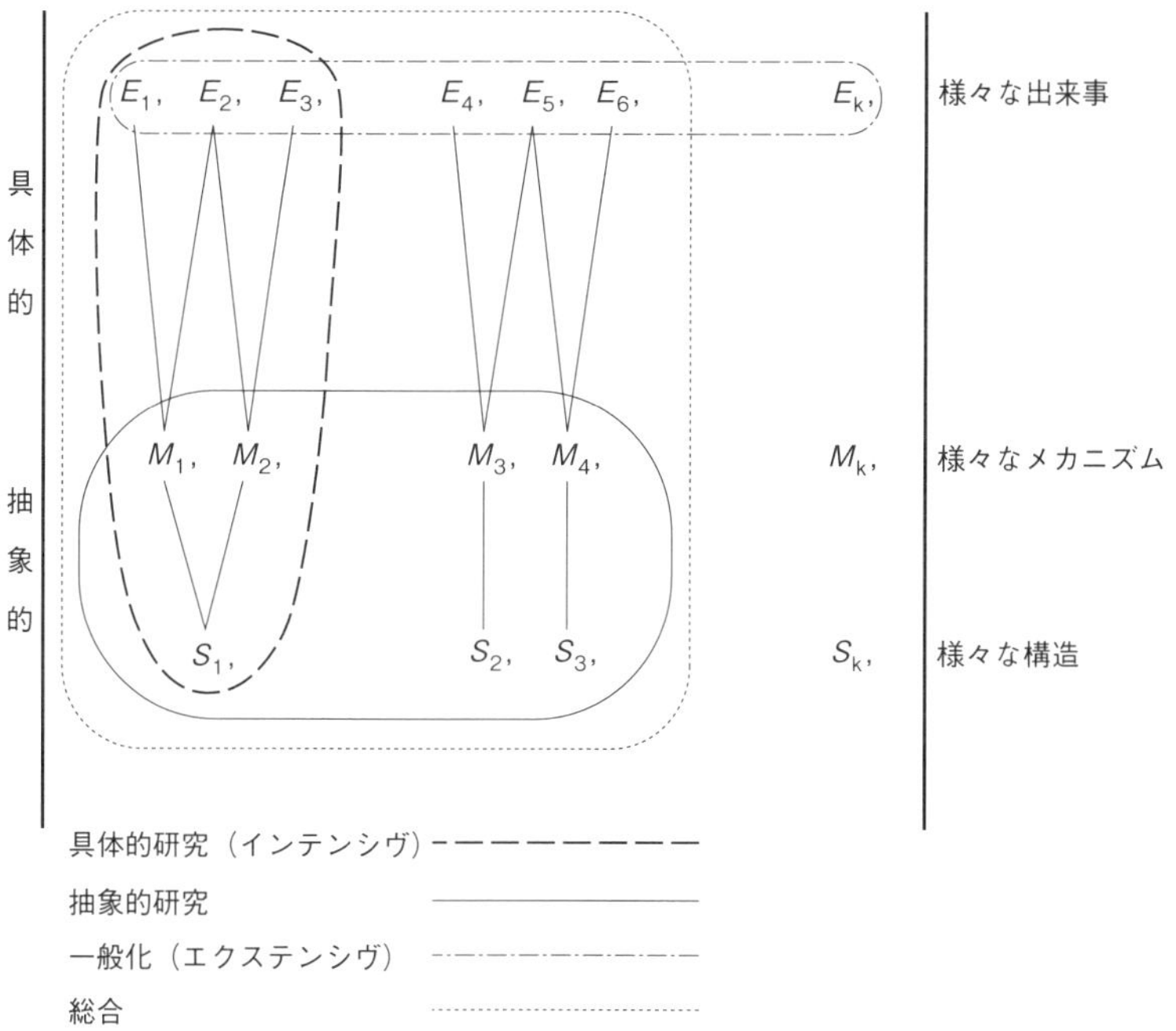

図12　研究の様々なタイプ

かには、説明されるべき事柄が純粋に抽象的理論に言及することで説明が可能になるような特殊な場合がある。たとえば、「なぜ店子は賃料を払わなければならないか」という質問のように。とはいえ私たちは、戦争やイデオロギーや経済発展といった具体的な事例のような、とても複雑な事柄の説明を追求する。こうした大きな研究プログラムにも、回答を提供することが求められている。このような状況を正しく扱うために、私たちは理論的研究と経験的研究との関係、および、抽象的なものと具体的なものとの関係に立ち戻らなければならない。

図8を基礎とした**図12**は、異なる種類の諸研究相互の関係を明確にすることを意図したものである。もっとも、特定のプロジェクトは、実際には、いくつかのタイプの研究を組み合わせているのだが。抽象的な理論研究は、社会的諸対象の構成とそれらの振る舞いを可能にする方法とを扱い、具体的な出来事は〔それらの〕可能な結果としてのみ扱われる。このような例としては、経済学における価値論や社会階級の理論が挙げられる。社会階級の理論は、階級を内的関係という観点から定義する。具体的な研究は、アクチュアルな出来事や対象を「多様な決定の統合体」として研究する。それらの出来事や対象の各々は抽象的な研究によって隔離抽出され、調査されてきた。これと対照的に、〔形式的な〕一般化の方法は、少なくとも無自覚のまま、抽象化には関与しない傾向があり、出来事や対象を、具体的なものというよりも、単純なものとして扱う傾向がある。その主要な目的は、出来事の水準における規則性や共通の特性を探究することにある。さらに、四つ目のタイプとして、「統

合〔synthesis〕」を付け加えることもできる。このタイプはすなわち、抽象的な研究と具体的な研究それぞれの発見を、構成的な構造やメカニズムと出来事をもカバーするような一般化と結合することによって、全体システムの主要部分を説明することをめざす研究である。この種の研究は、理想的には、学際的な研究であるべきと言えるが、歴史学や地理学などでは特によく見られるものである。解釈学的理解はこれらすべての研究のタイプで前提とされているが、それが問題とされる程度は「トピック」に依存する。たとえば、経済学と比べた際の文化研究など。

上記の図では簡単に表現することができないが、具体的な研究へのもう一つのアプローチとなるのが、「理念型」という方法である。そこでは、世界の複雑性を所与として、どのようなアプローチも選択的にならざるをえず、したがって、研究者の関心や価値に従って現象を隔離抽出する理念型を用いて、対象を特定しなければならないと主張されている。たとえば、初期の工業都市の研究は、マンチェスターのような典型的な事例に注目したり、この現象の理念型として仮説的な「コークタウン〔ディケンズの小説 *Hard Times* の舞台となる架空の町で、意味は「煤煙の町」〕」を想定しなければならない。これに対する実在論者の反論は、選択性や価値による影響という事実に対して向けられるのではない。というのも、それらは避けられないものだからである。むしろ問題点は、その方法論が、世界の構造に注意を払っていないことであり、したがって、ある選択が他のものよりも優れていることを構造との関係において認識できないことにある。[*3] このような存在論に対する恣意的な態度のために、理念型は上記の図に表現することができないのである。理念型がそのような〔構造の〕問題から無関係に定義されるとき、もちろん、そこに差異があるということを除いては、現実の諸事例と理念型とを比較することから多くのことを学び取ることはできないであろう。しかし、それらを生み出す構造を考慮しないまま、偶然的なパターンを恣意的に固定化してしまうことは、不可避的に、それらの差異が有しているどんな重要性をもあいまいにしてしまう。すなわちその差異が、偶然的な関係におけるさして重要でない差異なのか、それとも構造的な差異を特定化し損ねていたものなのか、どちらなのかについてあいまいにしてしまうのである。このような差異に重要性を認めることの拒絶は、理念型という方法がその使用者に、反論に対してあらかじめ組み込まれた防御手段を提供するものだという批判を招くことになる。[*4]

研究のこれらの様々なタイプの機能は、しばしば、利用者からも批判者からも、誤解されている。特に、研究者は、あるタイプの研究が他のタイプの仕事をも行いうると想定することで、その研究の機能を過度に拡張してしまうことがある（これを逆の方向から見ると、還元主義の一種とみなされるであろう）。

抽象的な研究の場合、これらの過度な拡張は、「偽りの具体的研究〔pseudo-concrete research〕」と呼ばれる。というのもそれは、具体的なものを成り立たせている抽象的な諸要素の連結の偶然的な諸形態に関する経験的研究を行う必要もなく、抽象理論が〔具体的な〕出来事を直接説明すると期待する誤りを犯しているからである。それは、具体的なものを、抽象的なものへと還元している。これは、マルクス主義や社会学でよく見かける誤りである。この傾向に対する初期の頃の批判者は、サルトルである。

ヴァレリーは、疑いもなく、プチブルジョワ知識人である。しかし、すべてのプチブルジョワ知識人が、ヴァレリーであるわけではない。現代マルクス主義が持つ発見的な〔効果に関する〕不十分さは、上記の二つの文章に含まれている。マルクス主義者は、ヴァレリーをプチブルジョワと特徴づけ、また彼の作品を概念論的なものとして特徴づけるのだが、その二つに関して、彼はただ自分自身があらかじめそこに入れて置いたものを見出しているだけなのである。[*5]

同じく、レイモンド・ウイリアムスも、「社会化」のような「無神経な」用語を用いる社会学の傾向を批判している。ここで「社会化」とは、「社会の方法を学習し、構成員として機能するようになること」として定義される。これは、たしかにすべての社会で起こっている事柄である。しかし、社会学は、この用語を、〔社会ごとに〕大きく異なる「方法」や「機能」を記述し、社会の「構成員」となることに関する高度に多様な特徴を記述する具体的な用語の代替物として用いている。[*6] このような傾向は、とりわけ、資本主義社会に関する近年の研究業績において顕著である。多くの研究者は、具体的な形態における国家の性質は、マルクス主義理論の最も基本的なカテゴリーの再検討から純粋に「導出」できると想定しているように見える。まるで、そのような抽象から具体への移動が、不可逆的で演繹的なものであるかのように考えられている。ここ数年来、「国家に関する論争」は、大まかにいって、相互に競合する「偽りの具体的研究」の立場間の議論から構成されている。この研究が明示的に抽象的なものである場合でも、抽象化にとって利用可能な源泉は既存の（マルクス主義的な）理論のみであり、具体的な対象や異なる理論から始めることから新しい抽象化を発展させることはできないと想定される傾向がある。[*7] 抽象化は、具体的なものを研究することが可能となるいくつかの手段を提供するために不可欠のものである。しかし、それらの抽象化は、具体的な出来事を出発点や原材料とする抽象化のプロセス〔自体〕にその起源がある。抽象的な研究は、具体的な研究に取って代わることはできないし、経験的調査に頼ることを追い出すこともできない。

しかしながら、**図12**で、抽象的な研究を上方へと拡張しようとすることには危険があるけれども、発見される必然的な関係がどこかに存在する限りにおいて、抽象的研究は水平方向に拡張することは可能である。抽象化は必然性に関心を持っているので、「一般的」な、もしくは幅広く存在している関係や特性を発見できるであろう。ただし、それらの関係や特性が正確にどれくらい幅広く存在するのかなどは、経験的な研究によってのみ決定される。ここで注意すべきは、ここでいう「一般性〔generality〕」の意味は、一般化〔generalization〕の概念で含意されるものとは異なるという点である。後者の一般化は主として、具体的な対象や出来事の諸特徴の間の類似性や規則性を発見することに関心を持っている。しかし、開放システムにおいては、持続的な類似性や規則性を見出すことは困難である。抽象化は、必然的な関係や条件、特性を探究するのであり、具体的な水準においてうまくいくような一般化を見出すことを期待してはいない。しかしそれは、具体的な対象を共同決定する特定の偶然性を抽象することにより、一般性として特徴づけられるような概念構成を生み出すことができる。[*8] 家主－店子の関係はその良い例である。開放システムにおいて存在する一般性の最も顕著な事例は、出来事の偶発的な継起やパターンに由来するというよりも、必然性に由来しているのは、驚くことではない。

　抽象的な研究の機能は、経験主義や日常的な理解においてもしばしば誤解されている。そこでは、抽象的（すなわち、一面的）概念は、誤って具体的なものの特殊性を先取りするものと期待されている。そこで、抽象的概念がそうした具体的なものを先取りしないことが不可避的に発見される場合、それらの概念は「愚直な反証」によって棄却されてしまう。このような誤りのおそらく最もよく知られた例は、マルクス主義的な階級概念が、具体的なレベルで共有されている属性に従って、人口を諸階級へと区分することを可能にしてくれるはずだという期待である。つまり、それは、収入や教育や態度などが、労働者階級と資本家階級の間できれいに二極分化するというのである。こうしたことが生じていないことが発見された場合、階級は存在しないと証明されたという誤った結論に基づいて、その抽象化が放棄されてしまう。このような単純な概念錯誤のために、多くの社会科学者は、自ら、最も強力な概念のいくつかを利用不能にしてしまっているのである。

　具体的な研究に通例結びついている過剰な拡張は、実際には代表性を持たないような、あるシステムの特定の（偶然的な）状況に関する特定の発見の、そのシステムへの不当な外挿化（もしくは一般化）から構成されている。これは、**図12**の水平方向への拡張に関連している。明らかに、拡張するシステムが異質的なシステムになるほど、その拡張は有害なものになる。その誤りは、避けるのが容易な単純なもののように見えるけれども、関心対象となるシステムのすべての部分について具体的な研究を行うことの非現実性が、このような拡張への強力な誘因になる。たとえば、産業革命の歴史的説明では、ランカシャーの綿工業に存在した特定の諸条件が、その時代の「代表的事例［representative］」だとの印象を持ちやすい。しかし、それは明らかに代表的事例ではない。とはいえそれは、やがて生じてくる事態の姿を（異なる意味において）「表現している」と主張できるかもしれない。

　同様なことは、一般化にもある。私たちはしばしばその誘惑にかられるけれども、特定の開放システムにおいて一般化によって発見されるパターンは、正確性をもって他のシステムに適用されると期待することはできない。また、別の理由から一般化の役割は、記述することを越えて、（因果的な）説明にまで拡張することはできない。

　過度な拡張もしくは還元主義のさらなる事例は、解釈的な分析にも見出せる。すでに述べたように、一部の解釈主義者は、社会における物質的な過程に対する社会科学者の関心を無視し、または軽視するという、ばかげた〔解釈中心主義的な〕帝国主義的傾向を持っている。社会それ自身の内部の諸概念を理解する問題に関してでさえ、社会におけるそれら諸概念について理解されるべきことのすべては、それらが何を意味しているのかである。それらの諸概念がどのように幅広く受け入れられ、利用されているかという問題については、重要ではないものとして扱われる。このような症候は特に、文化分析や政治分析に共通して見られる。そのような分析では、研究者は、ごくわずかなサンプルから一般化を行うのだが、そのサンプルの代表性〔representativeness〕如何については驚くほど軽視している。[*9]〔社会における〕意識が文脈《コンテキスト》依存的であることを前提とすると、限定された個人的な経験や個別の事例研究から、労働者階級の文化といった事柄についての正確で一般的な主張が、導出できるのかは疑わしい。たしかに、言語と文化の本質的に共有された相互主観的な性質や現代的なコミュニケーションシステムの普及が、特定の集団の意識に、共通の脈絡を与える点には同意できるだろう。しかしその際には、この〔集団に共通の意識の存在についての〕洞察が、人々の意識が形づくられているその具体的な文脈《コンテキスト》の固有性と、どのように調和させられるのかという問いを引き起こすことになる。このような問いは、カルチュラルスタディーズではよく知られた問題であるけれども、私が知る限り、この問題の自覚が、カルチュラルスタディーズの方法論においては不十分にしか認められていない。というのも、少なくとももつい最近までは、研究対象となる社会集団の範囲がかなり限定される傾向にあったからである。

研究デザイン
——インテンシヴとエクステンシヴ——

理論に導かれた具体的な研究を遂行する際の問題点は、選択肢となる〔二つの〕研究デザインを考察することによって、より明確にすることができる。不幸なことに、この〔研究デザインという〕主題に関しては、哲学に基づいた方法で議論されることはほとんどなく、ある非常に特殊な研究の、すなわち統計的分析の、研究デザインと同じものとして、しばしば扱われてきた。[*10] 具体的な研究をデザインする際、私たちは、自らの関心対象の本性を考慮に入れておかなければならない。異質性、複雑性、質的な変化、そして「多価性〔polyvalency〕」などは、関心のあるすべての側面に関して、具体的な諸個体はほとんど同一ではないあり方をしているということである（注意：ここで「個体」という意味は、個人に限定されない）。

これら〔異質性や複雑性等の〕の諸特徴は、社会科学において対象が定義される仕方に影響を与える。ある個体の定義に用いられる特性が多くなればなるほど、それらすべての特性を備えている個体はそれだけ少数になる。[*11] たとえば、「四十歳以上の人々」というクラスよりも、「保守党に投票する四十歳以上の、自営業の男性」というクラスの構成員のほうがより少なくなる。もし大量の個体を調査し、比較し、一般化を行いたいのならば、それらの定義に用いる特性の数を限定する必要がある。しかし、それらの異質性や多価性のゆえに、そのような研究は、しばしば、重要でない側面だけを排除するのではなく、個体の振る舞いにとって重要な差異をもたらす特性をも排除してしまう。言い換えれば、層化されている場合でさえ、これらのサンプルは信頼できない形で分布される傾向がある。実際、一連の多様な個体を非常に多くの諸特徴に関連させることによってカテゴリー化するとき、それぞれの属性が各々の個体にとってどの程度因果的に重要であるかはしばしば明らかではない。これに対する代替策は、少数の個体について多くの特性を調べることである。この場合、多くの〔他の〕個体やそのシステムの他の部分は単純に無視される。

貧困に関する考えうる以下のような二つの研究プロジェクトの例を考察してみよう。あるプロジェクトでは、低収入世帯に関する代表的なサンプルについて、大規模な調査が実施される。雇用形態、もし可能なら、収入、扶養家族の人数、世帯構造、住居の種類、一部屋あたりの人数、人種的出自、教育的な資格および技能資格といった事柄に関する変数についてのデータが集められる。一次データおよび二次データが、共通のつながりや下位集団などを特定するために、徹底的に分析される。莫大な量の記述的な成果が生み出されるが、説明〔という点で〕は不確定なものとなる。というのも、「生態学的誤謬」（九八頁を参照）の問題点や集合化における情報の喪失などの問題点があるからである。もう一つのプロジェクトでは、少数の世帯——たとえば、十世帯よりも少ない——を取り上げ、その歴史や文脈《コンテキスト》という観点から、すなわち、住居、雇用、教育、福祉国家、交通等々に関するそれらの特殊な経験という観点から、各世帯が徹底的に調査される。[*12] それらの情報の多くは、質的なものであり、それらの特定の諸特徴に関する統計よりも、様々な出来事の過程、活動、関係性、様々なエピソードに関連するものである。特定可能なエージェントがそこに組み込まれている現実的な諸関係を検討することによって、様々な活動間の相互依存性や様々な特徴間の相互依存性を明らかにすることができる。たとえば、賃金労働や家事労働への〔世帯成員の〕関与が、時間と空間のなかでどのように統合されているかなどが明らかにされる。その研究成果は、活き活きしたものとなる。なぜなら、それは、「社会‐経済的集団」というような統計的指標の血の通わない諸カテゴリーにおいて記述するのではなく、むしろ、それらの諸個体とそれらの諸活動を具体的に記述しているからである。しかし、たとえそれらの記述が満足できる説明を提供しているように見えたとしても、その結論が代表性を持つという保証はもちろんないのだが。

このジレンマは、ハレーの用語で言う「エクステンシヴ」な研究デザインと「インテンシヴ」な研究デザインの間の選択〔の問題〕と関係している。[*13] 表面的には、この区別は規模の問題もしくは「深さ対広さ」の問題にすぎないようにも見える。しかし、この研究デザインの二つのタイプは、異なる問いを発し、異なる技法と方法を利用し、異なる形でその対象と境界を規定しているのである（**図13**を参照）。インテンシヴな研究に

	インテンシヴな研究	エクステンシヴな研究
研究上の問い	特定の事例もしくは少数の事例において，あるプロセスが，いかに作動しているか。何がある特定の変化を生成するのか。エージェントたちは，実際に何をしたのか。	母集団の特徴を際だたせている，規則性共通パターンは何か。いかなる範囲まで，そういった性質もしくはプロセスが分布し，表れているのか。
諸関係	結合の実質的な諸関係	類似性の形式的な諸関係
研究対象としての集団タイプ	因果的集団	分類学的集団
生み出される説明のタイプ	一定の対象もしくは出来事の生成についての因果的説明，ただし必らずしも代表的なものとは限らない。	説明的洞察に欠けている，記述的な「代表的一般化」。
典型的手法	個々のエージェントを，その因果的文脈において研究，対面型インタビュー，エスノグラフィ。質的分析。	母集団もしくは代表的なサンプルの大規模な調査，定式化された質問紙調査，標準化されたインタビュー。統計的分析。
限界	実際の具体的パターンや偶然的な諸関係が，「代表的」，「平均的」なものであり，一般化可能なものであるということはありそうもない。 発見された必然的関係は，それらの関係項が存在するところではどこでも存在するだろう。たとえば，諸対象のもつ因果力は，それがそれらの諸対象の必然的な諸特徴なのだから，他のコンテキストでも一般化可能である。	母集団全体を代表するものであっても，それらは異なる時間や場所の他の母集団に一般化することはできそうもない。諸個体について指示をする際に，生態学的誤謬を犯す〔可能性〕の問題がある。その説明力は限定的なものである。
適切な検証	確証性	反復性

図13　インテンシヴな研究とエクステンシヴな研究：要約

おける主たる問いは，特定の事例や少数の事例において，ある因果的特性がどのように作用しているのかに関するものである。エクステンシヴな研究――こちらのほうが通例よく見られるものだが――は，全体としての母集団の，いくつかの一般的なパターンや共通の特性を発見することに関連している。これらの二種類の問いは，広範に混同され，また混乱させられている。特にそれは，研究者が，「yの変化量の大きさは，どの程度までxによって説明できるか」といったあいまいな問いを立てたり，また，因果性の導き手として出来事におけるパターンや規則性に頼ったりするときに生じる。エクステンシヴな研究の典型的な手法は，記述統計，推論統計，数値解析（たとえばクロス表），そしてある母集団への，もしくはその母集団の「代表的なサンプル」への，大規模な質問紙調査などである。インテンシヴな研究は，主として，構造分析や因果分析，参与観察，そして／あるいはインフォーマルで双方向的なインタビューといった質的手法を用いる。

二種類の研究デザインは，集団に関する異なる概念構成を持って仕事をしている。エクステンシヴな研究は，分類学的な集団に注目する。そこでは，集団の構成員たちは互いに類似した

（形式的な）属性を共有しているが、実際に相互に結びついていなくてもよいし、また相互作用している必要もない。[*14] 個別の構成員は、全体としての母集団を表現している限りにおいて、関心の的となる。インテンシヴな研究は、構成員たちは互いに似ていても異なっていてもかまわないが、もっぱらというわけではないが主として、彼らが現実に構造的もしくは因果的に関係しあっている集団に注目するのである。そこでは、特定可能な諸個体が、それらの特性や他のものとの関係という点で関心の的となる。分類学的なクラスの集合的関係についてのあいまいな証拠に依拠するのではなく、因果性は、現実的な結びつきについての精査によって分析される。

エクステンシヴとインテンシヴという区分は、よく知られた調査分析とエスノグラフィーという区分と同じではない点に注意が必要である。インテンシヴな研究では、因果的集団〔causal groups〕〔因果的に結びついている集団〕の性格を確定するために、いつでも必ずエスノグラフィー的な手法を用いるわけではない。また、調査研究は、意味の社会的構築を理解しようとする試みを必ず欠いているというわけでもない。

エクステンシヴな研究において、サンプルが抽出される基準は事前に決定され、代表性を保証するために一貫して保持されなければならない。インテンシヴな研究では、諸個体は必ずしも典型である必要はない。それらは、研究が進むにつれて一つずつ選択されたり、因果的集団の構成員についての理解が形成されるにしたがって選択されていくものである。言い換えれば、インテンシヴな研究は、強い意味において探査的でありうる――必ずそうでなければならないわけではないが！――。前もって、研究デザイン全体を特定し、誰および何を研究しようとするのかを特定してしまう代わりに、私たちは、研究を進めるなかで、ある程度これら〔研究デザインとその細部〕を確定することができる。つまり、ある対象について学習し、また〔対象との〕ある接触から学習することが、その対象が結びついている他の対象へと導くので、それらの対象がその一部であるような構造や因果的集団の状況を描き出すことができる。これは、愚かな「証拠漁り」を正当化することを意図したものではない。むしろ、研究者が研究を始める前に何を発見しようとするのか特定すべきであるという奇妙な考えへの反論であり、実践しながら学ぶこと〔learning-by-doing〕を禁止しない研究手続を発展させる必要があることの確認にすぎない。

エクステンシヴな研究において、形式化され標準化された大規模な質問紙調査やインタビュー調査を用いる際の背景にある原理は、次のようなものである。すなわち、統制された（擬似‐実験室的な）状況において同じ質問を各回答者にたずねることによって、比較が可能となり、「観察者に由来するバイアス」が最小化されるというものである。そこで通常用いられている統計的手法も同様だが、これらの技術は、社会科学を特徴づけるような高度に異質性を持ったサンプルに適用する際に、またもや、「代表性」や「十分なサンプル数を得る」という名目のために、たとえ高度に層化されていても、説明的な洞察力を犠牲にするものである。回答者の多様性を軽視し、回答者にとって因果的に重要性を持つ文脈《コンテキスト》の多様性を軽視する極端な標準化は、実際、比較を無意味なものとしてしまう可能性がある。というのも、その研究は、同じ質問が異なる回答者にとって全く異なる重要性を有するという事実を捉えることに失敗しているからである。たとえ、質問が、そうした重要性の、このような（統計的ではなく、因果的）水準を評価するねらいを持った項目を含んでいるとしても、その方法の厳密性が、研究者をしてこのような差異に応答し、またそれらを追求することを困難にしてしまう。言い換えれば、その技法は、諸個体を分類学的に比較することを可能にしてくれるが、因果性を探究するうえでは弱点となっているのである。

これと対照的に、もっと形式化も標準化もされていない、より双方向的なインタビューを用いることによって、研究者は回答者たちから、彼らにとって環境条件が互いにどのような異なる重要性を持っているかを学ぶとてもよい機会を得ることになる。その場合、回答者たちは、研究者によって与えられた概念的な網の目に従って回答できるのみの、人為的に設定されたコミュニケーションの一方向的な様式へと強制されることはない。またこの方法は、画一性や「統制された状況」を保障し、「観察者に由来するバイアス」とみなされるものを避けるために、無知（つまり、白紙状態〔tabula lasa〕）のふりをする必要はない。その代わりに、それは、回答者の特定の特徴に関して研究者が事前に有する知識を参照し、また依拠することを可能にする。実際、高度に形式化された伝統的なインタビューや質問紙調査が観察者に由来するバイアスを最小化するという信念は誤解にすぎない。このような〔伝統的な〕方法を拒否することは、研究者が被験者に影響を与えようとすることへの許可証を与えるものではない。それはむしろ、コミュニケーション技術や社会的技術を用いることで、またインタビューの流れのなかで回答者にとって何が重要なものかに沿って事前に想定した質問や考えを調整することで、さらにまた、議論を準備し、様々な回答を「引き出す」ことで、情報の流れを最大化するような意味のあるコミュニケーションの前提条件となるものである。[*15] 研究者の質問や強調が被験者によって異議を唱えられた場合は、質問票に厳格に従うことに固執して、何がなんでもこれを抑えこむべきではない。私たちはむしろ、このような状況から、彼らが私たち自身の先入見と自ら自身についていったい何を語ってくれるのか、学びとろうとすべきである。[*16] このような異端の方法は、高い回答率を生み出しそうなことはいうまでもないが、調査者・被験者双方にとってより興味深いものであり、またより疎外感の少ないものといえる。

様々なタイプのテストが、インテンシヴな研究にもエクステンシヴな研究にも適合する。インテンシヴな研究に関しては、特定の発見が母集団にとってどの程度一般的であるかに関するテスト（反復性〔replication〕）と、その研究結果が実際に研究された個体に本当に当てはまるのかに関するテスト（確証性〔corroboration〕）とを区別する必要がある。たとえば、ある制度に関するインテンシヴな研究がインタビュー調査に基づく場合、共通の実践についての情報を確証するために、私たちは、同一の制度における他の個体についても確かめたいと思う。また、他の制度における反復性についてテストするために、エクステンシヴな研究への転換が必要となる。

インテンシヴな研究デザインとエクステンシヴな研究デザインの長所と問題点を評価する際に、私たちは、それらの異なる役割を思い起こす必要があるが、それらは競合的というよりも補完的であるだろう。エクステンシヴな研究は説明という目的にとっては相対的に弱いものである。その理由は、どちらかと言えば、それらが詳細な点に関する鋭敏性を欠いた「大ざっぱな」方法だからではなく（実際、そのいくつかの部分が分類学的に分析されるときには、小規模の集団にも適用される）、むしろそれらが発見する関係が形式的なものであるからであり、因果的で構造的で実質的な結びつきというよりも、類似性、差異性、相関性等々に関するものだからである。それらの研究は、第6章で言及した計算方法に基づいてある特定の集合的なパターンを分離可能な諸構成要素の効果に帰すことができる場合にのみ、説明を生み出しうるものである。しかし、その場合であっても、それはそれらの構成要素に含まれる因果的メカニズムを明確に同定することはできないのだが。異質性を持った具体的な諸個体を理解するための普遍的なカテゴリーを探求するときや、また抽象化や因果的分析よりも一般化を好むときには、それらは「カオス的な概念構成」および分布的信頼性の欠如という二つの問題の影響を受けやすい。諸対象の間の現実的な結びつきや相互作用は、たいてい、その関係に入り込む諸個体が同定されないような集合体において記録されるため、因果性を確定するのは困難である。

さらに、エクステンシヴな方法は、諸個体や諸過程が相互作用しまた結びつく実際の諸形態を捨象してしまう。これらの形態こそがその帰結に差異を生み出すのだが。それゆえ、形態（相対的空間という観点から考察された空間的形態を含む）を捨象するような具体的な現象に関する説明は、必然的に非常に不完全なものとみなされざるをえないのである。しかし、この問題を認識している社会科学者はほとんどいない。しかも、この形態における差異が、因果メカニズムが経験的な規則性を生み出すことに失敗する主要な要因であるにもかかわらず、そうなのである。

たしかに、実践上の困難性が、しばしばこのような形態を考慮することを妨げている。実際、出来事や情況の生成を具体的に検証するためには、極端に選択的な仕方でインテンシヴな研究デザインを用いることになるであろう。時には、情報を空間的に分解することによって、問題点を減少させることは少なくとも可能である。たとえば、第4章で検討したように、労働市場の研究では、欠員が求職者の手の届く範囲内にあると合理的にみなされるような明確に区分された労働市場に分解することは有益であるが、当該のシステムの構成要素にとって意義のある空間的形態を表現するものとしては、次のような点から見て、近似にすぎない。すなわち、定義された地域内部に含まれない需要供給関係および各地域内部の諸関係の空間的形態における需要供給関係、これら双方から見た場合、近似にすぎないことがわかるのである。[*17] もし出来事のレベルにおける結果を正確に計算し、また予測したいのであれば、私たちは、［空間］形態が有するこれらの付加的な効果を考慮に入れるために、空間的な単位をさらに小さいものにすることで、還元主義的な遡及に陥るよう誘惑されるかもしれない。

とはいえ、私たちは予測的でない仕方で出来事を説明する目的で、このような近似を積極的に行うことがあるかもしれない。たしかに、獲得したいと望むものが抽象的な説明（たとえば、労働市場の構造やメカニズムの説明）だけであるならば、このような形態を捨象することは可能である。重要な点は、少なくとも、このような形態の問題を認識することである。それは、こうした形態の生み出す差異が統制されまたは統制できるという、閉鎖システム的な自然科学との不適切なアナロジーに基づいた、社会科学における具体的な説明に対する非合理的な期待を一般化しないためである。したがって、出来事の具体的な説明を探求するならば、インテンシヴな研究デザインを用いる必然性が認識されなければならない。

より詳細な水準のインテンシヴな研究を行うには、必ずしも圧倒的な数が必要なわけではない。なぜなら、分類学的な基準ではそこに含まれるべきはずのものでも、関心対象となっている集団と相互作用しないような諸個体は排除されているからである。たしかに、因果的集団〔因果的に結びついてできている集団〕が選択されているので、〔そこでは〕「状況の論理」が、しばしば、相対的に発見されやすいといえる。たとえば、私が同僚たちと一緒に取り組んだ製造業セクターにおける雇用変化の研究では、私たちは、主に製造業に関する利用可能な統計的情報の精査を含むエクステンシヴな方法を用いることで、〔問題の〕背景にある記述的な情報を集めることから始めた。この水準で、いくつかのパターンが明らかになったが、その説明については概して謎であった。私たちが特定可能な企業を競争的な文脈《コンテキスト》において検討するインテンシヴな方法に切りかえるやいなや、生産物ならびに生産過程における技術革新、そして規模の経済の達成などといった観点に基づいて、それらのデータに関する単純な説明が可能となった。それは、さながら「スイッチを入れて光を当て一気に明るくなった〔switching the light on〕」ようなものであった[18]。

しかしながら、因果的集団は、いつも小規模で容易に区別できるとは限らない。また、しばしば、それらは研究の期間中にも劇的に変化する。そんなときは実際に、このこと〔変化自体〕が第一の関心事となるかもしれない。上記に関連した、コンピューター産業の発展に関する研究において、次のようなことが明らかになった。すなわち、その内的な多様性にかかわらず、本体部門、微小部品部門、ソフトウェア部門などの間の相互依存関係は、産業全体が単一の急速に変化する因果的集団として扱われることを許容するということである。というのも、その〔因果的集団とみなされた〕産業全体が、すべての部門にとって、因果的に重要な共通の環境もしくは文脈《コンテキスト》を提供しているからである[19]。

物事を文脈《コンテキスト》のなかで研究すべきことは、あまりに常識的に見えるため、言及する価値がないように見えるかもしれない。またこの指示があまりにあいまいすぎるため、より技術的なものに感じられる方法論的な処方箋を好む人の心を打つことができないように見えるかもしれない。このような軽蔑的な態度はしばしば、文脈《コンテキスト》（すなわち因果的集団）は、報告書のおそらくは導入部分で、研究の「背景」の一部として一般的な用語で言及すべき何かであり、現実の研究の間中もその背景にしっかり保持して進めるべき何かであるという想定をも裏切るものである。このような実践は、分類学的な集団に関する可変量解析という伝統〔的手法〕とあいまって、構造、因果的集団および文脈《コンテキスト》に関する無知もしくはそれらの「ごたまぜ〔scrambling〕」を助長し、社会を原子論的で、構造化されていない、非歴史的なものにしてしまう。文脈《コンテキスト》や因果的集団が、単なる背景にすぎないというようなことはほとんどない。文脈《コンテキスト》がどのように構造化されているか、研究対象の重要なエージェントたちが文脈《コンテキスト》にどのように適応するか――さらにそれと相互作用し、またそれを構成するか――を調査することは、説明にとって死活的に重要なものである。

しかし、インテンシヴな研究の不利な点とは何であろうか？生態学的誤謬〔ecological fallacy〕の逆の誤謬を避けるためには、その研究結果は母集団全体の「代表的事例」ではないことが承認されるべきである。さらに、社会現象の性質を前提とすると、多くの具体的な諸個体が「代表的事例」であると言うことができるとすれば、驚くべきことであろう。

具体的な（インテンシヴな）研究の過度な拡張から生じる「代表性」の問題はたしかにしばしば存在する。私たちは、広い意味において、諸個体は、何らかのより大きな存在物を代表するものとして以外には、研究の対象にならないといったばかげたドグマは避けなければならない。エクステンシヴな方法の支持者はしばしば、その結果が代表性を有しない（すなわち、どこでも反復できない）ことを理由に、インテンシヴな研究は「客観的な」結果を生み出すことに失敗すると主張する。しかし、〔それによって〕母集団全体が「代表されている」という主張をしていないことをもって、インテンシヴな研究が、特定の主題について、エクステンシヴな研究よりも「客観的」でない（確証されていない）とする理由は存在しない。具体的な出来事のレベルでは結果はユニークなものであるかもしれないが、インテンシヴな方法は、諸個体がそこにつなぎ止められている構造やメカニズムを同定する。だから、それらがどの程度一般的であるかを確定するためにはさらなる研究が必要であろうが、これらの抽象的な知識はより一般的に適応可能となるかもしれないのである。ある場合において、通常ではないような非代表的な情況が、通常のそれよりも、一般的な過程と構造についてより多くのことを明らかにしてくれることもある。実験的な共同体、社会的もしくは制度的な危機、心理学的な異常、別々に育てられた双子など、まれな情況は、通常は隠されている構造やメカニズムを明るみに出すかもしれない。言い換えれば、具体的な情況の偶然的な性質というまさにそのゆえに、ある特定の偶然性が現実においては「抑制されている〔held off〕」状況を自ずと発見することが、時には可能となるのである。このことは、思考実験において、偶然性が「抑制されている」だけなのだという抽象的な理論的説明と〔通常の事態とを〕比較することを、私たちに可能にしてくれる。

社会構造は、対人関係から国際的なものまで、様々な規模で存在しているため、その再生産、変容、効果に関するインテンシヴな研究は、その興味関心の点で、ローカルなものに限定されているわけではない。逆に、エクステンシヴな研究は、大規模なものにも小規模なものにも用いることができる。エクステンシヴな方法は、記述的な一般化を提供することを志向しているので、それらは「代表的」な結果をもたらすとしばしば言われている。しかし、それは何を「代表している」のだろうか？特定の開放システムの記述としては、それらは他のシステムを代表しそうにない。一般化とはユニークなシステムの代表であるというような、より穏健な主張の場合であったとしても、依然としてそれらが何を代表しているかは必ずしも明確ではない。この最も顕著な例は、いかなる実在的な個体もそれに対応していないところに、統計的な平均が発見されるというものである。この難点は、因果的区分というよりも分類学的区分に依拠することや、構造やメカニズムというよりも出来事に注目することに起因する。[*20] しかし、母集団があまり多様でない場合には、そこで諸個体が類似の因果的諸力や能力を共有しているような分類学的なクラスを定義することも可能である。したがってそこでは、エクステンシヴな研究デザインとインテンシヴな研究デザインはより補完的なものになりうる。[*21] しばしばインテンシヴな方法は軽視されているけれども、具体的な研究では両方法がともに必要なのである。ある研究者たちは、「非科学的」と見られることを恐れるために、説明のためにインテンシヴな研究から多くのことを得ていることを認めたがらない。しかし、私は、その恐れが根拠のないものであることを示したものと考えたい。

歴史的な運動やある地域の発展といった複雑な対象を理解することの難しさの一部は、それらが明確な因果的集団を構成しておらず、むしろ「カオス的」な形で構造や因果的集団を横断しているという事実に由来する。対象の数を減らして、よりカオス的でないものにすることはいつも可能であるとは限らないし、また望ましいものでもない。なぜなら、それでもなお、それはある全体として関心の対象となっているのであり、カオス的か否かはさておき、人々が〔現に〕応答している対象がそのような〔全体的な〕ものだからである。たとえば、たとえ仮に地域が「無秩序な」集団であったとしても、政府は「地域発展」に応答するのである。

もちろん、そのような対象を理解するためには、依然として合理的な抽象を用いる必要がある。とはいえ、そのような抽象を行うことは、すでに定義されていた対象の境界を越えて存在する事物に言及することが必要となり、もともと複雑だった研究領域の拡張が必要となる。たとえば、十九世紀におけるロンドンのイーストエンド地区の貧困者の状況というような主題を研究する際には、英国帝国主義といった、この領域の外部にありながらも、因果的に結びついている現象に繰り返し言及することが必要となる。[*22] このような幅広い研究では、事例研究から導かれる過剰な推論への誘惑が強い。[*23] したがって、そこで生み出される最善のものは、不可避的に物語《ナラティヴ》とならざるをえない。そのような物語は、エクステンシヴな質問紙調査の諸結果（またはその断片）と少数のインテンシヴな「事例研究」、そして相対的に単純な構成要素や出来事に関する一群の諸言明によって支えられている。なお、それらはすべて抽象的な理論的知識に導かれたものである。

私たちは、この種の主題〔ロンドンのイーストエンドの労働者の貧困問題〕に関する研究に対して、他に何かを合理的に期待できるかを考察することなく、その不完全性と明らかにインフォーマルな性格とを理由に、そのような研究を容易に批判することができる。たとえば、ブローグは、「ストーリーテリング」だとして、このようなアプローチを嘲笑している。「ストーリーテリング」とは、以下のようなことを意味する。

> 歴史家が総括〔*colligation*〕と呼ぶ方法は、すなわち諸事実を束ねること、低い水準の一般化、高い水準の理論、そして一貫した物語における価値判断などは、著者が読者たちと共有している一連の暗黙裏の信念や態度という接着剤によって、つなぎあわされる。腕利きの歴史家のもとで、それはたいへん説得的なものにすることができるが、なぜそれが説得的であるかを事後的に説明するのは決して容易ではない。……ストーリーテリングは、厳格性を欠き、また明確な論理構造を欠いているので、立証するのはあまりにも平易でありながら、反証するのは実際に困難なのである。[*24]

この引用のいくつかの文章は、理論と経験的研究の関係性に関する包括的な誤解を示している。戦争のような開放システムの出来事や形態転換を所与とすると、人は次の点について訝ることであろう。つまり、厳格な「論理的」な演繹的な説明とはいったいどのようなものだろうか！　と。ブローグは、他のアプローチ――演繹であれ他の何であれ――の利用者が価値判断を行うべきでないことや、「暗黙裏の〔共有された〕信念や態度の接着剤」に依拠すべきでないことを提案しているのだろうか？　それとも、彼は、解釈学的な循環や文脈《コンテキスト》がなくとも説明が行えると想定しているのであろうか？　もし人が、構造分析および解釈的な分析の「編み目交差〔cross-gridding〕」や「三角測量〔triangulation〕」のような質的方法の存在を知らないならば、またもし、出来事は普遍的な規則性に関する言明から演繹することによってのみ説明できるのだと想像しているならば、「ストーリーテリング」〔という表現〕のニュアンスは実際、困惑させるものに見えるだろう。そしてまたもし、抽象的なものと具体的なものとの関係性について無自覚ならば、それ〔イーストエンド調査のような質的研究〕は愚直な反証主義に対して常に脆弱なように見える。たしかに、この種の具体的な研究の評価は簡単ではないが、それと、統制された実験的な条件下における特定の現象に関する理論的主張を検証することとは大きな違いがある。社会〔科学的〕な研究に対する合理的な期待に到達しようとするならば、私たちは、社会科学が説明すべきその種の事柄〔具体的なものと抽象的なものとの関係〕について考慮しなければならないのである。

説明と困難性の問題Ⅱ
——批判的理論的概念構成——

ここでの議論においてこれまでは、暗黙裏に、社会科学の目的は、世界についての一貫した記述と説明を確立することにあり、したがってそれはまた、外部に存在する対象を表現し、たぶん「〔鏡のように〕反映する〔mirror〕」ことにあるとされている。ここまで見てきたように、この見解の内部には反論の余地が残されている。その反論は、そのような目的をどのようにして最適に実現するのかについての、そしてまた想定されている自然科学の諸実践は私たちがめざすべき「高い標準」と考えるべきかそれとも不適切なものとみなすべきかについての、不一致から生じる。しかしながら、社会科学的な知識にとっての文脈《コンテキスト》に関する第1章の議論を思い起こしながら、ここでは、上記の〔対象を鏡のように映し出すという〕目的は過度に限定的であり、極端な場合は矛盾を含むものであると主張したい。そのためには、「社会科学を何のために求めるのか？」という単純だが根本的な問いを考えるために、これまでの議論を拡張する必要がある。

第一に、知識を可能にするもの——すなわち、私たちのモニタリングをモニターし、学習し、したがって私たちの解釈や行為や応答を変化させる能力——それ自体が、社会科学を困難なものにするものでもあるというパラドクスから考えてみよう。この場合、社会科学の目的は伝統的な形で理解されるものと想定している。そこでまず、そのような困難性の具体的な例を挙げてみよう。人々の見解や彼らの経験に関する客観的な説明を引き出すことを目的としたインタビューの過程における問題点は、人々に自分たちの見解や経験について反省させる結果として、意図せずに、彼らにそれらを見直させるように導くことになり、こうして私たちの研究結果を「歪める」ことになってしまうことにある。すべての科学にとって、それどころかすべての学習や考察にとって肝心な点は、私たちの理解を変化させ、発展させ、幻想を減少させることにある。このことは単に、学習にとっての外的で偶然的な社会学的条件であるだけでもなく、学習を促進させるだけでもなく、その形態を形づくる構成的な力でもある。この普遍的で不可欠な条件なしには、科学および学習一般に対する特定の方法論的ならびに倫理的な規範は何の存在意義も持たない。幻想や無知を減少させるものとしての学習は、これまで知られていなかった制約やドグマや欺瞞による支配から私たちを解放することを助けることができる。あるレベルでは、これらのことはすべて明確であるように思われる。しかし、それは容易に忘れられてしまうことでもある。というのも、人は、世界の鏡像もしくはその外的な表現としての知識という慣習的な見解に結びついた思考法へと社会化されているからである。このこと〔学習の解放的性格〕のラディカルな含意は、他の人々が解放を自分自身のために達成しようと試みる過程で、研究者がその人々の中にこの潜在的な解放的変化を促すとしたら、そのいったい何が悪いのかと、最大限挑発的に問うことによって露わにできる。そこで、さらに以下のような意図的に含みを持たせた問いを考えてみよう。社会科学の目的は、対象としての社会に関する知識を提供することにあるべきか、それとも解放を促すことにあるべきであろうか？　これは、読者には奇妙な印象を与えるかもしれないが、はたして、解答は両方であるべきなのであろうか？　しかし、その答えは、科学的実践のなかで、どの程度実際に想定されているであろうか？自然科学においては、二つの目的にどんな矛盾もないように思われる。というのも、それが生み出す知識は、実際に対象にとって外的なものであるからだ。しかし、社会科学においては、幻想を減少させることは主体と客体の境界を横断するものであるため、解放に関する目標は客観性という目標への脅威となるかもしれないのである。繰り返せば、世界や自身に関する人々の理解を変化させないのであるならば、学習はいったい何のためにあるのだろうか？　あるいは、それは科学的なエリートの啓発のためにだけあるのだろうか？　私たちは、まず人々を対象として研究し、それからそれを完了させた後に、今度は主体として対応してもらうためにその研究結果を彼らに報告すべきなのだろうか？　最後の問いへの通常の答えは、その通りとなるだろう。とはいえ、そこで主体としての資格を認められるのは、しばしば、政策立案者や意思決定者と呼ばれる限定された集団に対してのみなのだが。

これらの明らかに修辞的な問いをこの段階で提出した目的は、十分に議論された答えを与える努力を回避することではなく、社会科学の目的について問うことの重要性についての理解を促すことにある。これから見ていくように、その答えは、一見そう見えるほど直接的なものでも、一方的なものでもないのである。

社会科学がそれ自身に内属する解放的な役割を拒絶することの奇妙さは、おそらく次のような研究において最も明白なものとなる。すなわち、他の人種への態度のような明らかに変化しやすい人間行動のなかに、どこまでも持続的な規則性を探し求めるような研究において、明らかとなる。ある時点における、そのような態度の性格と範囲を発見することは有益であろう。しかし、しばしばそれらの記述は、永続する規則性に関する法則類似の言明の端緒的なバージョンとして扱われているように見える。社会に関するこのような「外的な」知識の蓄積を正当化する根拠は、こうして通常、政策立案者がその状況を変化させることができるための情報を彼らに提供しうるからだというものである。とはいえ、政策立案者たちはしばしば、〔実際の変革を〕ただ先延ばしするために、「さらなる研究」が必要だという要求を受け入れるのだが。「社会工学」は、この種の介入を示すための的確な用語である。というのも、それは、〔社会工学的介入という〕行動に対するエージェントたちの関係が、工学における場合と同様に、外的で道具的なものであり、つまり、対象は（永続的な）法則性に合わせて外的に操作されうる、と示唆しているからである。

行動に関するこの種の終わりなき事実の収集に対して応答して、ラディカル派の人々は、「重要なことは、それを変革することである」と主張して、マルクスの言葉を繰り返す。しかし、彼らが〔変革で〕意味しているのは、社会工学に基づく変化のことではなく、幻想の縮減と解放に関する内的過程のことである。知識が人々から疎遠なものにさせられ、また人間の活動にとって構成的なものというよりも、外的な記述とみなされている限り、ラディカル派の応答は、その正当化の点であいまいさを有するだけでなく、単なる断言にすぎないもののように見えるであろう。それだけでなく、科学は人生の問題に触れないままでいるというヴィトゲンシュタインの絶望的な見方が、反論されないままに残されることになるだろう。[*25] というのも、私たちが科学と行為の関係を外的なものと捉えるとき、実践において科学的な成果を利用することは、科学外の原理に、通常価値の形態をとっている原理に純粋に依拠しているように見えるからである。そこでは価値それ自身は、合理的な評価という範囲を超えているとみなされている。しかしもし私たちが、「科学」それ自体が実践であり、そして実践は特定の価値に固執することに依拠していることを認め、また社会的対象は他の認識する諸主体を含むことを認めるならば、解放という目標は、原則として、矛盾に陥らずには否定することができないものである。

上記の「原則として」という限定句に注意が必要である。というのも、あの修辞的な問いと前のパラグラフ〔の問い〕の双方において、社会科学的な研究が遂行される現実的で具体的な文脈《コンテキスト》が捨象されているからである。「認識能力を有した主体〔knowing subjects〕」という特性は、研究者にも研究される対象者にも共通しているけれども、両者の間には重要な差異も存在している。研究者は、社会的分業上のその位置のために、自らの考えを変化させるうえでより多くの自由を有している。そのような社会的分業が、彼らの研究対象の大部分を構成している〔人々の〕ルーティン化された実践やそれと関連した諸観念から、彼らを切り離すのである。そして、研究される人々もその社会的分業のうちに位置を与えられているのである。また、第一義的に反省の生活を過ごしているので、研究者たちは、人々の思考を変化させることは、それまで調和していた〔実践と思考の〕二つの間に不協和な関係を生じさせることはあるかもしれないけれども、彼らの実践の世界についてはほとんど何も変わらないままであるかもしれないことを、容易に忘れてしまう。

批判的な理論家が、主体と客体の差異が極小化されていて、物質的な状況が変化に対して抵抗することの最も少ない、そのような具体的な状況に特別な関心を抱いていることは、驚くべきことではない。そうした状況の具体例は、心理療法や自己反省〔psychotherapy and self-reflection〕である。[*26] これらの事例では、知識への探求と解放への探求の結びつきが確固たるものであるため、批判的理論家はしばしばそれらを、批判的社会科学が一般的にどのようなものかを示す典型例として取り扱おうと試みてきた。理念的には、これらは研究者と研究される対象者の間にある分業の除去を含むものであり、したがってまた科学と日常的な思考の間にある区別の除去を含むものであろう。しかしながら、さしあたり、この分裂は、知的労働者と下級労働者〔subaltern labour〕の間の大きな分裂の一部として、私たちの社会に深く根を下ろしているものである。また、別の分裂、とりわけ階級的なそれは、それぞれの利益が調和するどころではないことを意味している。こうした状況において、ある特定のタイプの知識の発展が支配や従属を強化する効果を有したり、したがって一般的な解放を妨害する効果を有することがある（また、実際そうである）。それゆえ、社会的な分裂は、頻繁に、知識と解放の間にある内在的な結びつきを覆してしまうのである。

不幸なことに、批判的理論家たちは、具体的に批判的社会科学がどのように具体的に実施されるのかについてほとんど語らない。対象を調査しまた変化させるという両方を試みるのにぴったりの研究は、「アクション・リサーチ」である。たとえば数年前、「自動車産業に関する労働者による調査研究」と呼ばれる研究が行われた。そこでは、研究者、労働組合、労働者が共同して労働者の状況を調査した。その調査研究は、情報を収集すると同時に〔労働者の〕意識を向上させることで、彼らの利益をより良く守れるようにすることであった。[*27] 知的労働と下級労働の分業は取り除かれなかったけれども、その境界は緩和され、また一方的な関係は縮減された。たとえば、インタビュー調査や質問紙調査は、労働者が外部の研究者の意のままにただ単に情報をもたらすだけのために、組み立てられはしなかった。そうした研究者は、見返りを何も提供しないし、すぐに立ち去って〔情報を〕分析し、学術界でその結果を公表する（これが通常の状況だ）[*28]。〔これに対して〕この研究過程ではむしろ、相互作用的で、変更可能な自由形式が保持された。それは、労働者が質問を出し、それについて議論をし、彼らの置かれた立場を考えることができるようにするためであった。客観的には、状況がそれほど大きく変化しないとしても、それは驚くべきことではない。というのも、教育は社会変化のための十分条件ではないのであり、実践を変化させる試みは既存の構造によって制約されているからである。

ある種の批判的社会科学が広く取り組まれている領域の一つは、開発研究〔development studies〕である。この領域は、良いことよりも害をもたらすような、ある種の自民族中心的な研究例を多数提供してきたが、今では研究者たちがこれらの問題を克服しつつある多くの徴候が見られる。それらは、研究者たちが研究される対象者から学ばなければならないことをいっそうよく認識することによって、また研究対象の状況や研究過程そのものに含まれる社会的・政治的関係への配慮を通じて、もたらされている。[*29]

自分たちが研究する人々に影響を与え、変化をもたらそうという公然と表明された批判的理論の意図は、倫理的な諸問題を生じさせる。しかし実は、社会科学に関する伝統的概念構成でもそれは同じである。伝統的な社会科学の〔対象から〕分離した〔detached〕立場は、自分たちが研究する対象を食いものにするような研究過程と結びついている。それは、自己利益のために情報を収集し、また何らの見返りも提供しないのである。またそれは、必要とされる情報を提供するだけで、研究される人々が容易に助けられるような場合であっても、その救援は行わないのである。他のどんな活動とも同じように、研究は社会的〔活動の〕過程なのであり、したがって、伝統的な学問の概念構成を採用することは、研究過程を、無垢なものや倫理的に中立的なものにするわけではない。その反対に、研究を無垢なものや中立的なものにできるという信念は、感受性の欠如や政治的純朴さを許容してしまうことになるだろう。倫理的問題についてのこれらの一般的な注意は留意されなければならないが、現実の決定は、対立しあう諸利益や権力のアンバランスを備えた、研究対象の状況についての特定の政治（「個人的な政治」を含む）に関する評価に基づいてなされなければならない。[*30]

批判的な理論的アプローチを採用することは、実行可能性という問題を生じさせる。とりわけ、アクション・リサーチを用いようとする際にはそうである。その実行可能性は、研究される社会的実践の種類に大いに依存する。すなわち、世界貿易システムのような現象は、女性とジェンダーのような現象と比べると、〔その実行可能性に〕明らかな限界がある。それ〔アクション・リサーチ〕は、全く共通性のない「対象〔target〕」集団においては実行できない。〔実行できるためには〕研究者と研究される対象者の間で、ある種の政治的〔相互〕理解に到達していなければならない。たしかに、精神療法的な面談に基づいた手法がほとんど可能でないような社会研究の領域は、多数存在する。しかし、留意すべきは、科学の正統的概念構成から見ると、多くの社会研究における主体と客体の相互作用の欠如は利点となるが、しかし、それに代わる概念構成から見ると、それは問題点となるということである。

しかしながら、批判的社会科学の目的へアプローチする別の方法が存在する。第一に、批判的理論は単に、何であるかに関する研究を、何であるかに関する批判に置き換えるのではなく、解放という観点から何でありえたかに関する評価を行うという点に注意すべきである。社会において何があるかに関する抽象的および具体的な知識をなしですませると考えるとすれば、それは出来の悪い批判的社会科学だと言える。あるメカニズムが無効にされ、掘り崩され、そして新しいメカニズムが確立されるべきだとすれば、私たちは、それのおかげでメカニズムが存在しているような、そうした社会関係の構造と物質的条件についての抽象的知識を必要としているのである。だから、経済計画のような実践的目的のためには、システムに関する詳細な具体的知識もまた必要とされるのである。

このことを反対側から見れば、それ〔何があるかの知識を軽視する研究〕は、必要とされるものが必ず存在するわけではないという事実に無自覚であったり、問題となっている社会では活性化されないままになってはいるが活性化することができたはずの力を人々が持っていることに留意することに失敗するような、出来の悪い抽象的もしくは具体的な研究だということになる。したがって、因果性に関する実在論的な理論が正しいとすると、これらの可能性は、私たちが現在何であるかという観点に基づいて、現存するものの性質のうちに基礎づけることができる。こうして、たとえば、社会における女性の地位に関するある考え方、つまり、彼女たちの現在の地位の偶然性やそれを変化させる能力について留意できないような考え方は、何があるかに関する説明としては不十分なものである。より一般的にいえば、私たちが研究する人々に対して主体としての立場

――たとえその自己決定の範囲は制限されたものであったとしても――を否定することは、それらを「客観的に」表現することに失敗しているのである。それゆえ抽象的な、具体的な、および批判的な社会科学は、相互に分離された領域というよりもむしろ重なりあった領域なのである。

批判的社会科学の不可避性は少なくとも認識されていても、しばしば、「何があるか」に関する理解の不可避性や研究の適切な手法を選択することの不可避性が簡単に忘れ去られてしまうのである。社会科学の哲学に課せられた課題とは、説得力を欠く折衷主義に陥ることなく、どんな形であれ、極度に単純化された一元論的な説明を排することにある。そのためには、社会科学の差異化された性格を統合的に理解することが必要なのである。すなわちそれは、目的、方法、対象の間の相互依存関係を認識しながらも、一貫しないそれらの組み合わせから正当な諸要素の組み合わせを区別しうるような考え方である。本書がこのような課題への貢献となっていることを私は望んでいる。

補論　実在論と叙述および社会科学の方法の未来についての覚え書き

社会科学の研究者は、わずかな例外を除いて、[*1] 彼らの知識が常にテキストの形式で存在しているという事実に対して、驚くほどわずかな注意しか払っていない。彼らは概して、自らの研究を「書きあげる」というその作業を、実際の仕事の単なるわずらわしい締めくくりであるかのように扱っている。しかしながらこれは、アカデミックな知識がそのようなテキストの形式をとるという事実の重要性を完全に過小評価したものだといえよう。私たちがテキストを構成するために用いている言語や修辞的技巧、形式は、〔それ自体として〕ある程度の自律性を有しており、また私たちの知識の表象の仕方や読解の仕方に対して、隠れた影響を及ぼしている。また〔それだけでなく〕、それらは私たちの研究の内容そのものにまで影響を与えているのである。

> 文学的プロセス――隠喩〔metaphor〕、形象化〔figuration〕、物語〔narrative〕――はその方法に影響を与える。……最初に書き留められた「観察〔observations〕」から完成した書物に至るまで、現象は、ある決められた読みのなかで、それらの編成体が「意味をつくる〔make sense〕」やり方によって記録されるのだ。[*2]

もしこれらのことが、社会科学者が生み出すものと彼らが互いに理解する仕方に違いをもたらすものであるならば、それらは方法にとって重要なものとみなすことができるだろう。だが、これは驚くことではない。むしろ、言語や記述、修辞、そしてテキストの構成に対して、これまでほとんど注意が払われてこなかったことこそが驚くべきことなのである。私はこの補論で、物語対分析論争〔the narrative versus analysis debate〕についての議論を通じて、記述と修辞の影響が無視されてきたこと、またこの種の問題が取り組まれるべきものであることを示してみたいと思う。

物語 対 分析

物語対分析論争は、内容と形式、知覚表象〔presentation〕と概念表象〔representation〕、あるいは知識とそれについてコミュニケートする仕方との間の相互作用について、特によく表している。

ここでの物語〔narrative〕とは、ある一連の出来事を時系列的に描写するストーリー〔story〕を用いて、何らかのプロセスや展開について説明することを意味する。日常生活では、物語はあたりまえのものであり、そこではあたかも出来事が「自分自身で語っているかのように見える」[*3]ので、言説の自然な形式だとみなされている。こうした物語が持つ力は、物事を時系列的な秩序、つまりあるストーリーのなかに配置させるそのやり方に由来している。またこのやり方が、それぞれの出来事がそこにおいて結末へと導かれてゆく因果的な連関や論理の外見を与えているのである。

また分析〔analysis〕という用語で私は、広範に繰り返されると信じられている構造やメカニズムについて、それらの抽象的概念や理論的モデルを直接適用することによって、ある具体的な諸事例を説明することを意味している。そのため分析は、特殊な歴史的な経過からはとかく抽象的になりがちになる。分析は、モデルが依然として、ある重要なプロセスをそれほど大きく歪めることなく同定できることを期待して、抽象と具体の間にある様々な媒介項を跳び超えていくことを求める。もしもそれが成功するならば、その能力は、わずかなもので多くの事柄を説明する分析の潜在力にある。

ここで一つの事例を考えてみよう。カリフォルニア州のシリコンバレーの勃興についての説明である。まず物語的説明は、一連の出来事の経過を通して、疑似－目的論的な仕方で、私たちを結末まで導いていくだろう。つまり、偶然にも、電気工学にただならぬ関心を持っていたスタンフォード大学がそこに所在したこと、またこの大学の電子工学研究を商業的に応用することで地域振興を促進させようと尽力したフレデリック・ターマンという人物の存在。さらには、トランジスタを発明したウィリアム・ショックレーが、高齢の母親が近くに住んでいるということで、パロアルト市〔シリコンバレーの都市〕に住むことを選んだこと。そして、すでに存在していた企業から分離独立する形で新たな企業が急増し、トップレベルの科学的ならびに経営的な熟練の局地的な集積が出現したこと、などである。これに対して分析〔的説明〕では、そうした「歴史的偶然」を捨象し、「集積経済」や「垂直的分解」など、産業開発に関する広範な事例に適応可能とされる諸概念をそこに適用するだろう。[*4]

物語も分析もともに危険性を孕んではいるが、実在論の立場から見るならば、それらの対象の性格によって、ある程度その評価が異なるとしても驚くべきことではない。日常生活では、私たちは、社会的世界が「中心人物、固有な始まり、中間、終わり、を備えた、したがってあらゆる始まりのなかに「終わり〔the end〕」を見出すことを許すような一貫性を備えた、よくできたストーリーの形式で本当に自らを表し示すもの」[*5]であるかどうかなどと問うことはほとんどない。これと対照的に、自然科学においては（進化生物学はおそらく例外として）、分析の正当性と物語の不当性はむしろあたりまえのこととされている。原子およびそれに類似したものは、歴史（あるいは地理）を持っていないだけでなく、ある確定された仕方でしか変化しないのだから、私たちは物理学者たちに彼らの関心対象について、それについてのストーリーを語ってくれることなど期待しないだろう。一方、オープン・システムや概念依存的な対象に直面している社会科学者たちは、彼らの研究領域で適切なのははたして物語なのか、あるいは分析なのかという議論について、いまだに意見が一致しない傾向にある。社会科学で分析の側を支持する勢力は、フィリップ・エイブラムスの用語でいう「〔研究の物語化は〕ディティールへの過剰な感受性によって、方法を喪失してしまうこと」を心配しているのに対して、物語を支持する側では、「〔分析が〕理論的一般化への過度な傾倒によって、学問性〔scholarship〕そのものを喪失してしまうこと」を心配しているのである。[*6]

たしかに物語は、その叙述のプロセスにおいて、因果関係を十分に特定できない傾向に悩まされている。物語はいくつかの出来事を——たいていは日常的な用語で——因果的に説明するかもしれないが、その関心は第一義的には社会構造の性質やその条件、その意義を説明することにあるわけではない。次に、物語は一連の出来事のストーリーを語ることに没頭してしまうことで、単なる時間的連続と因果関係との相違をあいまいにしてしまいがちである。その結果、物語は、ただ暗黙的にのみ検証不十分な原因論を示すことしかできないのである。ストーリーを語ることは、私たちを次々と引っ張っていき、その後について来させるのだが、それは、そこで何が起きているのかを捉える説明の力のおかげでは必ずしもないのである。むしろエイブラムスが言うように、研究を支えるという説明の原理は、ここでは「ストーリーの修辞の下に」埋もれてしまうのである。[*7]エイブラムスは、歴史学における物語の使用例について論じるなかで、次のように注釈している。

私自身の印象としては、この企てにおける物語の機能とは——知的で厳密な研究ではとうてい近づけない、高度な説得的方法によって——作者が、読者の側では直接批判的検証のために利用可能にならないように選んだ議論のさまざまな断片を運用することにある。[*8]

またさらに物語は、時間的連続（ポール・リクールの言う挿話的次元〔the episodic dimension〕）のために共時的関係（統合形象的次元〔the configurational dimension〕）をおそらくは無視する傾向をもたらすという、その直線的性格によってもまた足かせをかせられていると言われている。[*9]だがポール・リクールはこのような判定に異議を唱えている。

……物語るという活動は、ただ単に様々な挿話を付け加えていくだけでなく、あちこちにちらばっている様々な出来事から意味ある全体性を構成するものでもある。……物語る行為は、それゆえ、あるストーリーをたどっていく応答の技術と同じように、私たちがその出来事の連続的経過から統合形象を引き出すことができることを要請するものである。[*10]

それゆえ、あらゆる物語は、「挿話的次元」と「統合形象的次元」とのある競合状態を含んでいる。[*11] だが、記述と発話の直線的性格に照らしてみるならば、挿話的次元よりも統合形象的次元を表現することのほうが必然的により困難だと言える。[*12] こうした理由から、しばしば物語は本質的に地方的なものとみなされてきた。このことは、社会がより広い空間へと拡張され、より多くの人びとが、意識しようがしまいが、次々と相互依存関係へと——その一部はこれまでほとんど知られていなかった関係なのだが——組み込まれることによって、いっそう明瞭になってきた。なぜなら、そうした直線的な物語の語法によって、特殊な地域における特定の人びとに関わるあらゆる影響を表現することが、ますます困難になってきたためである。[*13] 複数の出来事が一度に生じて相互作用しているような事実を論じるためには、様々な修辞的技巧（「一方、牧場では……」〔といった映画の場面転換で用いられる決り文句を入れるなど〕）がある。また社会科学でおなじみの多くの用語は統合形象的な次元（「システム」「構造」「分業」など）を含意している。しかし、全体、すなわち一度に起きる多くの出来事を把握することは、あるストーリーのなかで次に何が起こるかを把握することよりも難しい。さらに、そうした統合形象的次元を強調するために、テキストの秩序が破壊されていると見せないように、物語の流れを分解していくことはあまりにも困難なことである。このようにして、あるテキストのまさにその秩序ある組織、つまりその直線的な流れによって課される不可避的な並列や分割は、作者によって意図されていなかったようなかたちで、読者のテキスト解釈の仕方に影響を与えることを可能にするのである。[*14]

また物語は、そのカテゴリーや解釈、説明を問題として問うことをしない点がしばしば非難される。たしかに、ストーリー展開による表現は、論争を引き起こすこともなく、または異論を封じてしまう傾向がある。だがこうした閉鎖性という問題は、物語だけに限られたことではない。一連の公理とモデルを提示する典型的な経済学の教科書の形式は、読者に「私は同意しない」とその欄外に書き込むように促すことはほとんどない。同様に、具体的なシステムの分析もまた、それと同じほど論争をよく締め出すことができる。明らかに、いくらかの命題は、もし議論や説明がまさに開始されるときならば、少なくとも暫定的なものとして受け入れられなければならない。しかし、時々は、この閉鎖性に異論が唱えられる必要があるだろう。物語は、その直線的な流れを壊してしまう傾向があろうとも、それらのカテゴリーや説明を問題化するために中断させることができる。だがその場合は、読み〔reading〕は完全に直線的なものではなくなり、テキストのなかに余分なものを作り出すことによって、その閉鎖性という問題を低減させることができる。

これらの物語への批判は、分析を通じた具体的な状況の説明のほうが物語よりも必然的により優れているということを意味させようと意図したものではない。分析が有効性を持つための必要条件は、その〔分析のカテゴリーの〕指示対象が一般的かつ中心的なものであるということだ。もしそうでなければ、具体的なもの（多面的なそれ）をわずかな数の諸要素の指示によって説明しようとする試みは、「偽りの具体的研究〔pseudo-concrete research〕」（本書二二四頁）という危険を招くおそれがある。というわけで、仮に私たちがシリコンバレーの発展について集積経済という理論的モデルを応用することで説明しようと試みる場合、もし私たちが選択したメカニズムに起因するとされた効果が実際には他の異なるプロセスの結果であったならば、私たちは還元主義や同定間違いに陥る危険性がある。たとえばそこでは、その集積が主には政府による介入の効果であるかもしれないことなどが見過ごされてしまう可能性がある。そこにはまた、そうした中心的プロセスにとって必要な諸条件の起源を抽象化する際に、もし私たちがそれらのプロセスにとって機能的なものは何であれそれらの機能を満たすために生み出されたと仮定したり、またそうした構造の再生産の偶然性を忘却するならば、そのとき私たちは機能主義および構造主義の誤謬に陥る危険性もある。ただ、これらはあくまで分析の危険要素にすぎず、分析にとって不可避な問題というわけではない。

　分析は、「少しで多くのこと」を説明し、また「事実という重荷を軽減する」というその長所を主張しているが、物語の支持者たちはこれを「薄い記述〔thin description〕」だとけなして、その代わりに「厚い記述〔thick description〕」を要求している。[*15] これらはいずれも偏った比喩である。前者〔分析〕は、その説明のシンプルさと経済性に訴えているが、そうした最も簡素で洗練された説明が最も実践的に適合的な説明ではないかもしれないし、また私たちの語彙を徐々に枯渇させるという代償を生じさせるかもしれないことを忘却させる危険性がある。他方、私たちはそれらを「薄い記述」だとして軽蔑的な調子でおどすようなことをすべきでもない。なぜなら、分析はほぼ間違いなくエスノグラフィックな仕事には適していないだろうが、経済的なプロセスのような他の現象の説明には優位性を保持しているかもしれないからだ。

　したがって、物語か分析かという問題の判定は、その研究対象と目的が何であるかに依存しなければならないのである。理論についての経済的観点は、安定的で行き渡っている対象〔関係、メカニズム、概念など〕の抽象化にはより適している。それに対して厚い記述のほうは、歴史的かつ地理的に無視できない特殊性があり、また変化に富むような具体的な状況の説明の場合に、より適切なものとなる。

叙述の軽視

ギアーツのように厚い記述を好む者たちは、少しのもので多くのことを説明すると想定されている「理論的」（日常的な言語では使用されない）[*16]というラベルで飾られた用語たちの〔認識上の〕密度については、評価しない傾向にある。その代わりに、彼らは、書き手の高度に発達した多彩な感受性や観察の豊かさと精緻さ、および文脈《コンテキスト》に対する配慮などを称賛し、またさらには、「理論的」と思われる言語よりも日常的な言語を自由に操る能力を称賛するのである。

彼らに味方して言えば、叙述の言語についてのこれらの議論は、社会科学の方法論にみられる言語に対する極度の軽視について私たちに気づかせてくれる。私たちが行為の細部ならびに行為者自身によるその解釈の細部を捉えるためには、科学の中立性の名のもとに、あまりにもありふれた、またあまりにも――「字義通り」ではなく――「文学的」に見える語彙を排除してしまった用語ではなく、もっと豊かな語彙を必要とするのである。自然科学の対象は、しばしば、閉鎖システムという条件のもとで研究できるような、高度に持続的で文脈《コンテキスト》からも独立したメカニズムであることが多い。〔しかしながら〕社会的な現象は、歴史と地理を有しており、それらの現象に内在する意味もまた多様でしかも一時的なものでありうる。こうした観点からすれば、自然科学者のほうが社会科学者よりも安定的な語彙に頼ることが可能だとしても、何も驚くべきことではない。

レイモンド・ウィリアムズとピエール・ブルデューは、それぞれかなり異なるスタイルを持ってはいるが、大きな概念や専門的な抽象を用いることができるだけでなく、日常的な言語への認知的な洞察を、すなわち制約された才能しか持たない人たちには見逃されてしまったであろう洞察を駆使できる並外れた才能を持つ書き手の好例である。[*17]このことは理論の擁護者を任じる者たちを不安にさせるものではない。なぜなら、概念とはその概念に名前を与えている専門用語と同じものではないのだから。だから、その概念の力は、他の用語によって表現されることでもしばしば増強されることができる。したがって、仰々しい「理論的」な言語（アカデミックな専門用語という意味でのそれ）をあまり使わないことが、その説明を必ずしも非理論的なものにするわけではない。むしろその反対に、理論用語を使わないことが私たちに通常当然のこととみなされている事柄を精査するように促して、抽象的な理論を強化するかもすれないのだ。

厚い記述は、理論と対立的なものとみなされる必要はなく、また物語と同義のものとみなされる必要もない。厚い記述とは、対象の特殊な側面を取り扱う一連の諸理論の洞察を組み合わせ、まとめあげた具体的研究の成果であるかもしれないのだ。だが実際には、厚い記述の危険性は、〔そこで使用される〕諸概念の吟味を怠ることによって、多くの理論的洞察を組み合わせようとするその試みが、収拾不能になることである。こうした傾向はまさに、素人の知識の直接的性格と、それへの関与の必要性とから、経験的な研究では通例となっているものである。それゆえ皮肉なことに、具体的な研究において理論からの撤退を認めてしまうような、理論の役割に対する多元主義的な見方〔pluralistic はＣＲでも肯定されている積極的な意味ではなく、ここでは相対主義的な意味を含意させて使用されている〕を許してしまう危険性があるのである。

薄い記述と叙述的な言語を軽視することの両方に対するこの批判は価値あるものではあるが、この批判は、それ以上の危険性をもまた孕んでいる。叙述の「技法〔art〕」に対していっそう重大な関心を寄せるようにとのこの要請は、修辞的技巧に通じていないままに、「文学的」な叙述方法への安易でアマチュア的な称賛を示すものでもありうる。このことはまた「職人技〔craft〕」という、言葉で言い表せない性質への独りよがりな弁護に陥ることとも結びついている。職人技とは、ある修行上の年長者たちのような、それを修得するのに最大限の時間を費やしてきた者たちの仕事によって例証されるものだと決まって想定されてきたという点を除けば、常にその詳細の明確化を免れているのである。だから、職人技とはたいてい理論的な精査を回避するために呼び出されるものなのである。もし誰かが「職人技」と言っているならば、銃をとって警戒しなければならない。

貧困な理論しか持たない頭脳について心配するよりも、職人技をあがめて経験的な資料に没入するようにしなさいと、研究する学生たちがかつて言われていたあの時代に、私たちは明らかに決して戻ってはならないのである。そうはいっても他方では、そうした資料への没入もまた、理論の吟味とあわせて行われ、また行為者の説明とアカデミックな説明とが結合されるならば、必ずしも悪いことではない。

修辞の影響力

「修辞〔rhetoric〕」は、日常的な言語ではたいてい軽蔑的な意味合いを有しているのだが、ここでは良いものであれ悪いものであれ、説得的な論証の形式を表すものとして定義されている。修辞を吟味することは、その対象、作者の意図、言語と文筆プロセス、読者の事前了解や道徳的性向、自己表現などの間の相互の諸関係によって構成されている領野を探索することでもある。

ここで三つの例について考えてみよう。第一の例は、一見ありきたりな問題にも見えるが、説明の時制〔tense〕に関してのものである。もし人類学者がある共同体における一連の出来事の説明を過去時制によって記したとすれば、それは一連の出来事があたかも偶然的に生じたかのような印象をもたらすことだろう。それは物事が別様にも生じる可能性があったかのような、物語的な叙述に見える。他方で、これを現在時制によって記したならば、あたかもそれが共同体の人びとが常に行っていることであり、また行わなければならないことであるかのような印象を与える傾向を帯びる。そのような現在時制による説明は、過去時制よりもより「科学的」に聞こえるが、それは最初の過去時制の表現と同じ経験に基づいたものであるだろう。このように、時制の簡単な変化でさえも、その説明の読み方に重要な違いを生み出すことができるのである。[*18]

第二の例は、修辞と自己表現、道徳的説得力に関するものである。歴史家のE・P・トムスンの次の言明を考えてみよう。「歴史家に知られている労働者誰もが、反撃のための何らかの方途を見つけることもなく、ただ剰余価値を容赦なく搾り取られていたわけではなかった（仕事をさぼる方途はたくさんある）」。[*19] この叙述について、単純に何が起きたかの叙述としてのみ見るのはうぶというものであろう。それはまたロマンティックな「挑戦的な語り」、つまり抵抗という反抗的な行為に関する〔それ自体〕反抗的な叙述でもあるだろう。ブルジョワ歴史家のなだめるような弁明とは反対に、こうした言明を通じて作者は彼自身が一人のラディカルであることを私たちに想起させているのだ。たしかにここには、道徳的な改革運動の一要素、何が正当にも私たちのものなのかについての返還請求、が存在しているのだ、というトムスンの結論を拒むことは難しい。このようにして、私たちは暗黙のうちにトムスンに与するよう促されているのである――私たちもトムスンと同じくラディカルではないのか、と。そのような意味で、私たちは最悪の場合でも労働者主義的なロマンスを受け入れるようにうまく説きつけられるのである。もしかすると彼の叙述は、一般的な労働者を指して「彼〔he〕」と呼ぶという理由だけでなく、さらには荒っぽい物言い（「容赦なく搾り取られる〔taken out of his hide〕」）をしているという理由から、男性優位主義の傾向を帯びているかもしれない。また、どのようにして一歴史家が剰余の搾取――それを同定することはしばしば困難なことである――が常に抵抗にあったということを知り得たのだろうか。ひょっとしてそこには、愛国心を誇示し、ペコペコ頭を下げ、丁重で従順な労働者もまた存在していなかったのであろうか。[*20]

第三の例は、思考ならびに修辞の二元論的形式に関するものである。いくつかの個所で（本書二三、五〇頁）私は、対象を二つに分割し、単一の断層線をまたいで互いに対立させるような考え方を批判しておいた。二元論ないし二つの対立項を並列的に配置することによって、論争の全体的な場面を二極化させて、あるいは、歴史的変化を一つの首尾一貫した諸特性のまとまりがある別のあるまとまりに取って代わられることとして、描くことはたしかに可能である。こうした修辞の形式が私たちに印象づけることは、その叙述ないし説明の妥当性というよりも、その対称性と基本的な組織化原則の単純さである。こうしたレトリックの魅力はたとえば、フォーディズムのポストフォーディズムによる交代という形でなされた産業制度についての議論に明瞭に見てとれる。つまりそこでは、未来は過去の対立項として極端な形で映し出されることになる。[*21] 現実の諸様相が二つの側面からできており、したがってそれは二元論によって無理なく描くことができるということは、たしかにもっともらしく見える。しかし、議論の複雑な編み目や歴史的な変化を、二元論のきれいに整列されたセットのなかに分割できるなどということはほとんど信じ難いことである。

しかし、以上のことは、〔ここで行ったような〕こうした対抗的な議論が、修辞から逃れることができると言っているわけではない。歴史というものがいつでも、いかにより複雑なものであるかを指摘すること自体もまた一種の修辞である。そしてそれはまた時には、世界のよりよい叙述としてよりも、むきだしの現実を回避するか、あるいはいっそう高度であろうと想定される読者の感性を称賛する手段として機能するものでもある。

これらの例は、私たちが修辞についてもっと自覚的になり、対象、作者、読者、言語、テキスト、道徳的判断などの間での微細な相互作用についていっそう自覚的になる必要があるということを示している。私たちは修辞から逃れられるわけではない。私たちはむしろ、世界の本質をよりよく捉えることのできる優れた修辞の形式を、粗悪な修辞の形式から識別していく必要がある。メキが指摘しているように、実在論と修辞の間には何らの矛盾もない。もし、言語が機能する仕方についてのより現実的な理解を発展させないのであれば、言語や言説についてのこうした分析のすべてはいったい何のためのものであろうか？[*22]（もしそうした発展がないのであれば、それについて注意する必要などありはしない）。

このように、説明についてのこうした緻密な吟味は、単に語り〔talk〕についての語りといった形式であってはならず、むしろそれは、私たちが自らの世界を理解する仕方について語るいっそう自覚的な形式であるべきなのである。私たちが研究している社会的諸現象の原因は、たとえそれらの現象が低開発、暴力、その他何であれ、それらが何であるかに関するものであり、学問上の修辞とはほとんど無関係なものである。だがそれでも、学問的な説明と理解は常に言説を含んでいるのだから、私たちは語りについて何ごとかを語ることを拒むことはできない。社会科学の方法をめぐる今後の議論は、おそらくこうした修辞や叙述、言語について吟味する方向へと進むだろう。もし私たちがそれらを単に語りとしてだけではなく、学問上の言説を超えた世界を解明する能力という点から評価していくならば、それは前向きな動きとなるはずである。

注および参照指示

■第二版前書き

＊1　たとえば、R. Keat and J. Urry, *Social Theory as Science*, 2nd edn.（London 1982）, P. Mattick Jr., *Social Knowledge*（London 1985）, W. Outhwaite, *New Philosophies of Social Science*（London 1987）, R. Bhaskar, *The Possibility of Naturalism*, 2nd edn.（London 1989）、および R. Bhaskar, *Reclaiming Reality*（London 1989）, P. Manicas, *A History and Philosophy of the Social Sciences*（Oxford 1987）を参照。

■序論

＊1　R. Pawson, *A Measure for Measure*（London 1989）

＊2　R. Bhaskar, *Reclaiming Reality*（London 1989）.

＊3　幾人かの実在論者は、両者の差異に対して類似性を強調する私の誤りが、私の立場をバスカーの『自然主義の可能性』におけるような「限定された自然主義」と同じく「限定された反自然主義」の一種のようなものにしていると主張するかもしれない。もしそうなら、それでよろしい。自然科学の方法が印象的なものであったとしても、私は自然科学の方法の位置がどれほど大きく社会科学の方法と離れているかという問題を軽く扱うべきだとは思っていない。

■第1章

＊1　L. Wittgenstein, *Tractus Logico-Philosophocus*, 1922.〔ウィトゲンシュタイン、野矢茂樹訳『論理哲学論考』岩波文庫、二〇〇三年。野矢訳では、この箇所は「たとえ可能な科学の問いがすべて答えられたとしても、生の問題は依然としてまったく手つかずのまま残されるだろう。これがわれわれの直感である。」（一四八頁）となっている〕

＊2　私は「抽象的な条件で」と述べているが、それは、知識社会学のもっと具体的な関心事から、ここで以下に述べるものを区別するためである。

＊3　自然と社会についての知識の実践的性格の強力な事例は、自然科学への参照を伴ってイアン・ハッキングによって（*Representing and Intervening*, Cambridge 1983）、そして社会的知識への参照を伴ってピエール・ブルデューによって指摘されている（*Towards a Theory of Practice*, Cambridge 1977；*Distinction*, London 1986）。また、G. Lakoff, *Women, Fire and Dangerous Things：What Categories Reveal about the Mind*（Chicago 1987）も参照。

＊4　この議論はハーバマスの著作、特に彼の *Knowledge and Human Interests*（London 1972）から引き出されている。

＊5　J. Lyons, *Language, Meaning and Context*（London 1981）.

＊6　P. Bourdieu, 'Vive la crise!: for heterodoxy in the social sciences', *Theory and Society*, 17（1988）, p. 780.

＊7　推論的〔discursive〕意識と実践的意識の相違については、A・ギデンズ（*Central Problems in Social Theory*, London 1979〔友枝敏雄訳『社会理論の最前線』ハーベスト社、一九八九年〕）を参照。とりわけ *Outline of a Theory of Practice*（Cambridge 1977）でのブリュデュー以上に、学者らの地位の持つ含意と、実践的知識を推論的知識として彼らが誤って解釈することの持つ含意を探究した者はいない。

＊8　R. Williams, *Marxism and Literature*（Oxford 1977）, pp. 133ff.

＊9　E. Fromm, *To Have or To Be*（London 1976）.

＊10　cf. B. Barnes, *Interests and the Growth of Knowledge*（London 1977）, ch. 1.

＊11　R. Bhaskar, *The Possibility of Naturalism*（Hassocks 1979）.

＊12　ibid., p. 43. cf. A. Giddens, *Central Problems of Social Theory*

(London 1979), on 'structuration'.

＊13 cf. Habermas, *Knowledge and Human Interests*, and his 'The analytical theory of science and dialectics', in T. Adorno *et al.*, *The Positivist Dispute in German Sociology* (London 1976).

＊14 ibid.

＊15 *Knowledge and Human Interest*. また私の 'Epistemology and conceptions of people and nature in geography', *Geoforum*, 10 (1979) を参照。

＊16 このような労働に関するコメントは（コミュニケーション的相互行為に関するコメントについてはより少ないけれども）、マルクスの著作から由来する。たとえば、*Early Writings* (London 1975); *Grundrisse* (London 1973); and also A. Schmidt, *The Concept of Nature in Marx* (London 1971) を参照。

＊17 Hacking, *Representing and Intervening*.

＊18 Marx, Second thesis on Feuerbach〔フォイエルバッハの第二テーゼ〕, in C. Arthur (ed.), *The German Ideology* (London 1974), p. 121.

＊19 ibid.

＊20 K. Marx, *The Eighteenth Brumaire of Louis Bonaparte* (London 1926).

＊21 E. Goffman, 'The presentation of self', in D. Potter *et al.*, *Society and the Social Science* (London 1981).

＊22 不幸にも、言語とその効果における関心の発展は、構造主義的でポスト構造主義的な文献のなかで、言語のその文脈《コンテキスト》からの奇異で不合理な抽象化を伴ってなされている。それらの文献では、行為者、社会そしてこの世界が、言語ないしは言説のなかに崩れ落ちてしまい、またそこでは、言説の外部には何ものも存在しないとみなされているので、世界についての私たちの知識の位置が査定できなくなっている。私は第2章において、このような主張がどのように食い止められうるのかについて提案しようと思っている。T. Eagleton, *Literary Theory: An Introduction* (Oxford 1983); C. Norris, *The Contest of Faculties* (London 1985); R. Williams, *Marxism and Literature*; K. Baynes *et al.*, *After Philosophy* (Cambridge, Mass. 1987) を参照。

＊23 cf. Marx, *Grundrisse*, p. 84.

＊24 Lyons, *Language, Meaning and Context*. また Williams, *Marxism and Literature*, ch. 2 を参照。

＊25 cf. C. Taylor, 'Interpretation and the science of man', *Review of Metaphysics*, 25, and reprinted in P. Connerton (ed.), *Critical Sociology* (Harmondsworth 1976).

＊26 Bhaskar, *The Possibility of Naturalism*, p. 31.

＊27 マルクスはとりわけ彼の後期の業績において、コミュニケーション的相互行為を労働にまとめてしまう傾向がある。この還元は、社会主義者の思想と実践に対して好ましくない効果があった。Habermas, *Knowledge and Human Interests*; A. Wellmer, *Critical Theory of Society* (Berlin 1972); and R. J. Bernstein, *The Restructuring of Social and Political Theory* (Oxford 1976) を参照。

＊28 自分たちが自己充足的な個人であり、社会から独立していると想像する人たちは、彼らが話したり読んだりするたびに自己自身と矛盾しているのである。

＊29 A. Giddens, *New Rules of Sociological Method* (London 1976).

＊30 B. Barnes, *Scientific Knowledge and Sociological Theory* (London 1974), p. 1.

＊31 Taylor, 'Interpretation and the science of man.'

＊32 cf. Schmidt, *The Concept of Nature*; and P. L. Berger and T. Luckmann, *The Social Construction of Reality* (London 1967).

＊33 L. Goldmann, *The Human Sciences and Philosophy* (London 1969).

＊34 ウィンチは、「社会的諸関係がリアリティについての諸観念の表

現である」という彼の広く引用される主張として、このような還元を行う傾向がある。彼の *The Idea of Social Science*（London 1958），p. 23 を参照。

＊35　R. Harré and P. F. Secord, *The Explanation of Social Behaviour*（Oxford 1972）を参照。

＊36　このことに関しては多くの文献がある。より利用しやすいものとしては、B. Fay, *Social Theory and Political Practice*（London 1975）; Bernstein, *The Restructuring of Social and Political Theory*; Winch, *The Idea of Social Science*; Taylor, 'Interpretation', Giddens, *New Rules*; K.-O. Apel, 'Communication and the foundations of the humanities', in *Acta Sociologica*, 15（1972）がある。「概念依存」という用語はバスカーのものである。次の節ではこれらの業績から広範囲に引用されている。

＊37　Winch, *The Idea of Social Science*.

＊38　ibid.

＊39　Taylor, 'Interpretation'.

＊40　Williams, *Marxism and Literature*, ch. 2.

＊41　この言葉は Raymond Williams, *Communications*（Harmondsworth 1962）から借りている。Bourdieu, *Outline of a Theory of Practice* も参照。

＊42　Bourdieu, 'Vive la crise', p. 776.

＊43　B. Smart, *Sociology, Phenomenology and Marxian Analysis*（London 1976）.

＊44　London 1958. W. E. Connelly *The Terms of Political Discourse*（Oxford 1983）も参照。

＊45　cf. A. Giddens, *A Contemporary Critique of Historical Materialism*（London 1981）. 年代史的な見解はマルクスに見出される（Arthur, *The German Ideology*, p. 31）。

＊46　A. Giddens, *Central Problems of Social Theory*（London 1979）にある、ギデンズの配分的パワーと権威的パワーについての区別を参照。

＊47　Giddens, *New Rules*.

＊48　R. Keat, 'Positivism and statistics in social science', in J. Irvine, I. Miles and J. Evans（eds.）, *Demystifying Social Statistics*（London 1979）.

＊49　Giddens, *New Rules*.

＊50　私はこの点の議論に対してジョン・マクレインに大いに感謝する。フーコーは、私たちの「参照点は言語（ラング）と記号のすばらしいモデルではなく、戦争と戦闘のそれであるべきである」（*Power/Knowledge*, Brighton 1980, pp. 114–15）と主張している。

＊51　このことは、解釈学の適切な理解に基づいた、効果的な批判が存在しなかったということを主張するものではない。これについては特に、Blaskar, *The Possibility of Naturalism*, pp. 179–95, Giddens, *New Rules of Sociological Method*, and E. Gellner, 'The new idealism cause and meaning in the social sciences', in A. Musgrave and I. Lakatos（eds.）, *Problems in the Philosophy of Science*（Amsterdam 1968）and reprinted in Gellner's *Cause and Meaning in the Social Sciences*（London 1973）を参照。

＊52　Otto Neurath quoted in Apel, 'Communication'.

＊53　T. Abel, 'The operation called *Verstehen*', *American Journal of Sociology*, 54（1948）.

＊54　ウインチは、*The Idea of Social Science* において、このことを示唆しているように見える。

＊55　Taylor, 'Interpretation'.

＊56　E. Gellner, 'Concepts and society', reprinted in B. R. Wilson（ed.）, *Rationality*（Oxford 1970）.

＊57　Fay, *Social Theory* は批判的理論への理解しやすい入門を提供している。また、Connerton, *Critical Sociology* と D. Held, *Introduction to Critical Theory*（London 1980）も参照。

＊58　P. Ricoeur, 'Restoration of meaning or reduction of illusion?' in

Connerton, *Critical Sociology*.

＊59　Bhaskar, *The Possibility of Naturalism*, pp. 69–83.

＊60　ラディカル行動主義の最も知られている主唱者はB・F・スキナーである。たとえば、彼の*Beyond Freedom and Dignity*（London 1972）を参照。

＊61　次のことを銘記のこと。すなわち自己理解の変化が、必ずしも物質的変化を導くとは限らないこと、〔たとえば〕奴隷は自らの状態を完全に理解することになるかもしれないが、それでもなお自らの奴隷状態から自由になるためには何もできないかもしれない。

＊62　私の議論は、「知識社会学」の議論ではない。知識社会学では、著者の社会的地位とイデオロギーに照らしてその知識を評価すべきだとする。第2章で明らかになるはずだが、私は、知識の文脈《コンテキスト》についてこのような〔私の〕認識が、この学派と結びついている相対主義的見解を正当化するとは信じていない。

第2章

＊1　「方向感覚喪失と認識論的衝撃〔disorientation and epistemological shock〕」について書いているB. Barnes, *Scientific Knowledge and Sociological Theory*（London 1974), p. 21を参照。

＊2　W. V. O. Quine, *From a Logical Point of View*（London 1961).

＊3　O. Sacks, *The Man who Mistook his Wife for a Hat*（London 1986).

＊4　C. Taylor, 'Overcoming epistemology', in K. Baynes *et al.*（eds.), *After Philosophy*（Cambridge, Mass. 1987).

＊5　R. Bhaskar, *The Possibility of Naturalism*（Hassocks 1979）; R. Bhaskar, *Reclaiming Reality*（London 1989).

＊6　R. Williams, *Keywords*（London 1976）所収のそのような用語（とりわけ「主体〔subject〕」と「客体〔object〕」）の意味の変移に関するレイモンド・ウィリアムズの興味深い小論と比較されたい。

＊7　これはおそらく、大陸ヨーロッパ、とりわけフランスのマルクス主義およびその影響を受けた著作において最も一般的である。

＊8　M. Friedman, 'The methodology of positive economics', in his *Essays in Positive Economics*（Chicago 1953).

＊9　次節の私の議論、特に理論と認識論に関しては、メアリー・ヘッセの影響を受けている。とりわけM. Hesse, *The Structure of Scientific Inference*（London 1974), and *Revolutions and Reconstructions in the Philosophy of Science*（Hassocks 1980). また R. Harré, *Theories and Things*（London 1961）; W. V. O. Quine, *From a Logical Point of View*（London 1961）; R. Harré, *Varieties of Realism*（Oxford 1986).

＊10　第4、6章において、私は、特定の自然科学においてのみ一般的に見出されるようないくつかの制限条件が存在すると主張するつもりである。整序枠組みの理論的概念はその制限条件のなかでいくつかの根拠を有しているのである。

＊11　D. J. O. O'Connor and B. Carr, *Introduction to the Theory of Knowledge*（Brighton 1982), ch. 4. また M. L. J. Abercrombie, *The Anatomy of Judgment*（Harmondsworth 1960）も参照。

＊12　ibid., p. 96.

＊13　ibid., pp. 111–12.

＊14　「データ収集」という一般的表現もまた疑問視されなければならない。なぜならそれは、データが概念化されるよりも前に存在しており、それらは単に「収集され」、「寄せ集められ」うるのみであることを、再び示唆しているからである。一部の著者は「データ生産」を好むが、これは同時に、データだけでなく、それが指示する対象も必然的に私たちによって生産されることを示唆するかもしれないので、誤解を招く可能性がある。私たちが見るように、言明や用語とそれらが指示するものとの混同は、認識論的な混乱の主な原因である。J. Irvine *et al.*, *Demystify-*

ing Social Statistics（London 1979）, p. 3.

＊15　V. Pratt, *The Philosophy of Social Science*（London 1980）, p. 53.

＊16　E. H. Gombrich, *Art and Illusion*（London 1960）, pp. 73–4.

＊17　Hesse, *The Structure of Scientific Inference*, pp. 22ff. また I. Lakatos, 'Falsification and the methodology of scientific research programmes,' in I. Lakatos and A. Musgrave (eds.), *Criticism and the Growth of Knowledge*（Cambridge 1970）, p. 107, p. 129 も参照。

＊18　cf. Lakatos, 'Falsification,' p. 107.

＊19　cf. Hesse, *The Structure of Scientific Inference*, p. 20 and *Revolutions and Reconstructions*, pp. 94–5. また Pawson, *A Measure for Measures*, and Harré, *Varieties of Realism* も参照。ハッキングとハレーが指摘したように、理論負荷性は、より制限的な意味に安住しない非常に広範な理論概念を含意している。これらの著者たちは、すべての観察が概念媒介的であるという意味を承認するが、「理論」をこれら他の用途〔概念システム一般〕のために確保することを好む（Hacking, *Representing and Intervening*）。

＊20　さらに、理論と経験主義との間の「危うい状況」について語ることは全く意味をなさない。たとえば N. Smith, 'Dangers of the empirical turn,' *Antipode*, 19 no. 3, 354–63.

＊21　K. R. Popper, *The Logic of Scientific Discovery*（London 1959）. ポパーの業績のこの解釈は一般的であるけれども、一部の弟子たちは、彼が後により洗練された定式化を発展させたと主張している。たとえば Lakatos, 'Falsification.'

＊22　Gombrich, *Art and Illusion*, p. 76. また A. Giddens, *Central Problems in Social Theory*（London 1979）, p. 12 と比較されたい。何人かの哲学者たちは、必ずしも私と同じような結論に達するとは限らないけれども、ゴンブリッチの業績を利用している（たとえばプラット、バーンズ、ファイヤアーベントなど）。いくつかの箇所で彼〔ゴンブリッチ〕は、おそらくポパーの影響を受けて、知覚の整序枠組みモデルを是認しているように見える。ポパーの業績を彼は承認していた。

＊23　Giddens, *Central Problems in Social Theory*, pp. 33–4.

＊24　私たちは、何らかの仕方でこれらの論理的制限が実在の対象間の物理的制限（たとえば物理的可能性や不可能性について）に「位置」し、または「対応」するものと期待している。

＊25　一部の著者たちは「指示〔reference〕」よりもむしろ「明示（denotation）」を使用する。たとえば、「意味は、言語表現の内部で、いうなれば、一つの言語や別の言語に属しているすべての存在物の間で、保持されている関係の問題である。このことはそれを明示から明確に区別するのであり、それは世界のなかの存在物をクラス分けする様々な表現に関係しているのである」。J. Lyons, *Language, Meaning and Context*（London 1981）, p. 58.

＊26　「全体的に解釈すると、科学は言語と経験への二重の依存性を有している。しかし、この二重性は、一つ一つ取り上げられた科学の言明のなかに有意義に跡づけることはできない」。Quine, *From a Logical Point of View*, p. 42 and cf. p. 67. 同じことは、もちろん科学以外にも適用される。また「外的世界についての私たちの言明は、個別的にではなく統一体としてのみ、意味経験の法廷審理に立ち向かう」。ibid., p. 41. また Hesse, *The Structure of Scientific Inference*, p. 26 も参照。それにもかかわらず、この統一体のすべての部分がその審理に関与させられる必要があるわけではない。

＊27　cf. R. J. Bernstein, *The Restructuring of Social and Political Theory*（Oxford 1976）, and R. Rorty, *Philosophy and the Mirror of Nature*（Oxford 1980）, p. 273.

＊28　一部の現代のマルクス主義者たち、とりわけ（ネオ）アルチュセール主義者たちは、概念はそれらが命名されているときにのみ使用されうると信じているように見える。このことが、概念の名称が列をなし

てページを行ったり来たりするそのやり方を説明しているように思われる。こうして、「再生産」のような単語がほとんどまじないの呪文のように使用されるまでに、語彙が意図的に制限（すなわち貧困化）されている。

＊29　cf. B. Barnes, *Interests and the Growth of Knowledge*（London 1977）, ch. 1.

＊30　Rorty, *Philosophy*.（私は、存在論を考慮することに対するローティの拒絶、およびその結果として生じる特定の実践や対処方法の成功が世界の構造によって規定されていることへの彼の無関心、を支持したいとは思わない。Bhaskar, *Reclaiming Reality* を参照）。

＊31　したがって、ある問題（またはクーンがそれらを呼ぶように「パズル」）が未解決であるのは、概念的装置が欠如しているからではなく、それらの使用者が十分にその使用に熟練していないからであるということを許容する根拠が存在する。T. S. Kuhn, *The Structure of Scientific Revolutions*（Chicago 1970）.

＊32　モーリス・ブロックは、意味の構築において文脈《コンテキスト》を過大評価する傾向についての有益な批判を提供している。Bloch, *Ritual History and Power*（London 1989）. また Giddens, *Social Theory and Modern Society*（Oxford 1987）, p. 100 も参照。

＊33　J・ヤングはメディアを次のように論評している。「彼らは非定型的である出来事を選択し、それらをステレオタイプ的様式で提示し、それらを過度に典型的な正常性という背景と対比するのである」。S. Cohen（ed.）, *Images of Deviance*（Harmondsworth 1971）に引用。

＊34　S. Hall *et al*., *Policing the Crisis*（London 1978）における「路上強盗」に関するこのような現象についての議論を参照。

＊35　S. Cohen, *Folk Devils and Moral Panics*（London 1972）.

＊36　M. Douglas, *Rules and Meanings*（Harmondsworth 1973）, p. 13.

＊37　G. Lichtheim, *The Concept of Ideology*（New York 1967）.

＊38　D. Schon, *Displacement of Concepts*（London 1963）.

＊39　Hesse, *Revolutions and Reconstructions*; Harré, *Theories and Things*, p. 38.

＊40　ibid. これに対してローティは次のようにコメントしている。「それは命題よりはむしろ写真、言明よりはむしろメタファーであり、私たちの哲学的信念の大部分を決定するものである」。*Philosophy*, p. 12.

＊41　Friedman, 'The methodology of positive economics'.

＊42　以下の第5、6章を参照。

＊43　R. J. Chorley and P. Haggett, *Models in Geography*（London 1967）.

＊44　このように、チョーレイとハゲットは、知覚の概念的媒介の研究に長々と言及している。しかしそれは、彼らが「データ」のモデルおよび理論との関係を解釈するというやり方で、これを無視するためにのみ、そうしているのである。

＊45　私は、「素朴な客観主義」という用語のほうを、もっと普通の「経験主義」という語よりも好んで使用している。その理由は、経験主義には多くの変異が存在するからである。また、そのすべてがこれらの批判に対して脆弱とは限らないからである。社会科学における多くの反経験主義者たちは、ヒュームなどの最良の経験論的哲学者たちの一部が観察の訂正不可能性に対する信念をどのように攻撃したかについて注意を向けることができなかった。O'Connor and Carr, *Introduction to the Theory of Knowledge* を参照。

＊46　ポパー以降、これらの点は時に「基礎言明」として知られている。

＊47　R. Harré, *The Philosophies of Science*（Oxford 1972）.

＊48　確固たる観念論者たちは、いわゆる世界の独立性および私たちを驚かせるその能力が心の産物であると主張することによって、そのような議論を常に出し抜くことができる。彼らはまた、世界のなかでの彼ら自身の実践的介入という現実性を受け入れることすらも拒絶することが

できる。しかし彼らは、世界の実在を信じている人たちとほとんど同じ方法で語り、行為し続けているし、さらに真の命題を偽の命題から経験的に区別している。こうして、彼らは、たとえそのことを認めるのを拒否するために精巧な仕掛けを用いるとしても、そのような〔実在論的な〕世界についての暗黙の理論を保持しているのである。*New Left Review*, 94（1975）所収のファイヤアーベントとバシュラールについての批判のなかの「暗黙の存在論」に関してのバスカーのコメントを参照。

＊49　cf. Barnes, *Interests and the Growth of Knowledge*. およびローティの次の言葉、「『正確な表象』という観念は、私たちがやりたいことをするのを助けることに成功しているそれらの信念に対して支払う単なる自動的な賛辞である」。*Philosophy*, p. 10 を参照。

＊50　cf. A. Collier, 'In defence of epistemology', *Radical Philosophy*, 20（1979）, and T. Skillen, 'Discourse fever: post marxist modes of production', ibid.

＊51　Giddens, *Central Problems in Social Theory*, pp. 11–16; *Social Theory and Modern Society*（Oxford 1987）, pp. 81ff.

＊52　D. Sayer, *Marx's Method: Science and Critique in Capital*（Hassocks 1979）.

＊53　R. Bhaskar, *The Possibility of Naturalism*（Hassocks 1979）, p. 31 および注52を参照。

＊54　レイダーは、これに対して反論している。その理由は、（a）水面をまたいで渡る技術的手段（橋や、航空機による飛行など）が存在する、（b）実践適合的なものは必ずしも道徳的に受け入れ可能ではない、ということである。しかし（a）は、単なる事例の変更である。橋を渡ることや飛ぶことは水の上を歩くことを構成するものではない！　一方で、（b）は注意をそらすおとりである。そこでは、道徳的受け入れ可能性に関する主張はなされておらず、明らかに実践的適合性が道徳的基準に優先する必要はない。（D. Layder, *The Realist Image in Social Science*, London 1990）.

＊55　ローティのような一部の「プラグマティスト」たちは、世界の性質に訴えることなど不必要であると主張しながら、道具主義の立場と実在論の立場との間に違いはないという見解をとっている。デフォルトでは、実践的適合性は、偶然または慣習の問題として現れる。それは、あたかも、棒や石が私たちの骨を砕くことができるのは、それらの性質のゆえではなく、それができると私たちが思うがゆえであるかのようである。Rorty, *Philosophy*; Bhaskar, *Reclaiming Reality*（London 1989）.

＊56　D. Österberg, *Metasociology*（Oslo 1988）, p. 78.

＊57　あるいは、バスカーの用語では、科学の意存的次元と自存的次元の区別である。Bhaskar, *Realist Theory of Science*（Leeds 1975）を参照。

＊58　クーンの業績の社会科学にとっての含意に関する議論のためには、Bernstein, *Restructuring*; A. Giddens, *Studies in Social and Political Theory*（London 1977）を参照。

＊59　ラカトシュは、〔彼の論文〕'Falsification' で、「群集心理（mob psychology）」という用語を使用している。

＊60　E. Gellner, *Culture, Identity and Politics*（Cambridge 1987）, p. 156.

＊61　抜け目のない慣習主義者であるファイヤアーベントでさえも、「それ自体の用語の内部で完全に解釈されている経験によって、ある理論に論駁することは可能である」ことをしぶしぶ認めている。'Consolations for the specialist', in Lakatos and Musgrave, *Criticism and the Growth of Knowledge*.

＊62　Pawson, *A Measure for Measure: a Manifesto for Empirical Sociology*（London 1989）, p. 115. 私は、実在論と社会科学に関するポーソンの見解の多くの側面について疑問を感じているけれども、理論負荷的で物質的な実践としての自然科学における測定についての彼の議論については、これを強く推奨するだろう。

＊63 Collier, 'In defence of epistemology' および Skillen, 'Discourse fever' におけるヒンデスとハーストの観念論に対する〔コリアーの〕批評を参照。

＊64 R. Norman, 'On seeing things differently', *Radical Philosophy*, I no. 1 (1972).

＊65 D. T. Campbell, 'Qualitative knowing in action research', in M. Brenner *et al.* (eds.), *The Social Contexts of Method* (London 1978).〔本文の［ ］はセイヤーによる〕

＊66 D. Shapere, 'Meaning and scientific change', in R. Colodny (ed.), *Mind and Cosmos* (Pittsburgh 1966), pp. 67–8.〔本文の［ ］はセイヤーによる〕

＊67 この文脈《コンテキスト》では、理論革命はより穏やかであるように見える。すなわち、「『新しい理論』は信念の膨大なネットワークの中の比較的小さな変化にすぎないのである」〔と言われている〕。Rorty, *Philosophy*, p. 284.

＊68 Bhaskar, *The Possibility of Naturalism*, p. 189. また R. Keat and J. Urry, *Social Theory as Science* (London 1975), p. 216; A. Giddens, *New Rules of Sociological Method* (London 1976). そして解釈学への参照によって相対主義の問題を解決しようと試みる議論に関しては、Bernstein, *Restructuring* を参照。

＊69 cf. Lakatos, 'Falsification'. Hesse, *The Structure of Scientific Inference*, pp. 298ff., and *Revolutions and Reconstructions*, pp. 96ff.

＊70 素朴な客観主義者と慣習主義者の観点に反して、指示は必ずしも全てか無かの問題である必要はない。ここで全てか無かとは、ちょうど、指示が群衆の中から特定の個人を見つけ出すことのなかにあり、その場合は、正しい人を見つけるか見つけないかのいずれかである。Rorty, *Philosophy* を参照。

＊71 Quine, *From a Logical Point of View*, p. 47.

＊72 最近、観念論の新しい形態が「ポスト構造主義」に関連して発展してきた。これは、言語をその実践的文脈《コンテキスト》から取り除き、それが言語外のものを指示する可能性を否定し、私たちが他のテキストに照らして、あるテキストを際限なく解釈するかのように、言語の内部の差異の戯れのいわゆる不確定的な性格に焦点を当てる。そのような議論は、それと同じ議論を表明する行為においてさえも、彼らが実践においてなさねばならないことを否定するようにその提唱者たちに要求する。というのも、指示の〔成り立つ〕可能性およびかなりの程度の意味の安定性なしにはコミュニケーションは不可能となるからである。相対主義と同じように、それは自己論駁的である。なぜなら、それは、テキストの解釈について著者に制御権を与えることを拒否し、読者にテキスト解釈についての権限を与えることを拒否するので、首尾一貫したポスト構造主義者は、ポスト構造主義と直接的に矛盾するような読解を認めなければならなくなるからである。ここで、テキストを強調していることにも注目してほしい。それは、文学の研究におけるこれらの考えの起源を私たちに思い起こさせる。文学の学生は、「事実」と作られたものという意味での「フィクション」との共通のルーツについて、直ちに私たちに思い出させる。また、文学は「真理」を追求すると主張できることをも思い起こさせる。とはいえ、私たちは、詩人や経済学者や社会学者、その他誰であれ、彼らが、同じ種類の活動に関与し、同じ種類の制限と自由に服していることに同意しなくても、これらの諸点については認めることができる。社会科学的テキストに加えて、社会科学者たちは、そのテキストが対象の一部を構成する限りにおいて、そして彼ら自身の説明に対して競合する説明を提供する限りにおいて、テキストを研究する。しかし彼らはまた、テキストやテキスト類似のものではない物事から多くのことを学ぶ。したがって私たちは、特定の知識およびむしろ特別の種類の知識についての議論を普遍化する帝国主義的試みを受け入れることに警戒すべきである。C. Norris, *The Contest of Faculties* (London 1988); A. Jefferson 'Structuralism and post-structuralism', in A. Jefferson and D.

Robey (eds.), *Modern Literary Theory: A Comparative Introduction* (London 1986); T. Eagleton, *Literary Theory: An Introduction* (London 1983).

＊73　Barnes, *Scientific Knowledge*, p. 38.

＊74　Quine, *From a Logical Point of View*, p. 79 から引用。

＊75　ibid., p. 25.

＊76　この危険性は、社会科学者たちが常識的理解を無視するところで増大する。どのような常識の誤りでも、それは少なくとも広範な、ほとんどの場合、科学的理論よりも幅広い文脈《コンテキスト》に、適合させられている。結果として、社会科学者たちがかつて見落とされていた諸側面を「再発見」する場合、時々それらがはじめからずっと日常の知識のなかで認識されていたことに気づかされる。当然、このことは社会科学の評判を向上させるものにはほとんどならない。常識が未検証という理由で批判される場合には、私たちはそれを無視したり、無批判に吸収したりするよりもむしろ、それを検証すべきである。レイモンド・ウィリアムズの仕事は、この点において興味深いものである。というのも、その仕事は通常、（私が提案しているような意味で）完全に理論的なものであるけれども、多くの場合、日常的な諸概念の分析から始められているからである。

＊77　たとえば、*Marxism Today*, 26 no. 6 (1982) 所収の「議会制民主主義」の概念の変化に関するレイモンド・ウィリアムズの詳細な解釈を参照。

■第3章

＊1　たとえば、J. Elster, *Logic and Society* (London 1978); J. Roemer, *Analytical Marxism* (Cambridge 1986), Introduction.

＊2　私が思うに、私の「抽象的」と「具体的」という語の使用法は、マルクスのそれと同義である。たとえば、the 1857 Introduction in *Grundrisse* (London 1973) を参照。幾人かの読者は、抽象に関する〔私の〕この最初の定義づけとヴェーバーの「理念型」との間に類似性を指摘するかもしれない。しかしながらヴェーバーの理念型は、本章で導入されている関係の様々なタイプの区別に注意を払っていない。理念型のさらなる批評については、第9章を参照。

＊3　cf. ibid.「具体的概念は、それが多くの定義の統合であり、したがって種々の側面の統一体を示しているがゆえに具体的なのである」(p. 101)。

＊4　しかしながら私は、他の幾人かの人がしているように、「関係〔relations〕」と「関係性〔relationships〕」とを区別しようとは思わない。私はこの二つのタームを互換的に使うつもりである。

＊5　「結合〔connection〕」〔という用語〕の他の使用から混乱が生じるといけないから言っておくが、私はこの用語をこの文脈《コンテキスト》では物質的結合〔の意味〕に限定しており、「共通要素」という意味での論理的なつながりは排除している。ただし、依存の概念的結合は（類似とは異なって）実質的な結合の一つに数えられる。

＊6　ゼレニーは、すべての間柄を「非実質主義的〔asubstantialistically〕」（ママ！）なものだと、つまり、純粋に形式的なもののように解釈する傾向について批評している。*The logic of Marx* (Oxford 1980), p. 27.

＊7　cf. R. Bhaskar, *The Possibility of Naturalism* (Hassocks 1979), p. 54 and Elster, *Logic and Society*, pp. 20–5.

＊8　ibid. and R. Harré, *Social Being* (Oxford 1979), p. 24. 私は、諸個人が〔関係によってではなく〕「自尊」においてそうした態度を内面化するという可能性が、「尊敬」や「軽蔑」の関係的性質に関する主張を切り崩すとは考えていない。

＊9　後に見るように、この誤りは次のような理由からもしばしば起こる。つまり、これらの問いの単純さにもかかわらず、いくつかの社会研

究においてはそうした問いが問われてさえいないからであり、むしろその代わりに、分析がそうした（必然的ないしは偶然的な）実質的関係よりも、むしろ形式的関係の発見に限られているからなのである。

＊10　議論になっているのは対象のどの側面なのかを、対象の関係項に関連づけて精確に定義する必要性という観点から、私たちが〔その〕関係を内的と呼ぶか外的と呼ぶかは、純粋に定義づけの問題だと反論されるかもしれない。ある限られた意味でいえば、そのとおりである。けれども、実在の対象を指示しようと試みるような定義づけは恣意的なものではない。また、その定義の適用可能性と実践的適合性は、その定義が適用される事柄の性質に依存しているのである。たとえば、私は単純に人間として、一緒に暮らしている〔他の〕人間たちと外的に関係づけられていると言いうる。しかし私は人格存在として彼らから深く影響を受けており、私たちの行為は内的に関係づけられているだろう。「人間」「人格」「行為」というカテゴリーは、恣意的に互換可能なものではなく、対象の異なる側面を指示しているのである。

＊11　cf. M. Barrett, *Women's Oppression Today*（London 1980）and S. Walby, *Patriarchy at Work*（Cambridge 1986）.「家父長制」という用語は多くの仕方で使われているから、私たちはこの用語についても明確にしなければならないだろう。

＊12　時に悪口を言われることがあるが、マルクスの理論的業績の多くにおいてそう見えるように、抽象のプロセスは骨の折れるものであり、重苦しいものにさえ見えるかもしれない。けれども、抽象は堅固な理論化にとって本質的な基礎である。A. Sayer, 'Abstraction: a realist interpretation', *Radical Philosophy*, 28（1981）を参照。ゼレニーが言うように、「特定の関係に入ることが、特定の様相の実質的特性を変える場合と、変えない場合つまり新たな関係に入ってもそれらの実質的特性が本質的には変わらないままである場合とを、マルクスは注意深く区別していた」のである。Zeleny, *The logic of Marx*, p. 26.

＊13　私の定義づけは、*Social Being* におけるハレーの定義づけから影響を受けているが、彼の定義づけと全く同じではない。

＊14　A. Gorz, *Farewell to the Working Class*（London 1982）, p. 58.〔本文の［　］はセイヤーによる〕

＊15　Elster, *Logic and Society*, p. 97.

＊16　Harré, *Social Being*, p. 38

＊17　Bhaskar, *The Possibility of Naturalism*, p. 44

＊18　A. Giddens, *Central Problems of Social Theory*. ハレーは、行為の構成要素となる概念は「テンプレート」として作用しうるのであり、そうした概念は構造の再生産にとって必要であるという見解を提起している。*Social Being*.

＊19　A. Giddens, 'Functionalism: après la lutte', in his *Studies in Social and Political Theory*（London 1977）.

＊20　この「構造－エージェンシー論争」の重要性はすべての社会理論に及ぶものだが、最近二十年間のマルクス主義の理論的言説のなかでとりわけ重要な位置を占めている。たとえば、R. Blackburn, *Ideology and Social Science*（London 1972）におけるミリバンドとプーランツァスの論争や、アルチュセールの構造主義に対するE・P・トムスンの反応（*The Poverty of Theory*（London 1979））、および *Arguments within English Marxism*（London 1980）におけるトムスンに対するP・アンダーソンの応答を参照。この〔アンダーソンの〕文献は、この問題を議論している点は少なくとも功績だが――社会科学の多く〔の論者〕は〔構造〕については単純に無知である――、社会科学の哲学においてギデンズ、バスカー、ブルデューによって重要な進歩が生み出された点を捉えることには失敗している。*Journal for the Theory of Social Behaviour*, 13 no. 1（1983）も参照。

＊21　P. Bourdieu, *Towards a Theory of Practice*（Cambridge 1977）, and also his 'Men and machines', in K. Knorr-Cetina and A.V. Cicourel, *Ad-*

vances in Social Theory and Methodology: Towards an Integration of Micro- and Macro-Sociologies (Boston 1981).

＊22　Williams, *Marxism and Literature*, ch. 9.

＊23　Bourdieu, ‘Men and machines’, p. 305からの引用〔本文の［　］はセイヤーによる〕。厳密に言えば、「事柄の論理」ではなく「事柄の振る舞い」と言うべきであったが、その言い方では〔修辞的〕効果を損なうことになった〔から事柄の論理という言い方をマルクスは採用した〕のだろうと推測する。この文脈《コンテキスト》でいえば、エルスターの *Logic and Society* は、一方では論理学を概して非常に効果的に使っているが、たとえば因果作用を論理学の問題として扱うことにおいて、時々この罠に引っかかりもするという点で興味深い。

＊24　cf. K. Menzies, *Sociological Theory in Use* (London 1982), pp. 127–9, and G. Kay, ‘Why labour is the starting point of capital’, in D. Elson (ed.), *Value: The Representation of Labour in Capitalism* (London 1979), p. 55.

＊25　ギデンズは、行為者〔actor〕に知られ彼らによって適用される一般化と、エージェント〔agent〕に作用する——彼らがそれを理解していようといまいと——状況についての一般化とを区別している。双方いずれもが「他方との関係で変わりうる」。A. Giddens, *The Constitution of Society* (Cambridge 1984), pp. xix–xx and pp. 343ff.

＊26　Harré, *Social Being*, pp. 108–9.

＊27　Bourdieu, ‘Philosophical aspects of the micro-macro problem’, p. 147.

＊28　Elster, *Logic and Society*, p. 99.

＊29　B. R. Berelson and G. A. Steiner, *Human Behavior: and inventory of scientific findings* (New York 1964), p. 3.

＊30　ibid., p. 370.

＊31　cf. Winch, *The Idea of Social Science* (London 1958), and A. R. Louch, *The Explanation of Human Action* (Oxford 1966), ch. 2.

＊32　Davis and Golden, cited in Berelson and Steiner, *Human Behavior*, p. 604.

＊33　M. Castells, *The Urban Question* (London 1977).

＊34　これは、原因に関するヒューム的発想よりも、「生成的〔generative〕」なものである。Harré, *The Principles of Scientific Thinking*, p. 103; Bhaskar, *A Realist Theory of Science* を参照。また〔この立場の〕包括的な擁護をめぐっては、R. Harré and E. H. Madden, *Causal Powers* (Oxford 1975) を参照。

＊35　私がここで「力〔power〕」や「因果力〔causal power〕」〔といった言葉〕を省略しているのは意図的なものである。というのも、こうすることによって、力が必ずしも常に他者への支配というネガティブな形をとるものではなく、単純に創造する力を意味しうると私たちが認識することを助けてくれるからである。社会的力に関する見事な実在論的分析については、J. Isaac, *Power and Marxist Theory: a Realist View* (Ithaca, NY 1988) を参照。

＊36　Bhaskar, *A Realist Theory of Science*, pp. 45ff.

＊37　ibid.

＊38　ibid., p. 238, and Harré and Madden, *Causal Powers*, p. 85.

＊39　しかしK. Marx, *Capital*, vol. 3 (London 1963), p. 252を見ると、そこではマルクスは法則と傾向を区別しているように思われる。この例だけでなく、彼は一貫して因果の生成的概念を扱っていると私は考える。*A Realist Theory of Science*, pp. 229ff. におけるバスカーの傾向についての議論も参照。

＊40　因果的主張を検証する際の諸問題は後の第7章で議論される。

＊41　Bhaskar, *A Realist Theory of Science*.

＊42　メカニズムは常に〔出来事の〕「基底に」あって観察不可能であるという、R. Keat and J. Urry, *Social Theory as Science* (London 1975)

およびバスカーに見られる見解に同意する理由は私には見当たらない。ぜんまい仕掛けの時計や商品を生み出す仕方、下院議員を選出する仕方などは、それらが生み出す結果に劣らず観察可能なメカニズムを含んでいる。cf. Louch, *The Explanation of Human Action*, p. 41.

＊43　Harré, *The Philosophies of Science*.

＊44　Bhaskar, *The Possibility of Naturalism*.

＊45　D. B. Massey and R. A. Meegan, *The Anatomy of Job Loss*（London 1982）.

＊46　Bhaskar, *A Realist Theory of Science*.

＊47　Harré, *The Philosophies of Science*, p. 117. この誤りの一例として、R. Boudon, *The Logic of Sociological Explanation*（Harmondsworth 1974）, p. 53を参照。実在論的説明とアリストテレスの原因に関する四つの図式——質量因、形相因、作用因、目的因——との間には類似性がある。質量因とは、変化を受ける事物を構成している物質であり、社会化を受ける子どもや、そこからガラスが作られるところの砂のようなものである。形相「因」とは、作られるないし結果として生じる事物の形式である。作用因は、実際に変化を生成している事物である。目的因は、その〔変化の〕過程がたまたまそこへ至るところの状態、あるいはあるエージェントが意図してそこへ至らしめるところの状態である。これらのうち第二のものと第四のものは、今では不要であるように見える。また、第三のものは近代的発想に最も近いもののように見える。他方で第一のものは無視できないことがますます理解されてきている。というのもこれらは、因果作用が単に出来事間の関係ないし出来事の連続として表現される正統的な説明の範囲内にあるからである。

＊48　私の主張はBhaskar, *The Possibility of Naturalism*, ch. 3. から引き出している。

＊49　この例については、D. Harvey, *Social Justice and the City*（London 1973）, ch. 4. を参照。

＊50　事実、住宅に関する研究は、このような遡及的推論によって特徴づけられてきた。ただ時折、説明のこれらの「諸レベル」は〔互いに〕補足しあうものではなく、対立するものだと誤って想定されてきた。K. Bassett and J. Short, *Housing and Residential Structure : Alternative Approaches*（London 1980）を参照。

＊51　説明と評価との関係性については、C. Taylor, 'Neutrality in political science', in A. Ryan（ed.）, *The Philosophy of Social Explanation*（Oxford 1973）, and Bhaskar, *The Possibility of Naturalism*, pp. 69ff., and A. Sayer, 'Defensible values in geography', in R. J. Johnston and D. T. Herbert（eds.）, *Geography and the Urban Environment*, vol. 4（London 1981）を参照。

＊52　後の第7章を参照。

＊53　後者については第6章で議論される。

＊54　こうした方法は、J. S. Mill, 'Method of agreement and method of difference' に由来している。彼の *A System of Logic*（London 1961）, および Harré, *The Philosophies of Science*, pp. 38ff. や、D. Willer and J. Willer, *Systematic Empiricism : A Critique of Pseudoscience*（Englewood Cliffs, NJ 1973）における議論を参照。

＊55　たとえば、私の 'A critique of urban modelling', *Progress in Planning*, 6 part 3（1976）, pp. 187–254を参照。

＊56　たとえば、Menzies, *Sociological Theory in Use*, p. 158は、「社会学の今日の発展を考慮すれば、変数を整理するために問題なく使える唯一満足のいく整理の方法は、通常、時間的なものである。つまり、前の出来事が後の出来事の原因になる、ということである」と書いている。「変数」を「整理する」という〔理論の〕重要な使い方と、質的な形の分析に代えて「変数」間の関係性の研究を代用する、というところに注意してもらいたい。メンツィスは実在論を賛意をもって引き合いに出しているが、整序の追求を因果分析にとっての鍵となる重要なものとして

想定していることで、実在論の有益な点のほとんどを捉えそこなっている。

■第４章

＊1　R. Harré, *Social Being* (Oxford 1979), p. 85.

＊2　以下の議論はR. Bhaskar, *A Realist Theory of Science* (Leeds 1975), pp. 163ff. および*The Possibility of Naturalism* (Hassocks 1979), pp. 124ff. に基づいている。またA. Collier, *Scientific Realism and Socialist Thought* (Hamel Hempstead 1989) における創発性の議論も参照。

＊3　ibid., ch. 2. and R. Williams, *The Long Revolution* (Harmondsworth 1961), ch. 3.

＊4　問題のわかりやすい議論としては次の文献を参照。K.Soper, 'Marxism, materialism and biology', in J. Mepham and D.H. Ruben (eds.), *Issues in Marxist Philosophy*, vol. 2 (Hassocks 1979).

＊5　「社会－生物学」の擁護者たちの多くは、両方の罠にはまっている。すなわち、その分析で階層性を見逃していることと、実践への処方箋に不合理な推論を利用していることである。

＊6　Bhaskar, *A Realist Theory of Science*, ch. 2 を参照。

＊7　他の哲学者たちは、これとは別の意味で、完璧に隔離されたシステムとして、「閉鎖システム」という概念を使ってきた。そのようなシステムはバスカーの基準を満たすものではないだろう。たとえば、K.R. Popper, *The Poverty of Historicism* (London 1957), p. 139 もしくは、H. Blalock, *Methods of Social Research* (New York 1972) を参照。また銘記してほしいが、「システム」という語を使う際、「システム・アプローチ」を支持しようという意図は持っていない。実際のところそのようなアプローチは、概して本書が擁護し論じようとしているほとんどのものとは正反対のものである。

＊8　Bhaskar, *A Realist Theory of Science*. これから見ていくことになるが、いくつかのケースでは、規則性はメカニズムの隠蔽を助長することになるかもしれないのである。

＊9　自然システムと社会システムの「秩序」を比較して、その規則性の証拠に関して、何人かの研究者は、多くの社会的「規則性」が有する意図的に作成されたという性格に留意することにさえ失敗したと、みなされてきた。たとえば、R.J. Chorley and P. Haggett (eds.), *Models in Geography* (London 1967)、あるいは、地理学におけるモデルに関するいくつかの他のテクストを参照。

＊10　cf. J.S. Mill, *A System of Logic* (London 1961).

＊11　Bhaskar, *A Realist Theory of Science*, ch. 2 を参照。

＊12　科学哲学にすでに親しんでいる人々なら、私が使う「道具主義」という用語について奇異に思うだろう。というのも、実在論と道具主義とは通常、対立しているとみなされているからである。科学哲学は普遍的な適用性という自負を持つのに対して、道具主義はたしかに実在論のアンチテーゼであり、それは、それらの諸対象の性質とメカニズムを把握していると主張できない単なる計算のための道具として扱われる。実在論は後者の〔それらを把握する〕可能性を肯定し（その把握が可謬的なものだということは認めるが）、前者〔道具主義〕を拒否する。とはいえ、計算のための道具だけが必要な場合もあることは認めるべきだと私は思う。後の節で論じるように、たとえ限定された条件ではあっても、そのような目的が達成される諸条件が存在する。そのような目的の達成を、因果的説明を与えることと混同しない限りは、実在論は道具主義の限定された守備範囲を喜んで認めることができる。実際、もしも実在論が様々なタイプの対象について認識の可能性を打ちたてようとする科学哲学として特徴づけられるとすれば、以上のことは容認されなければならない。それが一般的な信念として疑がわしいものであっても、しばしばそれは、限定的な程度の実践的適合性を持っており、そこには、この適合性にとっての物質的根拠が常に存在しているのである。

＊13 *A Realist Theory of Science*, p. 95.

＊14 たとえば、G.G. von Wright, *Explanation and Understanding*（London 1971）を参照。

＊15 cf. A.R. Louch, *The Explanation of Human Action*（Oxford 1966）.

＊16 Bhaskar, *The Possibility of Naturalism* また W. Outhwaite, *New Philosophies of Social Science*（London 1987）, pp. 8–10 を参照。

＊17 たとえばポパーによる、人間の死の物質的原因についての例がある。

＊18 たとえばウインチと解釈学の他の信奉者がそうである。

＊19 Harré, *Social Being*, p. 129.

＊20 それらの社会諸現象を予測的な〔方法による〕一般化の対象にすることはできない。初期の頃議論された都市化と工業化の関係性〔に関する議論〕の例では、あたかもそれらの過程がパラメトリックであるかのように扱う誤謬に侵されていた。

＊21 R. Harré, *The Philosophies of Science*（Oxford 1972）, p. 57 は、化学配合の法則や化学反応のメカニズム理論についての例を引用している。

＊22 科学哲学には現に目的としての説明を忌避しているものもある。たとえば Karl Pearson, *The Grammar of Science*（London 1892）がそうである。同書の第4章、注37を参照。一方では、ある特定の科学では、閉鎖システムの利用可能性が、メカニズムとその効果が安定した関係にあるので、分析を容易にしている。他方では〔表面的な〕規則性が、ある何らかのメカニズムを隠してしまうかもしれないのである。

＊23 Harré, *Principles of Scientific Thinking*（London 1970）, p. 19 参照。

＊24 厳密にいえば、それはしばしば曲線あてはめでさえない。なぜならその方程式は時間のつながりよりは、時間上の単一時点のためのデータにあてはまるものだからだ。

＊25 R. Keat and J.Urry, *Social Theory as Science*（London 1975）が、はしかの発症の前に現れるコプリック斑点の例を挙げている。

＊26 Popper, *The Poverty of Historicism*.

＊27 このような見過ごしは、社会科学では特徴的なものである。社会科学では、社会で生起する多くのことが人間の制御を超えており、その社会の発展に対する社会科学自身の寄与について認識できないのである。cf. M. Horkheimer, 'Traditional and critical theory', in P.Connerton, *Critical Sociology*（Harmondsworth 1976）, p. 214.

＊28 時間を捨象する市場交換に関するいくつかの経済理論は、そうした需要と供給の前もっての「事前調整」を仮定しなければならない。G. L.S. Shackle, *Time in Economics*（Amsterdam 1967）を参照。

＊29 自動操縦とタイミングが予測できない出来事に対応する人間の能力とについての以前の議論を思い出してほしい。

＊30 たとえば次の文献を参照。C. Freeman, J. Clark and L. Soete, *Unemployment and Technical Innovation：a study of long waves and economic development*（London 1982）.

＊31 Mill, *A System of Logic*, ch. 9. section 2, p. 585.

＊32 Marx, *Grundrisse*, p. 100.

＊33 地理学のさらなる例として、私の 'Explanation in economic geography', *Progress in Human Geography*, 6 no. 1（1982）, pp. 68–88 を参照。

＊34 cf. A. Sohn-Rethel, *Intellectual and Manual Labour*（London 1978）; L. Colletti, 'Introduction' to *Marx's Early Writings*（Harmondsworth 1975）; D. Elson, *Value：the Representation of Labour in Capitalism*（London 1979）, とりわけ Elson and Kay による小論を参照。

＊35 抽象化とマルクス主義理論についてのさらなる論議として、私の 'Abstraction：a realist interpretation'を、また B. Jessop, *The Capitalist State*（Oxford 1982）, pp. 213ff. そして J. Allen, 'Property relations and landlordism：a realist approach', *Society and Space*, 1 no. 2（1983）を参照。

＊36 理論のアプリオリな要素に関しては第5章を参照。

＊37　D. Sayer, *Marx's Method* (Hassocks 1979).

＊38　D. Harvey, 'Three myths in search of reality in urban studies', *Environment and Planning D: Society and Spaces*, 5 (1987), pp. 367–76. また、A. Warde, 'Recipes for a pudding: a comment on locality', *Antipode*, 21 (1989), pp. 274–81.

＊39　J. Kornai, *Contradictions and Dilemmas: Studies on the Socialist Economy and Society* (Cambridge, Mass. 1986).

＊40　閉鎖システムに〔こそ〕ふさわしい理論の概念構成にしがみつく経済学のような学問は、低度にしか社会化していない（undersozialised）個人の概念を持たざるをえず、歴史変動や地理学的な差異を捨象する傾向があるとしても偶然のことではない。経済学におけるいっそう進化論的で物語論的なアプローチを擁護するものとしては、次の文献を参照。R.R. Nelson, 'The tension between process stories and equilibrium models', in R. Langlois (ed.), *Economics as a Process* (Cambridge 1986), pp. 136–50; M. Storper and R. A. Walker, *The Capitalist Imperative* (Oxford 1989); and P. Auerbach, *Competition: the Economics of Industrial Change* (Cambridge 1989).

＊41　空間と社会についてのより完全な議論としては、次の文献を参照。D. Gregory and J. Urry (eds.), *Social Relations and Spatial Structures* (London 1985); A. Sayer, 'Space and social theory', in B. Wittrock and P. Wagner (eds.), *Social Theory and Human Agency* (Stockholm 1991); N. Thrift, 'On the determination of social action in space and time', *Environment and Planning D: Society and Space*, 1 (1983); A. Giddens, *The Constitution of Society*; J. Urry, 'Society, space and locality', *Environment and Planning D: Society and Space*, 5 (1987), 4, pp. 435–44.

＊42　T. Hägerstrand, 'Time-geography: focus on the corporeality of man, society and environment', *The Science and Praxis of Complexity* (London 1985).

＊43　J. Blaut, 'Space and process', reprinted in W.K.D. Davies (ed.), *The Conceptual Revolution in Geography* (London 1972).

＊44　R. D. Sack, 'A concept of physical space', *Geographical Analysis*, 5 (1973), pp. 16–34.

＊45　Harré, *The Principles of Scientific Thinking*.

＊46　多くの自称〔空間の〕相対的な概念の擁護者たちは、このような演繹における誤りを犯している。たとえばM. Castells, *The Urban Question* (London 1977) を参照。皮肉なことにそのような著者たちは、しばしば（空間を構成する事物〔の理論〕ではなく）「空間的理論」の発展について臆することなく語るが、同時に彼らは他の研究者を空間フェティシズムのかどで排撃しているように見える。

＊47　R. D. Sack, *Conceptions of Space in Social Thought* (London 1980) を参照。同書は実在論的アプローチを支持しているけれども、実在論哲学における閉鎖あるいは開放システムの意義、および必然性の意義を評価するうえで誤りを犯すという深刻な弱点がある。にもかかわらず、このような限界を念頭においておけば、pp. 3–9とch. 3は、空間についての秀逸な論究を含んでいる。さらには私の 'The difference that space makes', in J. Urry and D. gregory (eds.), *Social Relations and Spatial Structures* (London 1985) も参照。

＊48　P. Saunders, *Social Theory and the Urban Question* (London 1981).

＊49　したがって、「本来的に偶然的〔なもの〕」として実在論的な空間概念を記述するのは、きわめて不適切なことになる。cf. N. Smith, 'Uneven development and location theory', in R. Peet and N. Thrift (eds.), *New Modeles in Geography, Vol. 1* (London 1990), pp. 142–63. また、A. Warde, 'Recipes for a pudding: a comment on locality', *Antipode*, 21 (1989), pp.274–81を参照。

＊50　ハーヴェイやソジャのように、社会理論における空間のより強力

な役割を擁護する議論をしてきた人々が、彼ら自身の理論化では、このように空間についてのあいまいな主張を越え出ることができなかったということは重要である。D. Harvey, *The Postmodern Condition*（Oxford 1989）; E.W. Soja, *Postmodern Geographies*（London 1989）を参照。

＊51 A. Lösch, *The Economics of Location*（New Haven, Conn. 1954）.

＊52 ハレーはこのことについて、「空間的無関心」として言及している。*The Principles of Scientific Thinking*.

＊53 私が他のところで論じたことだが、何人かの地理学者が行ったように、空間を捨象することの危険性を誇張しすぎないようにすることが重要である。社会科学者たちがかなり長い間、こういった捨象を大目に見てきた事実は、彼らが全く正しいと想定するわけにはいかないけれども、しかし、一部の地理学者における専門帝国主義〔disciplinary imperialism〕の波にのまれて、彼ら〔の立場〕を拒絶してしまうべきでもないのである。Sayer, 'The difference that space makes' and 'Space and social theory'.

■第5章

＊1 R. Bhaskar, *A Realist Theory of Science*（Leeds 1975）, pp. 215ff.〔バスカー『科学と実在論』式部信訳、法政大学出版局、二〇〇九年〕

＊2 R. Harré, *The Philosophies of Science*（Oxford 1972）, p. 39.

＊3 形而上学は、時間、空間、物質、関係といった私たちが思考する際の最も基本的な諸範疇の意味に関連している。いくつかの流派におけるそれへの軽蔑的含意にもかかわらず、あれこれの形而上学的関与を免れうる思考体系はない。

＊4 R. Harré and E.H. Madden, *Causal Powers*（Oxford 1975）を参照。

＊5 A.R. Louch, *The Explanation of Human Action*（Oxford 1966）を参照。

＊6 Gerogescu-Roegen, *The Entropy Law and the Economic Process*（Cambridge, Mass. 1971）, p. 64.

＊7 R. Harré and E.H. Madden, *Causal Powers*（Oxford 1975）, p. 6, p. 110.

＊8 ibid., p. 75. R. Bhaskar, *A Realist Theory of Science*（Leeds 1975）, pp. 215ff. も参照。

＊9 ibid.

＊10 R. Harré and E.H. Madden, *Causal Powers*（Oxford 1975）, p. 75.

＊11 もちろん、この主張も、可謬的である（あるいは、そう言いたいなら「帰納の小問題に対して脆弱である」）。しかし、この〔可謬性という〕点では、それらの主張も観察言明や演繹によって得られた言明と違いはないのである。将来の偶然性についての主張に比べて不確かさのより少ない言明がたくさんあったとしても、可謬性という点では違いはないのである。

＊12 R. Bhaskar, *A Realist Theory of Science*（Leeds 1975）, p. 220.

＊13 A. Collier, 'In defence of epistemology', *Radical Philosophy*, 20（1979）, 参照。そうした隠喩を「写像」とすることについて第2章で行った限定を想起してほしい。

＊14 R. Harré and E.H. Madden, *Causal Powers*（Oxford 1975）, p. 48.

＊15 「定義上、貧困者たちは政治的イデオロギーでは保守的である」といった恣意的主張への反応を想像してみるならば、この点を解決するのに役立つかもしれない。ハレーとマッデンは次のように評言している。「ある存在物〔entity〕の性質とその存在物の力との関係が自然必然性の関係であるとしても、私たちは、この関係をその存在物についてのアポステリオリな〔a posteriori〕真理であると捉える。したがって事態は次のようになっていなければならない。つまり、その〔アポステリオリな〕世界では、そのような存在物は一つのオルタナティヴな可能性であるということである。だから、その性質がこれこれのものとして記述されていた初期のより素朴な記述は、後になって存在物の実在的本性の必

然的な結果であるとして発見された力や傾向性の記述とは単に偶然的に関係しているにすぎないのである」。ibid., p. 80.

＊16　R. Bhaskar, *A Realist Theory of Science*（Leeds 1975）, p. 201.

＊17　cf. W.V.O. Quine, *From a Logical Point of View*（Cambridge, Mass. 1961）.

＊18　私は、実質的な含意による逆理のような多くの哲学的パズルはこのような源泉、——たとえば、事物どうしの関係と論理の関係との混同、あるいはより一般的に、知識の対象と知識それ自体との混同といった——源泉に由来するということを、示唆するにとどめる。しかし、ここでそれを論じる紙幅も精力も持ちあわせていない。

＊19　K. Popper, *Conjecture and Refutations*（London 1963）, p. 20.〔カール・R・ポパー『推測と反駁——科学的知識の発展』藤本隆志ほか訳、法政大学出版局、二〇〇九年〕

＊20　K. Marx, *Capital*, vol. 1（London 1963）. 第二版への後書。「もちろん提示の方法は研究の方法とは形式上異なっていなければならない。後者〔研究の方法〕は、細部において素材を我がものとし、素材の発展の様々な形態を分析し、それらの内的結合を突き止めるものでなければならない。こうした作業がうまくなされた後ではじめて、今度は、主題〔となる素材〕〔subject-matter〕の生命が諸観念に反映されるようになれば、それは、私たちの眼前に一個の先験的構成であるかのように立ち現れるだろう」。

＊21　このことは、抽象的理論の論証において単純化された想定ほどには重要でないかもしれないが、それが具体的体系（たとえば、ある選好が明らかになっていないことを私たちが知っているような体系）に適用された場合は、この言説の構造が誤解を生み出すものだと言ってよい理由がある。

＊22　K. Marx, *Grundrisse*（Harmondsworth 1973）. マルクスの作品中には、言説の論理的構造によって誤解に陥っており、したがって、その言説構造と対象の構造とを混同している理論家たちへの攻撃が散見される。たとえば、プルードンへの彼の批判のうちにそれがある。現代の哲学者たちの対象についての知識と知識の対象との混同（バスカーが「認識論的誤謬」と名づけるもの）のせいで、多くの人にとっては、マルクスのこの批判を理解することが難しくなっているのである。

＊23　ここで私は、論理学の定義を、形式的演繹的論理学の定義に限定しており、規範あるいは命令〔imperatives〕の論理学のような他の類型や、「腕相撲の論理学」のような非公式的な使用法については、これを除外している。

＊24　J. Elster, *Logic and Society*（London 1978）, p. 2.

＊25　これがエルスター著『論理学と社会』（Logic and Society（London, 1978））の主な限界である。たとえば、意味の変化や文脈《コンテキスト》依存性の歴史的に特定の形態を、操作可能性をより容易にする非時間的な抽象を選好することによって、無視してしまう傾向がそれである。エルスターはある点ではこの失敗を認識しているように見えるが、それを是正することは何もしていない。

＊26　R. Harré, *Social Being*（Oxford 1979）, p. 160.

＊27　Harré, *Principles of Scientific Thinking*（London 1970）でのハレーの演繹主義の定義を参照。

＊28　いくつかのポパー批判は同じ問題を共有している。これらの除外によって作り出された懸隔を埋めることができるのは、「価値」のみである。価値が無合理的〔a-rational〕でおそらく非合理的〔irrational〕だという通俗的な前提によれば（それを私は受け入れないが）、「科学の論理学」の見方は、科学の合理性を〔価値との関係で〕疑問に付すことによって挑戦されうるということになる。

＊29　cf. R. Bhaskar, *A Realist Theory of Science*（Leeds 1975）, pp. 215ff.

＊30　ロム・ハレーは以下のように論じている。つまり、論理学は科学の修辞学の単なる一部なのであって、その実践的ならびに概念的な仕事、

および、彼の『実在論の多様性』や、彼の『科学的思考の諸原則』にとって、それは二次的なものであると。社会科学における論理学についての実在論的見解については J. Allen, 'In search of a method : Hegel, Marx and Realism', *Radical Philosophy*, 35 (1983), pp. 26–33 を参照。

＊31　このことは、彼の科学哲学にも、彼のマルクスとフロイトへの批判にも、当てはまる。たとえば以下を参照せよ。*The Logic of Scientific Discovery*〔『科学的発見の論理』上・下、大内義一・森博訳、一九七一－一九七二年〕；*The Poverty of Historicism*〔『歴史主義の貧困』岩坂彰訳、日経BPシリーズ、二〇一三年〕；*The Open Society and its Enemies*〔『開かれた社会とその敵』第一部・第二部、内田詔夫・小河原誠訳、未來社、一九八〇年〕；*Conjunctures and Refutations*〔『推測と反駁』藤本隆志ほか訳、法政大学出版局、二〇〇九年〕.

＊32　上記、第2章を参照。

＊33　その推論が、論証であるという信念は「後件肯定の虚偽」と呼ばれる。以下、第7章を参照。

＊34　Harre, *Principles of Scientific Thinking*.

＊35　R. Bhaskar, *A Realist Theory of Science*, p. 207.

＊36　これ〔D－Nモデル〕の原作者としての権利主張はカール・ヘンペルによってもなされている。彼はこの主題について無数の論文を書いている。この考え方の要約として、彼の *Aspects of Scientific Explanation* (New York 1965)〔カール・ヘンペル『科学的説明の諸問題』長坂源一郎訳、岩波書店、一九七三年〕を参照。法則論的〔nomological〕とは「法則に関連する」という意味である。

＊37　R. Keat and J. Urry, *Social Theory as Science* (London 1975) を参照。D－Nモデルへのさらなる批判については、T. Benton, *Philosophical Foundations of the Three Sociologies* (London 1977), ch. 2 and 3 を参照。

＊38　A.R. Louch, *The Explanation of Human Action* (Oxford 1966).

＊39　これらの事例の両者とも、特に後者〔穀物輸出の例〕は、理由〔reasons〕が原因〔cause〕になりうることを示唆していることに留意すべきである。

＊40　R.G. Lipsey, *An Introduction to Positive Economics* (London 1963)（初版および後の諸版）。

＊41　I. Lakatos, 'Falsification and the methodology of scientific research programmes', in I. Lakatos and A. Musgrove (eds.), *Criticism and the Growth of Knowledge* (Cambridge 1970) を参照。ポパーの反証主義は第8章でより詳細に扱われる。検証についてのいくつかの建設的提案は第7章で提示される。

第6章

＊1　B. R. Berelson and G. A. Steiner, *Human Behavior : an inventory of scientific findings* (New York 1964), p. 14 より引用。

＊2　M. Dobb, *Theories of Value and Distribution since Adam Smith* (Cambridge 1973) より引用。

＊3　J. D. Bernal, *Science in History* (3rd edn) (Harmondsworth 1969), p. 483. ただし、R. Harré, *The Principles of Scientific Thinking* (London1970), p. 9 も参照。

＊4　R. J. Bernstein, *The Restructuring of Social and Political Theory* (Oxford 1976) を参照。

＊5　ibid.

＊6　ibid., pp. 117–18 を参照。

＊7　したがって、「基数的測定可能性は、他のもの同様どのような尺度でもないが、事物のカテゴリーの特定の物理的特性を反映している」。N. Georgescu-Roegen, *Analytical Economics* (Cambridge, Mass. 1966), p. 49。

＊8　この誤りは、新古典派理論においてだけではなく、新リカード派

の価値論やマルクス主義の価値論のある解釈においても共通する。〔本章の〕下記「仮定の役割」に関する部分を参照。

＊9 D. B. Massey and R. A. Meegan, *The Anatomy of Job Loss* (London 1982) を参照。

＊10 この例は、ドリーン・マッシー〔Doreen Massey〕に依っている。

＊11 この実例は、経済学者ジョン・ローマーによる、経済的搾取が階級の存在に依存しているかどうかという疑問を明らかにするための、二人の人間によって構成される経済モデルの使用例である。J. Roemer, *Free to Lose* (Cambridge 1988)。

＊12 産業連関モデル〔Input-output model〕や他の多くのモデルも同じ形式である。

＊13 *A Realist Theory of Science*, p. 11.

＊14 ibid.

＊15 D. H. Meadows *et al.*, *The Limits to Growth* (London 1972).

＊16 本書の第4章、閉鎖システムと予測についての部分を参照。

＊17 私の論文 'A critique of urban modelling', *Progress in Planning*, 6 part 3 (1976), pp. 187–254 を参照。

＊18 これらの失敗は、「回帰方程式は科学の法則である」というブラロックの不条理な主張をあざ笑う〔かのようである〕。*Causal Inferences in Non-experimental Research* (Chapel Hill, NC 1961), p. 384.

＊19 「私は私たちの行う量的な仕事に危険な曖昧さを見出す。私たちは、仮説の検証と構造的〔ママ〕関係の推定との間の区別に十分な注意を払っていない。このあいまいさは経済学において蔓延している」。P. Kenen〔[ ]はセイヤーによる〕。M. Blaug, *The Methodology of Economics* (Cambridge 1980), p. 257 での引用から（われわれの用語においては、引用文中の「構造的」は誤用となる）。〔本書の〕第4章での空間の捨象における「ごたまぜ〔scrambling〕」効果についても想起すること。

＊20 cf. J. Forrester, *Principles of Systems* (Cambridge, Mass. 1968).

＊21 興味深いことに、「経験モデル」を使用している多くの社会科学者は、ポパーの方法論的規定を実践していると信じている！ Blaug, *The Methodology of Economics*, p. 100 に引用されている。つまり、経済学者がやっていることと彼らに好まれる哲学的助言者の所見からの乖離が著しい。

＊22 Blaug, *The Methodology of Economics*, p. 100.

＊23 W. Leontief, 'Theoretical assumptions and non-observed facts', *American Economic Review*, 61 (1971), pp. 1–7.

＊24 モーリス・ドップのこの反転に対する古典的批判については 'The trend in modern economies', reprinted in *A Critique of Economic Theory* (edited by E. K. Hunt and J. G. Schwartz) (Harmondsworth 1972), pp. 39–82 を参照。さらに私の 'A critique of urban modelling' も参照。

＊25 ibid. pp. 256–7.

＊26 おそらく、この疑問についての最もよく知られた議論は、あまり古典的ではないが、M. Friedman, *Essays in Positive Economics* (Chicago 1953) のなかにある。しかし、この主題についてはドップの 'The trend in modern economies' がより推薦される。

＊27 cf. J. Robinson, *Economic Philosophy* (Harmondsworth 1962).

＊28 時間を考慮した人間行動学的モデルに共通して見出せる、いくつかの仮定は、深刻かつ壊滅的に非現実的である。もし、すべての行為者たちが完璧に未来を見通しているようにして、未来が知られているのだとしたら、そこには選択の余地など存在しないだろう！ つまり、「AとBが正真正銘の選択肢を持っているのであれば、その活動がそれらの選択肢に関連するCとDについては、前もって、それら〔C、D〕がどのような行為を選択するかを知ることはできない」。A. Move, *The Economics of Feasible Socialism* (London 1983), p. 39 で、ローズビイによってその議論が要約されている。

＊29　Marx, *Capital*.

＊30　「もしも、私たちの紡績機が一時間の労働で$1\frac{2}{3}$ポンドの綿を$1\frac{2}{3}$ポンドの糸にするなら、六時間で一〇ポンドの綿を一〇ポンドの糸にする」。Marx, *Capital*, vol. I (Harmondsworth 1976), p. 297.

＊31　「総資本の価値と余剰価値の間に必然的な内的関係はない」のはこの理由による。ibid., vol. 3, pp. 46–7.

＊32　導出や計算と説明とを混同することによって（注8を参照）、マルクスの多くの読者は彼の価値論を、後者〔説明〕でなく前者〔計算可能性〕の試みと誤解してきた。cf. B. Fine, *Economic Theory and Ideology*（London 1980）; S. Meikle, 'Dialectical contradiction and necessity', in J. Mepham and D.-H. Ruben（eds.）, *Issues in Marxist Philosophy: Vol. 1, Dialectics and Method*（Hassocks 1979）; D. Elson, *Value: the Representation of Labour in Capitalism*（London 1979）.

＊33　物理学には、ランダムではないような秩序が一つも発見されていない実例がある――たとえば、量子力学。その結果として、すべての出来事に原因があるという通例の形而上学的仮定を一時停止し、いくつかのプロセスは本質的にランダムだと主張するように、多くの科学者が誘惑されてきた。たとえそれが真実であっても、社会的過程に対しては類似した仮定を正当化するものではない。全体としてはランダムに現れるとしても、その過程の大部分は、その原因が判明しているのである。cf. N. Georgescu-Roegen, *The Entropy Law and the Economic Process*（Cambridge, Mass. 1971）.

＊34　それは、ランダムな要素に関連している。

＊35　実在論の偶然性に対する見解についてのさらなる議論のためにはハレーの*The Principles of Scientific Thinking*を参照。

＊36　ここでの「客観的」は、「ある絶対的な意味における真実」ではなく「対象物に属している」ことを意味する。誤りを犯しがちという意味で、対象物についての知識が「主観的」であるという異論は、そのような対象が必然的に架空のものであるということを意味するものではない。したがって、私たちは対象の存在を対象について理解することから合理的に区別することができないということを意味するものではない点を、それは思い出させる。

＊37　Harré, *The Principles of Scientific Thinking*, p. 162.

＊38　Birnbaum, London 1980. ブラロックは、統計においては「因果性の問題に対処するにあたっての暗黙の共謀〔a conspiracy of silence〕」があると論評する。H. M. Blalock, *Causal Inferences in Non-experimental Research*（Chapel Hill, NC 1961）, p. 38.

＊39　K. Pearson, *The Grammar of Science*（London 1892）を参照。

＊40　Blalock, *Causal Inferences in Non-experimental Research*. それと同時に、彼はそうしたメカニズムが非因果的なものだとも認識している、たとえばibid., p. 29.

＊41　本書の第5章で私は、貧困な論理学的思想家にとっての精神的支柱となっている因果力についての質的知識という正統的な考え方をひっくりかえした。この章で私は、同様のやり方で、貧困な因果的思想家にとっての精神的支柱となっている、定量的分析のあまりにもありふれた使用法に対して疑問を呈しているのである。

＊42　cf. Harré, *The Principles of Scientific Thinking*.

＊43　たとえば、「ある実験は、主婦にインタビューするか、特定の質問について「はい」か「いいえ」を記録することから構成されている」。Blalock and Blalock, *Methodology in Social Research*, p. 107n.

＊44　ibid., p. 56.

＊45　ibid.　D・ウィラーとJ・ウィラーの著書は、社会科学における「統計的経験主義」に対するいくつかの卓越した批判を行っているが、それらの議論は、混乱した認識論によって不必要に弱体化されている。その認識論によれば、理論は実在的対象を指示できないのであり、ただ経験的観察を解釈する方法を提示できるだけなのである。

＊46　自然科学者のために書かれた統計についてのテキストは、これらの問いがどのように組み合わせられて検討されるべきかを示すことにおいて、社会学者を対象としたものよりもはるかに優れていると思われる。たとえば、生物学における実験のいろいろなタイプの文脈《コンテキスト》における技法を論じたJ. Clarke, *Statistics and Experimental Design*（London 1969）を参照されたい。そこでは、このような物質的次元が基本的定義において等しく考慮されている。たとえば、分布は数学的にだけでなく個別的にも信頼性があるように（すなわち、質的に同質な個体から構成されているものとして）定義されている。

＊47　R. Harré, *Social Being*（Oxford 1979）, p. 133を参照。

＊48　地理学におけるこの問題の活発な議論については、P. Gould, 'Is *Statistic Inferens* the geographical name for a wild goose?', *Economic Geography*, 46（1970）, pp. 439–48を参照。

＊49　文脈《コンテキスト》を理論化する必要性を含めて、社会学における「変数解析」についてのさらなる批判については、Pawson, *A Measure for Measures* を参照。産業研究における文脈《コンテキスト》の理論化の例についてはD. B. Massey and R. A. Meegan, *Anatomy of Job Loss* と K. Morgan and A. Sayer, *Microcircuits of Capital*（Cambridge 1988）を参照。

＊50　もちろん、この共鳴関係に注目することだけでは批判にならない。また、私は、どの理論（たとえば、機能主義）にもそれに対応する方法（たとえば、調査）があり、逆もまた同様であるというような、一般的な主張もしていない。こうした主張への批判については、J. Platt, 'Functionalism and the survey: the relationship of theory and method', *Sociological Review*, 34（1986）, pp. 501-36を参照。

＊51　R. Harré and P. F. Secord, *The Explanation of Social Behaviour*（Oxford 1972）を参照。

＊52　実験は反復可能であるべきだという原則に関連したこの要請は、一回または限られた回数の間違っているかもしれない観測に頼るリスクを縮小する手段としては意味がある。しかし、分散的に信頼できないデータが、同じ現象についての観測の反復として、検証されるときには不条理なものになる。より一般的に言えば、これらの科学的判断は、質的方法の使用者が量的方法の使用者と全く同じことを、つまり推定と一般化を行おうと試みているのだと仮定しているように思われる。本書の第9章を参照されたい。

＊53　一部では、モデル化される対象についてはできるだけ述べずに、テキストに比して方程式の割合を増やすような流行現象が実際にあった。ある研究者たちは、このような実践が一定の価値を持つと考えるかもしれないが、それは、また、汎用（あるいは「一般システム」）モデルの可能性に対する信念に起因するだろう。マニカスの心理学における回帰分析に対する批判的議論 *A History and Philosophy of the Social Sciences*, pp. 282ff. をも参照されたい。

＊54　上記、注41を参照。

＊55　地域科学からの実例は、私の 'A critique of urban modelling' において論じられている。

＊56　インテンシヴな研究デザインについては、本書の第9章を参照。

＊57　たとえば、ポール・ウィリスの *Learning to Labour*（Farnborough 1977）を、学力研究〔attainment studies〕によって生み出された教育的な仕事についての標準的な「説明」と比較されたい。

■第7章

＊1　たとえば、「モデルの構築と検証は、航空学と同じように地理学でも重要なものである。すなわち、仮説のテスト飛行は、「コメット号」〔世界初のジェット旅客機〕の試作機のテスト飛行に比べてもひけをとらないほど興奮をかきたて、危険性［ママ］においても劣るものではない」。P. Haggett, *Locational Analysis in Human Geography*（London 1965）.〔［　］はセイヤーによる〕

＊2　検証についての必当然的な見方に対するクーンの批判は、「錯誤」、「反証」、「反駁」といったような用語の使用のうちに反映している。（*The Structure of Scientific Revolutions*（Chicago 1970, p. 13）. 同様に、ラカトシュも参照。Lakatos, 'Falsification and the methodology of scientific research programmes' in I. Lakatos and A. Musgrave（eds.）, *Criticism and the Growth of Knowledge*（Cambridge 1970）, p. 122.

＊3　この限定条件はいかなる知識の主張に対してもなされるだろう。第2章で論じたようにこのような概念的な文脈《コンテキスト》の不可避性〔の承認〕は、私たちを徹底的な相対主義に引き込むわけでは必ずしもないのである。

＊4　R. Harré, *The Principle of Scientific Thinking*（London 1970）, p. 66.

＊5　「科学者によって追求される唯一の知識が観察可能な諸現象における規則性についての知識だと想定することは、論理学の先入見と科学実践についての無知から生じた端的な誤りである」。ibid., p. 102

＊6　ibid., p. 89.

＊7　あるポパー主義者は、私たちが野蛮なほど思弁的主張を行っても、それらがテスト可能な予測をそこから演繹することを可能にするものならば、問題はないと論じるであろう。このことは、私たちが、予測するパラメーターシステムのための道具的理論を求めているだけであれば、そのときのみ正当化されうる。もし私たちが実在論的な理論――すなわち、世界の構造、つまり対象の本性を把握する方法を私たちに提供するような理論――を求めているならば、そのときには、新しい実在仮説が慣れ親しんだ仮説と矛盾するか一致するかが問題になる。このことは、より古い実在仮説が常に正しいと論じたいのではない。実際、時々は、古い実在仮説は、その形而上学的なレベルにおいてさえラディカルに変更されなければならない。しかし、理論が単なる計算のための道具以上のものであるならば、仮説はもちろん、このような仕方で検査を受けなければならない。

＊8　Harré, *The Principle of Scientific Thinking*.

＊9　R. Bhaskar, *The Possibility of Naturalism*,（Hassocks 1979）, p. 96, n. 53.

＊10　社会をつくり出す可能な種類の行動をテストする例を思い出してほしい（本書一〇九－一一〇頁）。

＊11　概念化の問題を軽視するこの傾向は、（存在論的および認識論的な）原子論という前提、ならびに単純な言明が一つ一つテストされるだろうという想定と結びついている。この傾向はまた、テストについての極度に単純な見方を支えているし、説明的な評価というごく普通の活動がどのようにして可能になるのかを理解することの、それと関連した困難さを支えてもいる。

＊12　R. Bhaskar, *A Realist Theory of Science*（Leeds 1975）, pp. 91ff.

＊13　W. Christaller, *Central Places in Southern Germany*（trans. C. W. Baskin）（Englewood Cliffs, NJ 1968）.

＊14　ibid., p. 5.

＊15　P. Saunders, 'On the shoulders of which giant?: the case for Weberian urban political analysis,' *Urban Studies Yearbook*, I（1983）.

＊16　第5章の一六一－一六三頁における（予測テストに耐えて生き残るだろう）この種の説明の例を参照。

＊17　Bhaskar, *The Possibility of Naturalism*, p. 59:「意味の厳密性はここでは、理論のア・ポステオリな裁定者としての測定の正確さの広がりを想定している」。

＊18　A. Giddens, *New Rules of Sociological Method*（London 1976）, p. 59.

＊19　C. Geertz, *The Interpretation of Cultures*（New York 1973）, p. 29.

＊20　P. Willis, *Profane Culture*（London 1973）: Theoretical Appendix を参照。

＊21　G. E. Marcus and M. M. J. Fisher, *Anthropology as Cultural Cri-

tique（Chicago 1986）.

■第8章

＊1　ラカトシュによるこの種の議論については、以下を参照。Lakatos, 'Falsification and the methodology of scientific research programmes', in I. Lakatos and A. Musgrave (eds.), *Criticism and the Growth of Knowledge*（Cambridge 1970）.

＊2　反証主義に対する私の批判は、実在論にとって最も深刻な帰結を提唱するこのような解釈に限定してなされている。

＊3　ポパーは折に触れて、反証のこのような手続きが論理的に隙のないものだという事実にもかかわらず、実践のうえでは、それを同定することが困難であるがゆえに、反証がしばしば程度の問題であることを承認している。

＊4　「証拠が好都合でも役に立たないか、証拠が不都合でそれゆえ反証的であっても無効であるか、どちらかである」。R. Harré, *The Principle of Scientific Thinking*（London 1970）, p. 130.

＊5　理論とは「禁止」であるというポパーの提案（*Conjectures and Refutations*（London 1963）, p. 36）は、実際、もしそれが自然必然性の承認と結びつき、物理的な可能性と不可能性の概念と連携していたならば、もっと意味あるものになっていただろう。

＊6　Popper, ibid., p. 49.「私たちがもしあまりに容易に負けを認めてしまうならば、私たちが正しさに近づいていると気づくことを妨げることになる」。

＊7　個人的には、私は、この〔先進国の労働者階級の貧困化をめぐる〕説明的証拠と論証は、前者〔貧困化のメカニズム〕についてはその根拠が薄弱であり、後者〔対抗的な力〕については根拠があると考えている。

＊8　ibid., p. 36. また上記の注5を参照。

＊9　ibid., p. vii.

＊10　M. Blaug, *The Methodology of Economics*（Cambridge 1980）.

＊11　J. Giedymin, 'Antipositivism in contemporary philosophy of science and humanities', *British Journal of Philosophy of Science*, 26（1975）, pp. 275–301.

＊12　Bhaskar, *The Possibility of Naturalism*（Hassocks 1979）, p. 131.

■第9章

＊1　H. Putnam, *Meaning and the Moral Sciences*（London 1978）, p. 62を参照。

＊2　「説明の性格は研究される対象に依存する。そしてまた、私たちが無意識のうちに研究に持ち込む典型例に依存する。ヴィトゲンシュタインの言葉を借りると、説明とは、何かを単純化し、明確にするという共通の目的によってのみ結びつけられた諸事例の集まりのことである」。A. R .Louch, *The Explanation of Human Action*（Oxford 1966）, p. 233を参照。

＊3　cf. R. Bhaskar, *The Possibility of Naturalism*（Hassocks 1979）, p. 167.

＊4　A. Giddens, *Profiles in Social Theory*（Cambridge 1982）, p. 202.

＊5　J. P. Sartre, *Search for a Method*（New York 1963）, p. 56.

＊6　Williams, *Communications*（Harmondsworth 1962）, p. 120. 異なる用語法を用いることを避けるために、私はウィリアムズを言い換えて引用した。また私は、抽象的な概念が実在的な対象を指示するという考えにウィリアムズが（少なくともそれが書かれた時点において）同意するかどうかは、確証がない。

＊7　批判として、B. Jessop, *The Capitalist State*（Oxford 1982）、J. Urry, *The Anatomy of Capitalist Societies*（London, 1981）、および私の、'Theory and empirical research in urban and regional political economy :

a sympathetic critique', *University of Sussex Urban and Regional Studies Working Papers*, no. 14（1979）を参照。

＊8　この点は、ジョン・アレンに示唆を得た。以下の研究デザインに関する議論も参照。

＊9　この問題は、「普通の人びと」に関するある種のステレオタイプへの偏愛と結びついて、特に民衆の意識に関するラディカルな解釈にも共通している。この点は、現時点における民衆の保守主義を理解するうえでの左派の明らかな失敗とも関連している。「代表性（representative-ness）」は重要である。それは「経験主義的なこだわり」として見落とされてはならない。注23も参照。

＊10　たとえば、Open University, DE304, *Research Methods in Social Science*. また、研究デザインのよりバランスのとれた思慮深い見解については、C. Hakim, *Research Design*（London, 1987）も参照。

＊11　R. Harré, *Social Being*（Oxford 1979）, p. 132.

＊12　S. Wallman, *Eight London Hpuseholds*（London 1982）と比較せよ。

＊13　R. Harré, *Social Being*（1979）. ここでの私の説明は、インテンシヴなデザインが典型的な諸個体に限定されないという点でハレーの議論から離れている。ハレーは、非典型的な諸個体に関する研究を「個性記述的［ideographic］」と呼んでいる。後者の用語が最初に用いられて以来（Windelband, 'History and natural science', *History and Theory*, 19（1980）, pp. 165–85）、それに対して否定的な連想が数多くなされてきた（とりわけ、それは反－理論的、反－科学的であり、単に直感的で記述的にすぎない、などといった）。ここでは、それらを繰り返したり、蘇らせるようなことは意図していない。

＊14　R. Harré, 'Philosophical aspects of the micro-macro problem' in K. Knorr-Cetina and A. V. Cicourel（eds.）, *Advances in Social Theory and Methodology*（Boston 1981）.

＊15　これらに関するより完全な議論に関しては、R. Harré, *Social Being*; M. Brenner, P. Marsh and M. Brenner（eds.）, *The Social Contextt of Method*（London 1978）; A. Oakley, 'Interviewing women', in H. Roberts, *Doing Feminist Research*（London 1981）; R. Pawson, *Measure for Measures*（London 1989）.

＊16　cf. P. Willis, *Profane Culture*（London 1978）, Theoretical Appendix.

＊17　R. D. Sack, *Conceptions of Space in Social Thought*（London 1980）, ch. 3を参照。

＊18　A. Sayer and K. Morgan, 'A modern industry in a declining region: links between method, theory and policy', in D. Massey and R. Meegan（eds.）, *The Politics of Method*（London, 1984）を参照。

＊19　K. Morgan and A. Sayer, *Microcircuits of Capital*（Cambridge 1988）を参照。

＊20　一般性に関するさらなる議論としては、A. Sayer, 'Beyond the locality debate: deconstructing geography's dualisms', *Environment and Planning A*, 23（1991）pp. 283–308を参照。

＊21　閉鎖システムが見出され、または構築できる自然科学では、すべての諸個体にとって同じように因果的に重要な諸特性に言及することによって、諸個体を分類学的にも因果的にも区分することが同時に可能かもしれない。そのような状況の下では、統計的手法が因果的説明を最も効果的に支援することもありえる。社会科学において分類学的集団と因果的集団を組み合わせる研究デザインについては、J. Allen and L. McDowell, *Landlords and Property*（Cambridge 1989）を参照。

＊22　G. Stedman Jones, *Outcast London*（Oxford 1971）.

＊23　一部の現代史家たちはこの問題を過小評価しているように思われる。「客観性」は理論中立的な方法で探求されうる（たぶん「経験主義的方法」として）ということを前提にした批判を拒絶することは要点の一つである。もう一つ別の論点は、代表性の問題（もしくは反復性とい

う点での検証）を軽視することである。これは経験主義と理論中立性の問題とは何の関係もない。
＊24　M. Blaug, *The Methodology of Economics*（Cambridge 1980）, p. 127.
＊25　本書第1章の主題を参照。
＊26　P. Connerton（ed.）, *Critical Sociology*（Harmonds worth 1976）. Committee of Enquiry into the Motor Industry, 'A workers' enquiry into the motor industry', *Capital and Class, 2*（1976）, pp. 102–18を参照。
＊27　Institute for Workers' Control Committee of Enquiry into the Motor Industry, 'A workers' enquiry into the motor industry', *Capital and Class,* 2（1977）, pp. 102–18.
＊28　cf. A. Oakley, 'Interviewing women'（1981）.
＊29　Chambers（1982）の非常に読みやすいR. Chamber's, *Rural Development; Putting the Last First*（London 1982）、また、J. Momsen and J. Townsend, *Gender and Geography in the Third World*（London 1984）を参照。この種の研究は、批判的な理論研究のひどいエリート主義や取っつきにくさを避けるという利点を有している。
＊30　A. Oakley, 'Interviewing women'（1981）.

■補論

＊1　たとえば、E. G. Marcus and M. M. J. Fisher, *Anthropology as Cultural Critique*（University of Chicago Press, 1986）〔ジョージ・E・マーカス／マイケル・M・J・フィッシャー『文化批判としての人類学――人間科学における実験的試み』永渕康之訳、紀伊国屋書店、一九八九年〕、および J. Clifford and G. E. Marcus（eds.）, *Writing Culture: The Poetics and Politics of Ethnography*（Berkley, Calif. 1986）〔J・クリフォード／G・E・マーカス編『文化を書く――エスノグラフィの詩学と政治学』春日直樹他訳、紀伊国屋書店、一九八六年〕がある。
＊2　J. Clifford and G. E. Marcus（eds.）, *Writing Culture*, p. 4.〔J・クリフォード／G・E・マーカス編『文化を書く』〕
＊3　H. White, *The content of the form*（Balimore 1987）p. x.
＊4　A. J. Scott and D. P. Angel, 'The US semiconductor industry: a locational analysis', *Environment and Planning* A, 19（1987）, pp. 875–912.
＊5　H. White, op. cit., p. 24.
＊6　P. Abrams, *Historical Sociology*（Itheca, NY 1982）, p. 162.
＊7　ibid. p. 196.
＊8　ibid. p. 307.
＊9　P. Ricoeur, *Hermeneutics and the Human Sciences*（Cambridge 1982）.
＊10　ibid., p. 278.
＊11　ibid., p. 279.
＊12　H. C. Darby, 'The problem of geographical description', *Transactions of the Institute of British Geographers*, 30（1962）, pp. 1–14.
＊13　Marcus and Fisher, *Anthropology as Cultural Critique*, p. 77.（G・E・マーカス／M・M・J・フィッシャー『文化批判としての人類学』永渕康之訳、紀伊國屋書店、一九八九年）
＊14　ここでは、分析の反対物としての物語の問題とテキストの構成に関わる物語の問題については、それぞれの区別を無視して論じている。この議論をさらに深めたいのであれば、A. Sayer, 'The "new" regional geography and problems of narrative', *Environment and Planning: Society and Space* D, 7（1989）, pp. 253–76を参照。
＊15　C. Geertz, *The Interpretation of Cultures*, 1973.〔C・ギアーツ『文化の解釈学Ⅰ・Ⅱ』吉田禎吾他訳、岩波書店、一九八七年〕
＊16　本書2、3章で見たとおり、これは、「理論」の〔語の〕首尾一貫した使用とはほとんど言えない。
＊17　とりわけ、Wiliams, *The Country and the city*（London 1986）〔レ

イモンド・ウィリアムズ『田舎と都会』山本和平訳、晶文社、一九八五年〕とBourdieu, *Distinction*（London 1986）〔ピエール・ブルデュー『ディスタンクシオンⅠ・Ⅱ』石井洋二郎訳、藤原書店、一九九〇年〕を参照。

＊18　R. Rosaldo, 'Where objectivity lies: the rhetoric of anthropology' in J. S. Nelson *et al.*（eds.）, *The Rhetoric of the Human Sciences*（Madison. Wis. 1987）.

＊19　コーエン（Cohen, *Historical Culture*（Berkeley and Los Angeles 1986））に引用されたE・P・トムスンを参照。

＊20　このトムスンの言明がますます皮肉に聞こえるのは、それが、理論主義者たちの希望的な思考に対抗して、実証的な証拠に注意を払うことによって歴史の擁護者を自負していたトムスン自身によって発せられているという点にある。しかし、一般の人びとがこんな疑わしい主張で言い逃れできないという事実は、この修辞が持っている力を減じることにはならない。むしろ反対に、それは私たちをして彼をより信頼するようにしむけることができるのかもしれない――なぜなら、ただ優れた歴史家だけが、そのような事柄を端的に主張できるほど、事実を意のままに扱う十分に強力な能力を持つことができるからだ。彼が証拠を必要としないということが、その真実を示しているのである。そうした十分に傑出した作者による、十分な確信によって書かれた物事は、人びとにも受け入れられることになる。

＊21　F. Moulaert and E. Swyngedouw, 'A regulation approach to the geography of flexible production', *Environment and Planning D: Society and Space*, 7（1987）, pp. 249–62; A, Sayer, 'Dualistic thinking and rhetoric in geography', *Aera*, 21（1989）, pp. 301–5 および私の、'Beyond the locality debate: deconstructing geography's dualisms', *Environment and Planning A*（1989）.

＊22　U. Mäki, 'How to combine rhetoric and realism in the methodology of economics', *Economics and Philosophy*, 4（1989）, pp. 89–109.

文献一覧

Abel, T. (1948), 'The operation called Verstehen', *American Journal of Sociology*, 54, 211–18

Abercrombie, M. L. J. (1960), *The Anatomy of Judgment*, Harmondsworth: Penguin

Abrams, P. (1982), *Historical Sociology*, Ithaca, NY: Cornell University Press

Adorno, T., *et al*. (1976), *The Positivist Dispute in German Sociology*, London: Heinemann. 〔テオドール・アドルノ／カール・ポパー、城塚登・浜井修・遠藤克彦訳『社会科学の論理——ドイツ社会学における実証主義論争』河出書房新社、一九九二年〕

Allen, J. (1983), 'Property relations and landlordism: a realist approach', *Society and Space*, 1 no. 2, 191–204

Allen, J. (1983), 'In search of a method: Hegel, Marx and realism', *Radical Philosophy*, 35, 26–33

Allen, J. and McDowell, L. (1989), *Landlords and property*, Cambridge: Cambridge University Press

Anderson, P. (1980), *Arguments within English Marxism*, London: New Left Books

Apel, K. -O. (1972), 'Communication and the foundations of the humanities', *Acta Sociologica*, 15, 7–27

Arthur, C. (ed.) (1974), *The German Ideology*, London: Lawrence and Wishart (カール・マルクス、廣松渉編訳、小林昌人補訳『ドイツ・イデオロギー(新編輯版)』岩波書店、二〇〇二年)

Auerbach, P. (1989), *Competition: the Economics of Industrial Change*, Cambridge: Polity

Barnes, B. (1974), *Scientific Knowledge and Sociological Theory*, London: Routledge and Kegan Paul

Barnes, B. (1977), *Interests and the Growth of Knowledge*, London: Routledge and Kegan Paul

Barrett, M. (1980), *Women's Oppression Today*, London: New Left Books

Bassett, K. and Short, J. (1980), *Housing and Residential Structure: Alternative Approaches*, London: Routledge and Kegan Paul

Baynes, K., Bohman, J. and McCarthy, T. A. (eds.) (1987), *After Philosophy: End or Transformation?*, Cambridge, Mass.: MIT Press

Benton, T. (1977), *Philosophical Foundations of the Three Sociologies*, London: Routledge and Kegan Paul

Berelson, B. R. and Steiner, G. A. (1964), *Human Behavior: an inventory of scientific findings*, New York: Harcourt 〔バーナード・ベレルソン／ガーリー・A・スタイナー、南博・社会行動研究所訳『行動科学辞典』誠信書房、一九六六年〕

Berger, P. L. and Luckmann, T. (1967), *The Social Construction of Reality*, London: Allen Lane 〔ピーター・L・バーガー／トーマス・ルックマン、山口節郎訳『現実の社会的構成——知識社会学論考』新曜社、二〇〇三年〕

Bernal, J. D. (1969 3rd edn), *Science in History*, Harmondsworth: Penguin 〔ジョン・デズモンド・バナール、鎮目恭夫訳『歴史における科学(I－IV)』みすず書房、一九六七年〕

Bernstein, R. J. (1976), *The Restructuring of Social and Political Theory*, Oxford: Blackwell

Bhaskar, R. (1975), *A Realist Theory of Science*, Leeds: Leeds Books 〔ロイ・バスカー、式部信訳『科学と実在論——超越論的実在論と経験主義批判』法政大学出版局、二〇〇九年〕

Bhaskar, R.（1976）, ‘Two philosophies of science’, *New Left Review*, 94, 31–55

Bhaskar, R.（1979, 2nd edn. 1989）, *The Possibility of Naturalism*, Hassocks：Harvester〔ロイ・バスカー、式部信訳『自然主義の可能性――現代社会科学批判』晃洋書房、二〇〇六年〕

Bhaskar, R.（1989）, *Reclaiming Reality*, London：Verso

Birnbaum, I.（1981）, *An Introduction to Causal Analysis in Sociology*, London：Macmillan

Blackburn, R.（1972）, *Ideology and Social Science*, London：Fontana

Blalock, H. M.（1961）, *Causal Inferences in Non-experimental Research*, Chapel Hill, NC：University of North Carolina Press

Blalock, H. M.（1972）, *Methods of Social Research*, New York：McGraw-Hill

Blalock, H. M. and Blalock, A. B.（1968）, *Methodology in Social Research*, New York：McGraw-Hill

Blaug, M.（1980）, *The Methodology of Economics*, Cambridge：Cambridge University Press

Blaut, J.（1972）, ‘Space and process’, in W. K. D. Davies（ed.）, *The Conceptual Revolution in Geography*, London：University of London Press, pp. 42–51

Bloch, M.（1989）, *Ritual, History and Power：Selected Papers in Anthropology*, London：Athlone

Boudon, R.（1974）, *The Logic of Sociological Explanation*, Harmondsworth：Penguin〔レイモン・ブードン、岡本雅典・海野道郎訳『社会学のロジック』東洋経済新報社、一九七八年〕

Bourdieu, P.（1977）, *Outline of a Theory of Practice*, Cambridge：Cambridge University Press

Bourdieu, P.（1981）, ‘Men and machines’, in K. Knorr-Cetina and A. V. Cicourel（eds.）, *Advances in Social Theory and Methodology：Towards an Integration of Micro- and Macro-Sociologies*, Boston：Routledge, pp. 304–18

Bourdieu, P.（1986）, *Distinction：Towards a Social Critique of the Judgement of Taste*, London：Routledge〔ピエール・ブルデュー、石井洋二郎訳『ディスタンクシオン――社会的判断力批判（1・2）』藤原書店、一九九〇年〕

Bourdieu, P.（1988）, ‘Vive la crise!: for heterodoxy in the social sciences’, *Theory and Society*, 17, 773–87

Brenner, M., Marsh, P. and Brenner, M.（1979）, *The Social Context of Method*, London：Croom Helm

Campbell, D. T.（1978）, ‘Qualitative knowing in action research’, in M. Brenner, P. Marsh and M. Brenner（eds.）, *The Social Context of Method*, London：Croom Helm, pp. 184–209

Castells, M.（1977）, *The Urban Question*, London：Edward Arnold〔マニュエル・カステル、山田操訳『都市問題――科学的理論と分析』恒星社厚生閣、一九八四年〕

Chambers, R.（1982）, *Rural Development：Putting the Last First*, London：Longman〔ロバート・チェンバース、穂積智夫・甲斐田万智子監訳『第三世界の農村開発――貧困の解決―私たちにできること』明石書店、一九九五年〕

Chorley, R. J. and Haggett, P.（eds.）（1967）, *Models in Geography*, London：Methuen

Christaller, W.（1968）, *Central Places in Southern Germany*, trans. C. W. Baskin, Englewood Cliffs, NJ：Prentice-Hall〔ヴァルター・クリスタラー、江沢譲爾訳『都市の立地と発展』大明堂、一九六九年〕

Clarke, J.（1969）, *Statistics and Experimental Design*, London：Edward Arnold

Clifford, J. and Marcus, G. E. (eds) (1986), *Writing Culture: The Poetics and Politics of Ethnography*, Berkeley, Calif.: University of California Press〔ジェイムズ・クリフォード、ジョージ・マーカス編、春日直樹ほか訳『文化を書く』紀伊國屋書店、一九九六年〕

Cohen, S. (ed.) (1971), *Images of Deviance*, Harmondsworth: Penguin

Cohen, S. (1972), *Folk Devils and Moral Panics*, London: MacGibbon

Cohen, S. (1986), *Historical Culture*, Berkeley and Los Angeles: University of California Press

Collier, A. (1979), 'In defence of epistemology', *Radical Philosophy*, 20, 8–21

Collier, A. (1989), *Scientific Realism and Socialist Thought*, Hemel Hempstead: Wheatsheaf

Connerton, P. (ed.) (1976), *Critical Sociology*, Harmondsworth: Penguin

Connolly, W. E. (1983), *The Terms of Political Discourse*, Oxford: Martin Robertson

Darby, H. C. (1962), 'The problem of geographical description', *Transactions of the Institute of British Geographers*, 30, 1–14

Dobb, M. (1937), 'The trend in modern economics', reprinted in E. K. Hunt and J. G. Schwartz (eds.), *A Critique of Economic Theory*, Harmondsworth: Penguin, pp. 39–82

Dobb, M. (1973), *Theories of Value and Distribution since Adam Smith*, Cambridge: Cambridge University Press〔モーリス・ドッブ、岸本重陳『価値と分配の理論』新評論、一九七六年〕

Douglas, M. (1973), *Rules and Meanings*, Harmondsworth: Penguin

Eagleton, T. (1983), *Literary Theory: An Introduction*, Oxford: Blackwell〔テリー・イーグルトン、大橋洋一訳『文学とは何か――現代批評理論への招待（上・下）』岩波書店、二〇一四年〕

Elson, D. (1979), *Value: the Representation of Labour in Capitalism*, London: CSE Books

Elster, J. (1978), *Logic and Society*, London: Wiley

Fay, B. (1975), *Social Theory and Political Practice*, London: George Allen and Unwin

Fine, B. (1980), *Economic Theory and Ideology*, London: Edward Arnold

Forrester, J. (1968), *Principles of Systems*, Cambridge, Mass.: Wright-Allen Press

Foucault, M. (1980), *Power/Knowledge*, Brighton: Harvester

Freeman, C., Clark, J. and Soete, L. (1982), *Unemployment and Technical Innovation: a study of long waves and economic development*, London: Frances Pinter

Friedman, M. (1953), *Essays in Positive Economics*, Chicago: University of Chicago Press

Fromm, E. (1976), *To Have or to Be*, London: Harper and Row〔エーリッヒ・フロム、佐野哲郎訳『生きるということ』紀伊國屋書店、一九七七年〕

Geertz, C. (1973), *The Interpretation of Cultures*, New York: Basic Books〔クリフォード・ギアーツ、吉田禎吾ほか訳『文化の解釈学』岩波書店、一九八七年〕

Gellner, E. (1968), 'The new idealism - cause and meaning in the social sciences', in A. Musgrave and I. Lakatos (eds.), *Problems in the Philosophy of Science*, Amsterdam, and reprinted in Gellner's (1973) *Cause and Meaning in the Social Sciences* (ed. with a preface by I. C. Jarvie and J. Agassi), London: Routledge and Kegan Paul

Gellner, E. (1970), 'Concepts and Society', reprinted in B. R. Wilson (ed.), *Rationality*, Oxford: Blackwell

Gellner, E. (1987), *Culture, Identity and Politics*, Cambridge: Cam-

bridge University Press
Georgescu-Roegen, N. (1966), *Analytical Economics*, Cambridge, Mass.: Harvard University Press
Georgescu-Roegen, N. (1971), *The Entropy Law and the Economic Process*, Cambridge, Mass.: Harvard University Press〔ニコラス・ジョージェスク・レーゲン、高橋正立ほか訳『エントロピー法則と経済過程』みすず書房、一九九三年〕
Giddens, A. (1976), *New Rules of Sociological Method*, London: Hutchinson〔アンソニー・ギデンズ、松尾精文・藤井達也・小幡正敏訳『社会学の新しい方法規準——理解社会学の共感的批判』而立書房、一九八七年〕
Giddens, A. (1977), *Studies in Social and Political Theory*, London: Hutchinson〔アンソニー・ギデンズ、宮島喬ほか訳『社会理論の現代像——デュルケム、ウェーバー、解釈学、エスノメソドロジー』みすず書房、一九八六年〕
Giddens, A. (1979), *Central Problems in Social Theory*, London: Macmillan〔アンソニー・ギデンズ、友枝敏雄・今田高俊・森重雄訳『社会理論の最前線』ハーベスト社、一九八九年〕
Giddens, A. (1981), *A Contemporary Critique of Historical Materialism*, London: Macmillan
Giddens, A. (1982), *Profiles in Social Theory*, Cambridge: Polity
Giddens, A. (1984), *The Constitution of Society*, Cambridge: Polity〔アンソニー・ギデンズ、門田健一訳『社会の構成』勁草書房、二〇一五年〕
Giddens, A. (1987), *Social Theory and Modern Sociology*, Oxford: Blackwell〔アンソニー・ギデンズ、藤田弘夫監訳『社会理論と現代社会学』青木書店、一九九八年〕
Giedymin, J. (1975), 'Antipositivism in contemporary philosophy of science and humanities', *British Journal of Philosophy of Science*, 26, 275–301
Goffman, E. (1981), 'The presentation of self', in D. Potter *et al.*, *Society and the Social Sciences*, London: Routledge and Kegan Paul
Goldmann, L. (1969), *The Human Sciences and Philosophy*, London: Jonathan Cape〔リュシアン・ゴルドマン、清水幾太郎・川俣晃自訳『人間の科学と哲学』岩波書店、一九五九年〕
Gombrich, E. H. (1960), *Art and Illusion*, London: Phaidon〔エルンスト・ゴンブリッチ、瀬戸慶久訳『芸術と幻影——絵画的表現の心理学的研究』岩崎美術社、一九七九年〕
Gorz, A. (1982), *Farewell to the Working Class*, London: Pluto
Gould, P. (1970), 'Is Statistix Inferens the geographical name for a wild goose?', *Economic Geography*, 46, 439–48
Gregory, D. (1985), 'Suspended animation: the stasis of diffusion theory', in D. Gregory and J. Urry (eds.), *Social Relations and Spatial Structure*, London: Macmillan, pp. 296–336
Gregory, D. and Urry, J. (1985), *Social Relations and Spatial Structure*, London: Macmillan
Habermas, J. (1972), *Knowledge and Human Interests*, London: Heinemann〔ユルゲン・ハーバーマス、奥山次良・八木橋貢・渡辺祐邦訳『認識と関心』未來社、一九八一年〕
Hacking, I. (1983), *Representing and Intervening*, Cambridge: Cambridge University Press〔イアン・ハッキング、渡辺博訳『表現と介入——科学哲学入門』筑摩書房、二〇一五年〕
Hägerstrand, T. (1985), 'Time-geography: focus on the corporeality of man, society, and environment', *The Science and Praxis of Complexity*, London: United Nations University
Haggett, P. (1965), *Locational Analysis in Human Geography*, London:

Edward Arnold〔ピーター・ハゲット、野間三郎監訳・梶川勇作訳『立地分析（上・下）』大明堂、一九七六年〕
Hakim, C. (1987), *Research Design*, London: Allen and Unwin
Hall, S. *et al*. (1978), *Policing the Crisis*, London: Macmillan
Harré, R. (1961), *Theories and Things*, London: Sheed and Ward
Harré, R. (1970), *The Principles of Scientific Thinking*, London: Macmillan
Harré, R. (1972), *The Philosophies of Science*, Oxford: Oxford University Press
Harré, R. (1979), *Social Being*, Oxford: Blackwell
Harré, R. (1981), 'Philosophical aspects of the micro-macro-problem', in K. Knorr-Cetina and A. V. Cicourel (eds.), *Advances in Social Theory and Methodology: toward an integration of micro- and macro-sociologies*, Boston: Routledge pp. 139–60
Harré, R. (1986), *Varieties of Realism*, Oxford: Blackwell
Harré, R. and Madden, E. H. (1975), *Causal Powers*, Oxford: Blackwell
Harré, R. and Secord, P. F. (1972), *The Explanation of Social Behaviour*, Oxford: Blackwell
Harvey, D. (1973), *Social Justice and the City*, London: Edward Arnold〔デヴィッド・ハーヴェイ、竹内啓一・松本正美訳『都市と社会的不平等』日本ブリタニカ、一九八〇年〕
Harvey, D. (1987), 'Three myths in search of reality in urban studies', *Environment and Planning D: Society and Space*, 5, 367–76
Harvey, D. (1989), *The Postmodern Condition*, Oxford: Blackwell〔デヴィッド・ハーヴェイ、吉原直樹監訳『ポストモダニティの条件』青木書店、一九九九年〕
Held, D. (1980), *Introduction to Critical Theory*, London: Hutchinson
Hempel, C. (1965), *Aspects of Scientific Explanation*, New York: The Free Press〔カール・ヘンペル、長坂源一郎訳『科学的説明の諸問題』岩波書店、一九七三年〕
Hesse, M. (1974), *The Structure of Scientific Inference*, London: Macmillan
Hesse, M. (1980), *Revolutions and Reconstructions in the Philosophy of Science*, Hassocks: Harvester〔メアリー・B・ヘッセ、村上陽一郎訳『知の革命と再構成』サイエンス社、一九八六年〕
Horkheimer, M. (1976), 'Traditional and critical theory', in P. Connerton (ed.), *Critical Sociology*, Harmondsworth: Penguin, pp. 206–24
Institute for Workers' Control (1977), 'A workers' enquiry into the motor industry', *Capital and Class*, 2, 102–18.
Irvine, J., Miles, I. and Evans, J. (eds.) (1979), *Demystifying Social Statistics*, London: Pluto〔ジョン・アーヴィン／イアン・マイルズ／ジェフ・エヴァンズ編、伊藤陽一・田中章義・長屋政勝ほか訳『虚構の統計――ラディカル統計学からの批判』梓出版社、一九八三年〕
Isaac, J. (1988), *Power and Marxist Theory: A Realist View*, Ithaca, NY: Cornell University Press
Jefferson, A. and Robey, D. (eds.) (1986), *Modern Literary Theory: A Comparative Introduction*, London. Batsford
Jessop, B. (1982), *The Capitalist State*, Oxford: Martim Robertson〔ボブ・ジェソップ、田口富久治ほか訳『資本主義国家――マルクス主義的諸理論と諸方法』御茶の水書房、一九八三年〕
Jones, G. Stedman (1971), *Outcast London*, Oxford: Clarendon Press
Journal for the Theory of Social Behaviour (1983), 13 no. I
Keat, R. (1979), 'Positivism and statistics in social science', in J. Irvine, I. Miles and J. Evans (eds.), *Demystifying Social Statistics*, London: Pluto, pp. 75–86〔ラッセル・キート、長屋政勝訳「社会科学における実証主義と統計」〔伊藤陽一・田中章義・長屋政勝ほか訳『虚構の統

計——ラディカル統計学からの批判』梓出版社、一九八三年〕

Keat, R. and Urry, J. (1975, 2nd edn. 1982), *Social Theory as Science*, London: Routledge and Kegan Paul

Kornai, J. (1986), *Contradictions and Dilemmas: Studies on the Socialist Economy and Society*, Cambridge, Mass.: MIT Press

Kuhn, T. S. (1970), *The Structure of Scientific Revolutions*, Chicago: University of Chicago Press〔トーマス・クーン、中山茂訳『科学革命の構造』みすず書房、一九七一年〕

Lackoff, G. (1987), *Women, Fire and Dangerous Things: What Categories Reveal About the Mind*, Chicago. University of Chicago Press〔ジョージ・レイコフ、池上嘉彦他訳『認知意味論——言語から見た人間の心』紀伊國屋書店、一九九三年〕

Lakatos, I. (1970), 'Falsification and the methodology of scientific research programmes', in I. Lakatos and A. Musgrave (eds.), *Criticism and the Growth of Knowledge*, Cambridge: Cambridge University Press, pp. 91–196〔イムレ・ラカトシュ、中山伸樹訳「反証と科学的研究プログラムの方法論」(イムレ・ラカトシュ/アラン・マスグレーヴ編、森博監訳『批判と知識の成長』木鐸社、一九八五年〕

Lakatos. I. and Musgrave, A. (eds.) (1970), *Criticism and the Growth of Knowledge*, Cambridge: Cambridge University Press〔イムレ・ラカトシュ/アラン・マスグレーヴ編、森博監訳『批判と知識の成長』木鐸社、一九八五年〕

Layder, D. (1990), *The Realist Image in Social Science*, London: Macmillan

Leontief, W. (1971), 'Theoretical assumptions and non-observed facts', *American Economic Review*, 61, 1–7

Lichtheim, G. (1967), *The Concept of Ideology*, New York: Random House

Lipsey, R. G. (1963), *An Introduction to Positive Economics*, London: Weidenfeld and Nicolson〔リチャード・G・リプシー、千葉宏史ほか訳『ミクロ経済学——ポジティブ・エコノミクス』多賀出版、一九九〇年、同『マクロ経済学——ポジティブ・エコノミクス』多賀出版、一九九二年〕

Lösch, A. (1954), *The Economics of Location*, New Haven, Conn.: Yale University Press〔アウグスト・レッシュ、篠原泰三訳『レッシュ経済立地論』大明堂、一九八四年〕

Louch, A. R. (1966), *The Explanation of Human Action*, Oxford, Blackwell

Lyons, J. (1981), *Language, Meaning and Context*, London: Fontana

Mäki, U. (1989), 'How to combine rhetoric and realism in the methodology of economics', *Economics and Philosophy*, 4, 89–109

Manicas, P. (1987), *A History and Philosophy of the Social Sciences*, Oxford: Blackwell

Marcus, G. E. and Fischer, M. M. J. (1986), *Anthropology as Cultural Critique*, Chicago: University of Chicago Press〔ジョージ・E・マーカス/マイケル・M・J・フィッシャー、永渕康之訳『文化批判としての人類学——人間科学における実験的試み』紀伊國屋書店、一九八九年〕

Marx, K. (1926), *The Eighteenth Brumaire of Louis Bonaparte*, London: George Allen and Unwin〔カール・マルクス、植村邦彦訳『ルイ・ボナパルトのブリュメール18日〔初版〕』平凡社、二〇〇八年〕

Marx, K. (1956). *The Poverty of Philosophy*, Moscow: Foreign Languages Publishing House〔カール・マルクス、山村喬訳『哲学の貧困』岩波書店、一九五〇年〕

Marx, K. (1963), *Capital, vols. 1, 2 and 3*, London: Lawrence and Wishart〔カール・マルクス、向坂逸郎訳『資本論(1–9)』岩波書店、

一九六九－七〇年〕
Marx, K.（1973）, *Grundrisse*, Harmondsworth： Penguin〔カール・マルクス、高木幸二郎監訳『経済学批判要綱草案（1－5）』大月書店、一九五八－六五年〕
Marx, K.（1975）. *Early Writings*. Harmondsworth： Penguin
Marx, K.（1976）, *Capital, vol. 1*, Harmondsworth： Penguin〔カール・マルクス、向坂逸郎訳『資本論（1－4）』岩波書店、一九六九年〕
Massey, D. B. and Meegan. R. A.（1982）, *The Anatomy of Job Loss*, London： Methuen
Mattick, P.（1986）, *Social Knowledge： An Essay on the Nature and Limits of Social Science*, London： Hutchinson
Meadows, D. H. *et al*.（1972）, *The Limits to Growth*, London： Earth Island〔ドメラ・H・メドウズほか、大来佐武郎訳『成長の限界――ローマ・クラブ「人類の危機」レポート』ダイヤモンド社、一九七二年〕
Meikle, S.（1979）, 'Dialectical contradiction and necessity', in J. Mepham and D.-H. Ruben（eds.）, *Issues in Marxist Philosophy： Volume I, Dialectics and Method*, Hassocks： Harvester
Menzies, K.（1982）, *Sociological Theory in Use*, London： Routledge and Kegan Paul
Mill, J. S.（1961）, *A System of Logic*, London： Longman
Momsen, J. and Townsend, J.（1984）, *Gender and Geography in the Third World*, London： Hutchinson
Morgan, K. and Sayer, A.（1988）, *Microcircuits of Capital： 'Sunrise' Industry and Uneven Development*, Cambridge： Polity
Moulaert, F. and Swyngedouw, E.（1989）, 'A regulation approach to the geography of flexible production systems', *Environment and Planning D： Society and Space*, 7, 249–62
Nelson, J. S., Megill, A. and McCloskey, D. M.（eds.）（1987）, *The Rhetoric of the Human Sciences*, Madison, Wis.： University of Wisconsin Press
Nelson, R. R.（1986）, 'The tension between process stories and equilibrium models： analyzing the productivity-growth slowdown of the 1970s', in R. Langlois（ed.）, *Economics as a Process*, Cambridge. Cambridge University Press, pp. 135–50.
Norman, R.（1972）, 'On seeing things differently', *Radical Philosophy*, 1, 6–12
Norris, C.（1985）, *The Contest of Faculties*, London： Methuen
Nove, A.（1983）, *The Economics of Feasible Socialism*, London： George Allen and Unwin
Oakley, A.（1981）, 'Interviewing women： a contradiction in terms', in H. Roberts（ed.）, *Doing Feminist Research*, London： Routledge and Kegan Paul
O'Connor, D. J. O. and Carr, B.（1982）, *Introduction to the Theory of Knowledge*, Brighton： Harvester
Open University, *DE 304 Research Methods in Social Science*, Milton Keynes： Open University Press
Österberg, D.（1988）, *Metasociology： an Inquiry into the Origins and Validity of Social Thought*, Oslo： Norwegian University Press
Outhwaite, W.（1987）, *New Philosophies of Social Science*, London： Macmillan
Pawson, R.（1989）, *A Measure for Measure： a Manifesto for Empirical Sociology*, London： Routledge
Pearson, K.（1892）, *The Grammar of Science*, London： Dent〔カール・ピアスン、安藤次郎訳『科学の文法』産業統計研究社、一九八八年〕
Platt, J.（1986）, 'Functionalism and the survey： the relationship of the-

ory and method', *Sociological Review*, 34, 501–36
Popper, K. R.（1945）, *The Open Society and its Enemies, Vols. 1 and 2*, London : Routledge and Kegan Paul〔カール・R・ポパー、内田詔夫・小河原誠訳『開かれた社会とその敵（第一部・第二部）』未來社、一九八〇年〕
Popper, K. R.（1957）, *The Poverty of Historicism*, London : Routledge and Kegan Paul〔カール・R・ポパー、久野収・市井三郎訳『歴史主義の貧困――社会科学の方法と実践』中央公論社、一九六一年〕
Popper, K. R.（1959）, *The Logic of Scientific Discovery*, London : Hutchinson〔カール・R・ポパー、大内義一・森博訳『科学的発見の論理（上・下）』恒星社厚生閣、一九七一－七二年〕
Popper, K. R.（1963）, *Conjectures and Refutations*, London : Routledge and Kegan Paul〔カール・R・ポパー、藤本隆志・石垣壽郎・森博訳『推測と反駁』法政大学出版局、一九八〇年〕
Pratt, V.（1980）, *The Philosophy of Social Science*, London : Tavistock
Putnam, H.（1978）, *Meaning and the Moral Sciences*, London : Routledge and Kegan Paul〔ヒラリー・パットナム、藤川吉美訳『科学的認識の構造――意味と精神科学』晃洋書房、一九八四年〕
Quine, W. V. O.（1961）, *From a Logical Point of View*, Cambridge, Mass. : Harvard University Press〔ウィラード・V・O・クワイン、飯田隆訳『論理的観点から――論理と哲学をめぐる九章』勁草書房、一九九二年〕
Ricoeur, P.（1976）, 'Restoration of meaning or reduction of illusion?', in P. Connerton, *Critical Sociology*, Harmondsworth : Penguin, pp. 194–203
Ricoeur, P.（1982）. *Hermeneutics and the Human Sciences*, Cambridge : Cambridge University Press
Robinson, J.（1962）, *Economic Philosophy*, Harmondsworth : Penguin〔ジョージ・ロビンソン、宮崎義一訳『経済学の考え方』岩波書店、一九六六年〕
Roemer, J.（ed.）（1986）, *Analytical Marxism*, Cambridge : Cambridge University Press
Roemer, J.（1988）, *Free to Lose*, London : Radius
Rorty, R.（1980）, *Philosophy and the Mirror of Nature*, Oxford : Blackwell〔リチャード・ローティ、野家啓一監訳『哲学と自然の鏡』産業図書、一九九三年〕
Rosaldo, R.（1987）, 'Where objectivity lies : the rhetoric of anthropology', in J. S. Nelson, A. Megill and D. M. McCloskey（eds.）, *The Rhetoric of the Human Sciences*, Madison, Wis. : University of Wisconsin Press, pp. 87–110
Sack. R. D.（1973）, 'A concept of physical space', *Geographical Analysis*, 5, 16–34
Sack. R. D.（1980）, *Conceptions of Space m Social Thought*, London : Macmillan
Sacks, O.（1986）, *The Man who Mistook his Wife for a Hat*, London : Picador〔オリヴァー・サックス、高見幸郎・金沢泰子訳『妻を帽子とまちがえた男』早川書房、二〇〇九年〕
Sartre, J. -P.（1963）, *Search for a Method*, New York : Vintage Books〔ジャン＝ポール・サルトル、平井啓之訳『サルトル全集　第25巻　方法の問題』人文書院、一九六二年〕
Saunders, P.（1981）, *Social Theory and the Urban Question*, London : Hutchinson
Saunders, P.（1983）, 'On the shoulders of which giant? : the case for Weberian urban political analysis', *Urban Studies Yearbook*, 1, 41–63
Sayer, A.（1976）, 'A critique of urban modelling', *Progress in Planning*, 6 no. 3, 187–254

Sayer, A. (1979), 'Theory and empirical research in urban and regional political economy: a sympathetic critique', *University of Sussex Urban and Regional Studies Working Paper No. 14*

Sayer, A. (1979), 'Epistemology and conceptions of people and nature in geography', *Geoforum*, 10, 19–44

Sayer, A. (1981), 'Abstraction: a realist interpretation'. *Radical Philosophy*, 28, 6–15

Sayer, A. (1981), 'Defensible values in geography', in R. J. Johnston and D. T. Herbert (eds.), *Geography and the Urban Environment*, vol. 4, London: Wiley, pp. 29–56

Sayer, A. (1982), 'Explanation in economic geography', *Progress in Human Geography*, 6 no. 1, 68–82

Sayer, A. (1985), 'The difference that space makes', in J. Urry and D. Gregory (eds.), *Social Relations and Spatial Structures*, London: Macmillan, pp. 49–66

Sayer, A. (1989), 'The "new" regional geography and problems of narrative', *Environment and Planning D: Society and Space*, 7, 253–76

Sayer, A. (1989), 'Dualistic thinking and rhetoric in geography', *Area*, 21, 301–5

Sayer, A. (1991), 'Beyond the locality debate: deconstructing geography's dualisms', *Environment and Planning A*, 23, 283–308

Sayer, A. (1991), 'Space and social theory', in B. Wittrock and P. Wagner (eds.), *Social Theory and Human Agency* Stockholm

Sayer, A. and Morgan, K. (1984), 'A modern industry in a declining region: links between method, theory and policy', in D. Massey and R. A. Meegan (eds.), *The Politics of Method*, London: Methuen

Sayer, D. (1979), *Marx's Method: Science and Critique in Capital*, Hassocks: Harvester

Schmidt, A. (1971), *The Concept of Nature in Marx*, London: New Left Books〔アルフレート・シュミット、元浜清海訳『マルクスの自然概念』法政大学出版局、一九七二年〕

Schon, D. (1963), *Displacement of Concepts*, London: Tavistock

Scott, A. J. and Angel, D. P. (1987), 'The US semiconductor industry: a locational analysis', *Environment and Planning A*, 19, 875–912

Shackle, G. L. S. (1967), *Time in Economics*, Amsterdam: North-Holland

Shapere, D. (1966), 'Meaning and scientific change', in R. Colodny (ed.), *Mind and Cosmos*, Pittsburgh: University of Pittsburgh Press, pp. 41–85

Skillen, T. (1979), 'Discourse fever: post marxist modes of production', *Radical Philosophy*, 20, 3–8

Skinner, B. F. (1972), *Beyond Freedom and Dignity*, London: Jonathan Cape〔バラス・F・スキナー、山形浩生訳『自由と尊厳を超えて』春風社、二〇一三年〕

Smart, B. (1976), *Sociology, Phenomenology and Marxian Analysis*, London: Routledge and Kegan Paul

Smith, N. (1987), 'Dangers of the empirical turn', *Antipode*, 19, no. 3, 59–68

Smith, N. (1990), 'Uneven development and location theory', in R. Peet and N. Thrift (eds.), *New Models in Geography, Vol. 1*, London: Allen and Unwin

Sohn-Rethel, A. (1978), *Intellectual and Manual Labour*, London: Macmillan〔アルフレート・ゾーン・レーテル、寺田光雄・水田洋訳『精神労働と肉体労働』合同出版、一九七五年〕

Soja, E. W. (1989), *Postmodern Geographies*, London: Verso〔エドワード・W・ソジャ、加藤政洋ほか訳『ポストモダン地理学——批判的社

会理論における空間の位相』青土社、二〇〇三年〕
Soper, K.（1979）, 'Marxism, materialism and biology', in J. Mepham and D.-H. Ruben（eds.）, *Issues in Marxist Philosophy, vol. 2*, Hassocks : Harvester
Storper, M. and Walker, R. A.（1989）, *The Capitalist Imperative*, Oxford : Blackwell
Taylor, C.（1967）, 'Neutrality in political science', in A. Ryan（ed.）（1973）, *The Philosophy of Social Explanation*, Oxford : Oxford University Press, pp. 139–70
Taylor, C.（1971）, 'Interpretation and the science of man', *Review of Metaphysics*, 25, and reprinted in P. Connerton（ed.）（1976）, *Critical Sociology*, Harmondsworth : Penguin, pp. 3–51
Taylor, C.（1987）, 'Overcoming epistemology', in K. Baynes, J. Bohman and P. A. McCarthy（eds.）, *After Philosophy : End or Transformation?*, Cambridge, Mass. : MIT Press
Thompson, E. P.（1979）, *The Poverty of Theory*, London : Merlin
Thrift, N.（1983）, 'On the determination of social action in space and time', *Society and Space*, 1, 23–57
Urry, J.（1981）, *The Anatomy of Capitalist Societies*, London : Macmillan〔ジョン・アーリ、清野正義監訳『経済・市民社会・国家――資本主義社会の解剖学』法律文化社、一九八六年〕
Urry, J.（1987）, 'Society, space and locality', *Environment and Planning D : Society and Space*, 5, 4, 435–44
Walby, S.（1986）, *Patriarchy at Work*, Cambridge : Polity
Wallman, S.（1982）, *Eight London Households*, London : Tavistock〔サンドラ・ウォルマン、福井正子訳『家庭の三つの資源――時間・情報・アイデンティティ　ロンドン下町の８つの家庭』河出書房新社、一九九六年〕
Warde, A.（1989）, 'Recipes for a pudding : a comment on locality', *Antipode*, 21, 274–81
Wellmer, A.（1972）, *Critical Theory of Society*, Berlin : Herder and Herder
White, H.（1987）, *The Content of the Form*, Baltimore : Johns Hopkins University Press
Willer, D. and Willer, J.（1973）, *Systematic Empiricism : a critique of pseudoscience*, Englewood Cliffs, NJ : Prentice-Hall
Williams, R.（1958）, *Culture and Society*, Harmondsworth : Penguin〔レイモンド・ウィリアムズ、若松繁信・長谷川光昭訳『文化と社会――1780–1950』ミネルヴァ書房、一九六八年〕
Williams, R.（1961）, *The Long Revolution*, Harmondsworth : Penguin〔レイモンド・ウィリアムズ、若松繁信ほか訳『長い革命』ミネルヴァ書房、一九八三年〕
Williams, R.（1962）, *Communications*, Harmondsworth : Penguin〔レイモンド・ウィリアムズ、立原宏要訳『コミュニケーション』合同出版、一九六九年〕
Williams, R.（1973）, *The Country and the City*, London : Chatto and Windus〔レイモンド・ウィリアムズ、山本和平ほか訳『田舎と都会』晶文社、一九八五年〕
Williams, R.（1976）, *Keywords*, London : Fontana〔レイモンド・ウィリアムズ、椎名美智ほか訳『完訳キーワード辞典』平凡社、二〇一一年〕
Williams, R.（1977）, *Marxism and Literature*, Oxford : Oxford University Press
Williams, R.（1982）, 'Parliamentary democracy', *Marxism Today*, 26 no. 6, 14–21
Willis, P.（1977）, *Learning to Labour*, Farnborough : Gower Press〔ポール・ウィリス、熊沢誠・山田潤訳『ハマータウンの野郎ども――学校

への反抗・労働への順応』筑摩書房、一九九六年〕
Willis, P.（1978）, *Profane Culture*, London：Routledge and Kegan Paul
Winch, P.（1958）, *The Idea of a Social Science*, London：Routledge and Kegan Paul〔ピーター・ウィンチ、森川真規雄訳『社会科学の理念――ウィトゲンシュタイン哲学と社会研究』新曜社、一九七七年〕
Windelband, W.（1980）, 'History and natural science', *History and Theory*, 19, 165-85〔ヴィルヘルム・ヴィンデルバント、篠田英雄訳『歴史と自然科学・道徳の原理に於て・聖』岩波書店、一九二九年〕
Wittgenstein, L.（1922）, *Tractatus Logico-Philosophocus*, London：Kegan Paul〔ルートウィヒ・ヴィトゲンシュタイン、野矢茂樹訳『論理哲学論考』岩波書店、二〇〇三年〕
Wright, G. H. von（1971）, *Explanation and Understanding*, London：Routledge and Kegan Paul〔G・H・フォン・クリウト、丸山高司・木岡伸夫訳『説明と理解』産業図書、一九八四年〕
Zeleny, J.（1980）, *The Logic of Marx*, Oxford：Blackwell

監訳者後書き

本書は、Andrew Sayer, *Method in Social Science: A Realist Approach*, Revised 2nd Edition, Routledge, 2000 の全訳である。本書の初版は、一九八四年にHutchinson社から出版された。その後評判を呼び、初版を改訂した第二版が一九九二年にRoutledge社から出版され、二〇〇〇年にはそのrevised版がRoutledge社から出された。本訳書は、この第二版のrevised版を底本としている。

本書は、批判的実在論〔Critical Realism〕の立場に立って書かれた社会科学の方法論、その哲学的基礎を論じたユニークな書であり、一九八四年の初版以降、版を改めて今日まで長い年月にわたって読み継がれてきた名著である。批判的実在論（クリティカル・リアリズムまたは略称でCRとも呼ばれている）は、イギリスの哲学者ロイ・バスカーが創始した現代版の科学的実在論哲学である。しかし、本書はバスカーの開拓した難解な独自用語を極力使わずに、社会科学者セイヤーの独自の思索をもとに、その思想を開拓し発展させて、社会科学方法論として展開したものである。その意味では、批判的実在論の社会科学論の入門書としても質の高いものだが、いわゆる解説書ではなく、一緒に問題を考えるようにしてくれる思考の導きの書である。批判的実在論の立場に立った社会科学論の書としては非常にレベルが高く、その後のこの派の社会科学論の議論の基盤を築き、このグループの研究活動をリードしてきた歴史的なテキストである。今回、初版以来三十年以上経つこの書を私たちが、日本語に翻訳し出版することにしたのも、ここで取り上げられている問題が少しも古びることなく、今も多くの研究者が逢着する問題を真正面から論じているからである。本書は、今日でも同じ問題を抱えて道を探し求めている人たちに、哲学的な専門用語をもって答えを教え諭すのではなく、問題自体を共に考えることを可能にし、またその解決を示してくれる点で、今なおその価値は減じていない。

本書の主張内容の特色をいくつか挙げるならば、主体と客体（または主観と客観）が存在のレベルで錯綜する社会という独特の研究対象の性格を主題として取り上げ、そうした対象を研究する科学的認識活動の基本的性格について、丁寧な踏み込んだ分析を行い、問題を解明していることである。社会科学について考える人は誰でもこの錯綜した問題に逢着するが、整理がつかないままそのつどアドホックに対処するか、無視してやり過ごすか、便利な観念論に丸投げして思考を停止するか、している問題である。本書は、この問題に科学は実践であるという根本的な洞察をもとに、本格的な分析のメスを入れている。また、著者が日本語版序文でも触れていた「真理」論について、「実践的適合性〔practical adequacy〕」という概念を提案し、概念媒介的な社会存在を対象に概念を媒介して行う認識の適合性をどのようにはかり評価するかという社会科学の認識論の根本問題について、説得力のある実践論的な解を見出している。さらに実在的対象が持つ因果力、すなわち因果作用〔causation〕の力を基礎に置いた因果的説明こそが社会科学に求められている説明であるという議論を展開している。説明〔explanation〕の本来の任務は因果的説明であるというこの観点を一貫して保持して考えることから社会科学の目標を見据え、単なる出来事の継起連鎖の規則性を探し求める研究方法に対する批判を社会科学の方法論の根本に据えているのである。さらには、こうした社会科学の概念構成の問題の解明をもとに、影響力の大きいポパーの演繹主義的科学論が抱える根本的問題点を指摘している。また、本書で主張されている実在論的社会科学論では、概念化・抽象化が本質的な重要性を持つ。セイヤーはこの点を原点に据えつつも、科学的概念化を固定的形式的な様式では捉えていない。概念化の過程では、認識者のイマジネーションによる対象把握が重要であり、メタファーやアナロジーが重要な役割を果たしている。認識が実践である限り認識実践には特有の主体的な活動次元があるからである。本書ではこうした観点から、社会科学と解釈学、物語（ナラティヴ）との関連の重要性などにも踏み込み、それらの方法の意義と限界について注意深い考察を行っている。研究方法は、研究対象の存在論的構造がどのようなものかという点から考えるべきである。また、研究は認識実践であり、無前提から始められるわけではない。そこには主体者から発する問いがあり、明確な目的が設定されなければならない。最適な方法は、対象と目的との間の三角形相互の関係から考えるべきである。当たり前ではあるが、こうした関係も実在論を基礎にした実践的認識論の立場から明断に考えぬかれている。本書には、この他にも多くの刺激的な議論や洞察がたくさん詰め込まれている。読者はぜひ、直接本書からそれらを学び取って、それぞれの思索に生かしていただければと願っている。

なお、著者のアンドリュー・セイヤー氏は、現在イギリスのランカスター大学の教授で、専門は、社会理論、政治経済学、哲学的社会科学論、経済地理学などかなり広範な社会科学領域をカバーしている。また、実質的な経験的研究と理論的哲学的研究の両方を横断して研究成果を重ねてきている。日本語版序文でもほんの少し触れているが、最近は、環境問題が深刻化し貧困と格差が拡大する現代社会の動向への批判的研究、さらには、生物学や神経科学を含む自然科学や人間研究の方面にも関心を広げているようである。本書以外の主要な著作には *The New Social Economy: Reworking the Division of Labor*（with R. A. Walker, Blackwell, 1992）, *Radical Political Economy: A Critique*（Blackwell, 1995）, *Realism and Social Science*（Sage, 2000）. *The Moral Significance of Class*（Cambridge University Press, 2005）, *Why Things Matter to People: Social Science, Values and Ethical Life*（Cambridge University Press, 2011）, *Why We Can't Afford the Rich*（Policy Press, 2014）が挙げられる。このうち、*Realism and Social Science* は、本書に続いて書かれた社会科学論についてのさらに発展的な問題を扱った著作である。氏は、批判的実在論のための国際学会創設以来の、このグループの主要メンバーの一人でもあり、同学会の会長も歴任している。しかし、日本語版序文でも触れているように、氏はバスカーの後期のスピリチュアルターンには明確に批判的であり、後期バスカーの関心の推移とは距離をおいている。氏の関心は、もちろんラディカルな実践的批判的科学の立場に立つが、それはあくまで客観的で豊かな社会認識への貢献をめざしてのものである。社会科学における実在論の有効性についての哲学的考察とその応用こそ、氏の一貫した研究関心であると言ってよいと思う。

本書の翻訳チームは、立命館大学の産業社会学部を中心に学内外の研究者たちが集まっている、批判的実在論研究会グループの有志たちである。今回訳者は一部入れ変わったが、私たちは二〇一五年に、バース・ダナーマーク氏らの『社会を説明する』を同じくナカニシヤ出版から翻訳出版している。同書も同じく批判的実在論の立場に立って書かれた社会科学論、社会科学方法論の書である。同書の出版以来、批判的実在論に関心を寄せる研究者が少しづつ増えてきていることを実感している。ダナーマーク氏らはアンドリュー・セイヤーの本書から多くの教示を得てあの本を書いている。『社会を説明する』は、バスカーの開拓した専門用語も多用しその解説もされていて、批判的実在論の入門書としては有益であるが、セイヤーの本書『社会科学の方法』は、バスカーが開拓した理念を共有しつつも彼特有の難解な用語については意図的に使用を控えている。本書は、バスカーの議論の紹介でもなく受け売りでもなく、あくまで一研究者として問題に向き合い独自の思索を展開したものである。読者は、出来合いの理論ではなく、社会科学論上の問題を著者と共有し、問題に即して共に思考していくなかで自ずと批判的実在論的思考法がその解として見出されていくことを経験することになる。したがって、考察のレベルは入門書的書物よりも高くなっている。「一般化」などの用語法もダナーマークらとやや異なる用法になっているが、問題の捉え方においては本質的に同じ構造理解を示している。また、批判的実在論特有の用語が使用されても、文脈のなかでその意味がわかるようになっており、特に用語解説的な形での説明はなされていない。「開放システム・閉鎖システム」、「レトロダクション」などがそうであるが、読者は用語の批判的実在論特有の意味についても知っているほうが、本書の理解も深まるだろう。その意味では、批判的実在論に関心のある読者には二つの書を合わせて読むことをお薦めしたい。

本書訳出にあたって、理解の難しかったいくつかの箇所などを原著者のセイヤー氏にメールを通じて直接にうかがう機会を得た。当方の英語力の不足から来る疑問もあったが、氏は私たちの問い合わせに親切丁寧に応じてくださった。その結果氏は、いくつかの箇所で紛らわしい表現や分かりにくい言い回しを改める改訂案を提案された。本書は、その結果を踏まえている。したがって、ほんのわずかな箇所だが文章が一部原著と異なるところがある。主張内容には関わらない微細な修正なので特に注記はしていない。原著者とはもっと内容にわたる意見交換ができたらよかったが、翻訳作業が遅れてしまい、氏とのやりとりにあまり十分な時間を取れなかったのは悔やまれる。時間的余裕のないなかで原著者は、私たちの要請を受けて厭うことなく日本語版の序文を書いてくださった。記して厚くお礼を述べておきたい。

本書の翻訳は、監訳を佐藤春吉、1章を堀雅晴、2章を杉本通百則、3章を中澤平、4章を木田融男、5章を進藤兵、6章を野村優、7、8章（および序文その他）を佐藤春吉、9章（および索引）を加藤雅俊、補論を大月功雄、の各氏が担当した。各担当者のプロフィールは別途記してあるので参照願いたい。また、巻末の文献一覧の日本語訳書などの情報収集は、立命館大学社会学研究科博士前期課程の崎直人君に引き受けていただいた。翻訳にあたっては、各担当章を担当の訳者が訳し、監訳者がそれらについて見直しを行い、さらに担当訳者にその内容を検討点検していただくという往復を行った。今回は、監訳者を含め訳者の何人かに予期せぬ困難が生じて翻訳調整作業が遅れ、最後は訳語の統一や全体の見直しなどを監訳者が行うことになった。その過程で訳者間で十分な意見交換などの時間を取ることができなかった。この遅れも響いて、ナカニシヤ出版編集部の石崎雄高さんには大変なご負担をおかけした。訳者の方々、および編集の石崎さんには改めてお詫びとお礼を申しあげたい。ともあれ、無事本書の出版にこぎ着けられたことは大きな喜びである。本書が刺激となって、日本の社会科学研究にも実在論という健全なオルタナティヴな思考が根付き成長することを切に願っている。

最後に、本書刊行を引き受けていただいたナカニシヤ出版に感謝を申しあげたい。また、本書出版にあたっては立命館大学の研究高度化推進施策の学術図書出版助成の適用を受けることができた。ここに記してお礼を申し述べておきたい。

*なお、翻訳書本文中で（ ）内のものは原著者自身の挿入であり、〔 〕内のものは、特に断らない限り訳者による挿入である。

二〇一九年八月

佐藤春吉

マ　行

ヤ　行

ラ　行

タ　行

ナ　行

ハ　行

サ　行

サムエルソン(Samuelson, P.)　175
サルトル(Sartre, J. P.)　224
サウンダース(Saunders, P. R.)　142, 204-207
ジェンダー(gender)　5, 30, 35 62, 85, 88-89, 92, 106, 240
時間と因果作用(time and causation)　149
思考的対象(thought objects)　47-50, 154-155
指示(reference)　56-59, 69-70, 75
事実(facts)　46, 48-51, 54, 64
実験(experiments)　111-112, 118, 183-185
実在論と何か(realism defined)　6-8
実在的対象と思考的対象(real object and thought object)　47-49, 154-155, 193
実証主義(positivism)　*vi*, 9, 122, 182
実践(practice)　15-16, 26, 49, 52, 68, 94
実践的適合性(practical adequacy)　→「真理(truth)と実践的適合性」の項目を参照
社会科学の困難性(difficulty of social science)　219-241
社会科学の正統的概念構成(aims of social science： orthodox conception)　219, 236-238
社会科学の批判的理論的概念構成(aims of social science： critical theory conception)　219, 236-241
シャピアー(Shapere, D.)　74, 259
主意主義(voluntarism)　94-95, 108
修辞(rhetoric)　249-251
主体-客体関係(subject-object relations)　23-34
ジョージェスク＝レーゲン(Georgescu-Roegen, N.)　149, 167
叙述(description)　247-249
事例研究(case studies)　227, 235
真理と実践的適合性(truth and practical adequacy)　64-70, 77-78, 167-168, 193-194
数学(mathematics)　166-167, 169-171
スキーマ(schemata)　47, 53, 55-56, 59-60, 71, 80, 84
スミス(Smith, N.)　265
制御(control)　183-184
生態学的誤謬(ecological fallacy)　98-99, 228-229, 234
説明(explanation)
　説明に関する諸問題(explanation, problems of)(＊意味内容による項目)　219-241
　説明様式の過度な拡張(overextention of mode of explanation)(＊意味内容による項目)　224-227
説明における還元主義(reductionism in explanation)(＊意味内容による項目)　224-227
ゼノンの逆理(Zeno's paradoxes)　149, 158
総括(colligation)　235
相関関係(correlation)　111
　擬似相関(spurious correlation)　127, 151, 160, 169-170, 182
相対主義(relativism)　10, 47, 49, 65, 67, 70-78, 81, 208-209, 248, 255, 259, 272
創発(創発的力)(emergence, emergent powers)　*ix*, 11, 114-117, 131, 168, 171-172, 185-186, 222, 263
遡及的説明(regression in explanation)　108-109, 115
　還元主義的遡及(reductionist regress)　115, 143, 173-175, 232
　相互作用論的遡及(interactionist regress)　173, 175
ソジャ(Soja, E. W.)　266
素朴な客観主義(naive objectivism)　46, 55, 64, 66-67, 71, 73-76, 78, 81, 257, 259
存在仮説(existential hypotheses)　195-198
存在論(ontology)　147-150

機能主義(functionalism)　94, 109, 246
帰納問題(induction, of problems)　146-152, 213-215
規範的解明(normative explication)　80, 145
帰無仮説(null hypothesis)　184, 189, 199
客観性(objectivity)　17, 46, 64-65
共通特性と弁別特性(common and distinguishing properties or factors)　111
共約不可能(性)(incommensurability, incommensurable)　72, 76-77
空間(space)　140-144, 232
偶然性(contingency)
　偶然性と空間(contingency and space)　140-144
　偶然性と検証(contingency and test)　197-198, 216, 226
　偶然性と抽象および具体の区別(contingency and abstract and concrete distinction)　134-137
　偶然性と予測(contingency and prediction)　126-128
　偶然性を取り除く(holding off contingency)　177, 234
　偶然的な関係(contingent relations)　→「関係」の項目を参照
クーン(Kuhn, T. S.)　71, 73, 257-258, 272
クリスタラー(Christaller, W.)　203-204
クワイン(Quine, W. V. O.)　47, 79
経験的(empirical)
　経験的研究と理論(empirical research and theory)　137-139, 222-235
　経験的問い(empirical questions)　137-138
　経験的モデル(empirical models)　172-176, 179
経験主義(empiricism)　9, 64, 226, 256-257, 271, 274-275
傾向(tendency)　102-103
経済学(economics)　156-157, 169, 175-176, 265
計算(calculation)　63, 122-124, 169-171, 177-180, 198
ゲシュタルト転換(gestalt switch)　73
ゲルナー(Gellner, E.)　39, 72
研究デザイン(research design)　227-236
言語(language)　20-22, 24, 32-33
　言語と，構造とエージェンシー(and structure and agency)　93-94, 243
原子論(atomism)　146-150
行為者たちの説明(actors' accounts)　210-211
後件肯定の誤謬(fallacy of affirming the consequent)　198-200, 202, 204-205, 269
恒常的連接(constant conjunctions)　106, 147
合成の誤謬(fallacy of composition)　91
構造(structures)　84-95, 108, 138-139
　諸構造の接合(articulation of)　92-93
　構造主義(structuralism)　94
　構造-エージェンシー(structure-agency debate)　93-95
行動と行為の区別(behaviour-action distinction)　31-32
行動主義(behavioursim)　22, 43, 116, 121, 194
合理性(rationality)　178
個人主義(individualism)　34, 94, 116, 178-179, 186
ゴルツ(Gortz, A.)　90-91
コミュニケーション的相互行為(communicative interaction)　18-22
ゴンブリッチ(Gombrich, E. H.)　53, 55, 256

演繹主義(deductionism)　161–165, 188
演繹と，検証(and test)　202, 213–218
説明の演繹的法則定立的モデル(deductive-nomological model of explanation)　161–165, 169–170, 176
オスターバーグ(Osterberg, D.)　258

カ　行

回帰分析(regression analysis)　174, 176, 182, 186, 189–190, 272
階級(class)
階級概念(Class, concepts of)　87, 89–90, 223–225
懐疑主義／懐疑論(極端な懐疑主義)(radical scepticism)　65–66, 71, 193
会計処理モデル(accounting model)　171–172
解釈(interpretations)　136–137
解釈主義(interpretivism)(＊意味内容による項目)　27–28, 122, 136–137, 222–223, 226
解釈の評価(evaluation of)　207–211
三角測量(triangulation)　210, 236
解釈学(hermeneutics)　*x–xii*, 6, 11, 36–37, 64, 75–76, 121–122, 136, 139, 159, 236, 254, 259, 265
単一の解釈学あるいは二重の解釈学(single or double hermeneutics)　36, 38, 49, 60, 64–65, 207
階層性(stratification)　114–117
概念依存的(concept-dependence)　30–31, 33, 49, 58, 85, 88, 92, 107, 110, 136, 197, 207
概念的なものと経験的なもの(conceptual and empirical)　56–64
カオス的な概念構成(chaotic conceptions)　132–134, 190, 231
科学(science)　9–10, 13–14, 17–18, 43–45, 118–119, 125, 138–139
科学主義(scientism)　6, 18, 34, 132, 188, 193–194
科学の心理学(psychology of science)　159–161, 216–217
確率(probability)　181, 198–199
仮説演繹的手法(手順)(hypothetico-deductive method)　161, 164, 175
仮定／前提(assumptions)
仮定の理論における役割(assumptions : their role in theory)　176–180, 203
「現実的であるか？」という仮定(assumptions : nefed they be realistic?)　176–180
他の事情にして同じならばという前提(セテリス・パブリス前提)(assumptions : ceteris paribus)　164, 203
「～かのように」の原理('as if' rationale)　70
可謬主義(fallibilism)　66–67
家父長制(patriarchy)　62, 88–90, 92, 260
絡み合い(conjunctures)　113
カルチュラルスタディーズ(cultural studies)　226–227
関係(relations)　177–178
関係と，数学(and mathematics)　169–171, 181–182
形式的関係と実質的関係(formal and substantial)　86
内的／必然的関係と外的／偶然的関係(internal / necessary and external / contingent)　86–89, 104, 134–137, 187–188
観察(observation)　46, 50–56, 64–65, 147–149, 195
観察者に由来するバイアス(observer-induced bias)　230–231
慣習主義(conventionalism)　67–69, 73–74, 258–259
観念論(idealism)　*x*, 65–66, 257–259
ギアーツ(Geertz, C.)　209, 247, 276
規則性(regularity)　96–97, 98–99, 104–106, 110–112, 120–124, 129–132, 151–152, 161–165, 182–183, 187–188, 228–230
基礎付け主義(foundationalism)　66–67

索　　引

ア　行

アーベル(Abel, T.)　37
アクション・リサーチ(action research)　239
アポステリオリ(a posteriori)　154, 267
アプリオリ(a priori)　134, 156, 174, 211
アレン(Allen, J.)　*xviii*, 273
一般化(generalization)　96–100, 110, 181, 190, 223–235
　一般化と検証(generalization and testing)　198–199
一般性(generality)　225
意味(meaning)　19–21, 26–27, 30–39
　意味システムの慣習的性格(conventional character of)　21
　意味と差異の戯れ(and play of difference)　56
　意味と実践の相互確立(reciprocal confirmation of meaning and practice)　34–35, 92–93
　意味をめぐる論争(対立)(contestation of)　33–34, 80–81
　構成的意味(as constitutive)　32–35, 37, 39, 93, 98, 209
　相対主義および素朴な客観主義における意味(in relativism and naive objectivism)　73–74
　内在的(な)意味(intrinsic meaning)　30–33
　文脈依存(context-dependence)　60, 88, 143, 168, 185, 188, 221, 227, 268
意味の漏洩(leakage of meaning)　61–64
イメージ伝達的表現　(picture carrying expression)　63, 78, 160
因果的(causal)
　因果分析(causal analysis)　100–112
　因果集団(causal groups)　229–230, 233–235
　因果的法則(causal laws)　120–127, 129–130
　因果メカニズム，因果力，因果的傾向(causal mechanism, powers, and liabilities)　7, 101–113, 115, 118, 123–124, 126, 128, 130, 142–143, 151–152, 232
　原因としての理由(reasons as causes)　106–108, 110
因果作用(causation)　100–112, 147, 150–152, 160
　因果作用と，確率(and probability)　181–182
　因果作用と，空間(and space)　142–144
　因果作用と，検証(and tests)　198–207
　因果作用と，数学(and mathematics)　169–170
　因果作用と，相関(and correlation)　151, 181–182
　因果作用と，統計的方法(and statistical methods)　111–112, 180–187
　因果作用と，予測(and prediction)　125
　因果作用の問題(problems of)　147
ウィラーズ(Willers, D. and J.)　185
ウィリアムズ(Williams, R.)　34, 95, 248, 255, 260, 274, 276
ウィンチ(Winch, P.)　32
エイブラムス(Abrams, P.)　245
エスノグラフィー(ethnography)　6, 230
エルスター(Elster, J.)　157, 262, 268
演繹(deduction)　161–165

野村優（のむら・まさる）

1975年生まれ。立命館大学大学院博士後期課程単位取得退学。社会学・社会科学論専攻。「批判的実在論に基づいた2つの研究デザインによるトライアンギュレーションの試み——インテンシヴおよびエクステンシヴ概念の再検討を通じて」(『立命館産業社会論集』第51巻第4号，2016年)，B. ダナーマーク他『社会を説明する——批判的実在論による社会科学論』〔共訳〕(ナカニシヤ出版，2015年)。

【担当】第6章

加藤雅俊（かとう・まさとし）

1981年生まれ。名古屋大学大学院法学研究科博士後期課程修了。博士(法学)。立命館大学准教授。現代政治学・比較政治学専攻。『福祉国家再編の政治学的分析』(御茶の水書房，2012年)，『国民再統合の政治』〔共著〕(ナカニシヤ出版，2017年)，B. ジェソップ『国家』〔共訳〕(御茶の水書房，2018年)，他。

【担当】第9章

大月功雄（おおつき・いさお）

1987年生まれ。立命館大学大学院社会学研究科博士後期課程。歴史社会学・文化研究専攻。「総力戦体制と戦争記録映画——亀井文夫の日中戦争三部作をめぐって」(『年報日本現代史』第23号，2018年)，「文化研究と批判的実在論——文化論的転回後の文化研究のために」(『立命館産業社会論集』第51巻第4号，2016年)。

【担当】補論

▒訳者紹介（担当順，＊は監訳者）

＊佐藤春吉（さとう・はるきち）

1950年生まれ。一橋大学大学院社会学研究科博士課程単位取得退学。立命館大学教授。社会学・社会哲学専攻。『新しい公共性――そのフロンティア』〔共編著〕（有斐閣，2003年），「M. ヴェーバーの価値自由論とその世界観的前提――多元主義的存在論の視点による読解の試み」（『立命館産業社会論集』第41巻第1号，2005年），B. ダナーマーク他『社会を説明する――批判的実在論による社会科学論』〔監訳〕（ナカニシヤ出版，2015年），M. S. アーチャー『実在論的社会理論――形態生成論アプローチ』〔翻訳〕（青木書店，2007年），他。

【担当】日本語版への序文，第二版改訂版前書き，第二版前書き，謝辞，序論，第7章，第8章および監訳

堀雅晴（ほり・まさはる）

1956年生まれ。関西大学大学院法学研究科博士課程単位取得退学。立命館大学教授。行政学専攻。博士（政策科学・同志社大学）。『現代行政学とガバナンス研究』（東信堂，2017年），『新自由主義大学改革――国際機関と各国の動向』〔共著〕（東信堂，2014年），『公的ガバナンスの動態研究』〔共著〕（ミネルヴァ書房，2011年），他。

【担当】第1章

杉本通百則（すぎもと・つゆのり）

1974年生まれ。大阪市立大学大学院経営学研究科博士課程単位取得退学。立命館大学教授。環境論・技術論専攻。『アスベスト公害の技術論―公害・環境規制のあり方を問う』〔共著〕（ミネルヴァ書房，2016年），『欧州グローバル化の新ステージ』〔共著〕（文理閣，2015年），『環境展望　Vol. 4』〔共著〕（実教出版，2005年），他。

【担当】第2章

中澤平（なかざわ・たいら）

1988年生まれ。立命館大学大学院社会学研究科博士後期課程。社会学理論，M. ヴェーバー研究。「メカニズムの発見およびその同定基準について――バスカーの科学哲学を足がかりとして」（『立命館産業社会論集』第51巻第4号，2016年），B. ダナーマーク他『社会を説明する――批判的実在論による社会科学論』〔共訳〕（ナカニシヤ出版，2015年）。

【担当】第3章

木田融男（きだ・あきお）

1946年生まれ。京都大学文学部大学院哲学科社会学専攻博士課程単位取得退学。立命館大学名誉教授。社会学・産業社会学・社会学理論専攻。『変容する企業と社会――現代日本の再編』〔共編著〕（八千代出版，2003年），『労働社会の変容と格差・排除』〔共著〕（ミネルヴァ書房，2015年），「批判的実在論と“社会”概念［1］／［2］」（立命館大学産業社会学会『産業社会論集』第54巻第3号–第4号，2018–2019年），B. ダナーマーク他『社会を説明する――批判的実在論による社会科学論』〔共訳〕（ナカニシヤ出版，2015年），他。

【担当】第4章

進藤兵（しんどう・ひょう）

1964年生まれ。東京大学大学院法学政治学研究科博士課程単位取得退学。都留文科大学教授。政治学・比較都市政治・地方自治論専攻。『東京をどうするか――福祉と環境の都市構想』〔共編著〕（岩波書店，2011年），『高度成長の時代1　復興と離陸』〔共編著〕（大月書店，2010年），「「2008年以後」の日本政治」（『年報政治学2013–Ⅱ　危機と政治変動』木鐸社，2013年），B. ジェソップ『国家――過去，現在，未来』〔共訳〕（御茶の水書房，2018年），他。

【担当】第5章

■著者紹介

アンドリュー・セイヤー（Andrew Sayer）

イギリス，ランカスター大学社会学部教授。専門は社会理論および政治経済学。社会科学に関する哲学的諸問題に一貫して関心を寄せて研究をしてきたが，その研究は社会の実質的な諸問題，特に政治経済と不平等の問題の研究と常に結合している。本書以外の主要著作として，『新しい社会的分業（*The New Social Division of Labor*）』（R. A. Walker との共著：Blackwell, 1992），『実在論と社会科学（*Realism and Social Science*）』（Sage, 2000），『階級の道徳的重要性（*The Moral Significance of Class*）』（Cambridge University Press, 2005），『我々はなぜ富者を養うことがもうできなくなっているのか？（*Why We Can't Afford the Rich*）』（Policy Press, 2014）がある。

社会科学の方法
——実在論的アプローチ——

2019 年 9 月 30 日　初版第 1 刷発行
2022 年 3 月 30 日　初版第 2 刷発行

監訳者　佐藤春吉
発行者　中西　良

発行所　株式会社　ナカニシヤ出版

〒606-8161　京都市左京区一乗寺木ノ本町 15
TEL　(075)723-0111
FAX　(075)723-0095
http://www.nakanishiya.co.jp/

印刷・製本／亜細亜印刷

＊乱丁本・落丁本はお取り替え致します。

ISBN978-4-7795-1407-4　Printed in Japan